IDEENBUCH

Handlettering

SASA NOËL

IDEENBUCH

Handlettering

Inspirationen & Projekte fürs ganze Jahr

AT Verlag

Inhalt-

Projekte

Frühlings-Projekte

Sommer-Projekte

Herbst-Projekte

Winter-Projekte

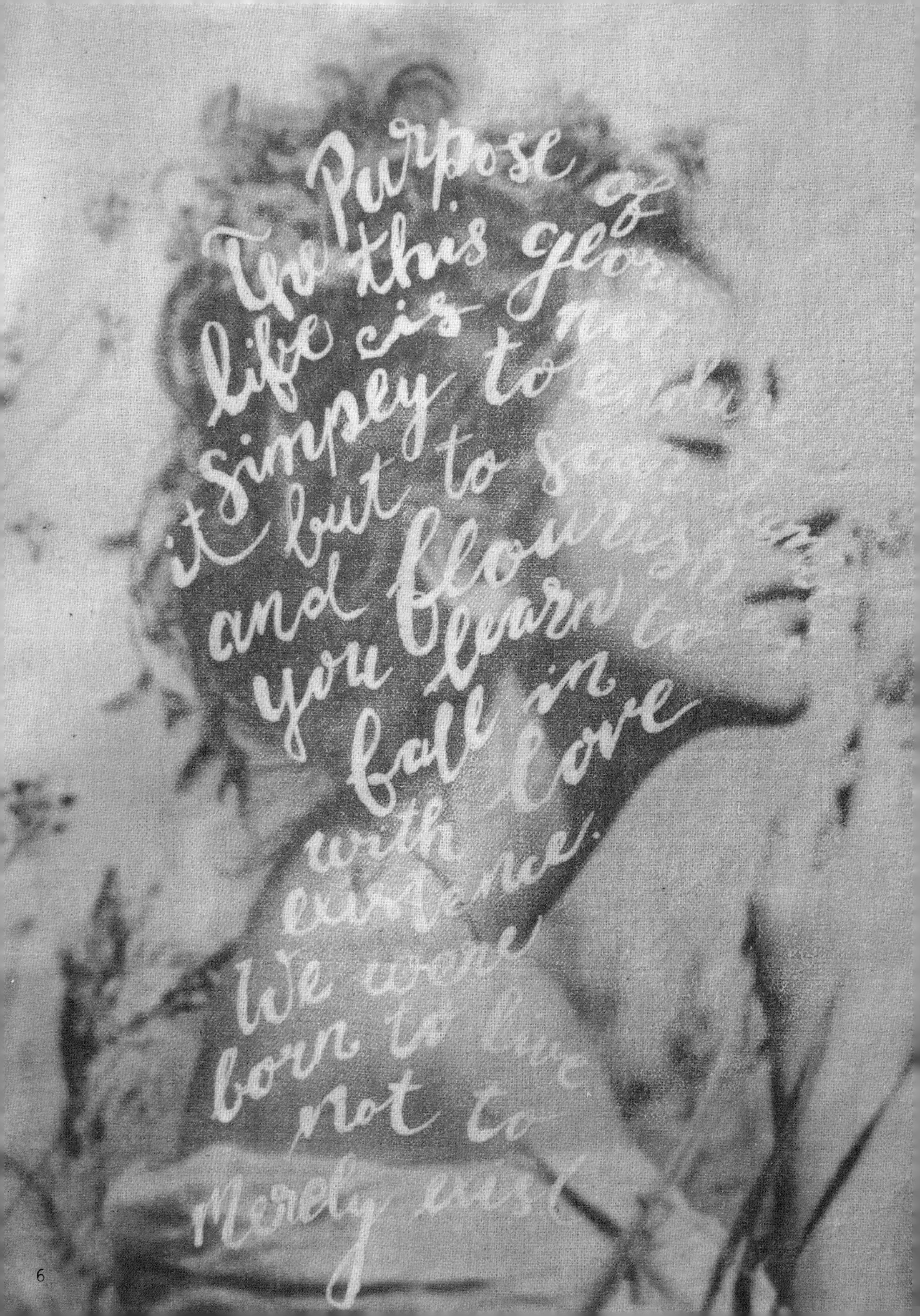
The Purpose of
this
life is
it but to
and
you learn
fall in
love
with
We are
born to
not to
Merely exist

Be creative, CREATE HAPPINESS

Mit Handlettering lassen sich wunderbar Emotionen in Schriftbilder umsetzen, sei es zu einem besonderen Anlass, für einen lieben Menschen oder einfach für sich selbst.
Fast alle Objekte lassen sich mit Sprüchen, Wünschen und Buchstaben beschriften, verzieren und gestalten. Für dieses Buch habe ich einige meiner Lettering-Projekte gesammelt und mit meinen persönlichen Tipps und Anregungen versehen.

Bei vielen Handlettering- oder Kalligrafie-Büchern fühlt man sich oft bereits beim Durchblättern überfordert. Genau das möchte ich mit meinem Buch vermeiden. Handlettering ist ein kreatives und spannendes Abenteuer, das mit ein wenig Übung unglaublich viel Spaß macht.

Freue dich auf ein tolles Buchstaben-Happening.
Tauche ein in die schöne Welt der Schriften, und genieße den Moment, wenn du mit einem selbst geletterten Schriftbild dich oder jemand anderes zum Strahlen bringst.

Dieses Buch soll dir als Anregung dienen, um deinen eigenen Lettering-Stil zum Leben zu erwecken.

Viel Spaß dabei!

Sasa

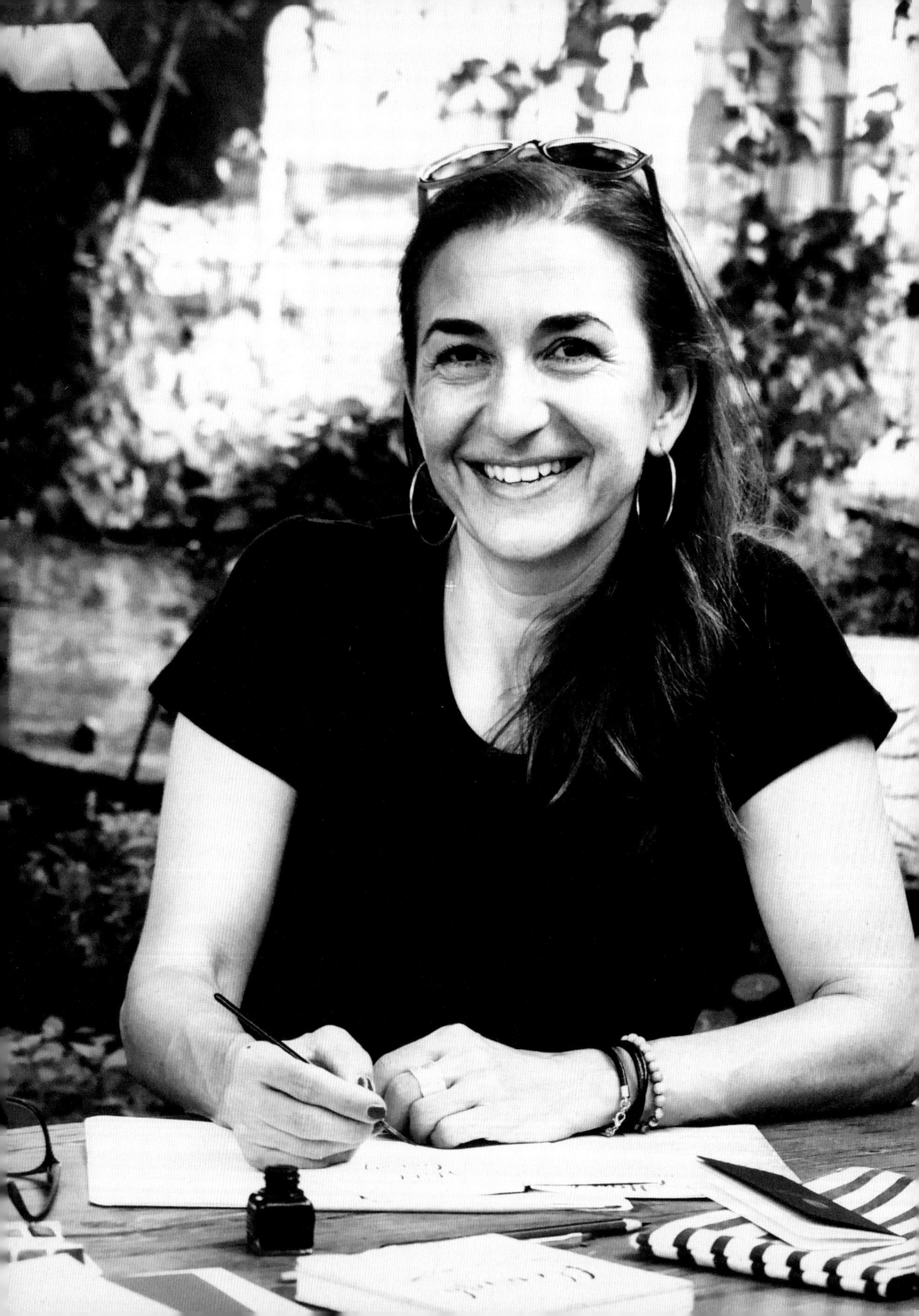

AM STIFT

Drei Leidenschaften ziehen sich wie ein roter Faden durch mein Leben: die darstellende, die angewandte und die bildende Kunst. Ich habe es schon immer geliebt, mich auf Neues einzulassen. So zog ich mit fünfzehn Jahren nach Deutschland, um Bühnentanz und Tanzpädagogik zu studieren. Doch die Leidenschaft fürs Zeichnen, Malen und Gestalten brachte mich von der Bühne in die Werbebranche und letztlich ins grafische Atelier meines Vaters.

Er ist gelernter Schriftsetzer und begeisterte mich schon als Kind mit seinem Talent, Schriften zu zeichnen. An vielen Sonntagen saß ich neben ihm an unserem langen Ateliertisch und beobachtete gespannt, wie er mit der Spitzfeder Urkunden schrieb oder mit dem Lötkolben Holzteller verzierte und beschriftete. Meine Mutter saß daneben und gestaltete wunderbare Naturcollagen aus gepressten Blumen und Gemüseschalen. Dieses kreative Umfeld meiner Familie hat mich sehr geprägt und ist die Quelle vieler meiner Inspirationen.

Während meiner Ausbildung zur Grafik-Designerin lernte ich die Welt der Schriften von Grund auf kennen. Dabei entwickelte sich auch mein eigener Lettering-Stil, den ich in meine Kunstwerke integriere und auf allen möglichen Objekten und Oberflächen anwende. Die Malerei war neben dem Tanz und der Grafik eine Konstante in meinem Leben. Mit der Zeit entstand der Wunsch, alle meine Leidenschaften miteinander zu verbinden. So begann ein weiteres spannendes Abenteuer, die Gründung meiner Mal- und Bewegungsschule »Flow«.

Das Ziel meiner Kurse ist, Menschen für das Künstlerische zu begeistern. Die Freude soll dabei immer im Vordergrund stehen. Leistungen erbringen und Resultate bewerten, müssen wir in unserem Alltag schon genug.

Deshalb möchte ich in meinen Kursen und mit diesem Buch eine kleine Oase schaffen, wo nach Herzenslust ausprobiert werden kann und wo Begriffe wie Leistung, Bewertung oder Stress keinen Zutritt haben.

SCHRIFTDESIGN UND INSPIRATIONEN

Schriften findet man überall,
wir sind täglich umgeben von Buchstaben. Wenn wir lernen,
sie wieder bewusst wahrzunehmen, können wir
unseren Blick für das Detail schulen.
Achtet auf die Schriften auf Werbetafeln, auf Plakatsäulen
oder auf den Titelseiten von Zeitschriften.
Die Stadt ist voller Schilder mit verschiedenen Botschaften.
Es ist faszinierend, was man alles entdecken kann,
wenn man bewusst hinsieht. Mit genauer Betrachtung
sensibilisieren wir unsere Wahrnehmung für die Umwelt.
Unser Sehen wird zum kreativen Akt.

Ein geübtes Auge wird dann auch bald feststellen,
dass nicht jedes Schild oder Werbeplakat professionell und ästhetisch
gestaltet ist. Analysieren wir den Gesamteindruck eines Schriftzugs,
stellen sich folgende Fragen:

Weshalb hat der Gestalter eine geschwungene und nicht
eine Blockschrift verwendet?

Warum wurden die Wörter in unterschiedlichen
Größen und Formen gestaltet?

Welche zusätzlichen Elemente wie Banner, Verzierungen,
Linien usw. wurden eingesetzt?

Und schon merken wir, dass in jedem Buchstaben
ein großes Potenzial an Ausdrucksmöglichkeiten steckt.
Allein durch die Schriftart, die Stärke und Größe der Buchstaben
und ihre Anordnung ist es möglich, mit einem Schriftzug
verschiedene Gefühle hervorzurufen.
Eine fette, schwere Schrift ist sehr direkt und eindringlich, während
eine schlanke Serifenschrift eher klassisch wirkt.

So stellt sich, bevor man den eigentlichen Text liest,
bereits ein bestimmtes Gefühl ein. Kombiniert man dieses mit einer
bedeutungsstarken Aussage, erreicht man
das gewünschte Ergebnis.

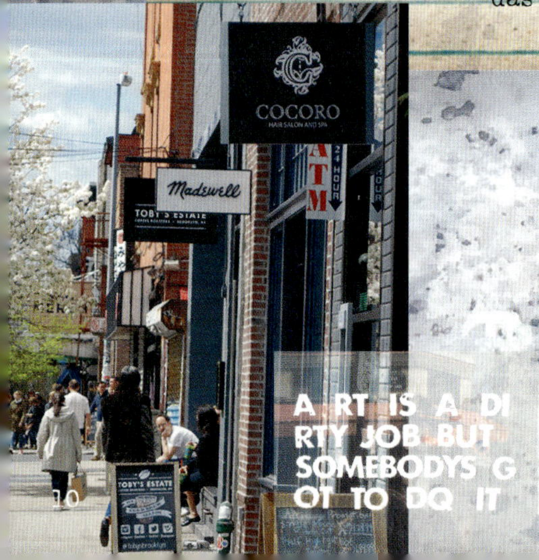

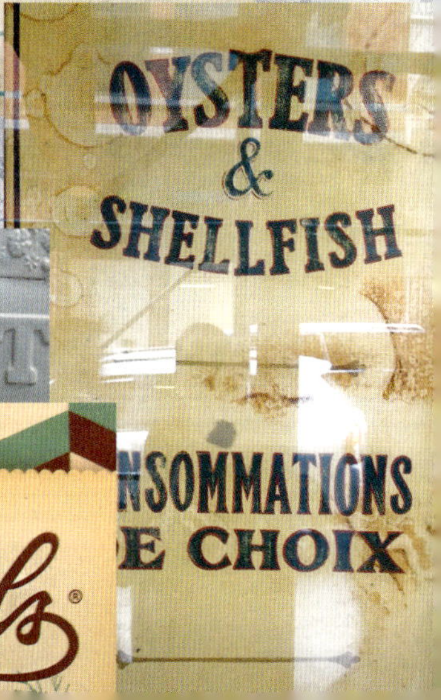

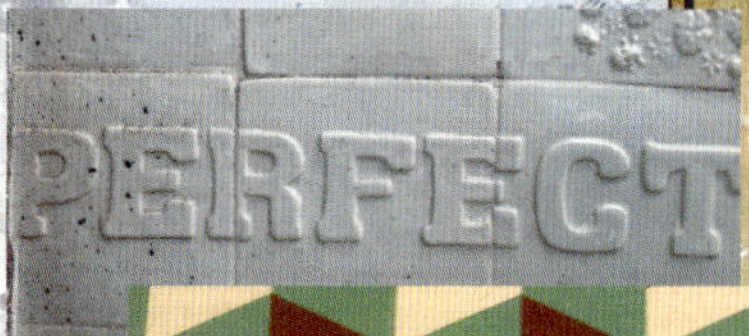

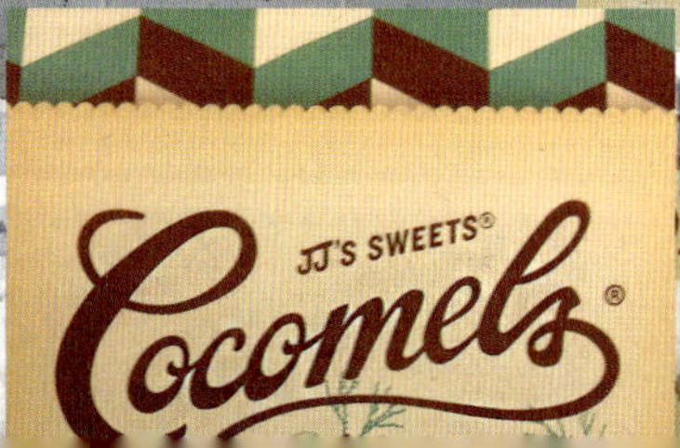

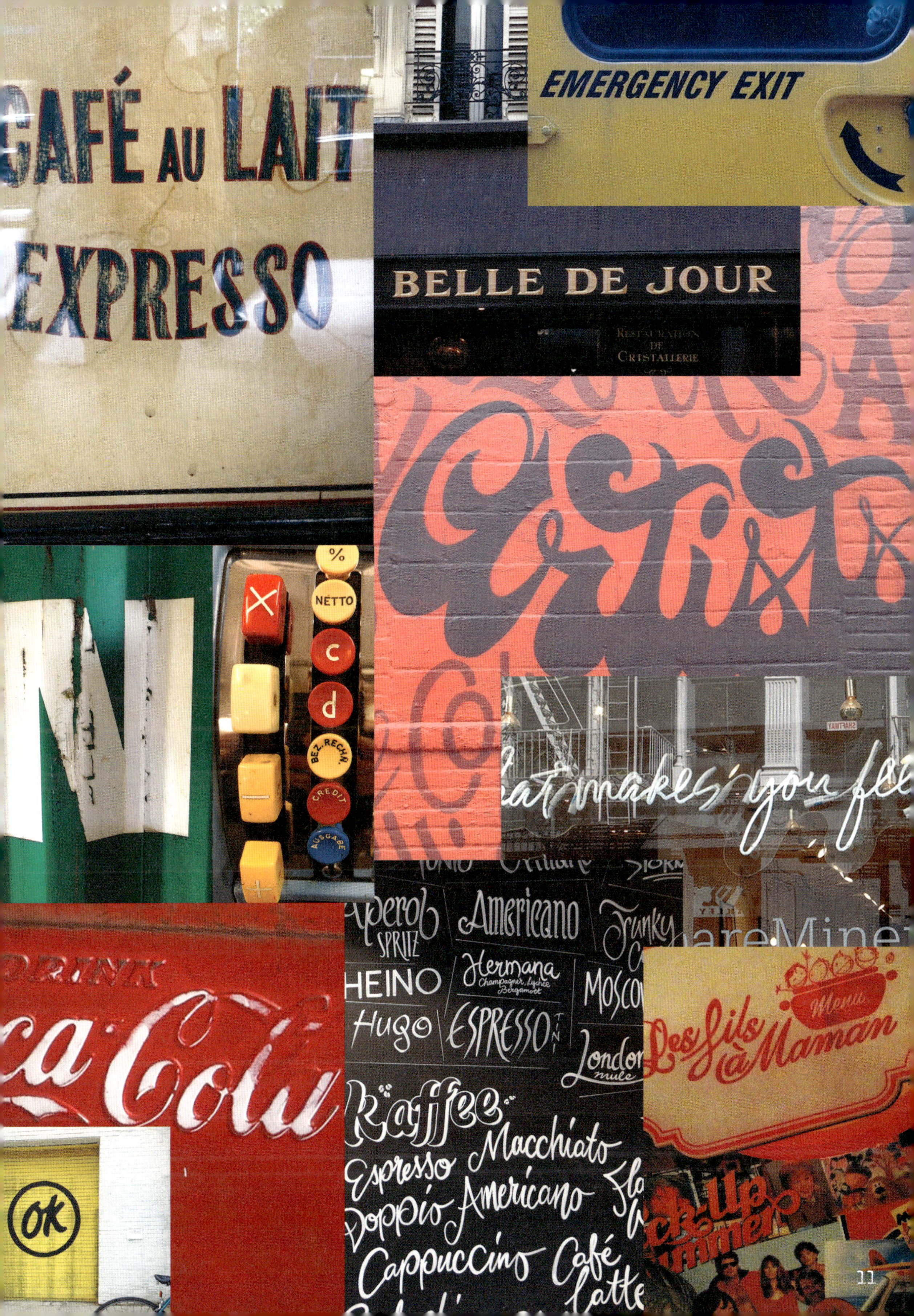
CAFÉ AU LAIT
EXPRESSO
EMERGENCY EXIT
BELLE DE JOUR
RESTAURATION DE CRISTALLERIE
%
NETTO
c
d
BEZ.RECHN.
CREDIT
AUSGABE
DRINK
Coca-Cola
OK
Aperol Spritz
Americano
HEINO
Hermana
Champagner, Lychee, Bergamotte
Moscow
Hugo
ESPRESSO TINI
London mule
Kaffee
Espresso
Macchiato
Doppio
Americano
Cappuccino
Café latte
Les Fils à Maman
Menu

Als junge Designerin war ich fasziniert von den
Schriften auf Plattenhüllen, Verpackungen oder in Designbüchern. Bedeutende Typografen und Schriftdesigner wie Paula Scher, David Carson und natürlich Neville Brody beeinflussten mein Verständnis der Typografie. Vor der Zeit der Digitalisierung zeichnete ich die Schriften für die Layouts von Hand. Ich schnitt, klebte und kopierte die Schriften und gestaltete so den Träger einer Botschaft. Denn nicht nur über den Inhalt der Worte, sondern auch durch die Gestaltung und Anordnung eines Schriftzugs wird eine Aussage transportiert.

Lettering-Inspirationen lassen sich auch sammeln, was mir immer große Freude bereitet. Als leidenschaftliche Sammlerin finden in meinem Regal neben alten Blechdosen auch ein Bleisatzkasten, alte Zeitschriften, antike Bücher und Metallbuchstaben Platz und neue Wertschätzung.

Viele Schriften und Handlettering-Ideen findet man auch auf Facebook, Instagram oder auf anderen Social-Media-Kanälen. Unzählige Tutorials auf YouTube zeigen Schritt für Schritt Handlettering-Techniken, Tipps und Tricks.

Ein Einführungskurs oder das Lesen von Schriftenbüchern können ebenfalls ein hilfreicher Einstieg in die Kunst des Buchstaben-Zeichnens sein.

EIN SCHRIFTENNOTIZHEFT IST ABER MEIN WICHTIGSTES HILFSMITTEL, DAS AUCH DIE VIELEN PINS IN MEINEM PINTEREST-ACCOUNT NICHT ERSETZEN KANN. EIN SOLCHES NOTIZHEFT LEGE ICH ALLEN MEINEN SCHÜLERN UND SCHÜLERINNEN ANS HERZ. DESHALB LIEGT MEINEM BUCH AUCH EIN ÜBUNGSHEFT BEI.

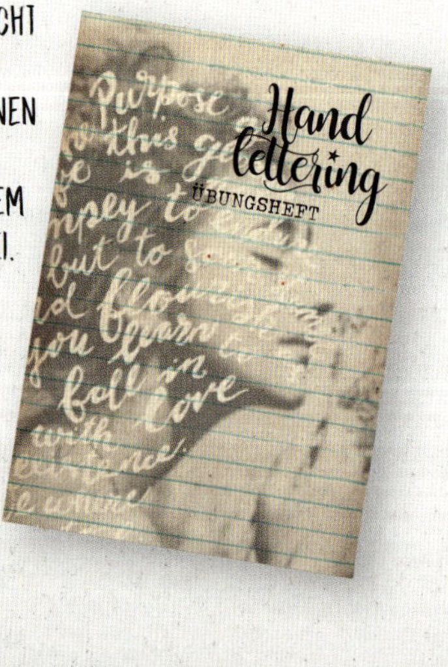

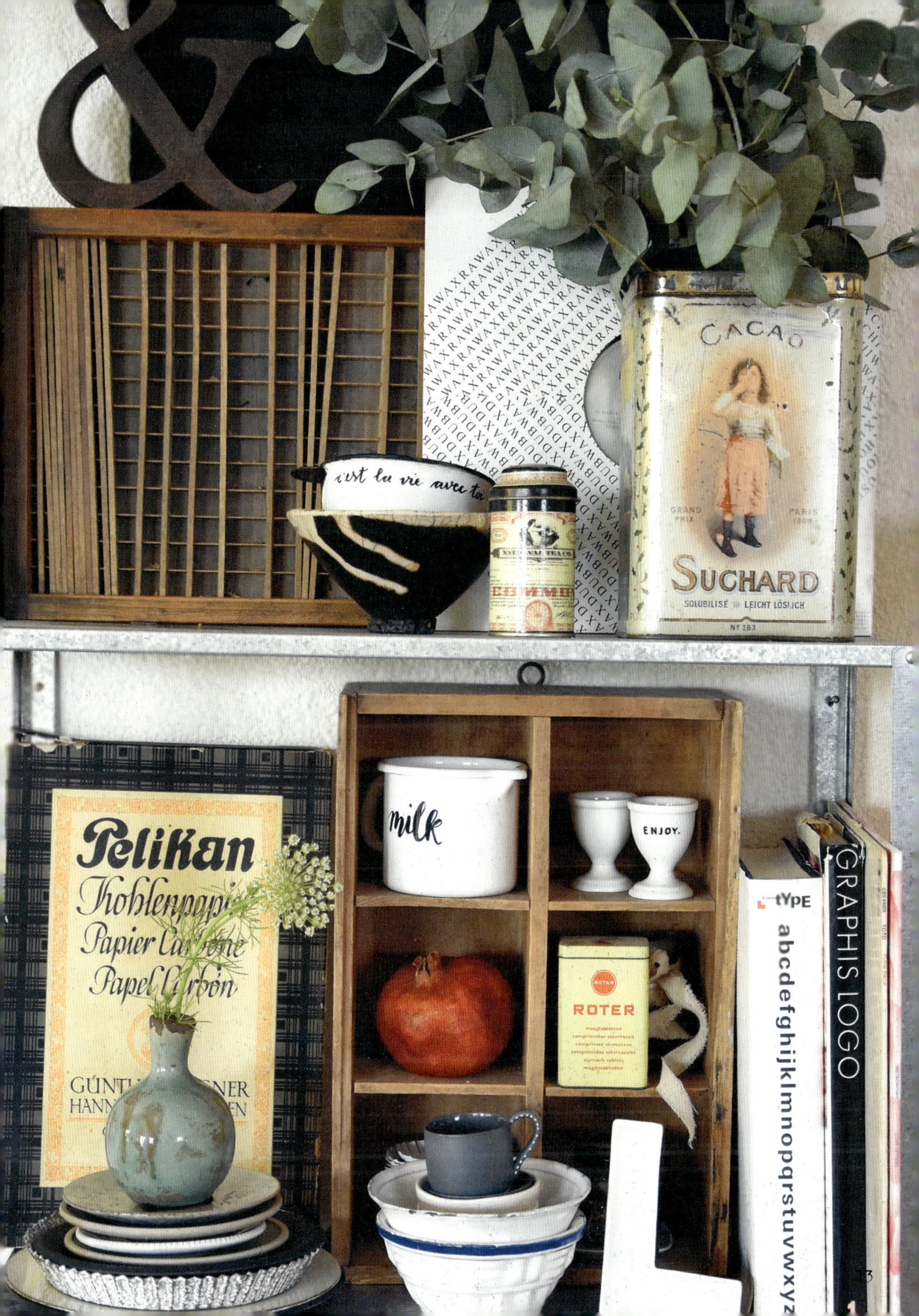
c'est la vie avec
CACAO
GRAND PRIX
PARIS 1900
SUCHARD
SOLUBILISÉ LEICHT LÖSLICH
Nº 283
Pelikan
Kohlenpapier
Papier Carbone
Papel Carbón
milk
ENJOY.
ROTER
tYPE
abcdefghijklmnopqrstuvwxyz
GRAPHIS LOGO

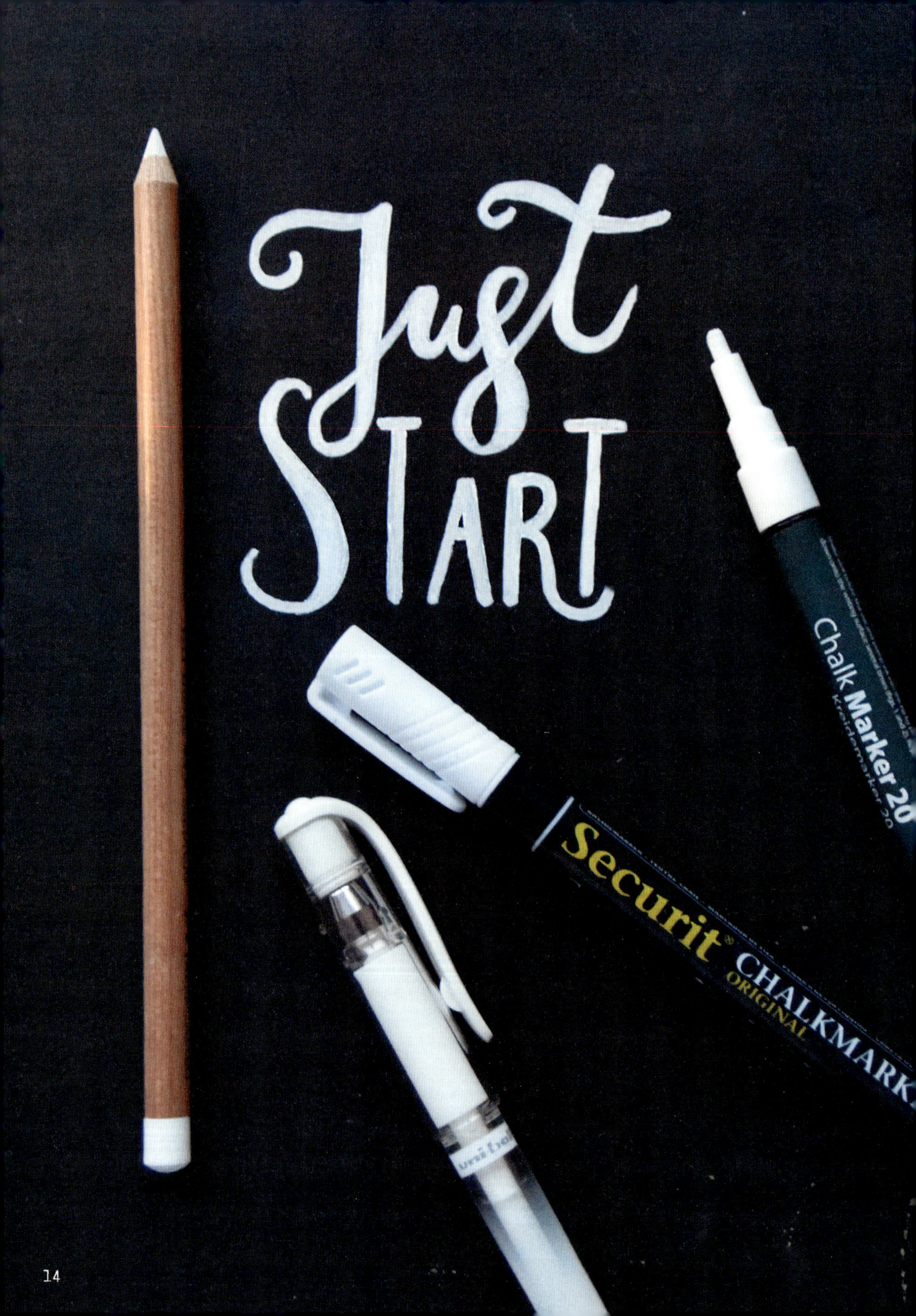
Just
START
Chalk Marker 20
Securit® CHALKMARK
ORIGINAL

AUS BUCHSTABEN

ETWAS EINZIGARTIGES SCHAFFEN

WAS BEDEUTET HANDLETTERING? WIE UND MIT WELCHEN STIFTEN BEGINNE ICH? WIE KANN ICH ES KONKRET ANWENDEN?
Diese Fragen werde ich in diesem Buch beantworten.

LASS DICH VON DEN IDEEN INSPIRIEREN
und dich für das Handlettern begeistern.

ENTDECKE DIE MÖGLICHKEITEN DER VERSCHIEDENEN MATERIALIEN
und lerne die Techniken, um Oberflächen und Objekte zu beschriften.

BEGINNE MIT EINFACHEN ÜBUNGEN.
Die Musteralphabete in diesem Buch erleichtern dir den Einstieg.

DAS ÜBUNGSHEFT HILFT DIR, SCHRITT FÜR SCHRITT
Sicherheit beim Handlettern zu gewinnen.
Es ist auch ideal für unterwegs, denn Zeichnen und Malen kann man nicht nur zu Hause, sondern auch in einem gemütlichen Café oder auf einer schönen Wiese.

EXPERIMENTIERE UND VERBINDE DIE BEISPIELE IN DIESEM BUCH
mit deinen eigenen Inspirationen. Sammle Gegenstände, die dir gefallen und dich zum Lettering inspirieren. Das macht Spaß und hilft dir, deinen eigenen Stil zu entwickeln.

LASS DICH VON DEINER INTUITION LEITEN,
und arbeite spielerisch mit den Buchstaben.

SEI GEDULDIG UND LASS DIR ZEIT.
Freue dich über kleine Fortschritte. Übe langsam, und konzentriere dich auf die sorgfältige Ausführung der Formen.

JUST START!

Los geht's!

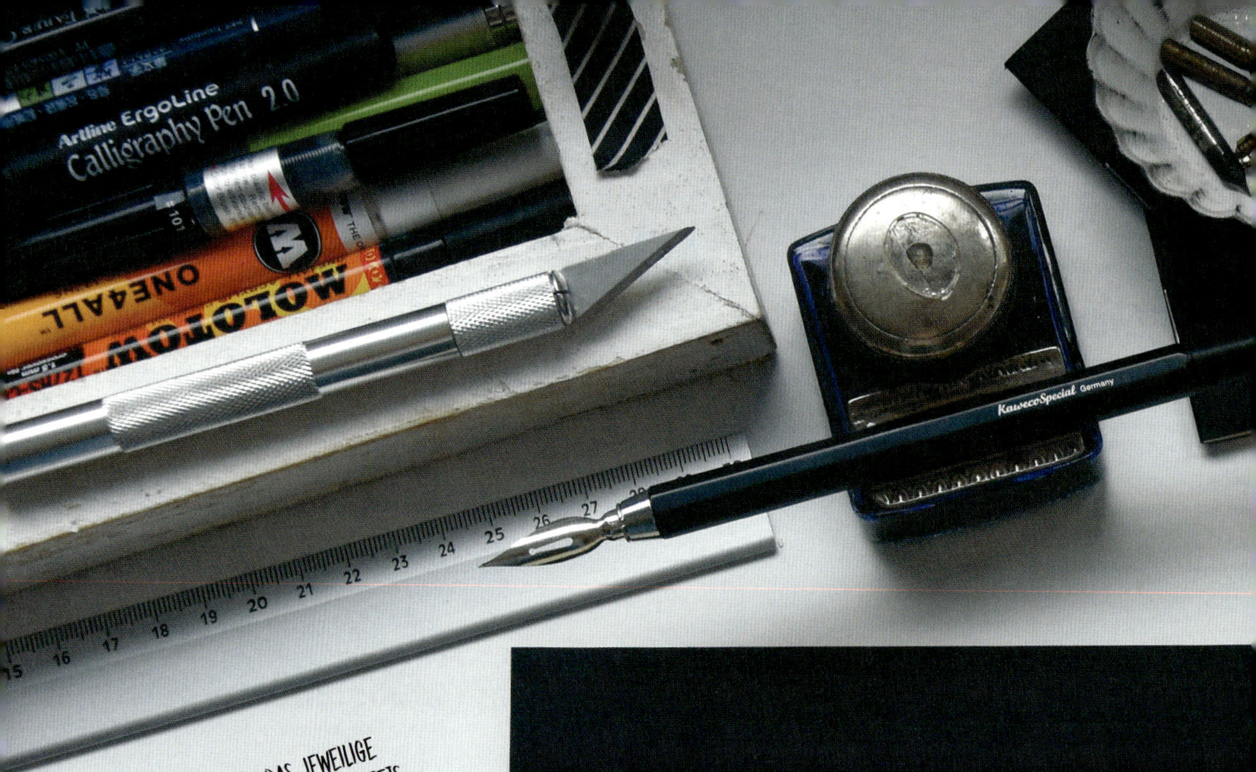

ALLE STIFTE, DIE FÜR DAS JEWEILIGE PROJEKT BENÖTIGT WERDEN, SOLLTEN STETS GRIFFBEREIT LIEGEN, DENN MANCHMAL MUSS MAN SEHR SCHNELL DAS SCHREIBGERÄT WECHSELN.

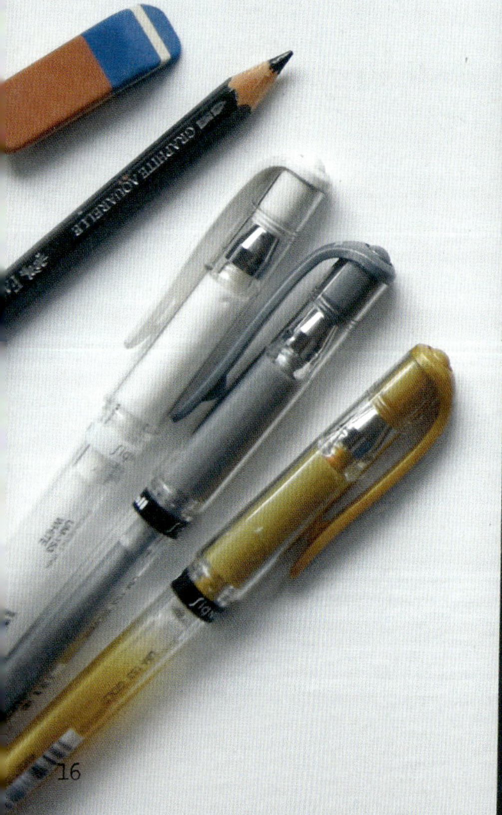

ARBEITSPLATZ

Sorge immer für gutes Licht, idealerweise so, dass deine Hand keinen Schatten auf die Buchstaben wirft. Das erleichtert das Schreiben und deine Augen werden es dir danken.

Setze dich so hin, dass genügend Platz für Arme und Beine vorhanden ist. Entferne alles Unnötige vom Tisch und sei vorsichtig mit Getränken.

Ganz wichtig: Immer ein saugfähiges Papier unter den Arm oder die Hand legen, damit nichts verschmiert!

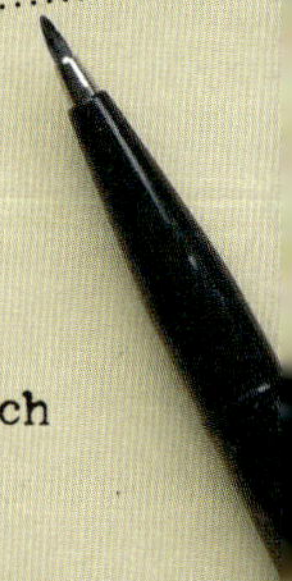

TIPP: Die Hände sollte man zwischendurch immer wieder kurz lockern.

AUCH DAS FÜR COLOUR LETTERING ODER AQUARELLE BENÖTIGTE WASSER PLATZIERT MAN AM BESTEN MÖGLICHST WEIT VON DER SCHREIBUNTERLAGE ENTFERNT.

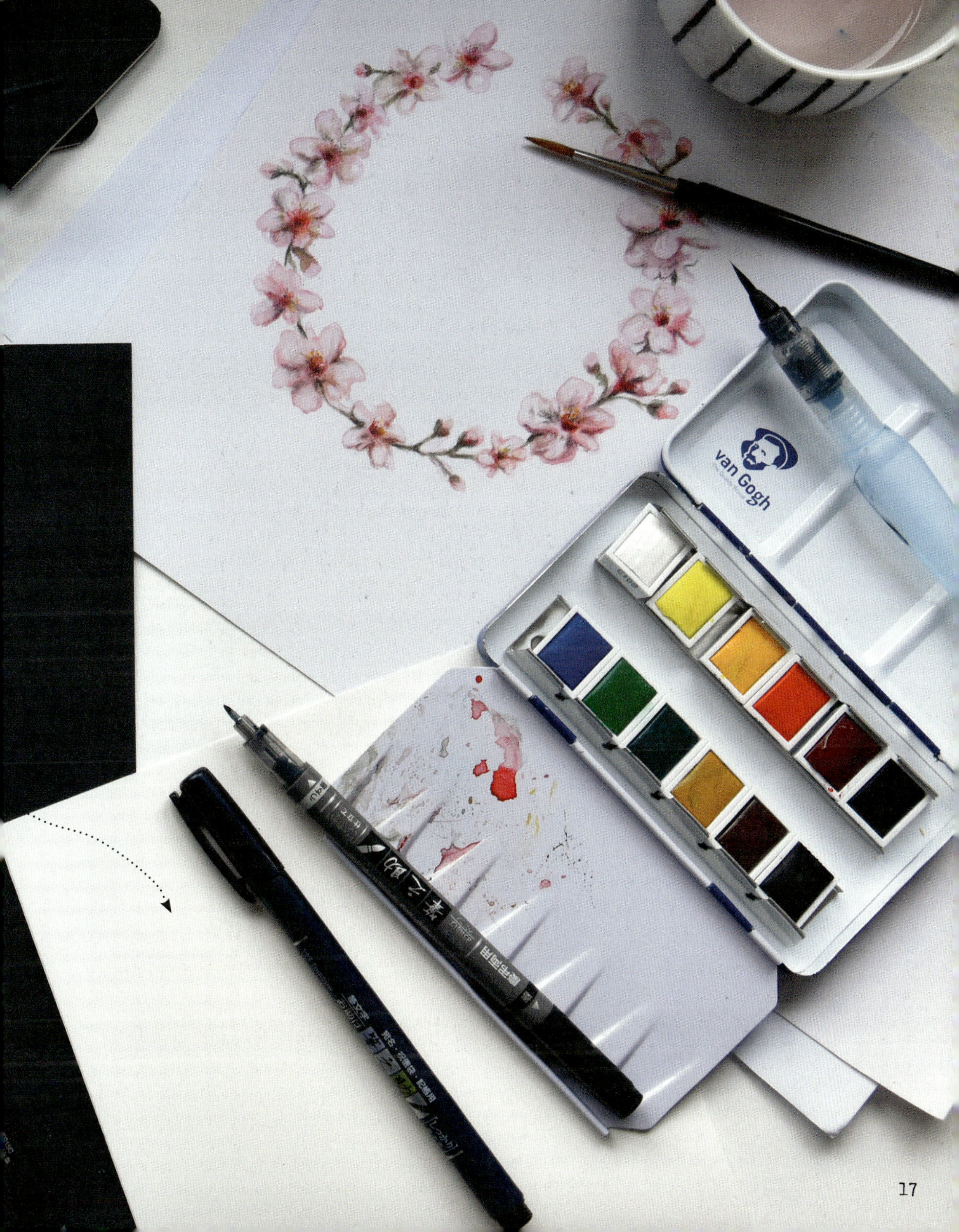

LETTERING-BEGRIFFE

KURZ ERKLÄRT

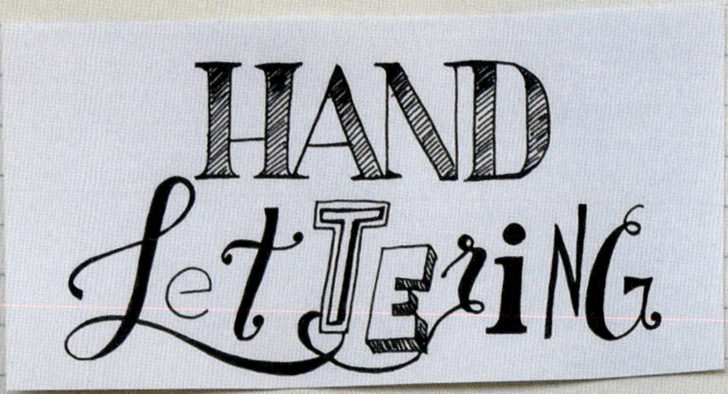

DIE KUNST DES BUCHSTABEN-ZEICHNENS

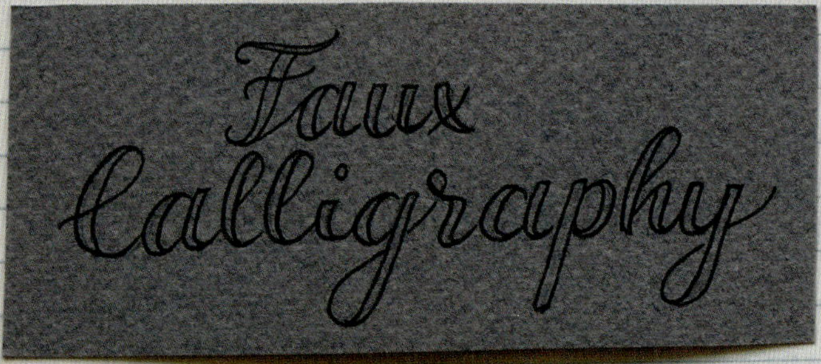

FALSCHE KALLIGRAFIE, IMITIEREN DES SCHREIBENS MIT DER FEDER

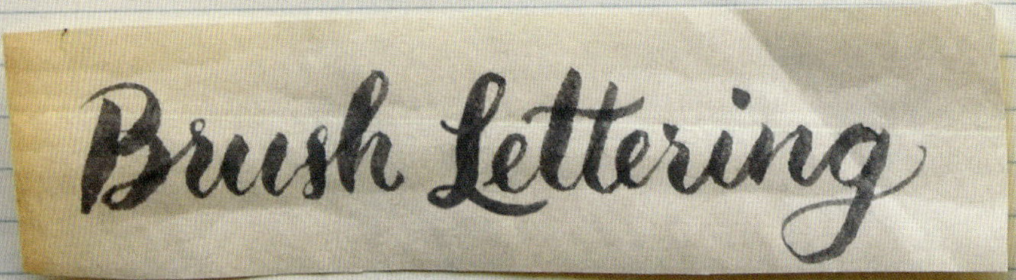

DAS SCHREIBEN MIT PINSEL ODER PINSELSTIFT

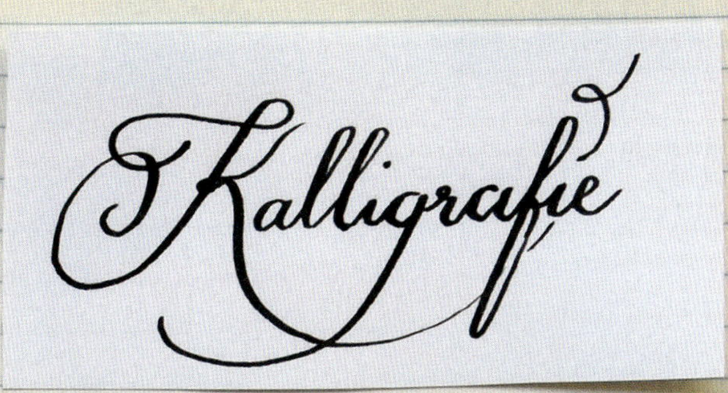

DIE KUNST DES SCHÖNSCHREIBENS, TRADITIONELL MIT TUSCHE UND FEDER

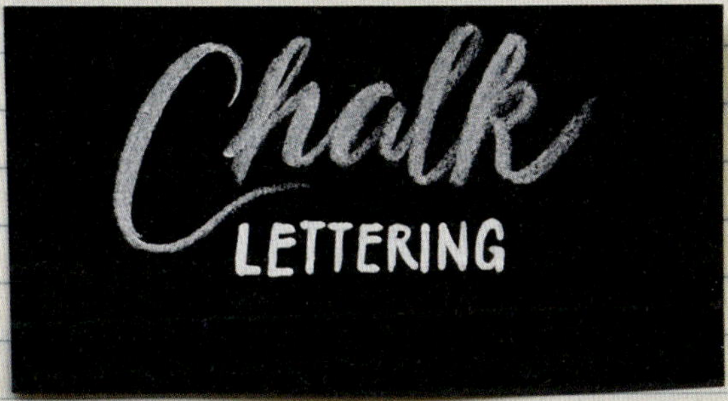

SCHREIBEN MIT KREIDE AUF KREIDETAFELN

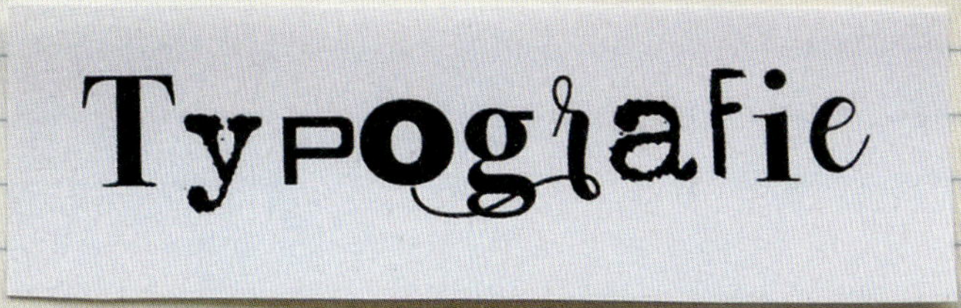

DIE GEDRUCKTE SCHRIFT

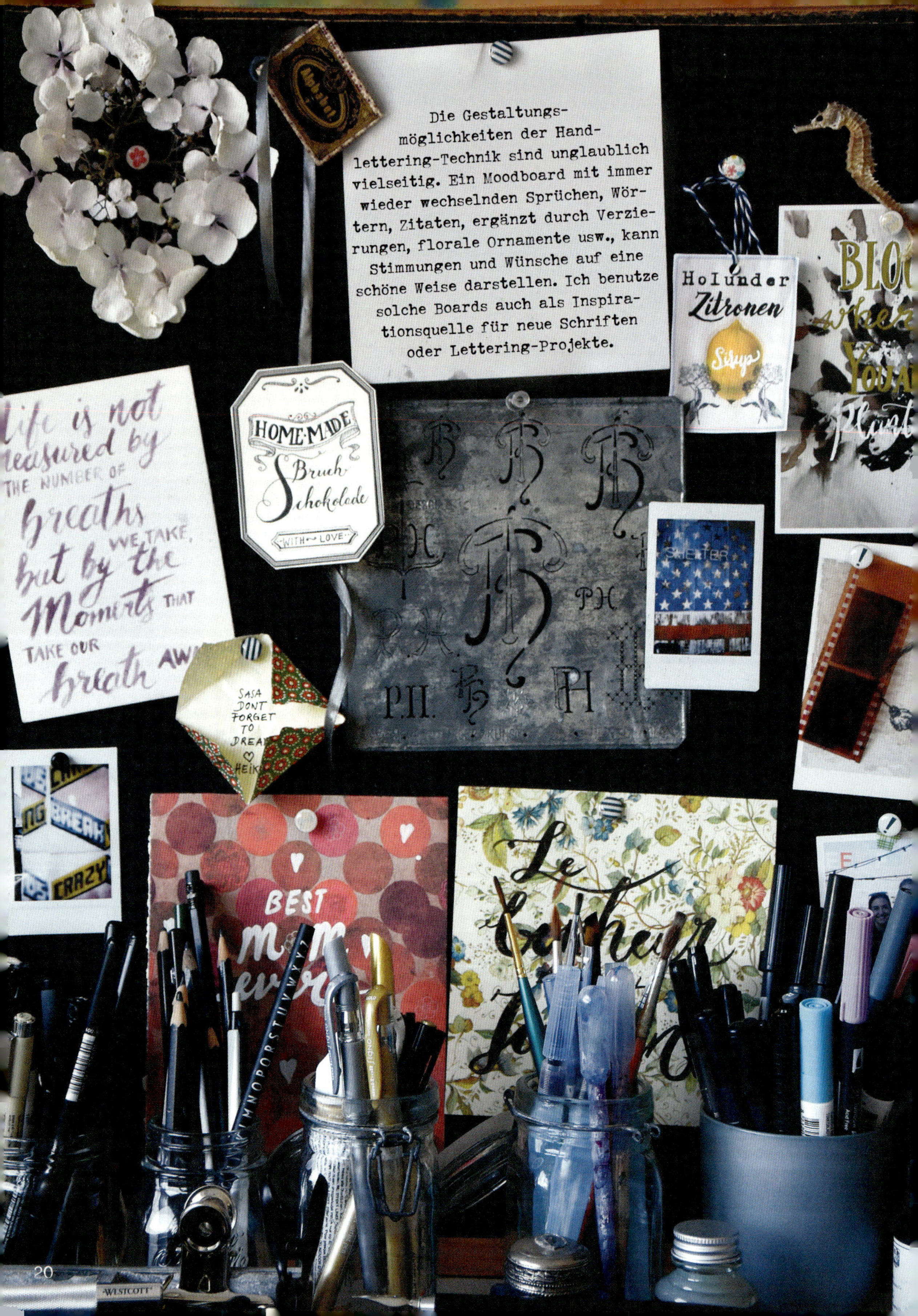

Die Gestaltungsmöglichkeiten der Handlettering-Technik sind unglaublich vielseitig. Ein Moodboard mit immer wieder wechselnden Sprüchen, Wörtern, Zitaten, ergänzt durch Verzierungen, florale Ornamente usw., kann Stimmungen und Wünsche auf eine schöne Weise darstellen. Ich benutze solche Boards auch als Inspirationsquelle für neue Schriften oder Lettering-Projekte.

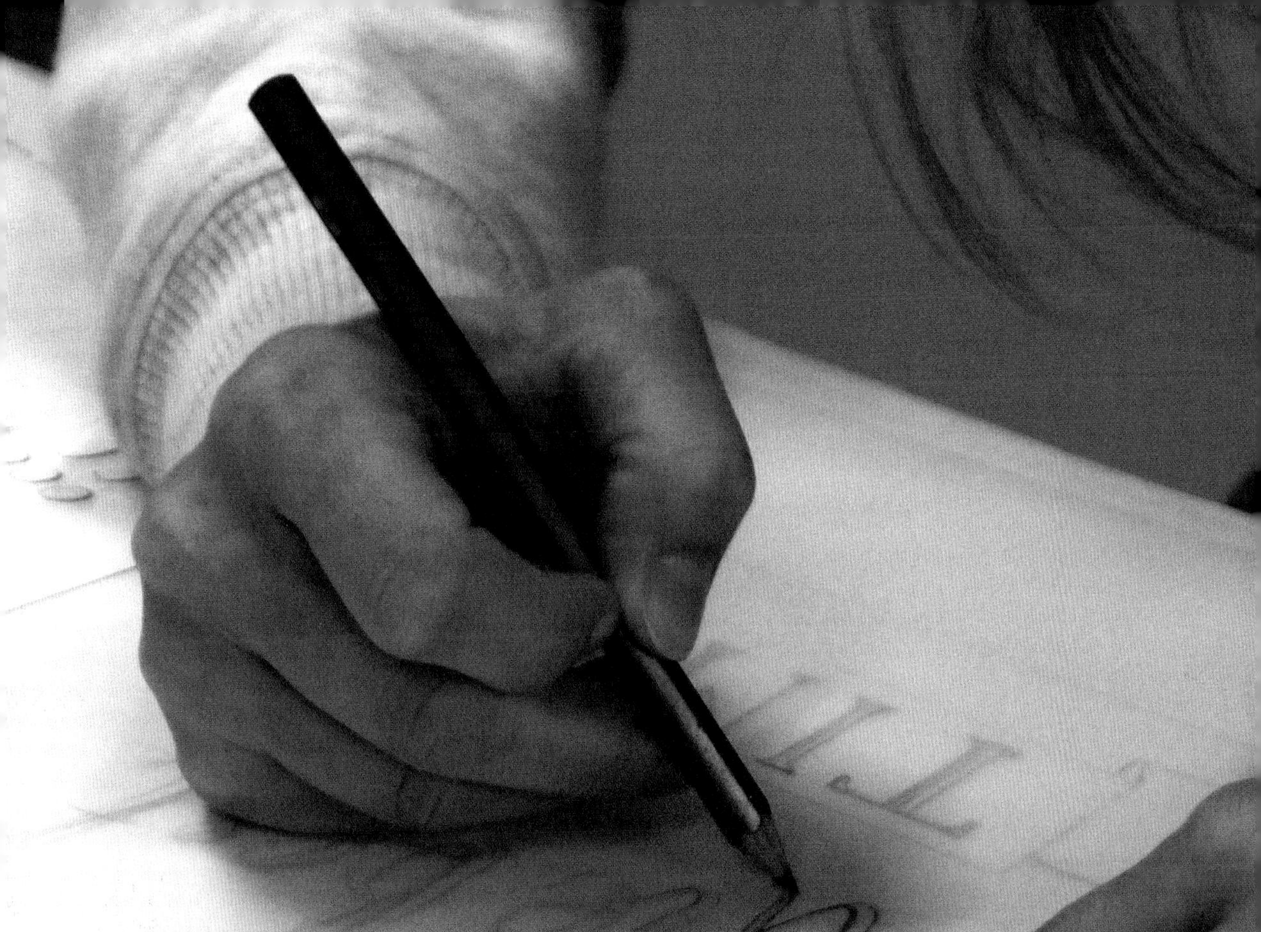

HANDLETTERING

Das Zeichnen von Buchstaben oder Malen mit Wörtern

Handlettering ist eigentlich nur ein Teil des Letterings, zu dem auch Brush Lettering und Faux Calligraphy gehören. Handlettering ist eine einfache Art, wieder mit dem Schreiben von Hand zu beginnen.
Die Möglichkeit, mit wenig Hilfsmitteln auf fast allen Oberflächen schreiben zu können, macht diese Technik so beliebt.
Der Unterschied zur Kalligrafie, zum Brush Lettering oder zur Typografie besteht darin, dass man die Buchstaben zeichnet. Man entwirft, korrigiert, überzeichnet, malt, verziert und entwickelt seine Kreativität dabei kontinuierlich weiter.
So gesehen gehört das Handlettern eher zur Illustration als zur Schreibkunst.
Einige einfache Regeln, ein Verständnis für die Anatomie der Buchstaben und das Wissen um die vielen Ausdrucksmöglichkeiten sind die Grundpfeiler des Handletterings.

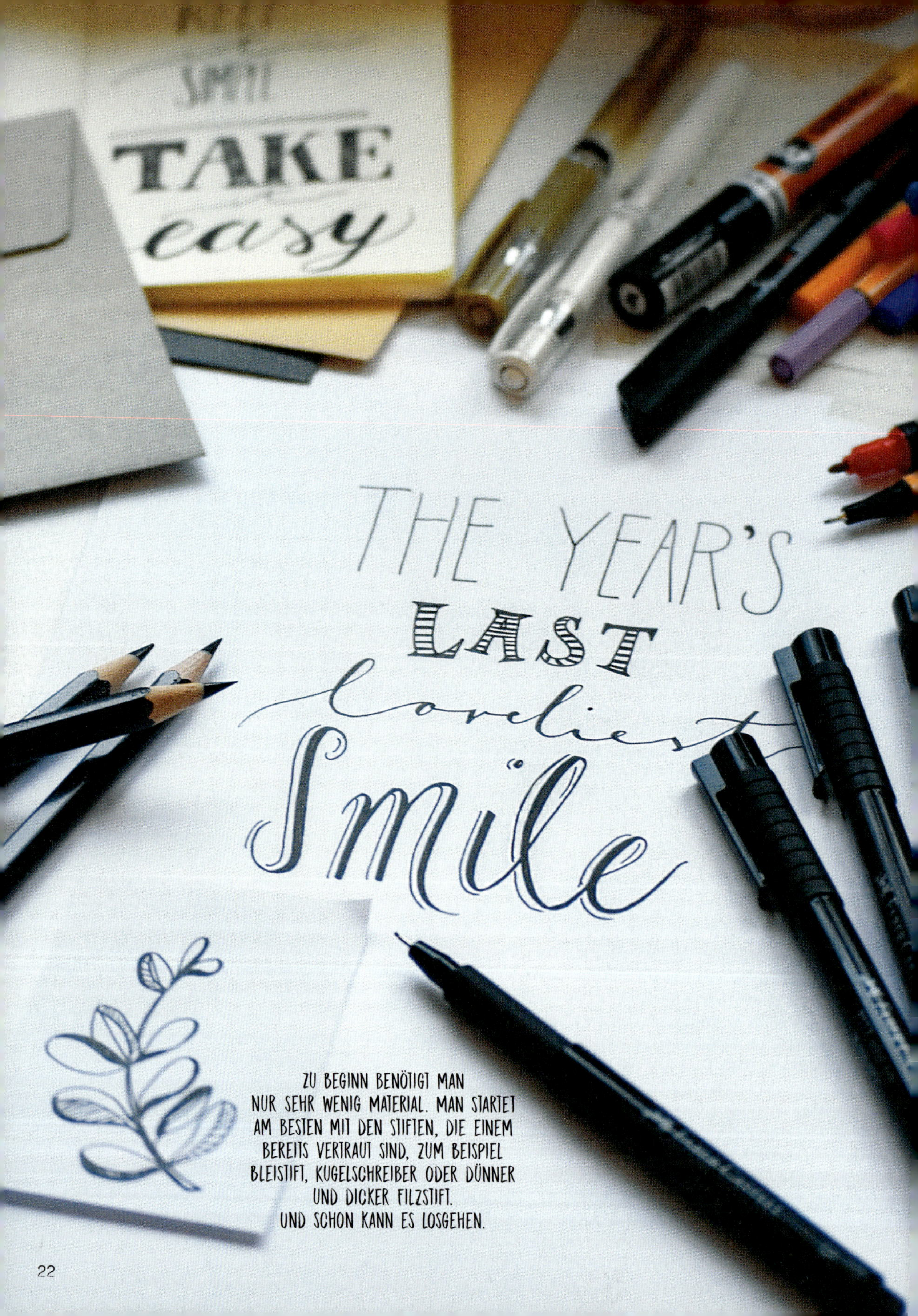

ZU BEGINN BENÖTIGT MAN NUR SEHR WENIG MATERIAL. MAN STARTET AM BESTEN MIT DEN STIFTEN, DIE EINEM BEREITS VERTRAUT SIND, ZUM BEISPIEL BLEISTIFT, KUGELSCHREIBER ODER DÜNNER UND DICKER FILZSTIFT.
UND SCHON KANN ES LOSGEHEN.

Das Angebot an Stiften und Papier ist sehr groß. Folgendes Material habe ich getestet und kann es weiterempfehlen.

STIFTE MIT RUNDSPITZE:

Bleistifte:

- HB, HB 2, 4, 6 und 8

Fineliner und Filzstifte:

- Stabilo pointMax
- Stabilo point 88 und Pen 68
- Filzstifte, z. B. Stabilo Fasermaler Pen 68
- Pentel Slicci 0,4

Wasserfeste Fineliner:

- Faber Castell Pitt Artist Pen XS, S, F, M in Schwarz und Grau
- Molotow Marker One 4 All ist mein Favorit, da er auf allen Oberflächen einsetzbar und in vielen Farben und Stärken erhältlich ist
- Gelroller Uni-ball Signo in Weiß und Glitzerfarben
- Sakura Pigma Micron 0,05-0,8
- Copic Multiliner 0,03-1,0
- Stabilo OHPen universal S, F, M

PAPIER:

- Mondi Color Copy Farbkopierpapier 200 g
- Canson XL Bristol (für Karten)
- Klappkarten von Clairefontaine Pollen
- Canson XL Markerpapier (halb transparent)
- Hahnemühle Entwurfblock A4
- Hahnemühle Transparentpapierblock
- Rhodia DotPad Block Din A4 (punktkariert)
- Clairefontaine Heft Age Bag blanko (praktisches DIN-A5-Heft für unterwegs)
- Clairefontaine Pollen Klappkarten

FAUX CALLIGRAPHY

FALSCHE Kalligrafie

Die sogenannte »falsche« Kalligrafie, das Imitieren des Schreibens mit der Feder, ist eine gute Möglichkeit, um ein Gefühl für die unterschiedlichen Strichdicken zu entwickeln. Denn damit lassen sich mit einem Fineliner oder Marker alle Oberflächen so beschriften, als wären sie mit Tusche und Feder kalligrafiert. Abwärtsstriche werden mit einer Doppellinie (Outline) so verbreitert, dass durch das anschließende Ausfüllen des entstandenen Weißraums der Buchstabe unterschiedliche Strichstärken aufweist. Man simuliert also einen dicken Pinselstrich.

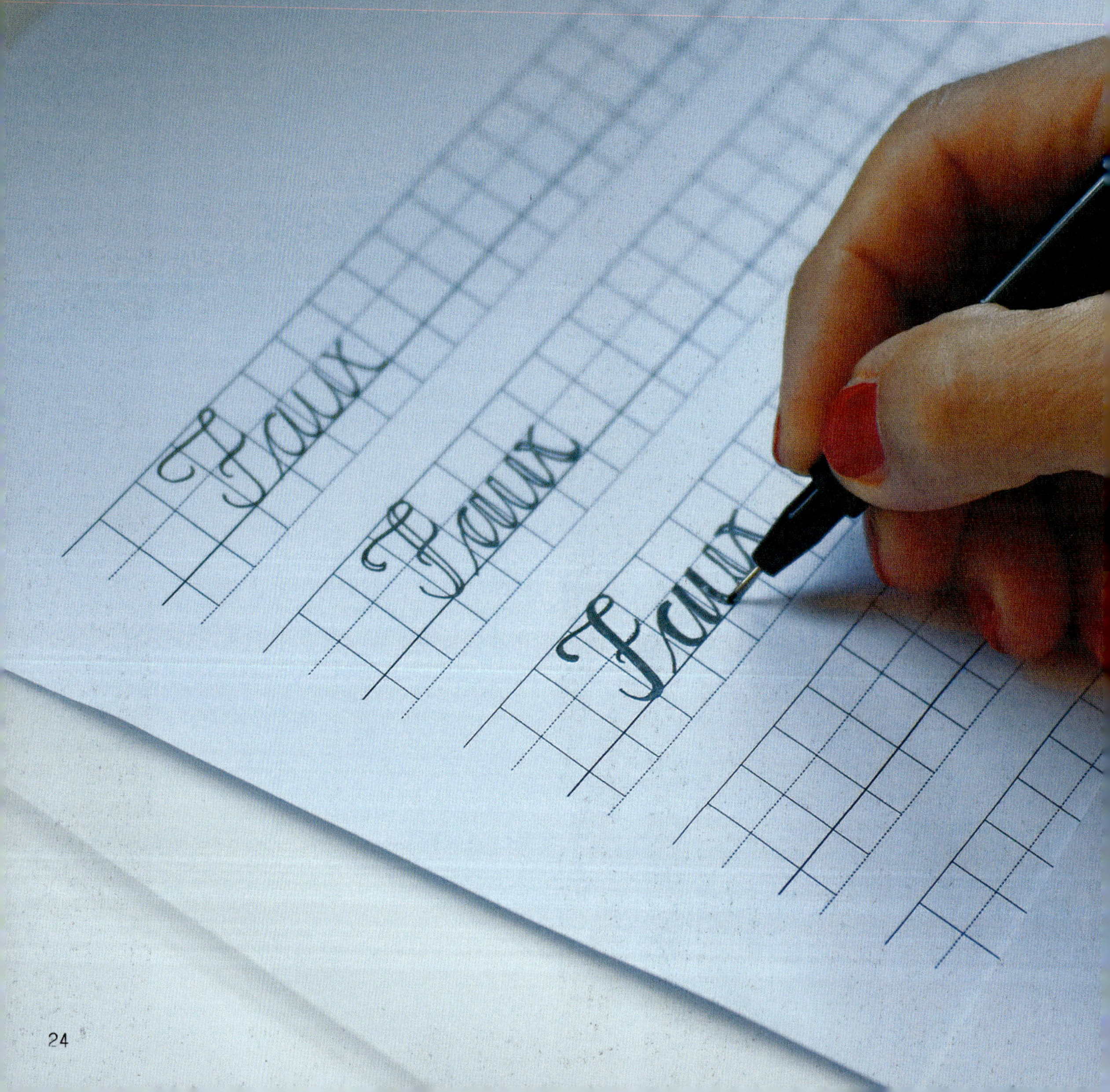

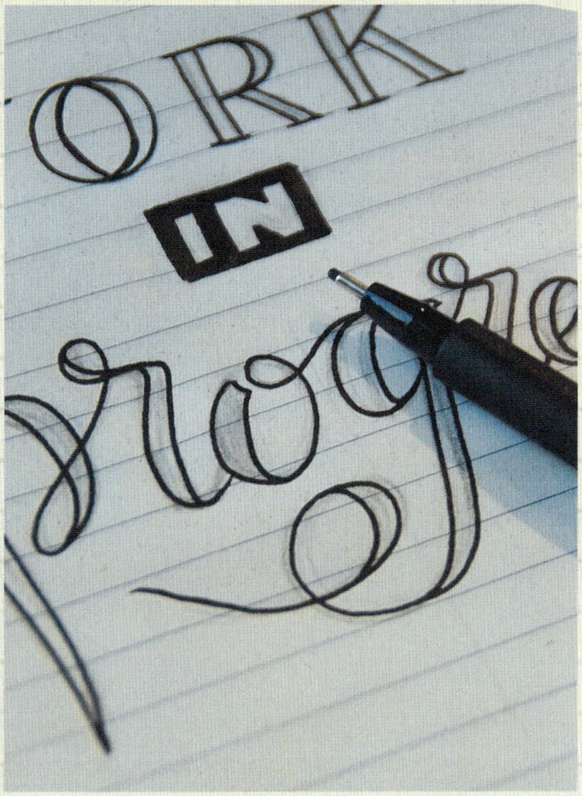

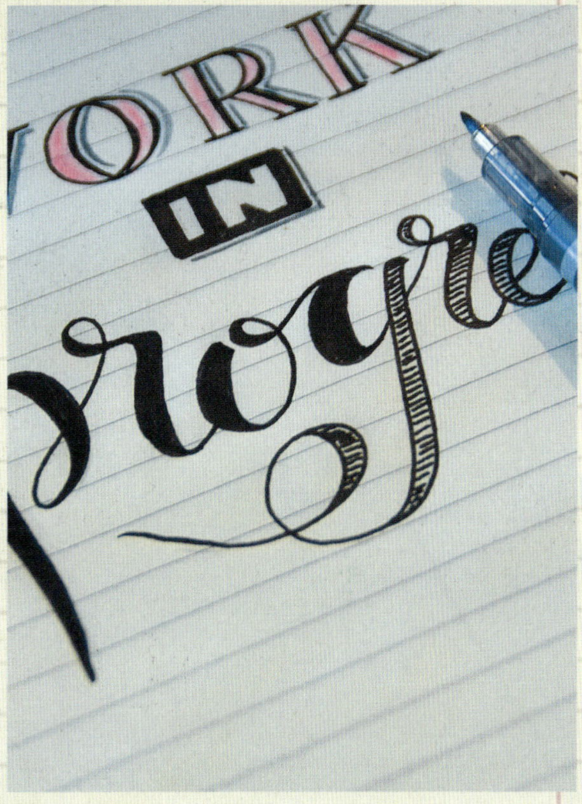

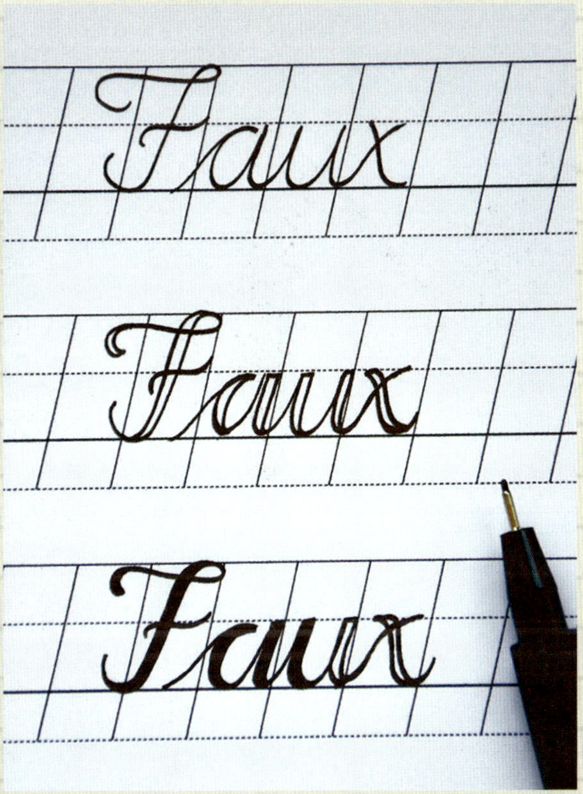

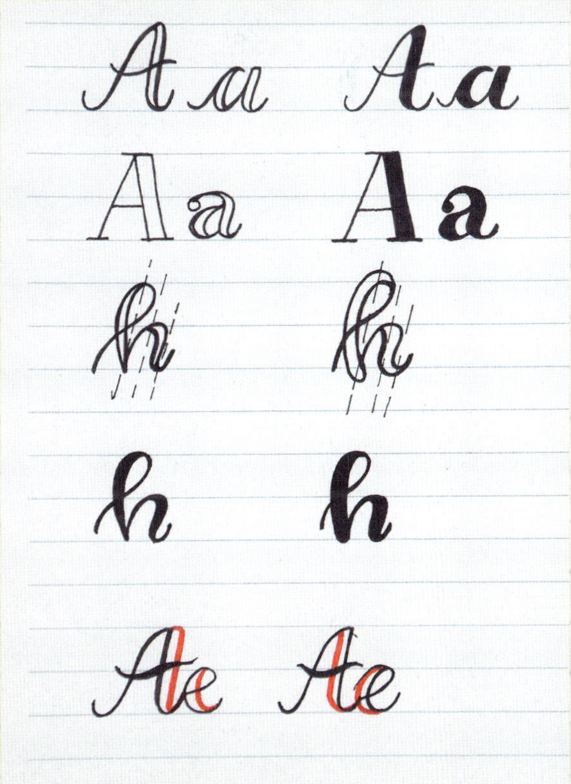

WEITERE TIPPS SIEHE ÜBUNGSHEFT

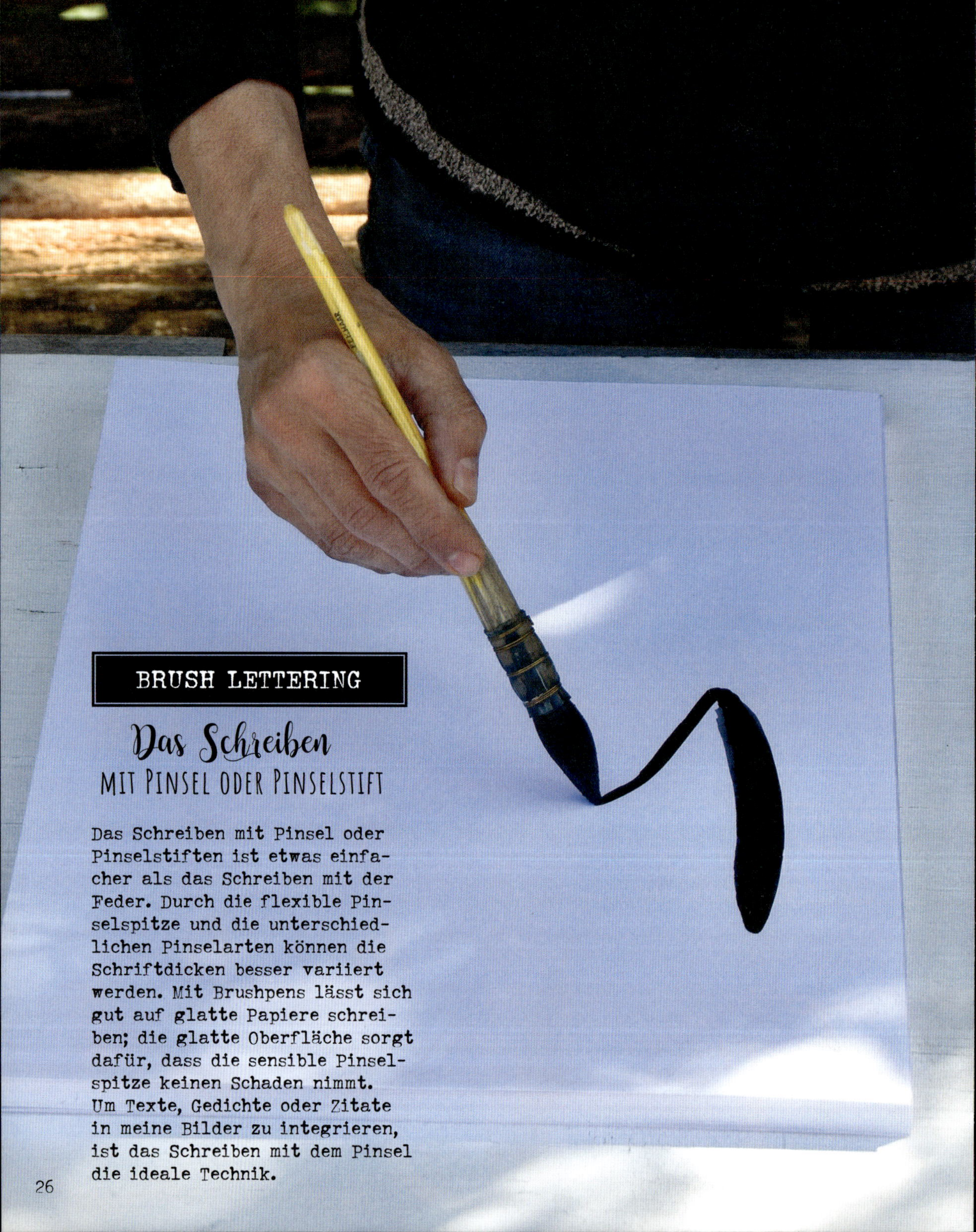

BRUSH LETTERING

Das Schreiben
Mit Pinsel oder Pinselstift

Das Schreiben mit Pinsel oder Pinselstiften ist etwas einfacher als das Schreiben mit der Feder. Durch die flexible Pinselspitze und die unterschiedlichen Pinselarten können die Schriftdicken besser variiert werden. Mit Brushpens lässt sich gut auf glatte Papiere schreiben; die glatte Oberfläche sorgt dafür, dass die sensible Pinselspitze keinen Schaden nimmt. Um Texte, Gedichte oder Zitate in meine Bilder zu integrieren, ist das Schreiben mit dem Pinsel die ideale Technik.

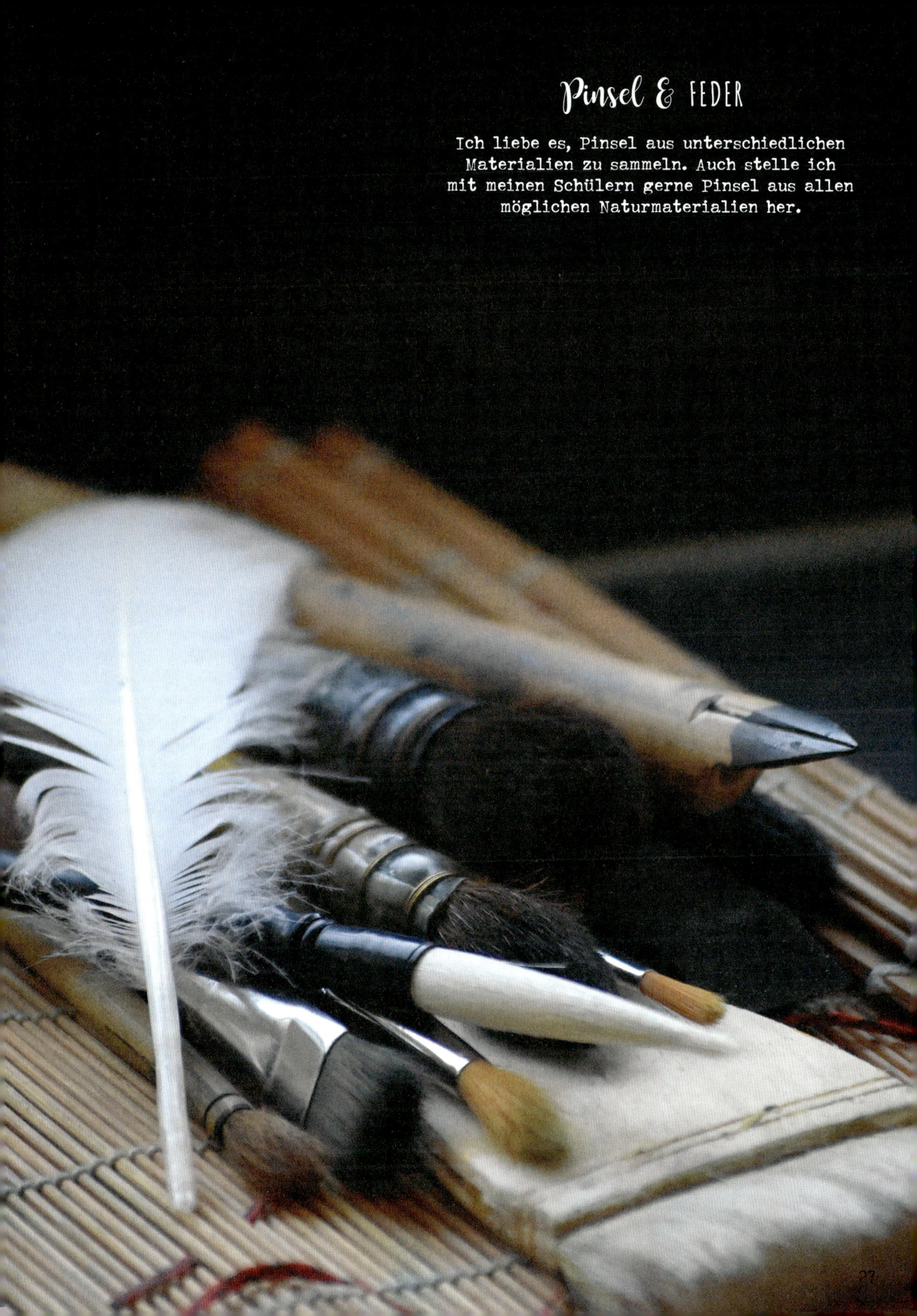

Pinsel & FEDER

Ich liebe es, Pinsel aus unterschiedlichen Materialien zu sammeln. Auch stelle ich mit meinen Schülern gerne Pinsel aus allen möglichen Naturmaterialien her.

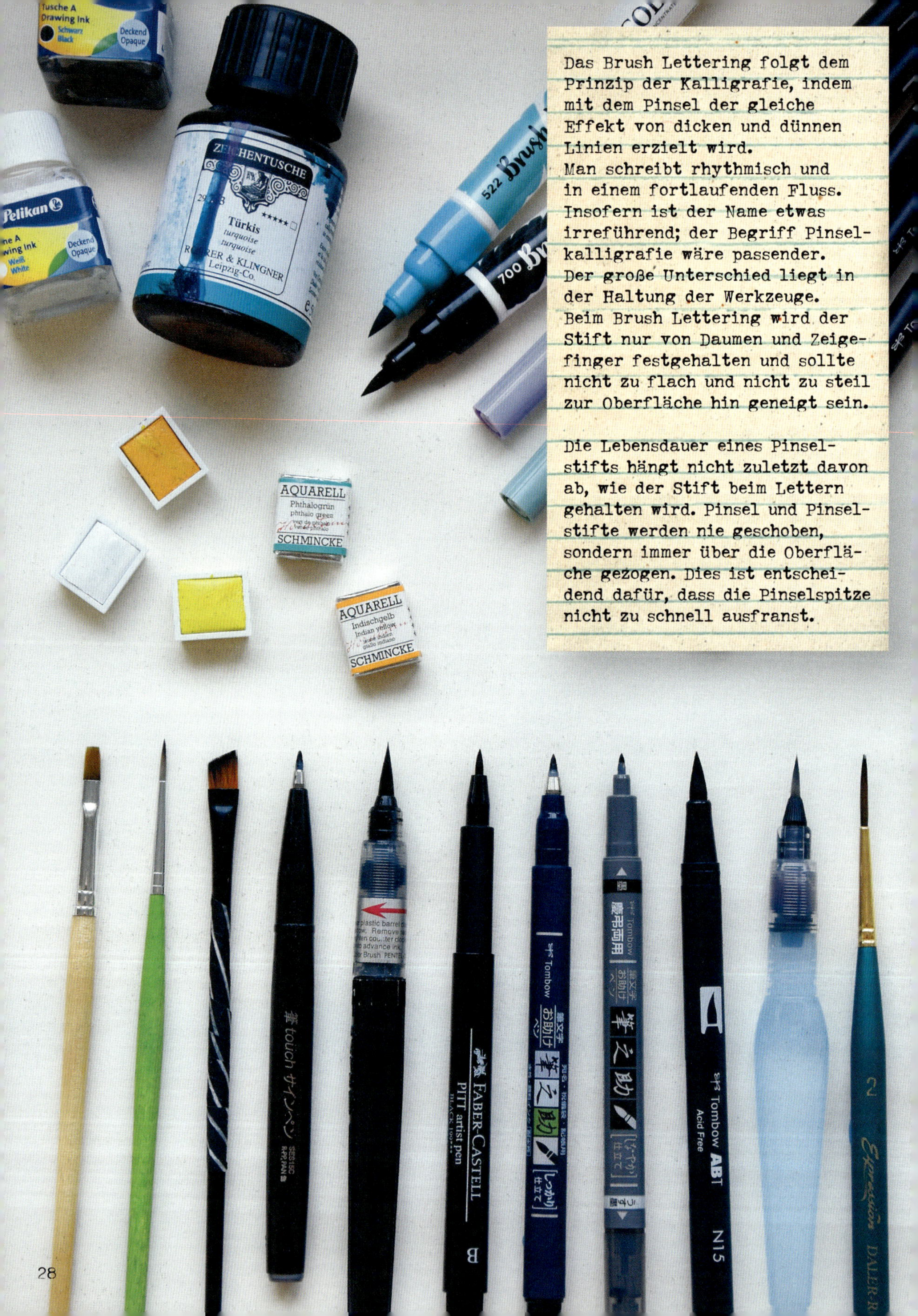

Das Brush Lettering folgt dem Prinzip der Kalligrafie, indem mit dem Pinsel der gleiche Effekt von dicken und dünnen Linien erzielt wird.
Man schreibt rhythmisch und in einem fortlaufenden Fluss. Insofern ist der Name etwas irreführend; der Begriff Pinselkalligrafie wäre passender.
Der große Unterschied liegt in der Haltung der Werkzeuge.
Beim Brush Lettering wird der Stift nur von Daumen und Zeigefinger festgehalten und sollte nicht zu flach und nicht zu steil zur Oberfläche hin geneigt sein.

Die Lebensdauer eines Pinselstifts hängt nicht zuletzt davon ab, wie der Stift beim Lettern gehalten wird. Pinsel und Pinselstifte werden nie geschoben, sondern immer über die Oberfläche gezogen. Dies ist entscheidend dafür, dass die Pinselspitze nicht zu schnell ausfranst.

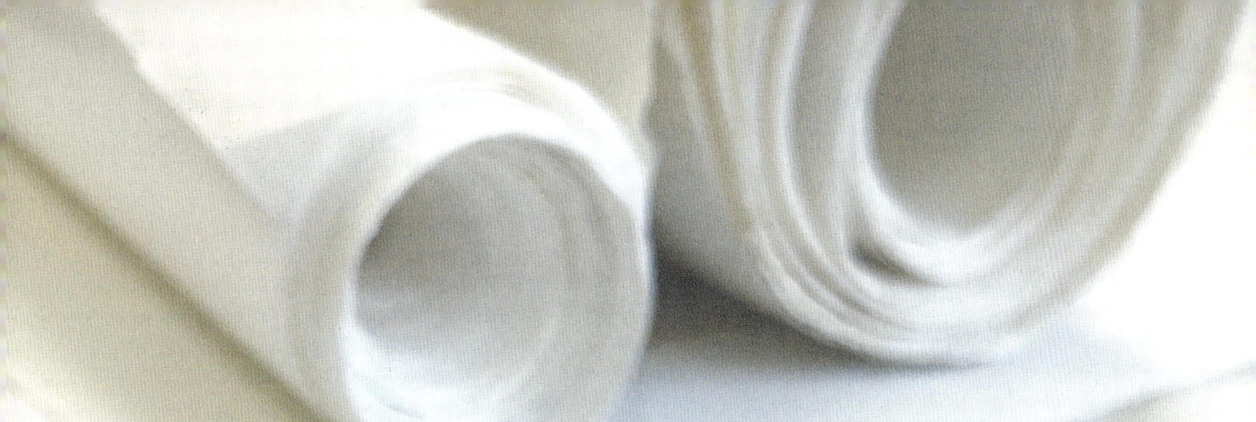

STIFTE UND PINSEL

- Flachpinsel
- Schülerpinsel
- Aquarellpinsel
- Brush Sign Pen Touch von Pentel
- Color Brush Pen von Pentel
- Pinselstifte Faber Castell B
- Fudenosuke Soft und Hard
- Tombow von Pentel, in 18 Farben erhältlich
- Kunststoffpinsel mit Wassertank
- Ziegenhaarpinsel
- Selbst hergestellte Pinsel aus Naturmaterialien

PAPIER FÜR BRUSHPENS

- Mondi Color Copy Farbkopierpapier 200 g
- Clairefontaine DCP Kopierpapier 120 g
- Canson XL Bristol (für Karten)
- Canson XL Markerpapier (halb transparentes Papier)
- Klappkarten von Clairefontaine Pollen

WICHTIG: EIN GLATTES, GESTRICHENES PAPIER IST IDEAL FÜR LETTERING-ÜBUNGEN UND SCHONT DIE SENSIBLE SPITZE DES BRUSHPENS. AUCH ZUM SCHREIBEN AUF KARTEN, ETIKETTEN USW. KANN EIN BRUSHPEN VERWENDET WERDEN.

PAPIER FÜR PINSEL

Fabriano Pergamentpapier (leichte Struktur)
Japanpapier Tosa Shi (aus hochwertigen Naturfasern)
Lanavanguard Universal-Malgrund (ideal für fast alle Zeichen- und Maltechniken)

Geeignet sind praktisch alle Papiere mit glatter oder rauer Oberfläche ab etwa 120 g/m^2.

TINTE, TUSCHE UND FARBEN

Als Schreibflüssigkeit können fast alle Flüssigkeiten verwendet werden. Neben Tusche, Tinte, Aquarellfarben und Wasserfarben auch speziellere wie Pflanzenfarben. Ein Beispiel, wie man Farben aus Pflanzen oder Früchten herstellen kann, findet sich auf Seite 109.

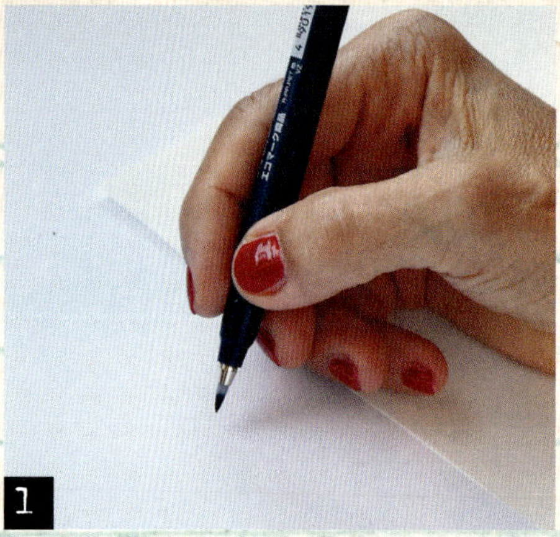

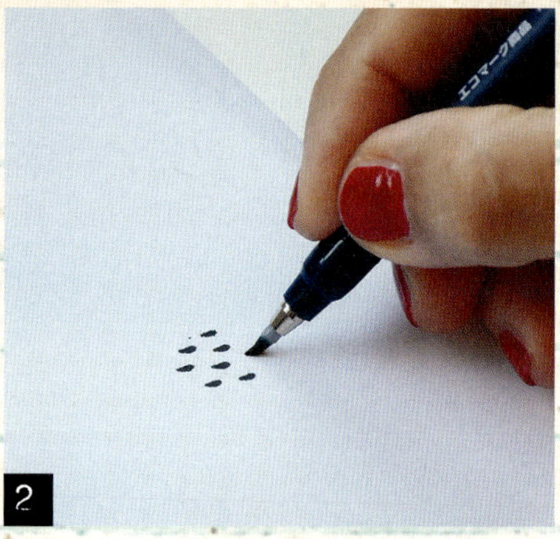

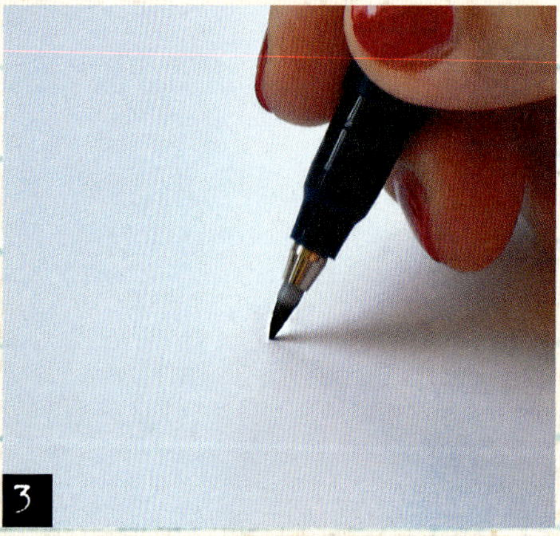

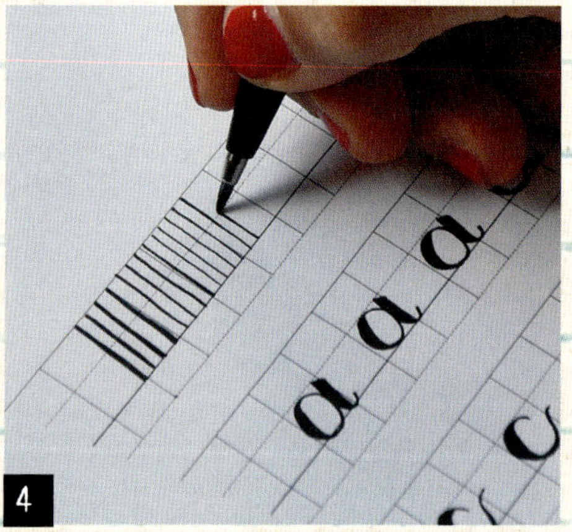

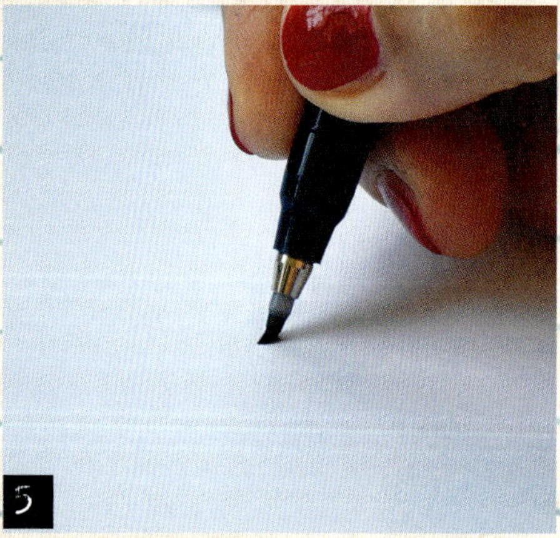

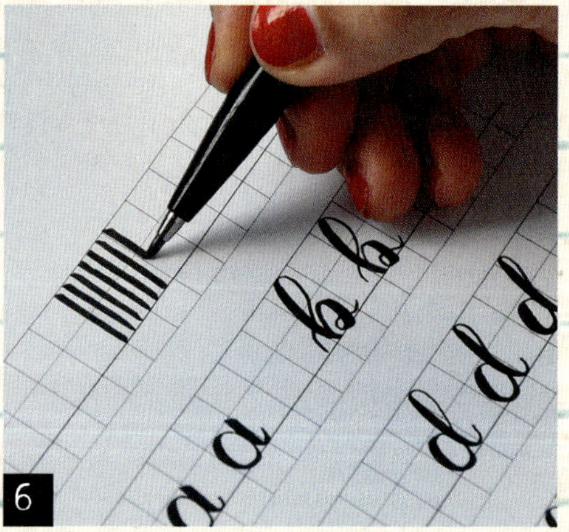

1 Den Stift zwischen Daumen und Zeigefinger legen und mit dem Mittelfinger abstützen.

2 Mit dem Tropfentest (senkrechter Tupfer auf das Blatt) die richtige Stifthaltung kontrollieren.

3-6 Die Aufwärtsstriche mit wenig, die Abwärtsstriche mit viel Druck schreiben. So erzielt man auch mit Brush Lettering einen Kalligrafie-Effekt.

Vieles ist beim Brush Lettering
von der klassischen Kalligrafie abgeleitet.
Deshalb kann man es zu Beginn auch
mit dem Alphabet der englischen
Schreibschrift üben.

Aa Bb Cc Dd Ee

Ff Gg Hh Ii Jj

Kk Ll Mm Nn Oo

Pp Qq Rr Ss Tt

Uu Vv Ww Xx

Yy Zz

BOUNCE LETTERING

Tanz DER BUCHSTABEN

Normalerweise schreibt man beim Hand- und Brush Lettern möglichst auf der Grundlinie. Diese hilft, das Schriftbild ruhig und ausgewogen zu gestalten. Sobald man sich etwas sicherer fühlt, kann man die Bounce-Lettering-Technik anwenden.
Lass deine Buchstaben tanzen, und verleihe ihnen damit einen verspielten Charakter.

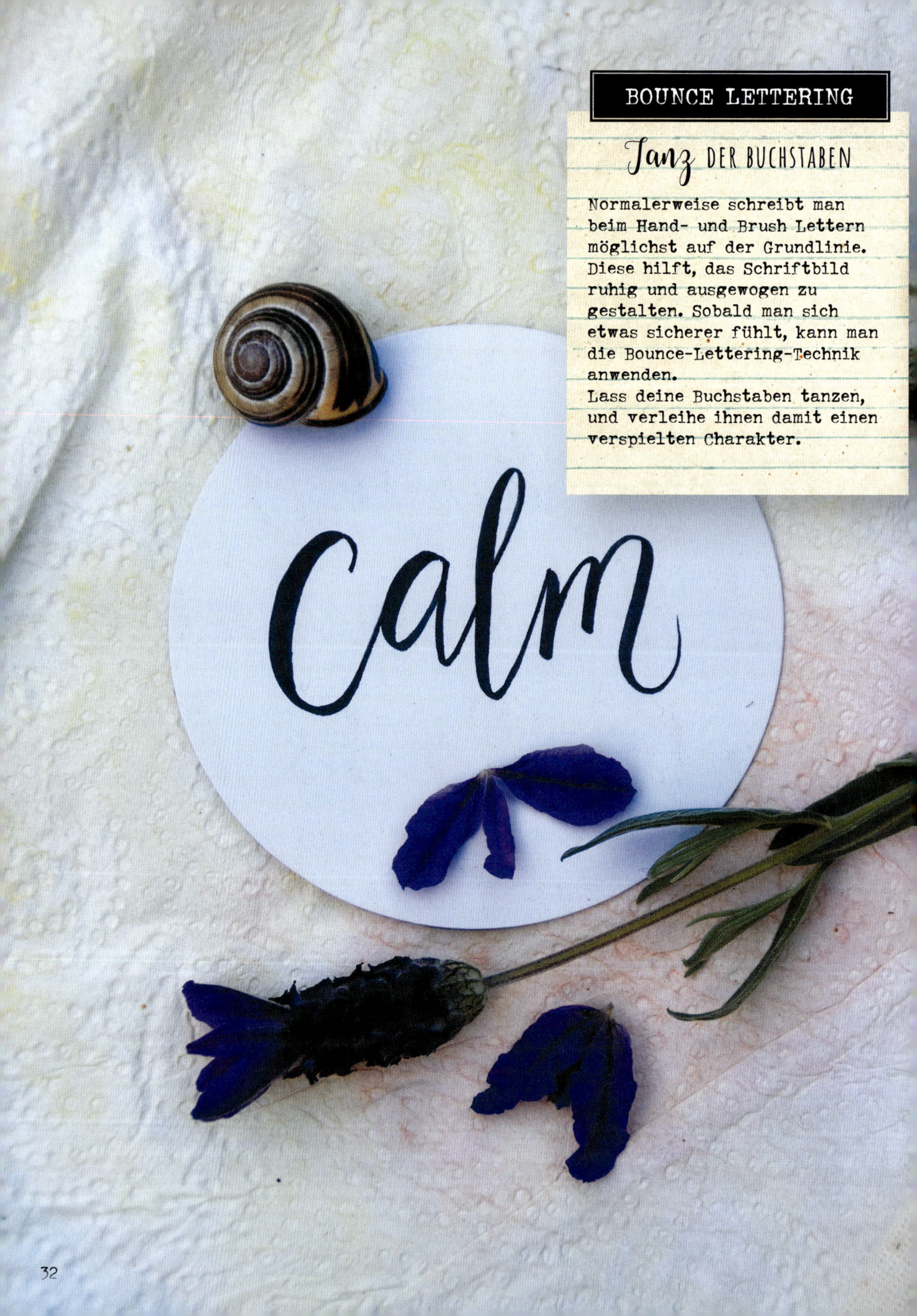

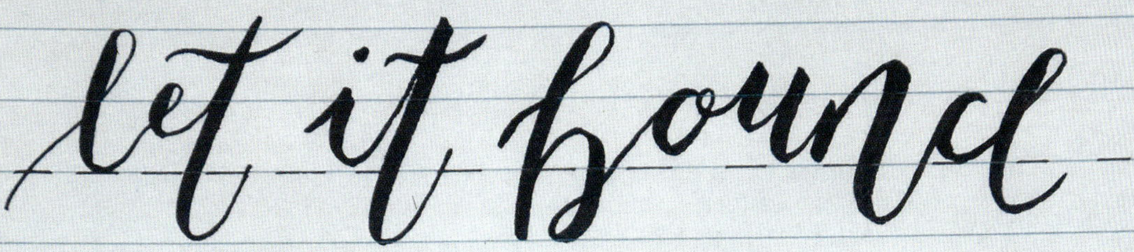

WEITERE MUSTER UND BEISPIELE FÜR GESTALTUNGSEFFEKTE

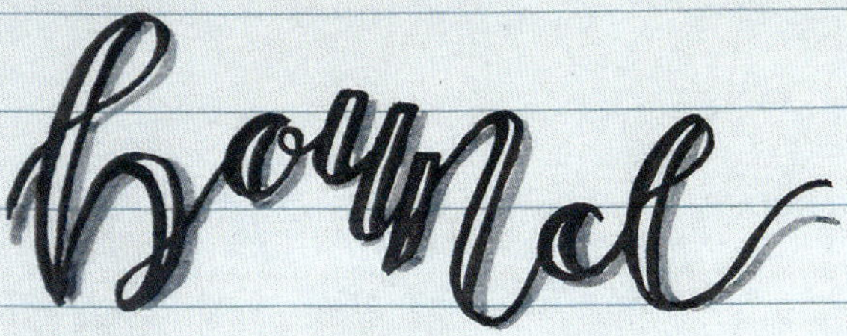

MIT SCHLAGSCHATTEN

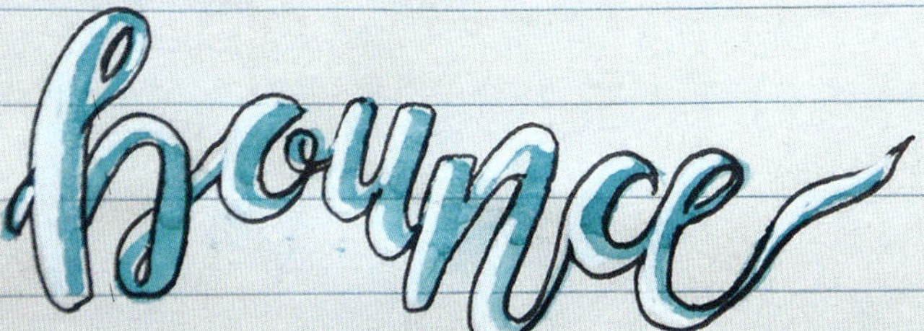

FARBIG MIT HIGHLIGHTS UND OUTLINE

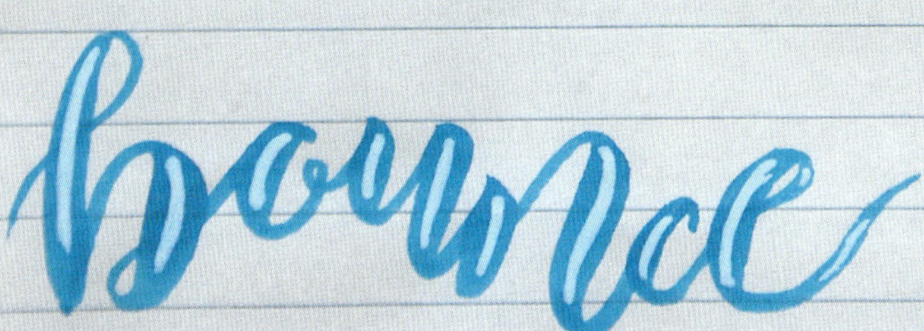

FARBIGE SCHRIFT MIT ECOLINE BRUSHPEN UND UNI-BALL SIGNO WEISS

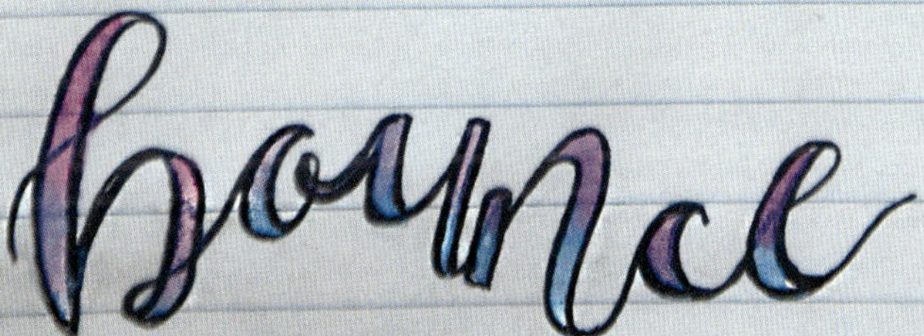

FARBVERLAUF MIT AQUARELL UND OUTLINE

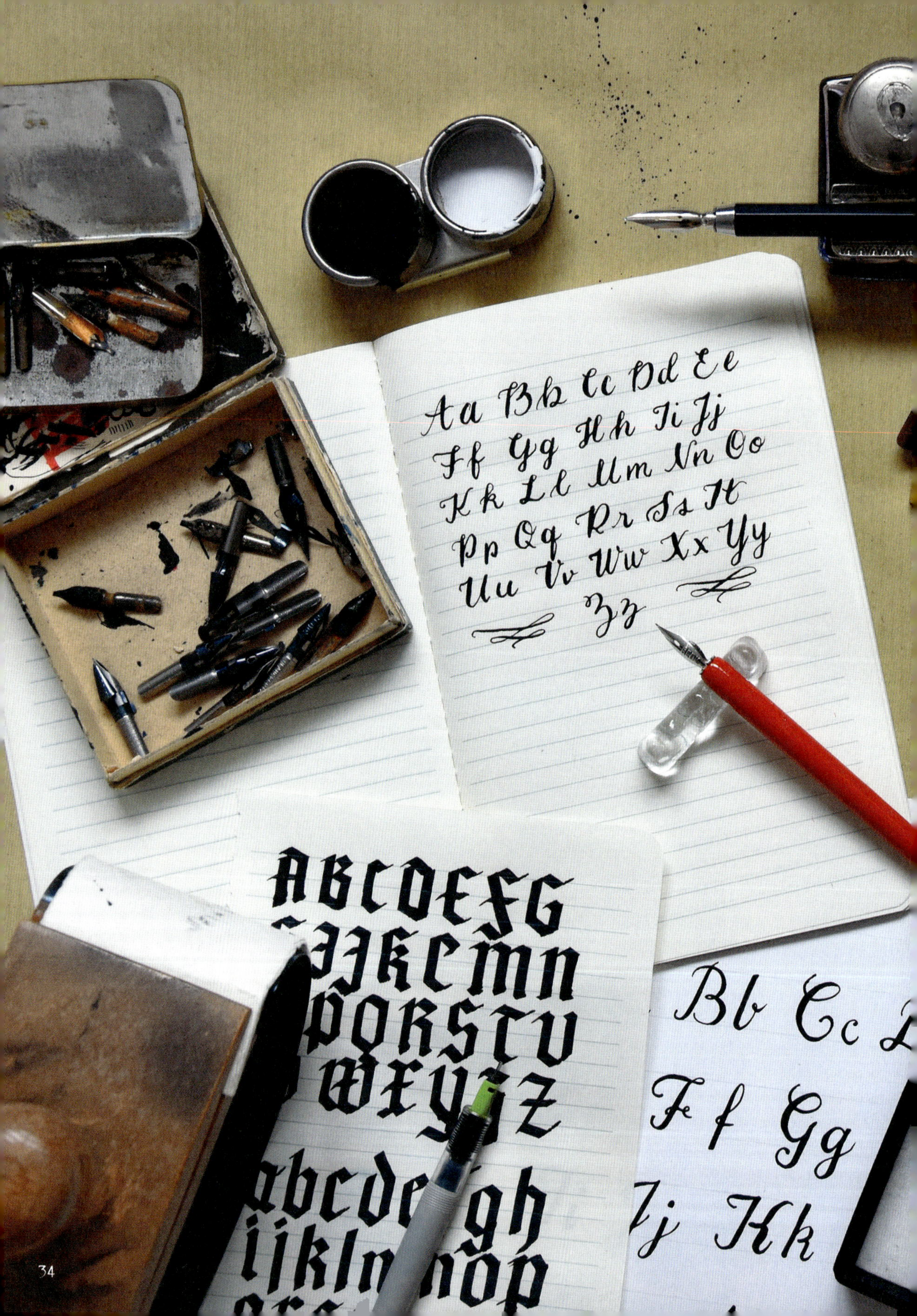

Die Kunst
des Schönschreibens

An der klassischen Kalligrafie liebe ich besonders die Materialien. Mich faszinieren die wunderbaren Schreibfedern in all ihren Variationen, verzierte Griffe aus Holz, Horn oder Metall, Tintenfässchen und Löschpapierwiegen. Ich habe das Glück, noch eine Vielzahl von Spitz- und Breitfedern meines Großvaters zu besitzen; man findet sie heute aber auch in Fachgeschäften oder auf dem Flohmarkt.

Früher schrieb man mit einem Federkiel, meist aus Gänsefedern zugeschnitten. Heute verwendet man Spitz- oder Bandzugfedern aus Metall, Füllfederhalter, Pinsel oder andere Schreibutensilien.

Das typische Merkmal und das Ziel der Kalligrafie ist, durch eine rhythmisch fließende Linienführung ein ausgewogenes Schriftbild zu schaffen. Die gewünschte anmutige Gesamtwirkung erreicht man durch ein gleichmäßiges Wechselspiel zwischen dicken und dünnen Linien, den sogenannten Schwellstrich.

Kalligrafie ist die Königsdisziplin der von Hand geschriebenen Schriften und sicher die persönlichste, da sie unverfälscht und direkt mit der eigenen Handschrift verbunden ist. Die Schrift wird, anders als beim Handlettern, mit Schwung geschrieben und kann später nicht mehr korrigiert werden. Früher schrieb man Fließtext, also ganze Briefe und Bücher, mit der Feder. Heute wird Kalligrafie vor allem für Hochzeits- oder Taufkarten, für Urkunden oder Menükarten verwendet.
Die Grundlagen der Kalligrafie und das Üben mit den verschiedenen Kalligrafie-Werkzeugen kann den Einstieg in das Handlettern erleichtern. Man lernt sehr schnell, welche Linien dick und welch dünn geschrieben werden müssen. Das Auge und das Gefühl für die Anatomie der Buchstaben wird dabei geschult. Beachtet man folgende Tipps, kann das fließende, rhythmische Schreiben mit Tinte sehr entspannend wirken.

WERKZEUGE MIT FLEXIBLER SPITZE

MERKMALE: Druck variiert die Handschrift. Mit viel Druck beim Abstrich werden die Linien dicker, durch wenig Druck die Aufstriche feiner.

- Spitzfeder
- Spitzer Pinsel
- Brushpen
- Pinselstifte
- Spitze Gänsefeder

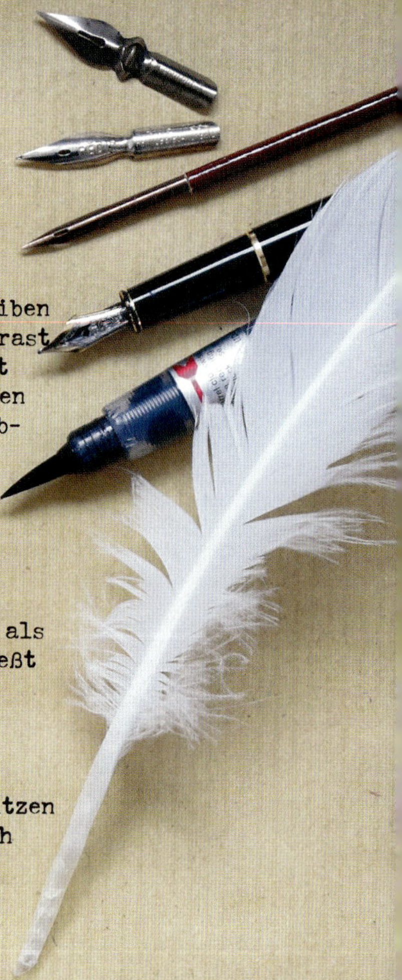

WERKZEUGE MIT BREITER SCHREIBKANTE

MERKMALE: Der Druck bleibt beim Schreiben immer gleich. Der Strichstärkenkontrast und die Proportionen sind festgelegt und ergeben sich aus der vorgegebenen Breite des Werkzeugs und dem Schreibwinkel.

- Bandzugfeder oder Breitfeder
- Plakatfeder
- Flachpinsel
- Kalligrafie-Filzstift von Edding
- Parallel Pen von Pilot (Einfacher als bei der klassischen Spitzfeder fließt hier die Tinte aus einer Patrone.)
- Füllfeder mit Breitfeder
- Zimmermannsbleistift
- Federkiel, Gänsefeder
- Alles, was sich in diese Form schnitzen oder schneiden lässt. Das kann auch ein Stück Halbkarton, Gemüse oder Holz sein.

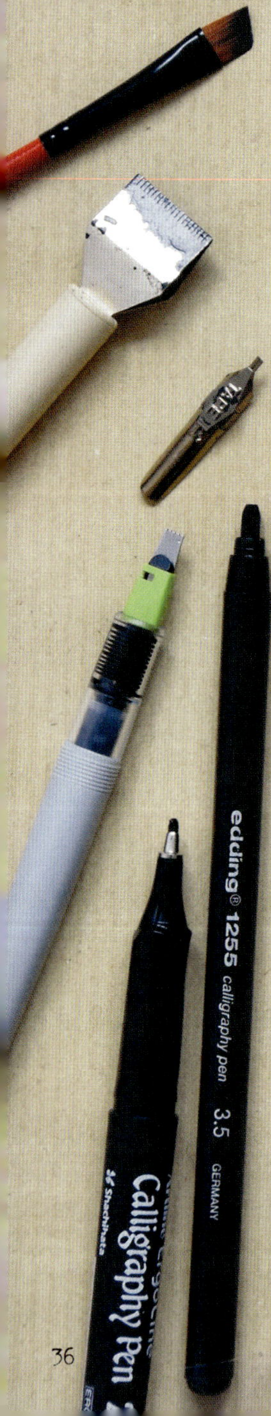

FEDERN

MERKMALE: Neben den vielen alten Federn meines Großvaters verwende ich am häufigsten folgende Schreibfedern:

- Leonardt 41
- Leonardt 70
- Alpha 201 und 121
- Brause 361 und 190
- Brause 515
- Mitchell Copperplate 0742 F
- Heintz & Blankertz Redis 1136

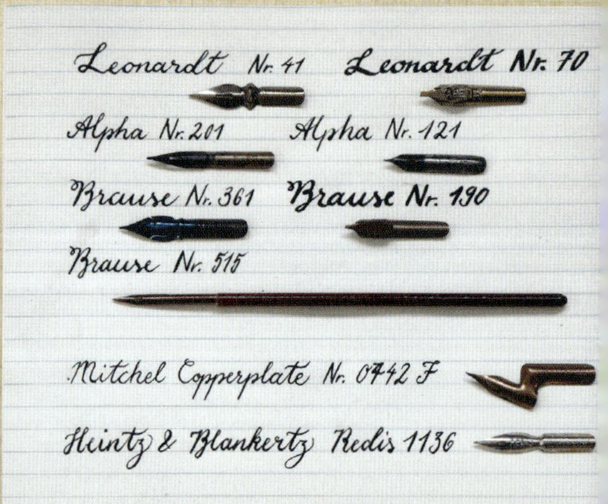

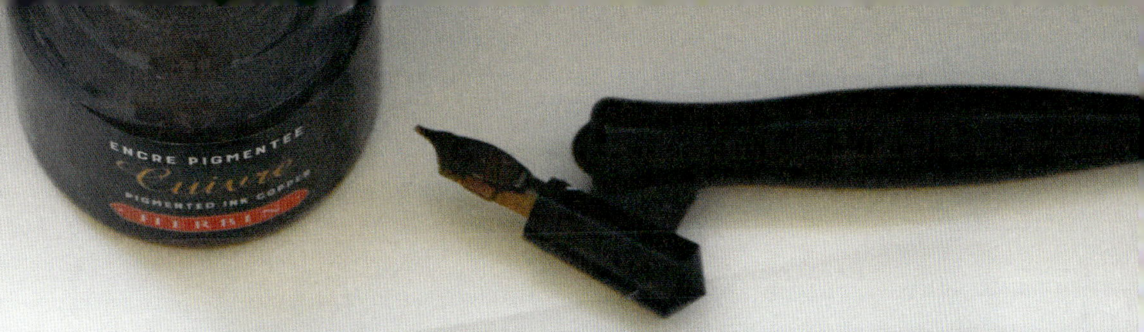

Kalligrafie

GRIFFE ODER FEDERHALTER

Meist genügt ein gerader Federhalter aus Holz. Oft wird heute auch der Speedball Oblique verwendet. Das ist ein sogenannt schräger Federhalter, bei dem die Feder so abgewinkelt ist, dass der korrekte Schreibwinkel leichter erreicht wird.

TINTE UND TUSCHE

Tinte ist wasserlöslich, eher dünnflüssig und nicht lichtecht. Tusche enthält mehr Pigmente und ist entsprechend deckender und vor allem wasserfest. Für den Anfang empfehle ich das Arbeiten mit Tusche. So können, wenn die Tusche gut getrocknet ist, Bleistiftstriche unter der Schrift ausradiert werden, und der Text kann mit weiteren wasserlöslichen Farben ergänzt werden.

Tinte:
- Winsor & Newton Kalligrafie-Tinte

Tusche:
- Pelikan Zeichentusche
- Rohrer & Klingner Zeichentusche

PAPIER

- Strukturfreies, glattes Papier
- Layoutpapier oder Kopierpapier wie z. B. Colour Copy 120 g/m^2

REINIGUNG

Die Feder von Hand oder mithilfe einer Metallzwinge aus dem Halter lösen. Danach mit Wasser (Tinte) oder wenig Alkohol (Tusche) gründlich reinigen. Anschließend die Feder gut mit einem Baumwolltuch abtrocknen, um zu vermeiden, dass sie rostet.

LINKSHÄNDER

Ein gerader Federhalter ist einfacher zu führen als ein schräger. Die Schreibunterlage muss fast im rechten Winkel zur Hand liegen.

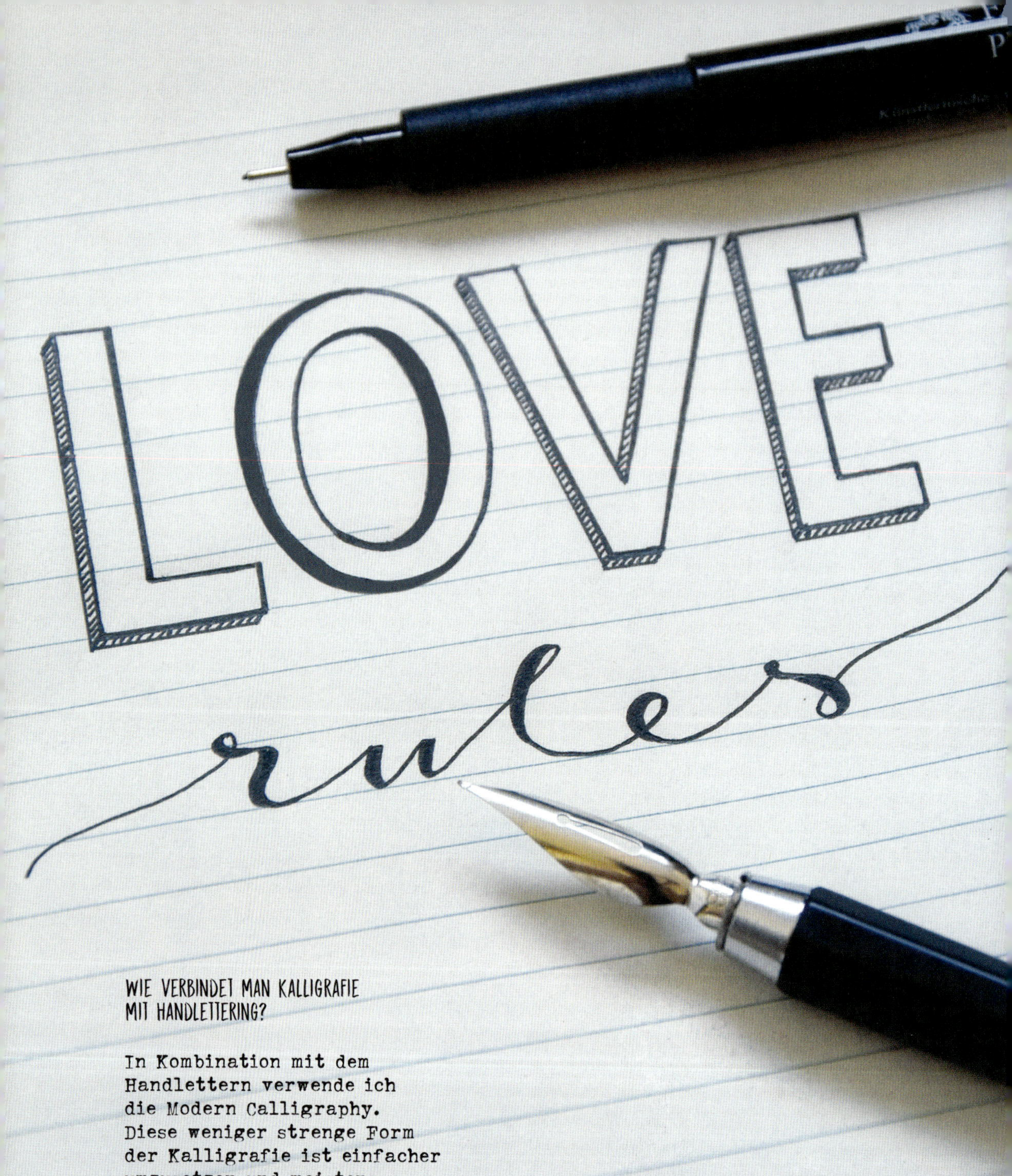

WIE VERBINDET MAN KALLIGRAFIE MIT HANDLETTERING?

In Kombination mit dem Handlettern verwende ich die Modern Calligraphy. Diese weniger strenge Form der Kalligrafie ist einfacher umzusetzen und meistens auch etwas verspielter.

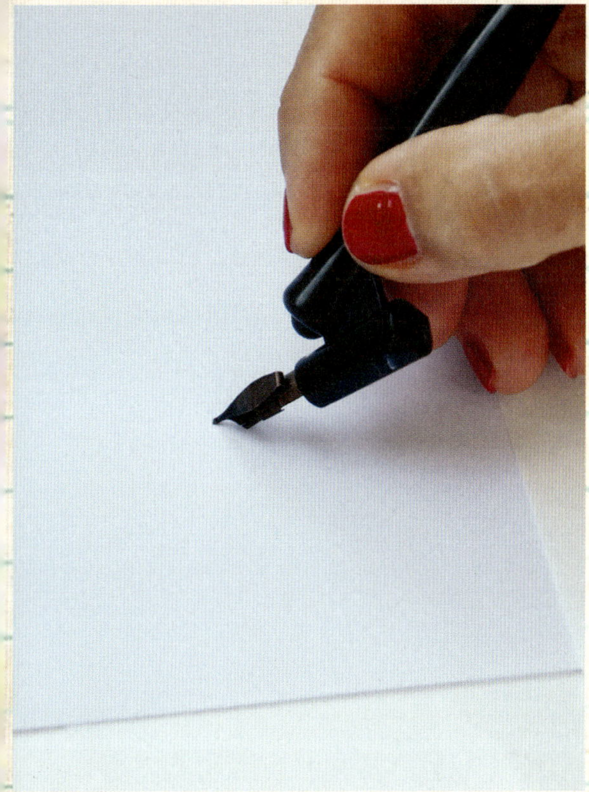

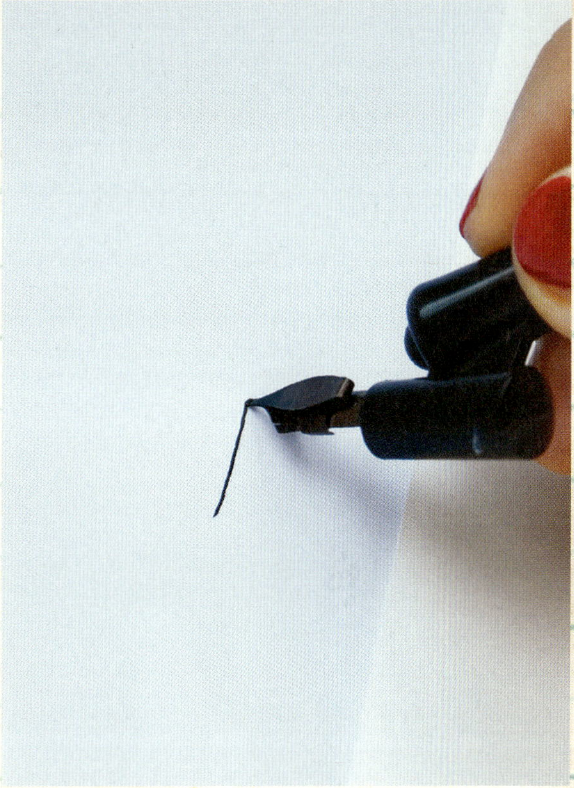

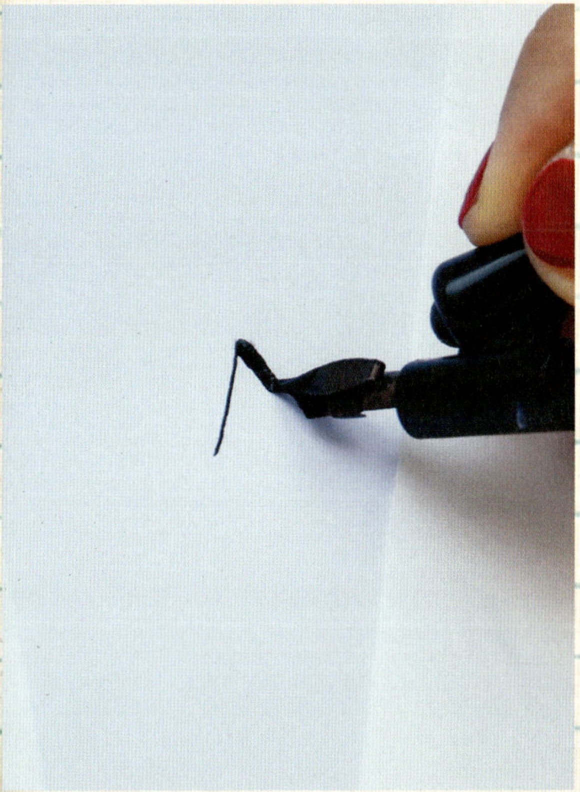

- Lege den Federhalter in die Mulde zwischen Daumen und Zeigefinger. Die Feder schaut dabei nach oben.

- Lege das Blatt im 45 Grad Winkel vor dich hin. Sitze aufrecht, ohne die Beine zu überkreuzen.

- Tauche die Feder ganz in dein Tintenfässchen ein, sodass die Feder zu drei Vierteln mit Tinte oder Tusche benetzt ist.

- Ziehe auf deinem Testpapier, das vor dir liegt, eine Linie von links nach rechts und gib langsam immer mehr Druck.

- Nun kannst du auf deine Papiervorlage wechseln und immer von unten nach oben schreiben.

- Denke daran, dass du beim Aufstrich nun fast keinen Druck, dafür beim Abstrich gleichmäßigen Druck auf die Feder ausübst, sodass sich der kleine Spalt in der Feder öffnet und mehr Tinte oder Tusche ausfließen kann.

Schreiben mit Kreide
AUF KREIDETAFELN

Lettering auf Kreidetafeln ist ein echter Hingucker. Viele Bars, Cafés und Restaurants nutzen die Tafeln, um auf kunstvolle Art auf ihr Angebot aufmerksam zu machen. Je nach gewünschter Haltbarkeit der Schrift wählt man zwischen permanenten, semipermanenten und abwaschbaren Kreidemarkern.

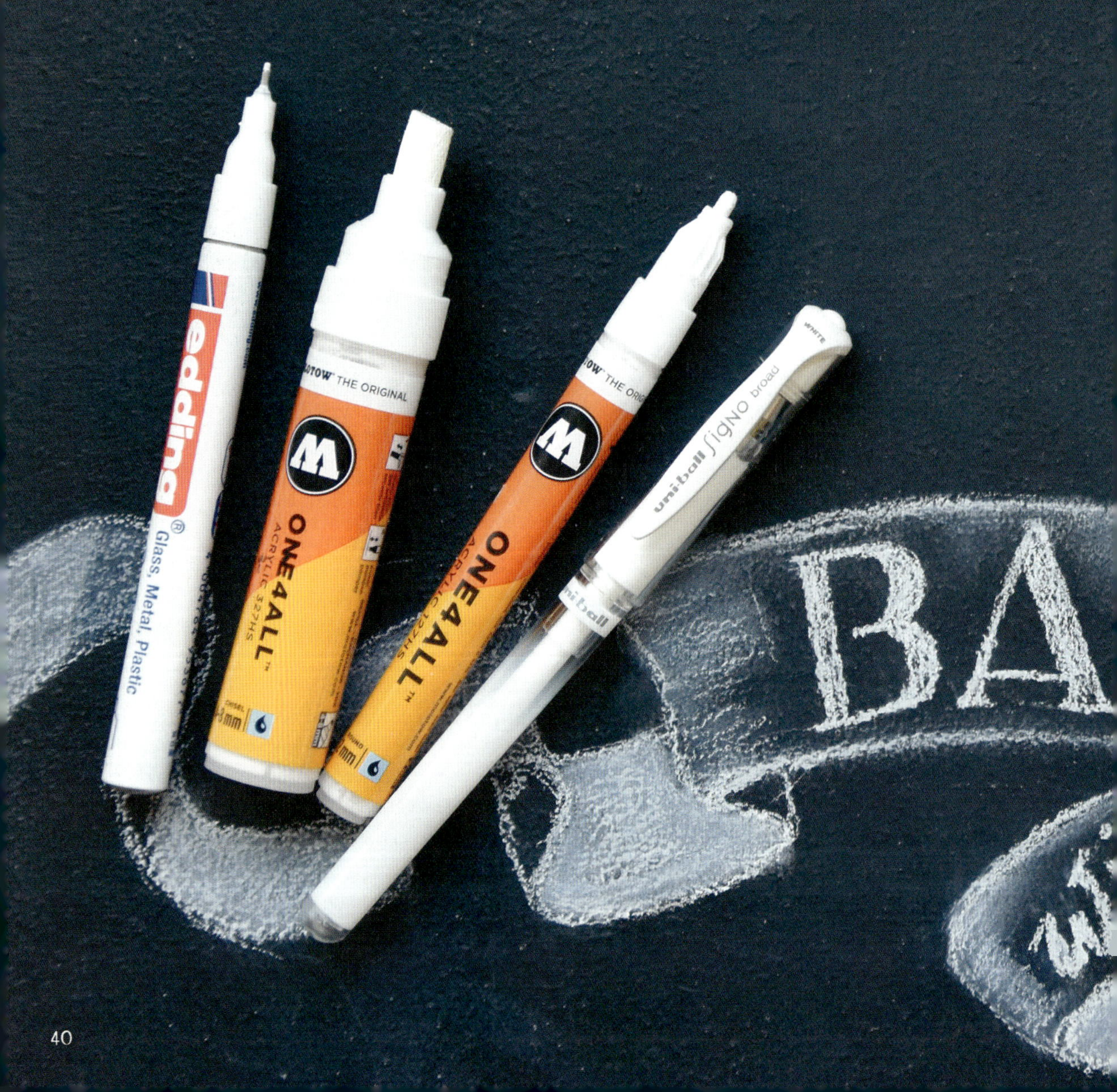

MATERIAL FÜR DAS MALEN AUF KREIDETAFELN

PERMANENT:
- Molotow One 4 All
- Uni-ball Signo Gelstift
- Edding wasserfest

SEMIPERMANENT:
Viele Kreidemarker wie:
- Uni Posca Marker
- Securit Kreidemarker
- Wet Erase Kreidemarker von Pentel

ABWISCHBAR:
- Tafelkreide
- Pastellkreidestifte

TAFELN:
- Schiefertafel
- Kreidetafel

GRUNDIERUNG:
- Tafelfarbe, z. B. von Marabu
- Pinsel

PUTZEN
- Radiergummi, Putzschwamm
- Wattestäbchen
- Knetgummi

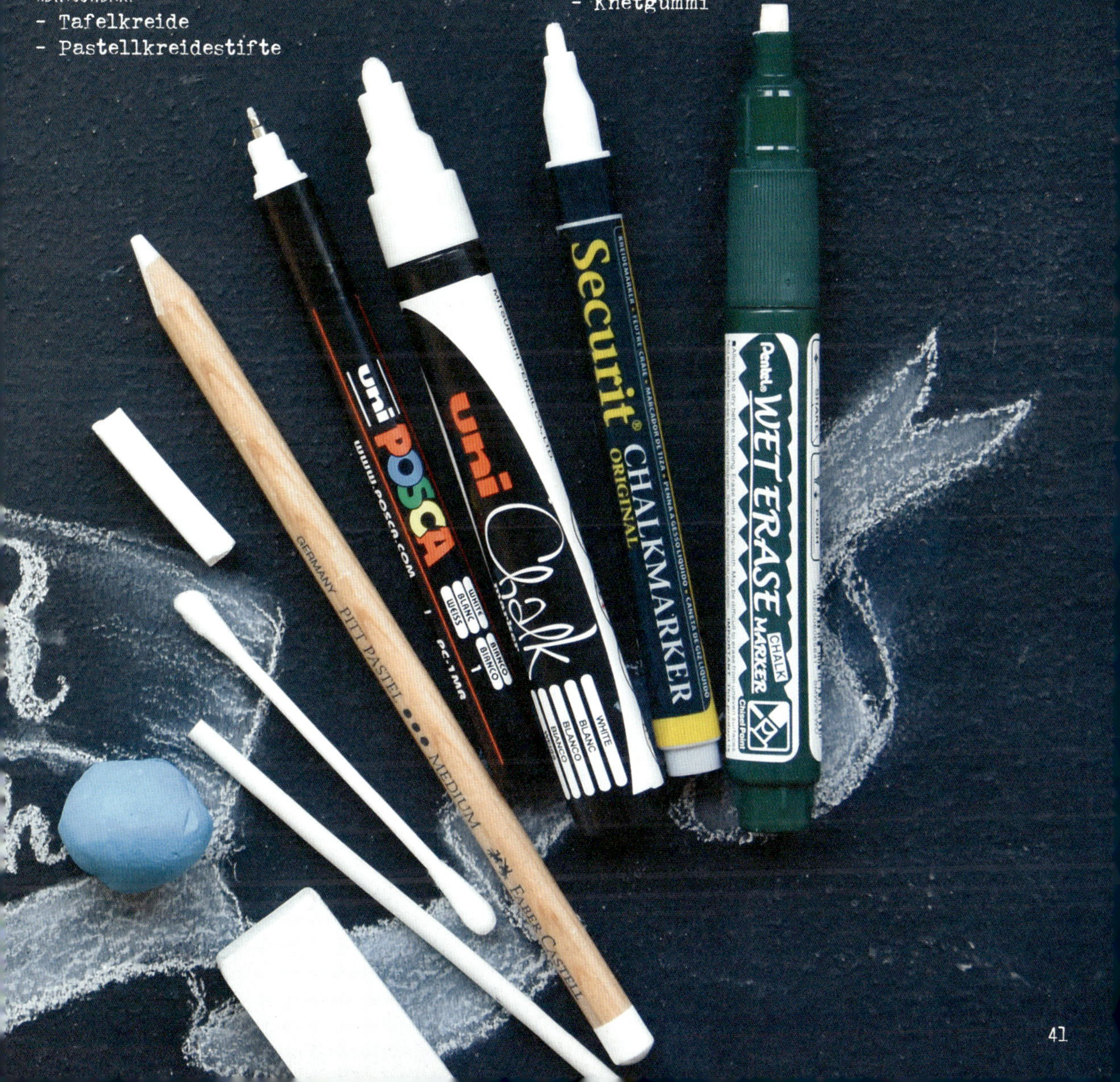

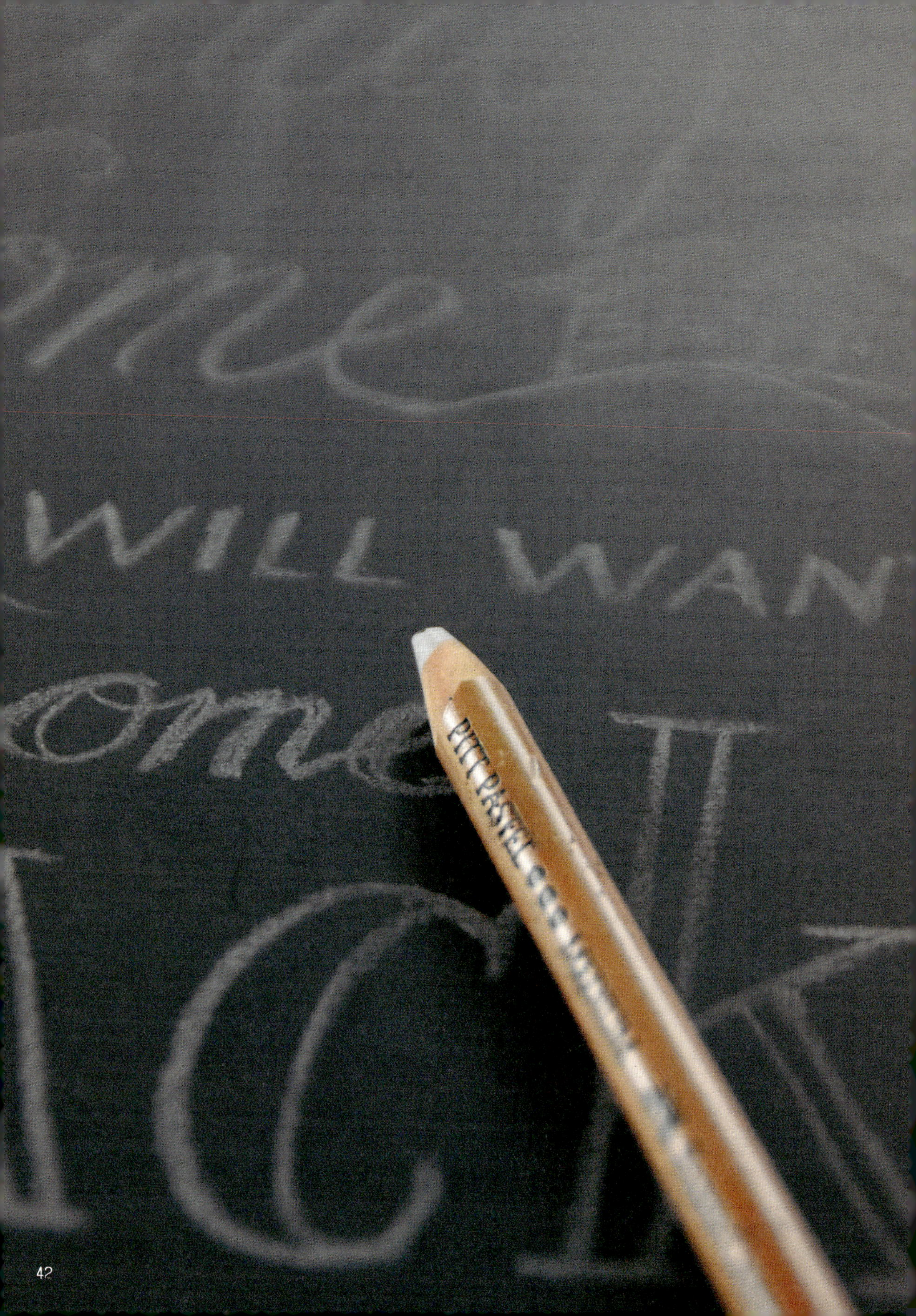
WILL WAN
PITT PASTEL

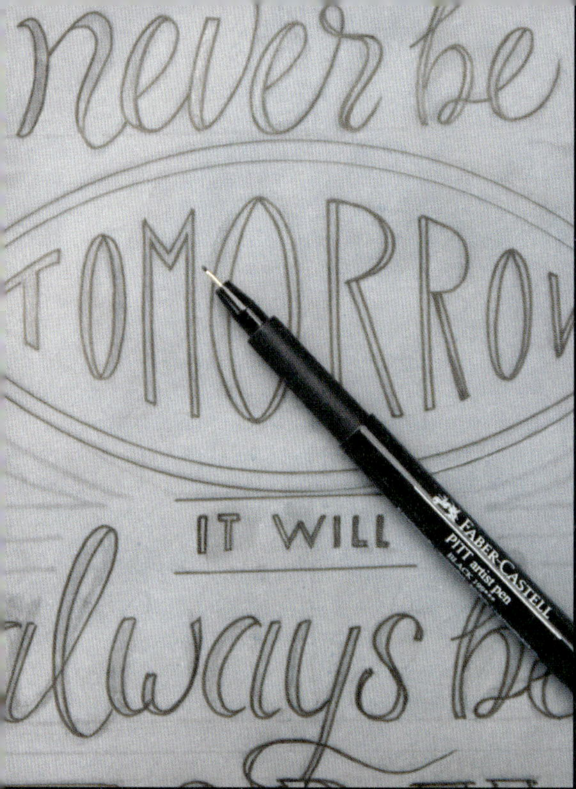

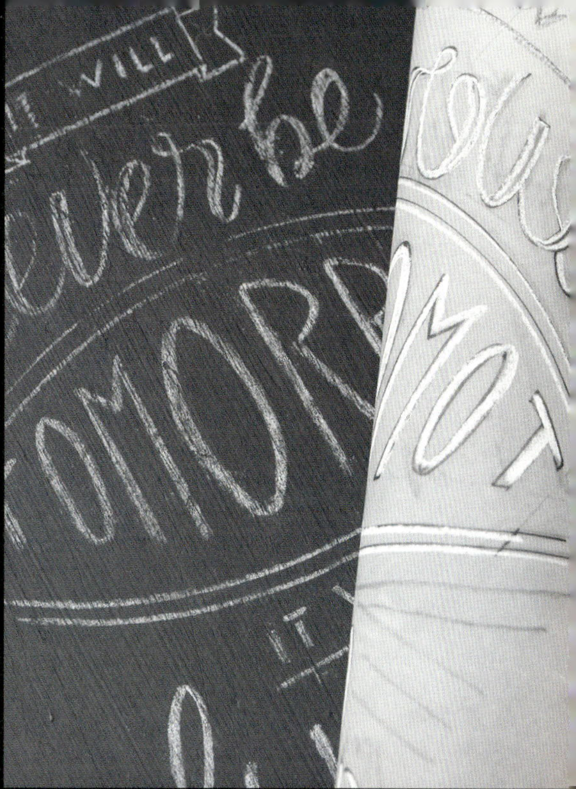

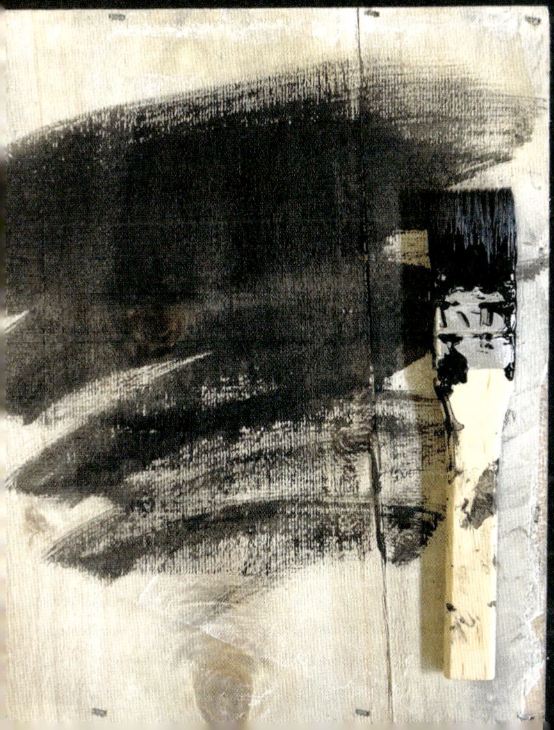

SO GEHT'S:

Das Schriftbild auf ein gestrichenes Papier oder auf ein Transparentpapier zeichnen. Mit einem Fineliner die definitiven Konturen nachzeichnen.
Mit weißer Pastellkreide auf der Rückseite die Konturen nachfahren. Das Papier mit dem Bild nach oben auf die Tafel legen und mit einem Bleistift die Konturen durchpausen. Anstelle von Pastellkreide kann auch ein weißes Kohlepapier verwendet werden.

KREIDETAFEL VORBEREITEN

Wichtig: Damit die Hilfslinien beim Kreidelettering am Schluss nicht sichtbar sind, ist Folgendes zu beachten:
Immer die Kreidetafel vor dem Lettern mit Tafelkreide vollflächig einfärben. Dazu fährt man mit der breiten Seite der Kreide über die ganze Tafel und wischt anschließend alles mit einem Stofflappen wieder weg. So erhält man einen perfekten Untergrund.

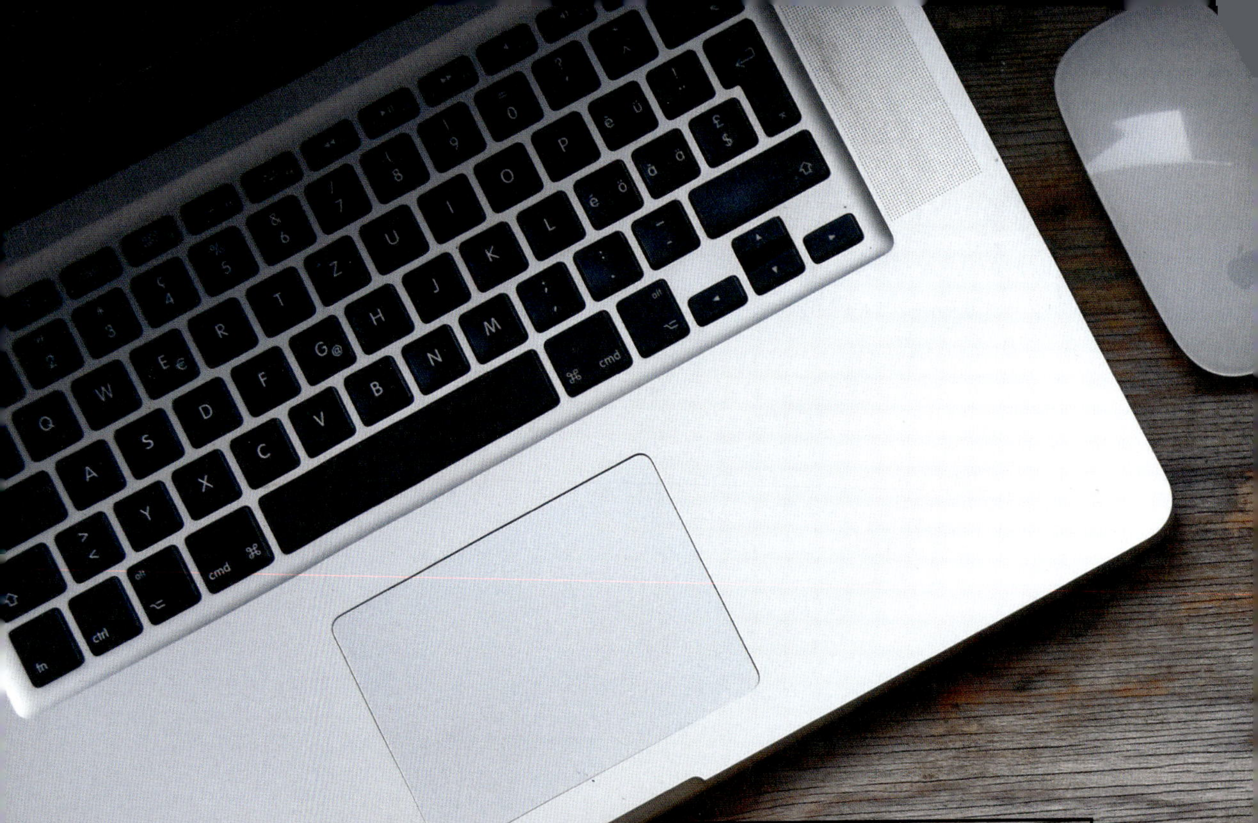

TYPOGRAFIE

Die gedruckte Schrift

Als Grafikdesignerin ist die Typografie mein tägliches Arbeitsinstrument. Ohne sie könnte ich meinen Beruf nicht ausüben. Die Kunden möchten mit ihren Botschaften und ihrem Angebot auffallen und sich bestmöglich von der Masse abheben. Unter Typografie versteht man die Gestaltung von Druckwerken mittels vorgegebener Zeichen oder Buchstaben, die sich vervielfältigen lassen; früher waren es Bleilettern für den Bleisatz. Der Grafiker bedient sich sogenannter Satzschriften, wie auch viele von uns sie täglich am Computer benutzen. Es existieren heute Tausende von Schriften, und es werden laufend neue Zeichensätze geschaffen. Das zeigt, wie groß der Bedarf an immer neuen Buchstabenformen und Schriftstilen für die Gestaltung von individuellen Botschaften ist.

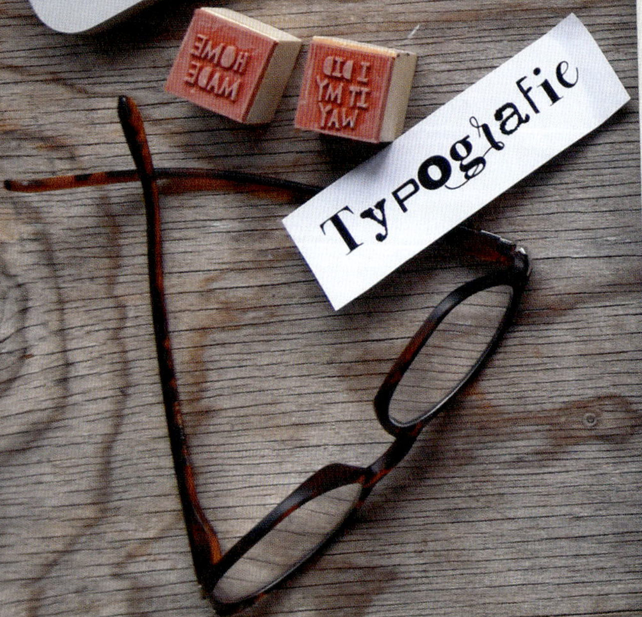

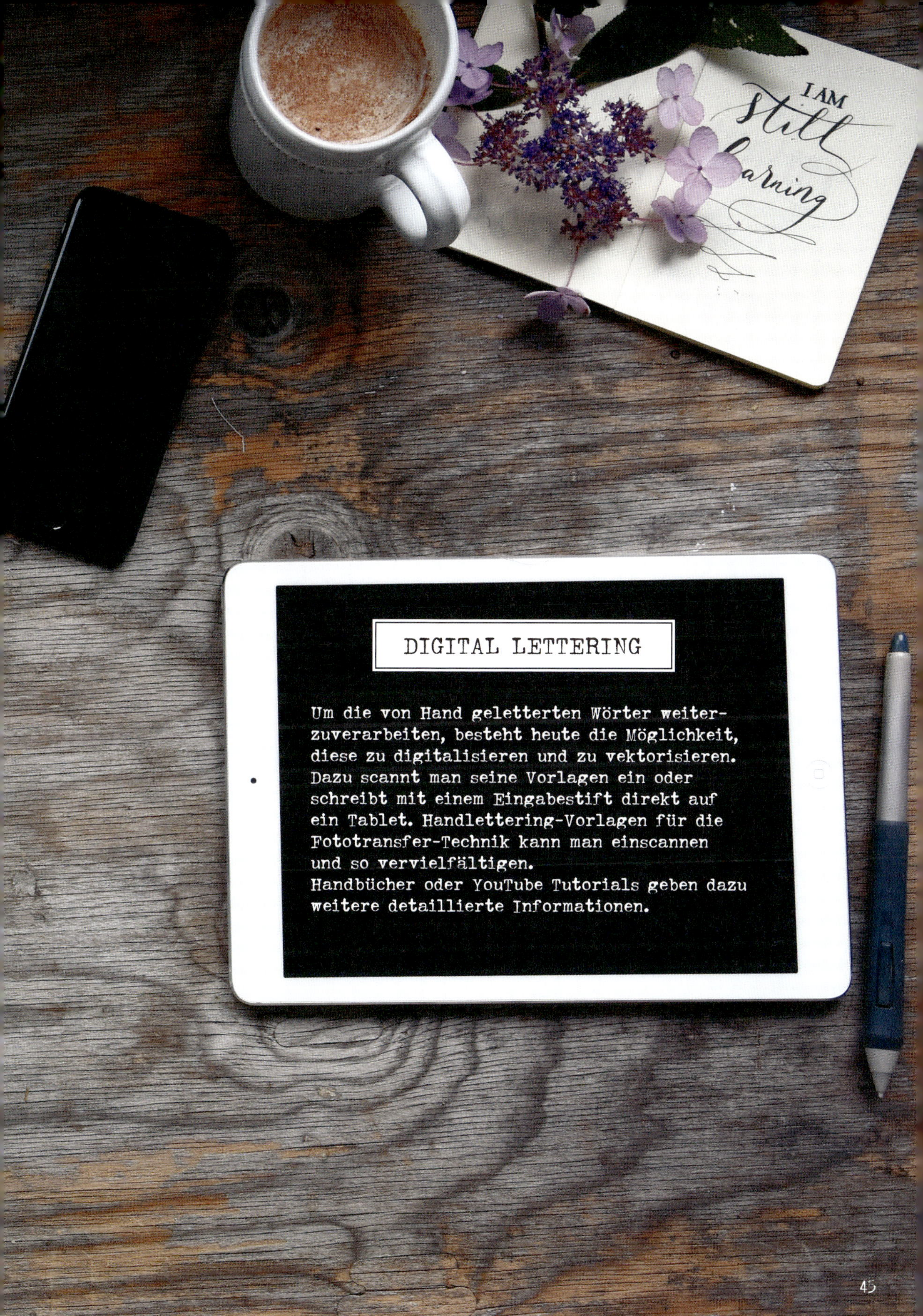
I AM still
DIGITAL LETTERING
Um die von Hand geletterten Wörter weiterzuverarbeiten, besteht heute die Möglichkeit, diese zu digitalisieren und zu vektorisieren. Dazu scannt man seine Vorlagen ein oder schreibt mit einem Eingabestift direkt auf ein Tablet. Handlettering-Vorlagen für die Fototransfer-Technik kann man einscannen und so vervielfältigen.
Handbücher oder YouTube Tutorials geben dazu weitere detaillierte Informationen.

ANATOMIE DER BUCHSTABEN

Einige Begriffe helfen, die Formen der Buchstaben, die Einteilung der Flächen, die Abstände und Anordung der Linien zu verstehen. Dazu gehören:

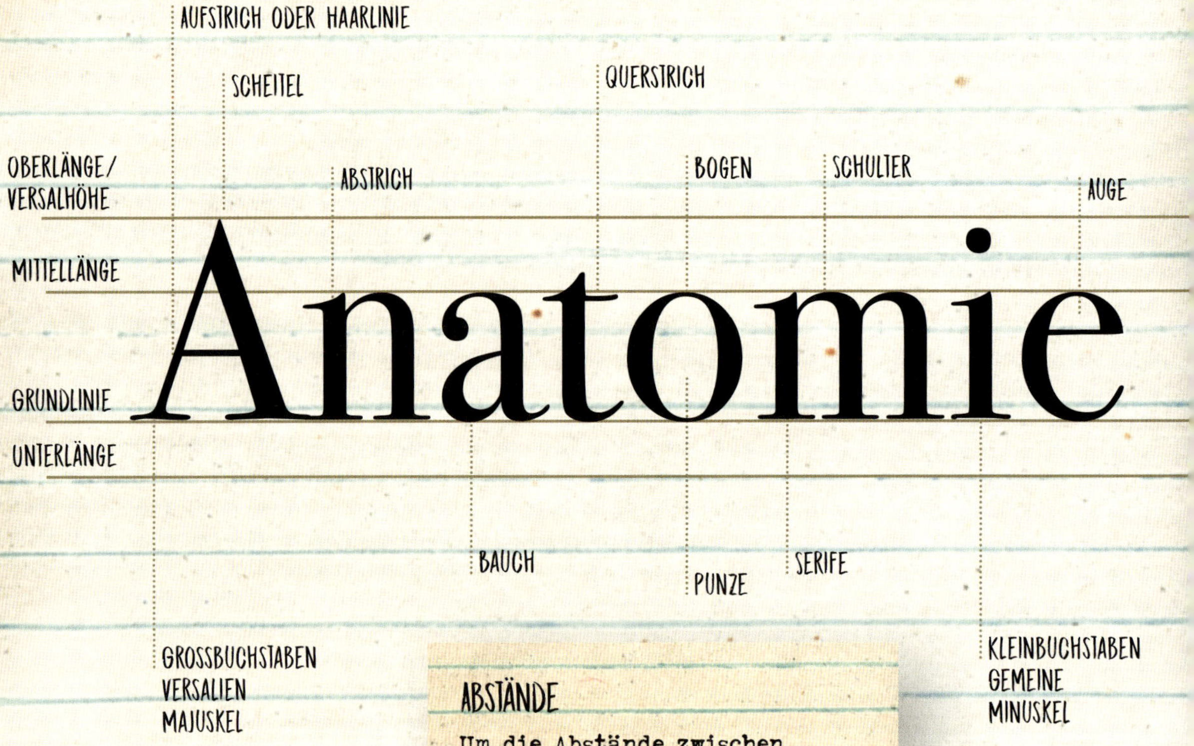

ABSTÄNDE

Um die Abstände zwischen den Buchstaben zu bestimmen, braucht es keine Geometrie oder Mathematik. Da wir täglich von Schrifterzeugnissen umgeben sind, haben wir ein Auge für ausgeglichene Schriftbilder entwickelt. Die Zwischenräume sollten nicht überall gleich groß sein, sondern innerhalb des Wortes und des Textes als Ganzes harmonieren.
Ein I benötigt zum Beispiel einen kleineren Zwischenraum als ein O. Die Faustregel ist, dass die Fläche des Buchstabens der Fläche des Zwischenraums entspricht.

Eine der Grundlagen unserer heutigen Schreibschrift ist die römische Monumentalschrift Capitalis monumentalis, die nur aus Großbuchstaben besteht. Das wohl berühmteste noch erhaltene Beispiel dieser Schrift ist die Inschrift auf der Tafel am Fuß der Trajanssäule in Rom. Sie ist ein sehr schönes Beispiel zum Studium der Proportionen der Buchstaben und eine gute Vorlage für die Schriftgestaltung.

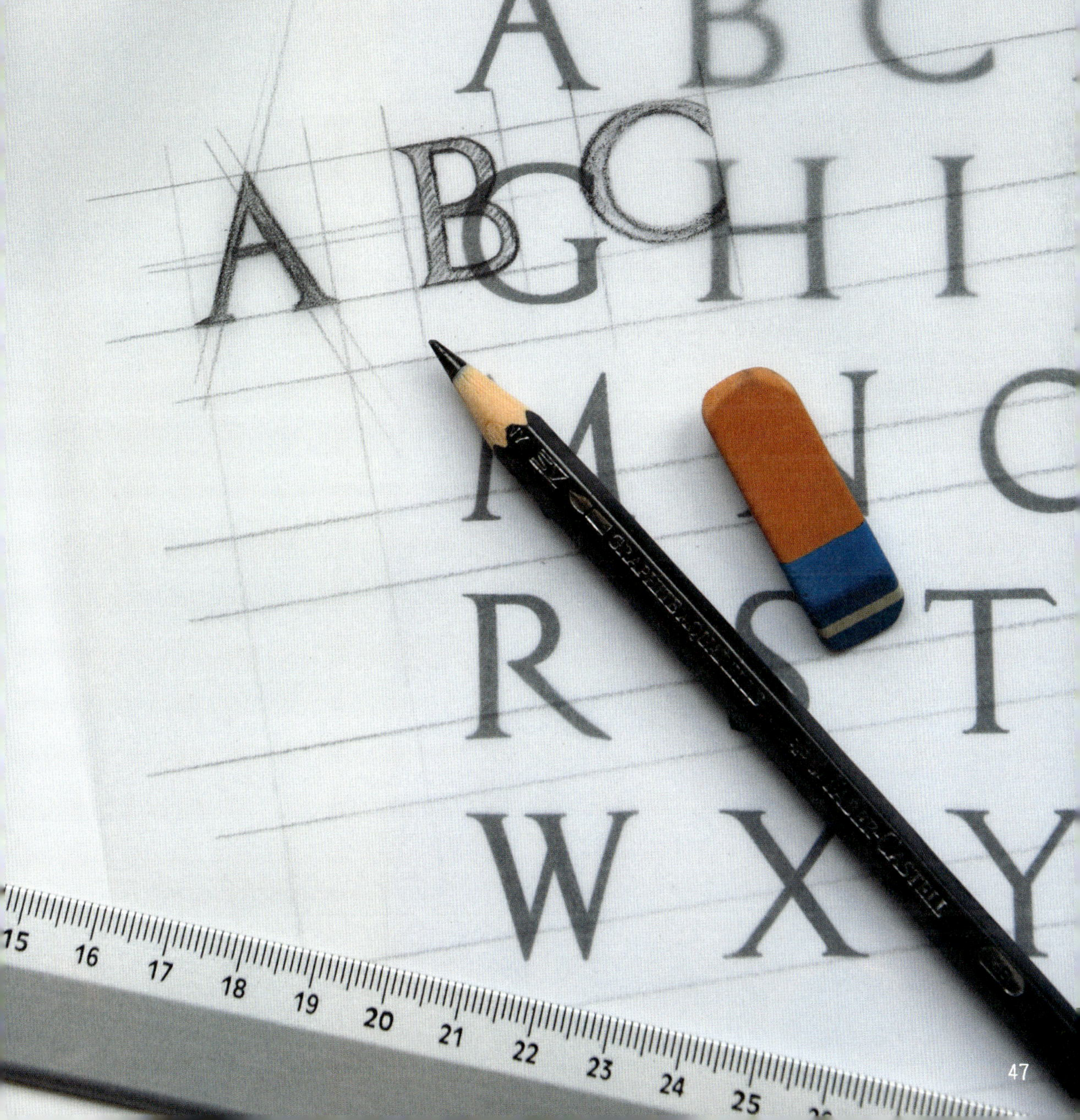

SCHRIFTKLASSEN

Folgende Schriftgruppen stehen uns zum Schreiben oder Zeichnen zur Verfügung:

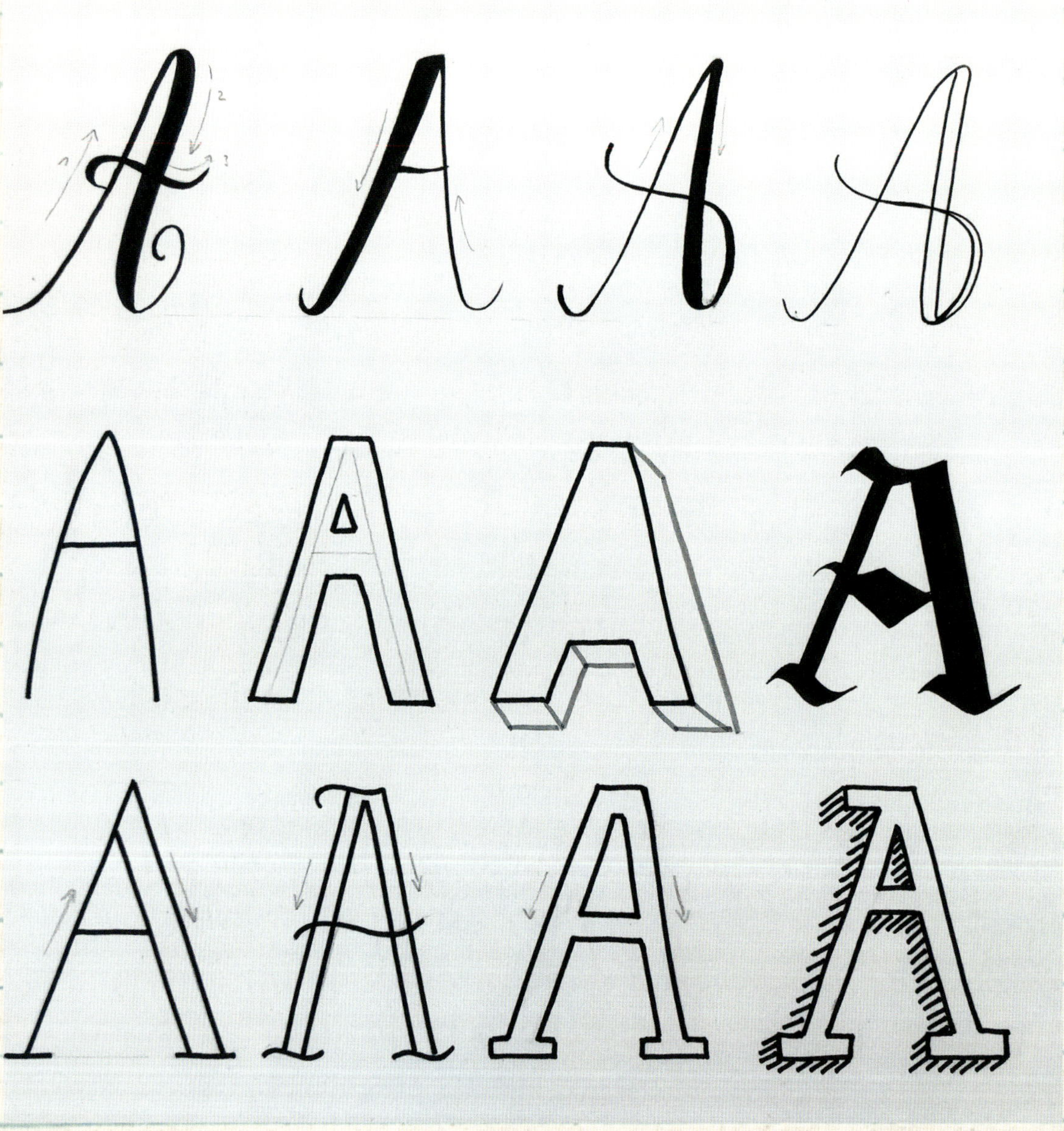

SERIFENSCHRIFTEN

Klassizistische Antiqua, z. B. Bodoni oder Didot
- Starke Unterschiede zwischen Haar- und Grundstrichen.
- Kaum Rundungen am Serifenansatz.
- Die Buchstaben stehen für sich.

ABC

SERIFENLOSE SCHRIFTEN

Auch Groteskschriften genannt, z. B. Helvetica, Frutiger oder Futura
- Alle Buchstaben stehen für sich.
- Blockschrift und gebrochene Schriften gehören ebenfalls in diese Kategorie.

ABC

SCHREIB- UND PINSELSCHRIFT

Z. B. englische Schreibschrift, JB Cursive
- Der Handschrift nachempfundene Schrift.
- Wird auch für Brush Calligraphy eingesetzt.

ABC

GEBROCHENE SCHRIFTEN

Z. B. Schwabacher, Fraktur, Textura
- Die Bögen der Buchstaben sind nicht rund, sondern durch gerade Striche gebildet und dadurch »gebrochen«.

ABC

Aa Bb Cc Dd Ee

Ff Gg Hh Ii Jj Kk

Ll Mm Nn Oo Pp

Qq Rr Ss Tt Uu Vv

Ww Xx Yy Zz

BODONI

Aa Bb Cc Dd Ee

Ff Gg Hh Ii Jj Kk

Ll Mm Nn Oo Pp

Qq Rr Ss Tt Uu Vv

Ww Xx Yy Zz

FUTURA

Aa Bb Cc Dd Ee

Ff Gg Hh Ii Jj Kk

Ll Mm Nn Oo Pp

Qq Rr Ss Tt Uu Vv

Ww Xx Yy Zz

JB_CURSIVE

Aa Bb Cc Dd Ee

Ff Gg Hh Ii Jj Kk

Ll Mm Nn Oo Pp

Qq Rr Ss Tt Uu Vv

Ww Xx Yy Zz

FRAKTUR

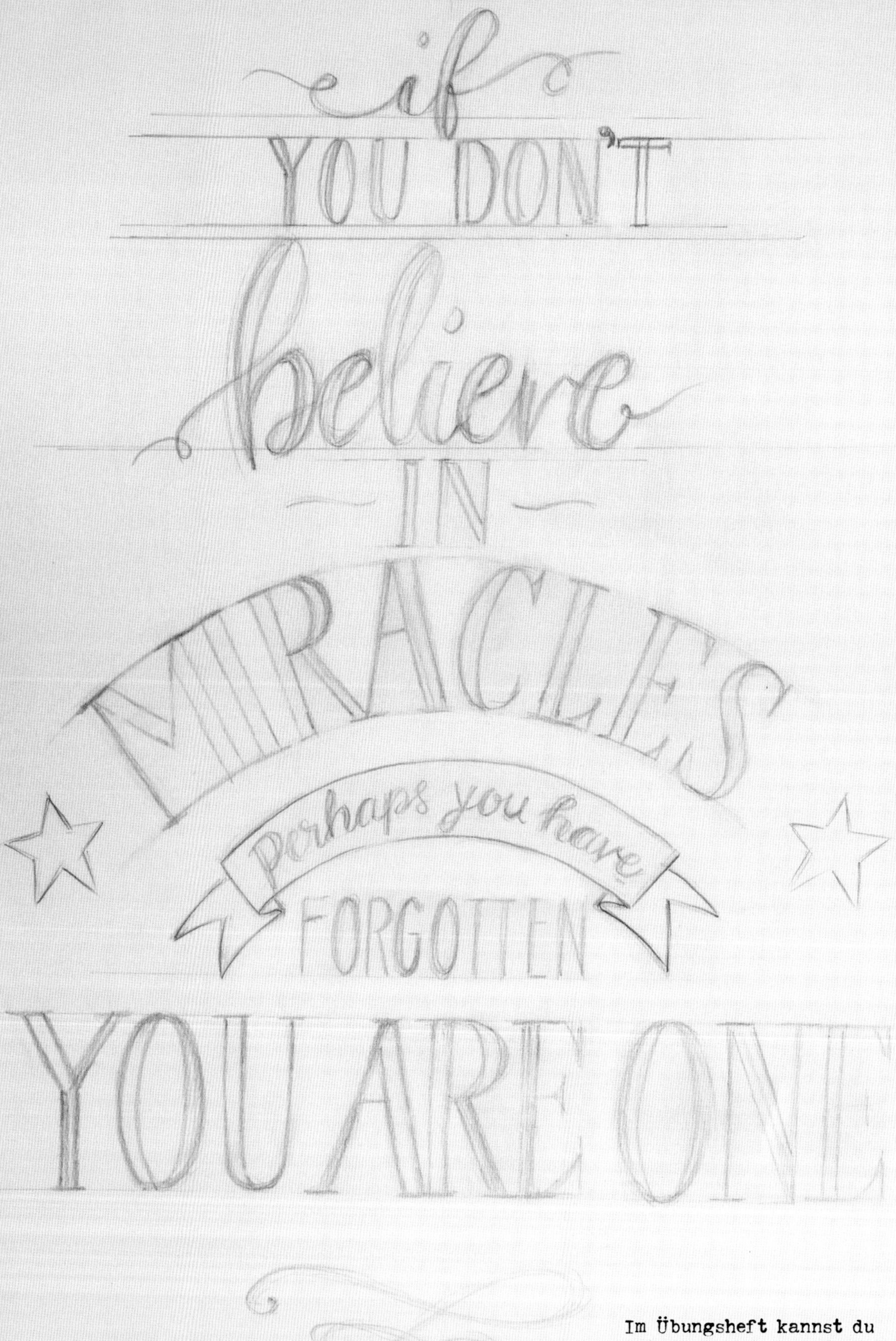

Im Übungsheft kannst du
mit diesem Spruch üben.

BILDKOMPOSITION

ODER WIE GESTALTET MAN EIN SCHRIFTBILD?

Ausgehend von der Anatomie der Buchstaben können wir nun ein Schriftbild von der Bleistiftzeichnung bis zum fertigen Bild zeichnen und konstruieren.

LAYOUT, KOMPOSITION, WORTRHYTHMUS

SCHRITT 1

Als Erstes schreibt man das gewünschte Zitat oder den Spruch mit Bleistift auf ein Notizblatt und erstellt eine erste Miniskizze.

SCHRITT 2

Markiere mit einer Farbe diejenigen Wörter, die am stärksten hervorgehoben werden sollen. (In meinem Beispiel wären das MIRACLES und YOU ARE ONE.)

SCHRITT 3

Markiere mit einer anderen Farbe die Wörter, die als nächstwichtige betont werden sollen. Fahre so fort.
Wichtig: Artikel, Präpositionen usw. wie if, in, oder, und, eine sollten immer eher unauffällig gestaltet werden.

SCHRITT 4

Nun wählt man die zu den Wörtern passende Schriftart und zeichnet eine weitere Miniskizze.

SCHRITT 5

Entscheide, ob das Schriftbild linksbündig, in der Mittelachse oder rechtsbündig ausgerichtet sein soll. Nun zeichnet man mithilfe der Grund-, Versal- und Mittellinien die Skizze in der gewünschten Größe auf ein Transparentpapier.

SCHRITT 6

Nachdem das Gerüst (Skelett) der Buchstaben eingezeichnet ist, kann die Reinzeichnung beginnen. Wähle die entsprechenden Stifte, je nachdem auf welche Oberfläche oder welches Material das Schriftbild transferiert werden soll.

Schriftbild übertragen

Es gibt verschiedene Möglichkeiten, den finalen Entwurf auf das Originalpapier, eine Kreidetafel, einen Stoff oder andere Gegenstände zu übertragen (transferieren).

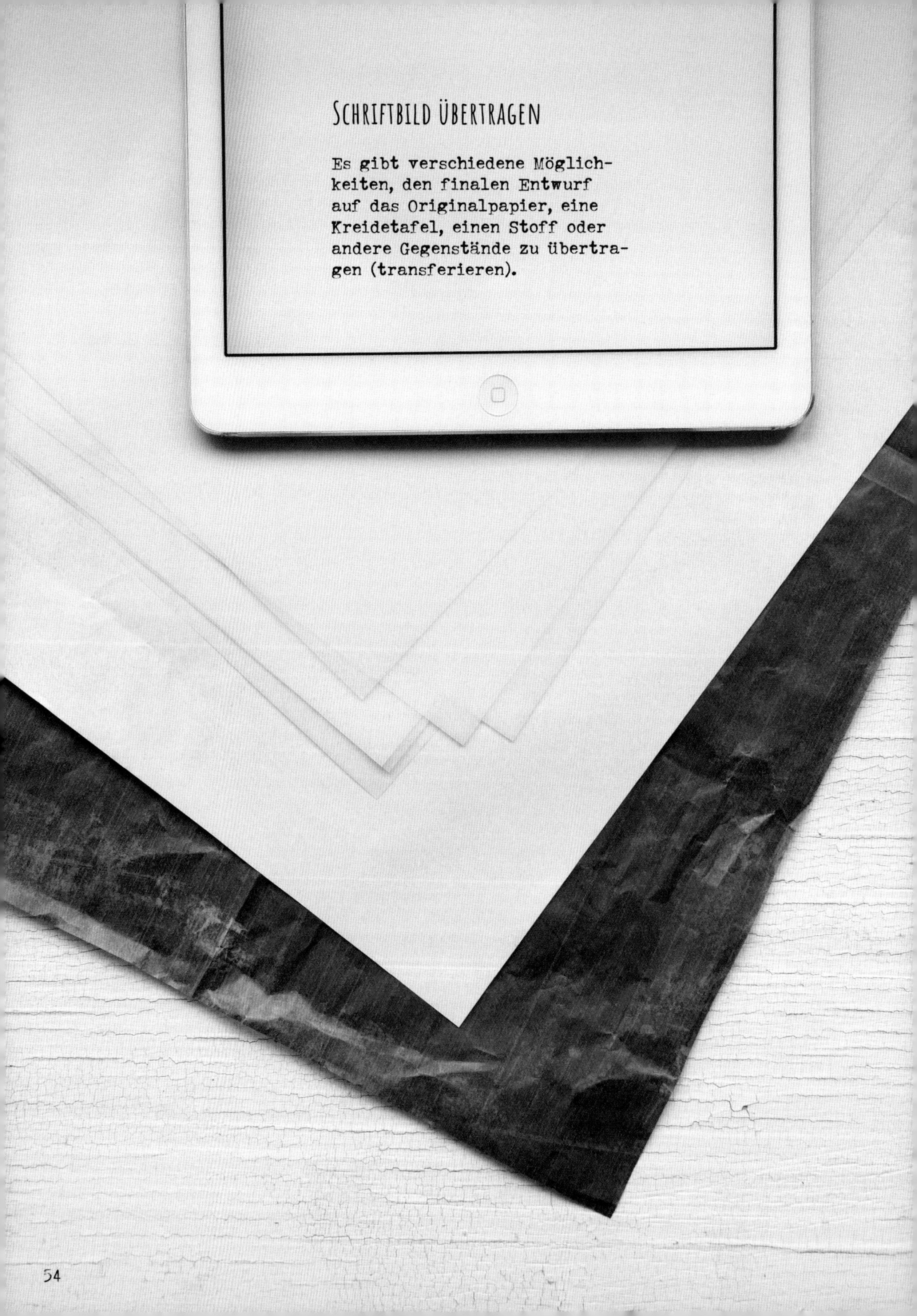

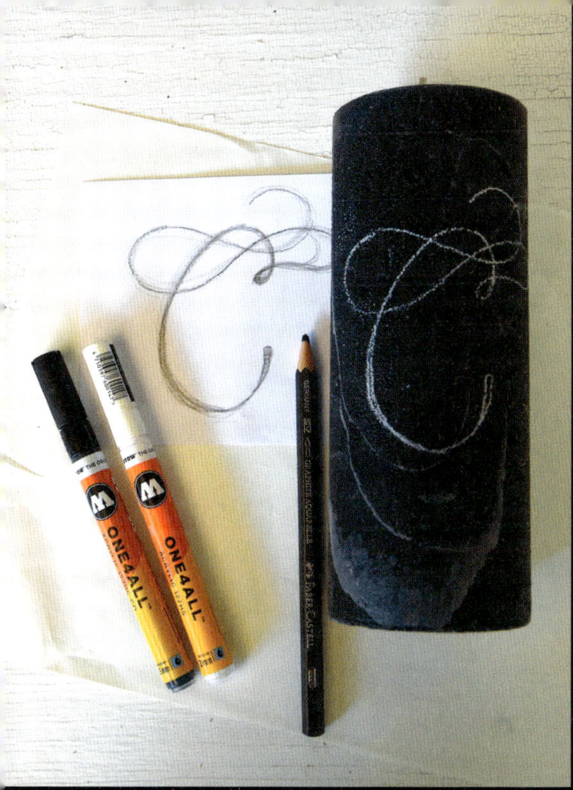

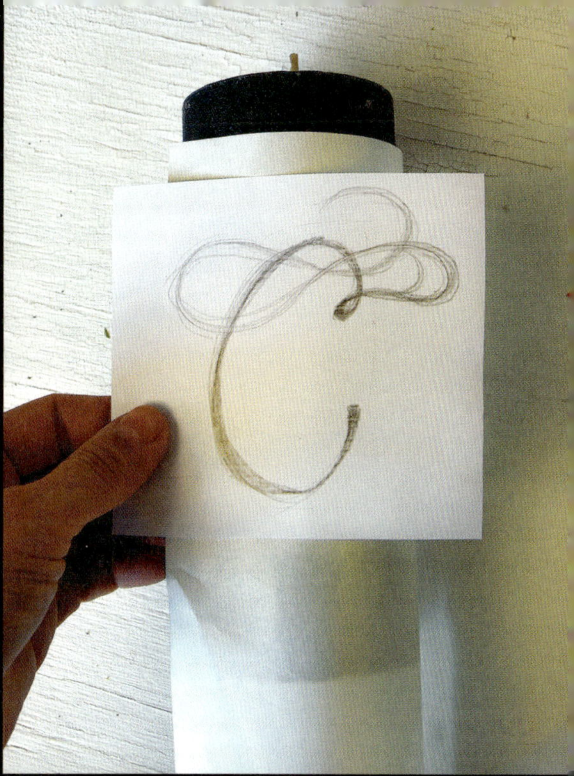

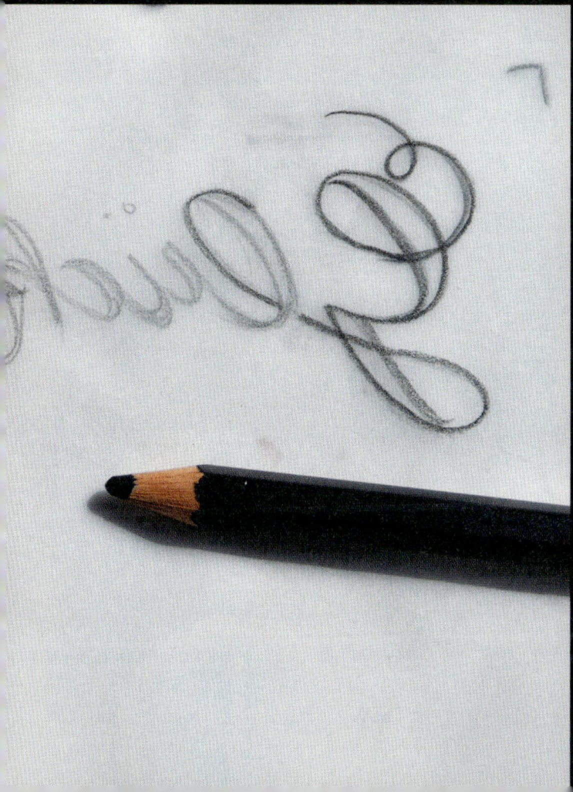

TRANSFER- ODER GRAPHITPAPIER

(erhältlich in Schwarz oder Weiß)
Dieses legt man zwischen den finalen Entwurf und den Untergrund, auf den die Zeichnung transferiert werden soll, und zeichnet dann die Konturen der Buchstaben nach.

TRANSPARENTPAPIER

Die Konturen der Buchstaben werden auf der Rückseite der Skizze mit einem Bleistift oder einem weißen Pastellkreidestift nachgezeichnet. Dann das Transparentpapier auf dem gewählten Untergrund platzieren und die Konturen der Buchstaben auf der Vorderseite mit einem Bleistift nachzeichnen. So wird das Schriftbild übertragen.

LEUCHTTISCH ODER IPAD

Man kann die Skizze auch auf einen leuchtenden Untergrund legen und das Zeichenpapier darauf platzieren. Die Skizze scheint nun durch das Papier hindurch. Nur bei bis zu 100-Gramm-Papier möglich.

TAFELFARBE

Von der kleinen Memotafel bis zur großen Wandfläche lassen sich nahezu alle Oberflächen mit Tafelfarbe grundieren und mit Kreidemarker oder Lackmalstiften belettern.

DAZU BRAUCHT MAN:

Tafelfarbe, Transparentpapier, weißes Kohlepapier, Bleistift, Pastellkreidestift

Nicht permanent:
Flachpinsel, Tafelkreide, Kreidemarker

Permanent:
Montana Acrylic Marker, Lackmarker, Gelstifte

VORLAGE ÜBERTRAGEN SO GEHT'S:

Den Entwurf in Originalgröße auf das Transparentpapier zeichnen. Die Konturen der Schrift auf der Rückseite des Transparentpapiers mit weißem Pastellkreidestift nachzeichnen. Die Entwurfrückseite auf den mit Tafelfarbe grundierten Gegenstand legen und mit Masking Tape fixieren. Die Konturen mit Bleistift mit etwas Druck nochmals nachzeichnen. Nun kann man die auf die Tafelfarbe übertragene Skizze mit einem Kreidemarker oder, um die Schrift dauerhaft aufzutragen, mit einem Lackmarker nachzeichnen.

BEISPIELE:

Seite 12, 65, 138, 149

GLAS UND PORZELLAN

Beim Verzieren von Gegenständen aus Glas oder Porzellan mit Schrift kommt es auf die gewünschte Haltbarkeit der Schrift an. Wichtig: Der Untergrund muss trocken und fettfrei sein.

DAZU BRAUCHT MAN:

Für dauerhaften Halt:
Glas- und Porzellanfarben oder Porzellan-Pinselstift, Montana Acrylic Marker, Lackmarker, Marker Multimark permanent (Faber Castell)

Für nicht dauerhaften Halt
Kreidemarker, Marker Multimark non-permanent (Faber Castell) Boardmarker

VORLAGE AUF EIN GLAS ÜBERTRAGEN SO GEHT'S:

Den Papierentwurf in Originalgröße ausschneiden und mit Klebeband auf der Innenseite des Glases fixieren. Mit dem passenden Stift den Entwurf auf der Außenseite nachzeichnen.

VORLAGE AUF PORZELLAN ÜBERTRAGEN SO GEHT'S:

Den Papierentwurf und das Kohlepapier auf die Oberfläche legen und mit spitzem Bleistift mit etwas Druck die Skizze übertragen.
- Mit Marker: An der Luft trocknen lassen.
- Mit Porzellan-Pinselstift: Im Ofen bei 160 Grad 25 Minuten einbrennen.

BEISPIELE:

79, 95, 104, 119, 167

TEXTILIEN

Alle nicht chemisch bearbeiteten Textilien und Leinwände lassen sich wunderbar belettern.

DAZU BRAUCHT MAN:
Textilstift, Textilmarker,
Bleistift
Transparentpapier
Bügeleisen

VORLAGE ÜBERTRAGEN
SO GEHT'S:
Den Entwurf in Originalgröße auf das Transparentpapier zeichnen. Die Konturen der Schrift auf der Rückseite des Transparentpapiers mit einem weichen Bleistift nachzeichnen. Die Entwurfrückseite auf den Stoff legen und die Konturen nochmals nachzeichnen. Die auf den Stoff übertragene Skizze nun mit einem Textilstift oder Marker reinzeichnen.

Wasser- und waschfest wird das Schriftbild, wenn man am Schluss ohne Dampf darüberbügelt.

Bei Stoffbeuteln oder T-Shirts lege ich ein Holzbrett oder Buch zwischen die beiden Stoffflächen, damit die Schrift nicht durchdrückt. Den Stoff leicht mit den Fingern spannen.

BEISPIELE:
Seite 125, 145, 167, 175

KERZEN

Mit etwas Übung und ein wenig Geduld lassen sich auch Kerzen mit Wörtern, Zahlen oder Schmuckelementen verzieren. Je nach Farbe wählt man dazu den passenden Stift.

DAZU BRAUCHT MAN:
Lackmarker von Molotow,
Bleistift, Seidenpapier,
Wachspapier, Föhn

VARIANTE 1
SO GEHT'S:
Die Wörter, Zahlen oder Schmuckelemente mit einem Permanent Marker auf ein Stück Seidenpapier zeichnen und inklusive 5 mm Rand ausschneiden. Auf der Kerze platzieren und das Seidenpapier mit Wachspapier bedecken. Nun mit dem Föhn so lange über die beiden Papierschichten föhnen, bis das Seidenpapier mit dem Wachs verschmilzt.

VARIANTE 2
SO GEHT'S:
Die Buchstaben mit Bleistift auf ein Papier zeichnen mit Graphitpapier auf die Kerze übertragen und mit dem Acrylmarker Molotow One4all nachzeichnen.

BEISPIEL:
Seite 189

TRANSFER MIT ACETON

Diese alte unkomplizierte und schnelle Transfertechnik lässt das Schriftbild wie einen Kunstdruck aussehen. Die besten Resultate erhält man auf wenig saugenden, glatten Oberflächen.

DAZU BRAUCHT MAN:
Aceton
Wattepad
Falzbein
Laserkopie

SO GEHT'S:

1. Vorlage auf Papier zeichnen.

2. Spiegelverkehrte Laserkopie der Vorlage erstellen.

3. Vorlage mit Motiv nach unten auf das zu bedruckende Medium (Papier, Stoff usw.) legen.

4. Ecken mit Masking Tape fixieren

5. Wattepad mit Aceton tränken und über die Kopie fahren.

BEISPIELE:
Seite 85, 117

EMBOSSING-TECHNIK

DAZU BRAUCHT MAN:
Embossing Pen
Embossing-Pulver
Heißluftföhn, Herdplatte oder Backofen

SO GEHT'S:

1. Den Text mit Embossing Pen auf das gewünschte Material oder Objekt schreiben.

2. Ohne ihn trocknen zu lassen, den ganzen Text mit Embossing-Pulver bedecken.

3. Sofort das ganze Pulver von der Vorlage wieder auf ein leeres Blatt Papier abschütteln. Das Blatt zu einem Trichter formen und das verbliebene Pulver wieder zurück in die Dose füllen.

4. Nun mit dem Heißluftföhn in einem Abstand von etwa 10 cm über die Schrift fahren, bis die Pulverpartikel sich in eine glitzernde, leicht erhöhte Oberfläche verwandeln.

Bei Anwendung auf Papier oder Metall kann anstelle des Heißluftföhns auch eine warme Herdplatte oder der Backofen verwendet werden. Aber Vorsicht, dass die Vorlage nicht anbrennt.

TIPP: Überall, wo der Stift die Vorlage berührt, wird anschließend Glitzer kleben.

BEISPIEL:
Seite 199

OBERFLÄCHEN, STIFTE, TRANSFERTECHNIK

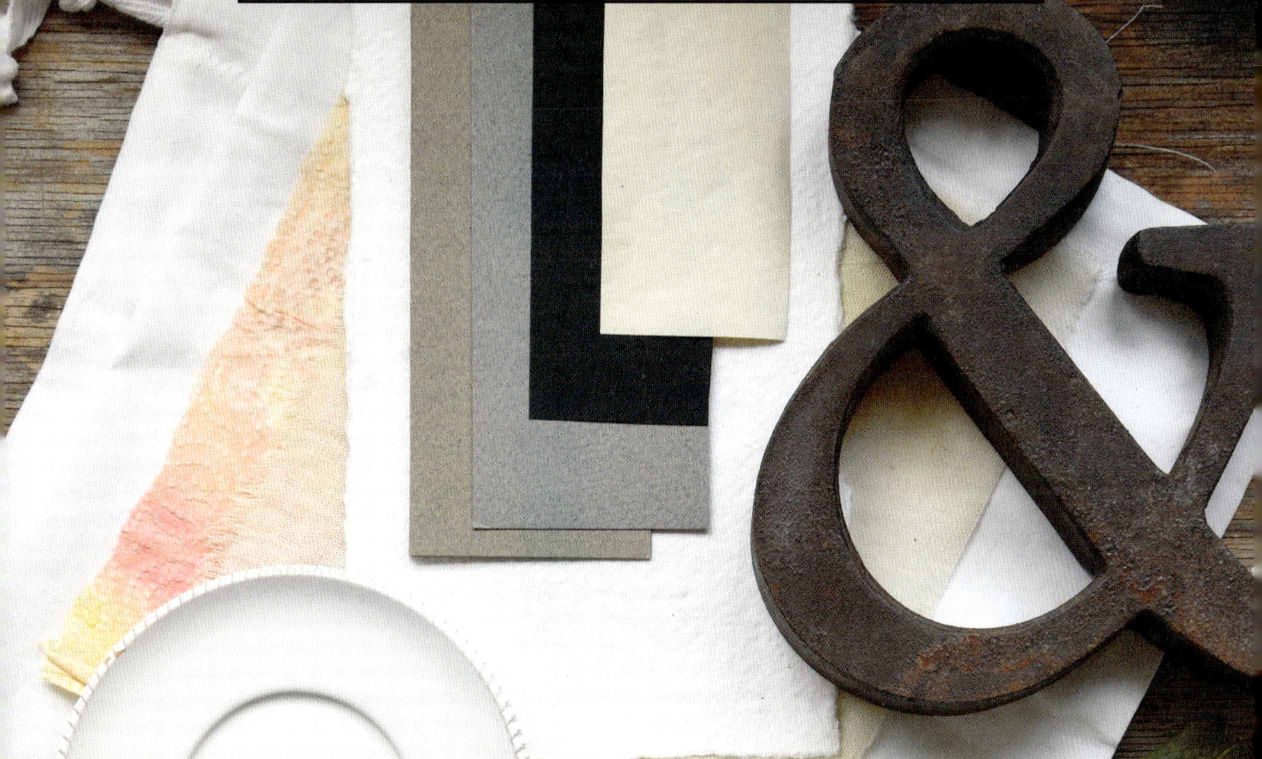

MATERIAL:	STIFTE:								TRANSFERTECHNIK:		
	Bleistift	Fineliner permanent	Acryl-Marker	Brush Pens permanent	Kalligrafiefeder	Kreidemarker	Lack-, Porzellanstifte	Textil-Marker	Mit Aceton	Transferpapier	
Glattes Papier	*	*	*	*	*	*	*		*		
Raues Papier	*	*	*			*	*			*	*
Textiles (Leinwände)	*	*	*	*		*	*	*	*	*	
Glas			*				*			*	
Metall	*	*	*			*	*			*	
Keramik, Porzellan	*	*	*	*			*			*	
Holz	*	*	*			*	*		*	*	
Schiefertafeln	*	*	*			*	*			*	
Blätter (Laub)			*			*	*				
Leder	*	*	*				*	*		*	
Kork	*	*	*			*	*			*	
Plastik			*				*				
Wachs (Kerzen)			*			*				*	

Frühling

Wenn es wieder wärmer wird und man den Frühling riechen kann, zieht es mich in die freie Natur. Blumen, Kräuter und Wiesen inspirieren mich zum Zeichnen und Malen. Da ich gerne saisonal koche, kommen jetzt Spargeln, Rhabarber und Erdbeeren auf den Teller oder in die selbst verzierten Einmachgläser.

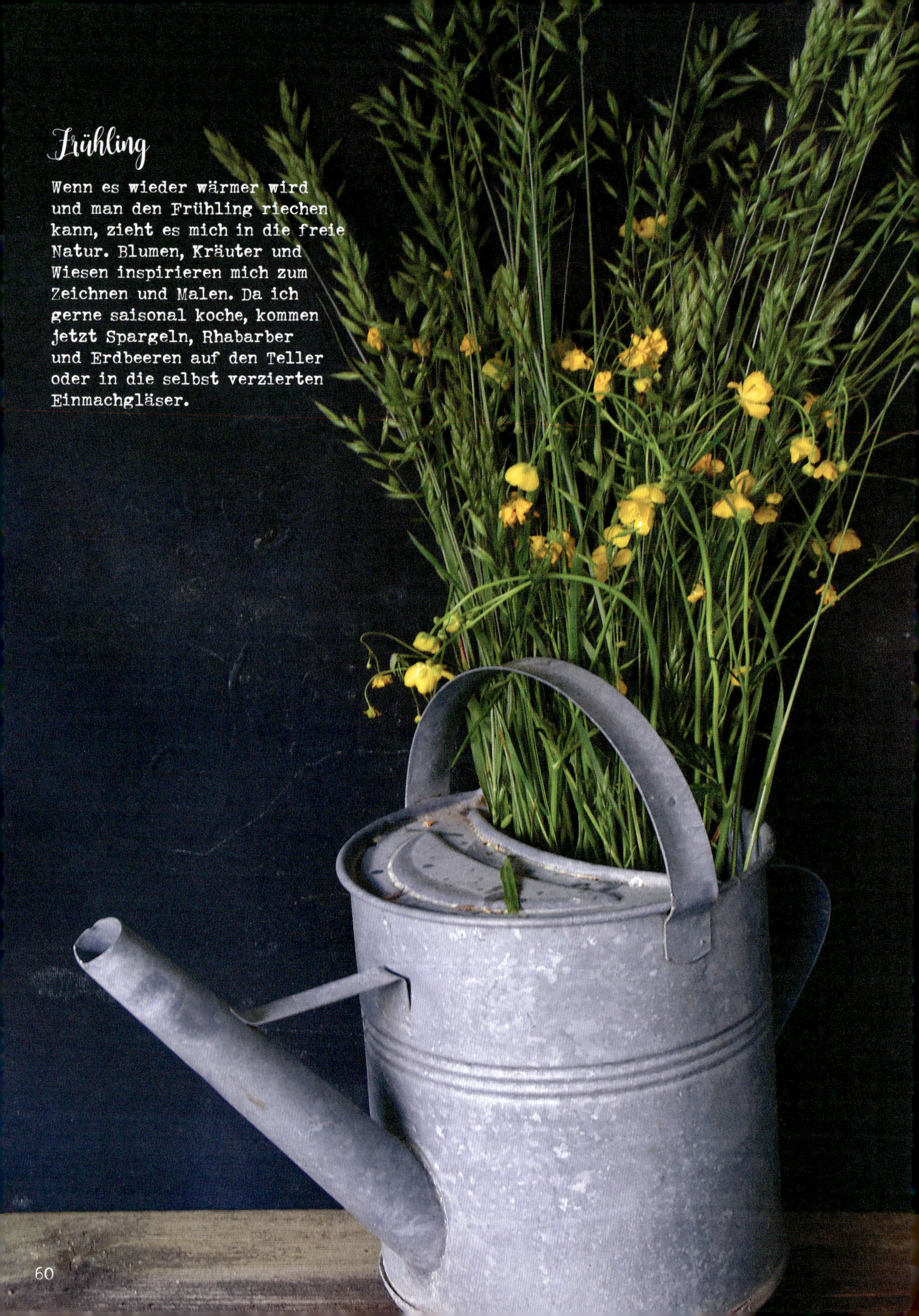

Frühlings-Projekte

MEIN KRÄUTERGARTEN
OSTERFEST
MUTTERTAG
GEBURTSTAG
GESCHENKE AUS DER KÜCHE

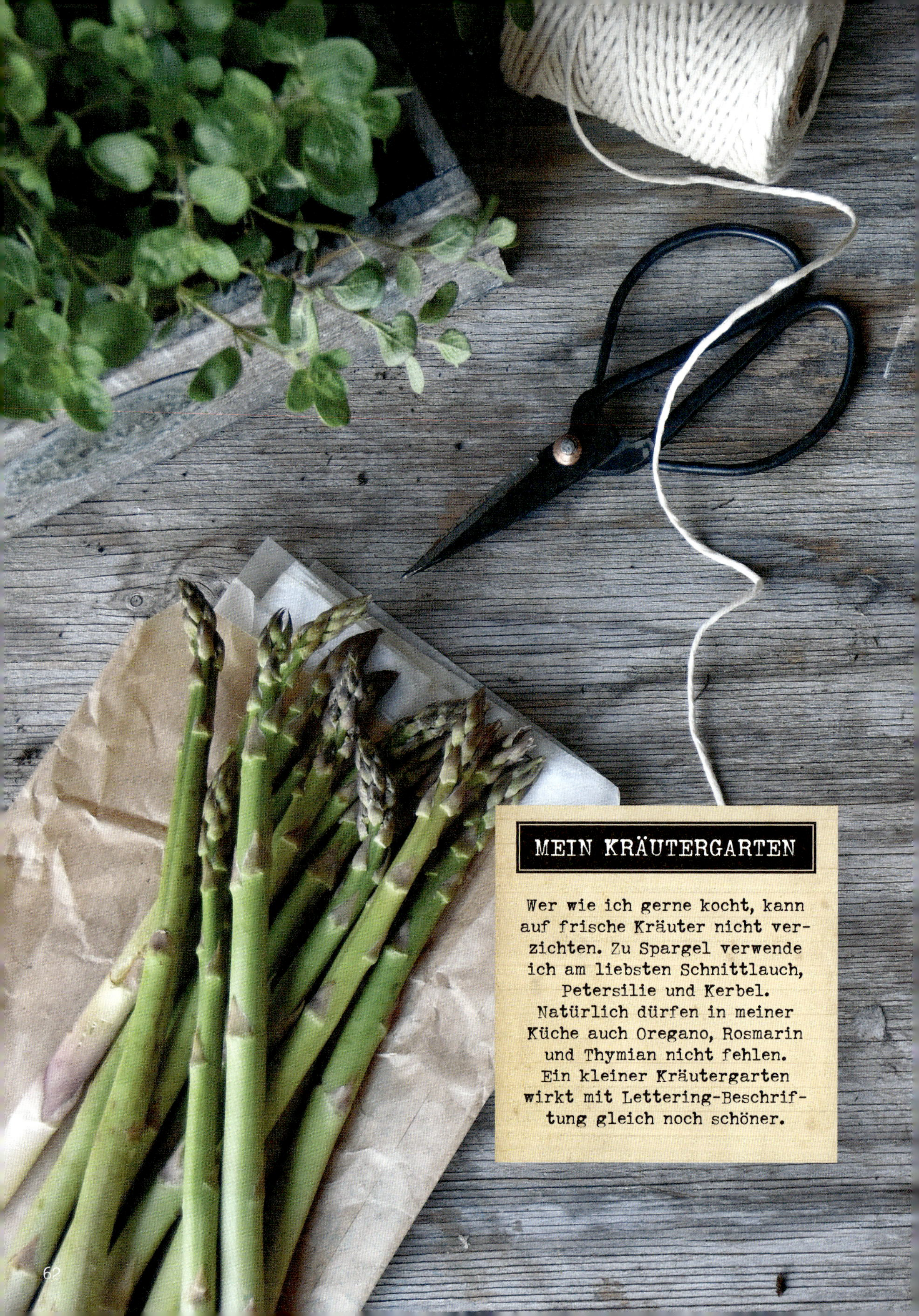

MEIN KRÄUTERGARTEN

Wer wie ich gerne kocht, kann auf frische Kräuter nicht verzichten. Zu Spargel verwende ich am liebsten Schnittlauch, Petersilie und Kerbel. Natürlich dürfen in meiner Küche auch Oregano, Rosmarin und Thymian nicht fehlen. Ein kleiner Kräutergarten wirkt mit Lettering-Beschriftung gleich noch schöner.

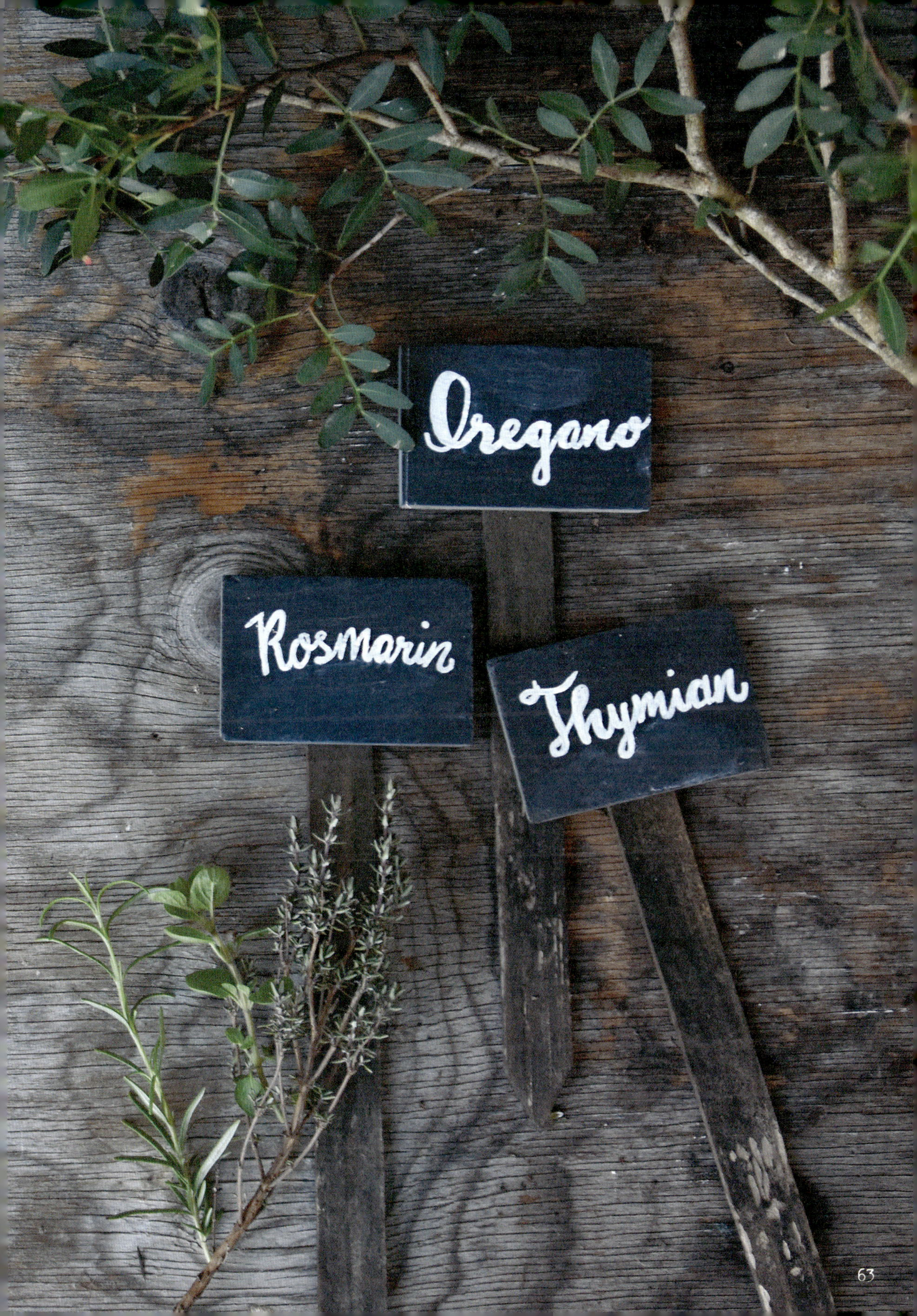
Oregano
Rosmarin
Thymian

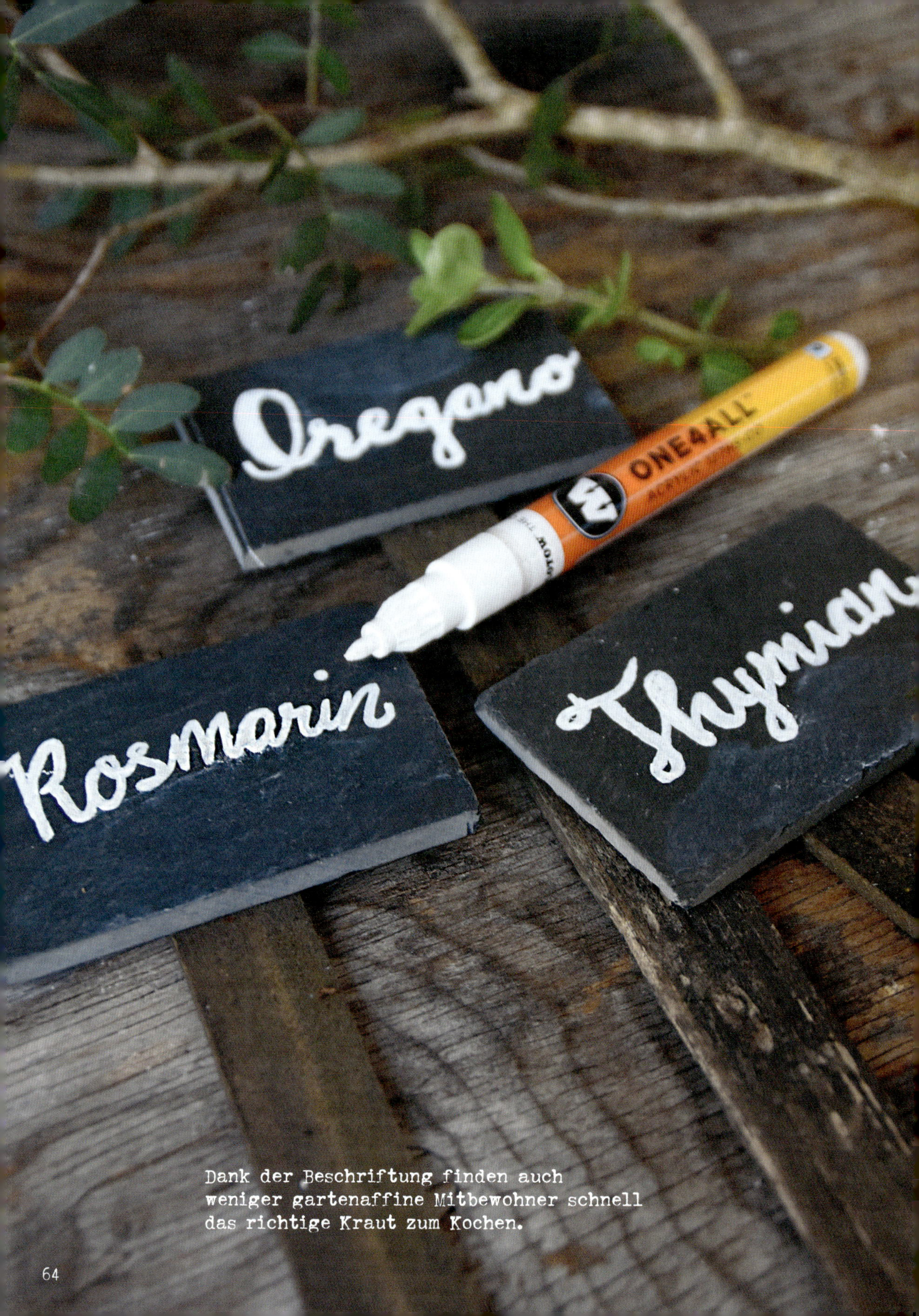

Dank der Beschriftung finden auch weniger gartenaffine Mitbewohner schnell das richtige Kraut zum Kochen.

KRÄUTERBOX

Kräuterboxen kann man fertig kaufen oder aus alten Holzkisten selbst zusammenbauen. Schön beschriftet, wird auch die kleinste Kräuterbox zu einem Eyecatcher.

➳ SO GEHT'S:

Eine Außenwand der Kiste mit Kreidefarbe oder Acryllack bemalen. Für eine permanente Beschriftung wähle ich den Acrylstift Molotow 1,5 oder 2 mm in Signalweiß. Für eine temporäre Beschriftung können zum Beispiel die Kreidemarker von Securit oder Sigel verwendet werden.

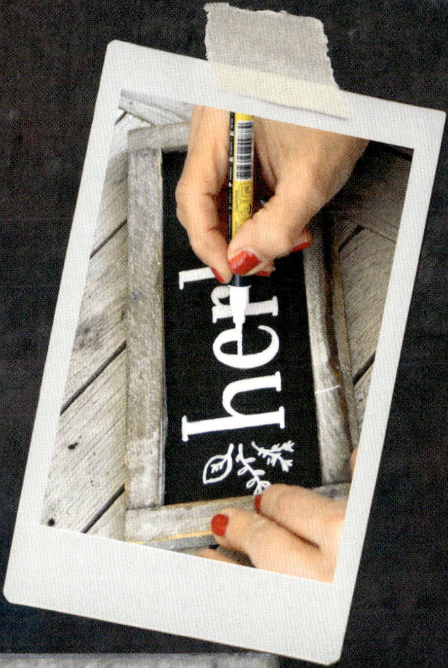

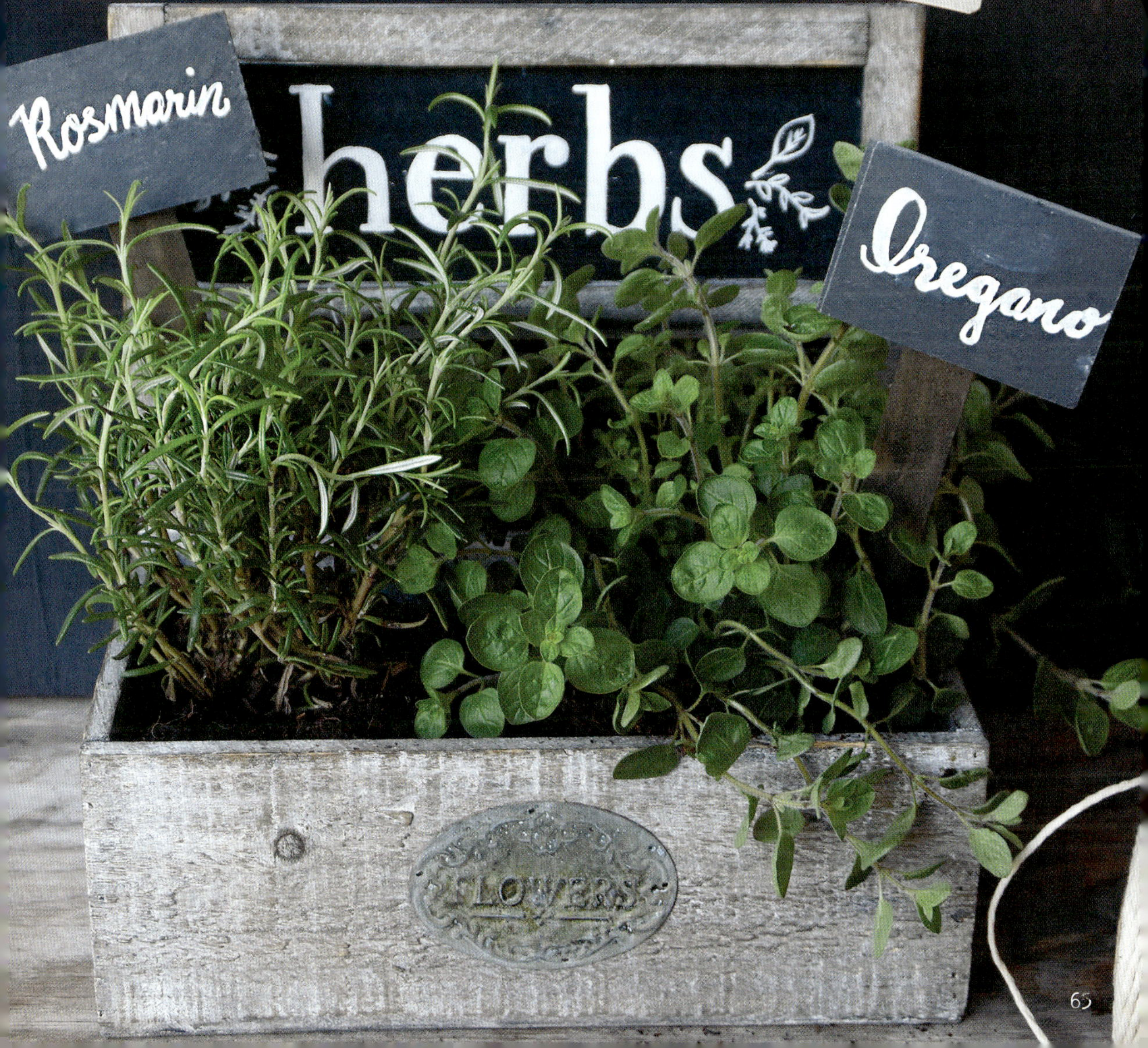

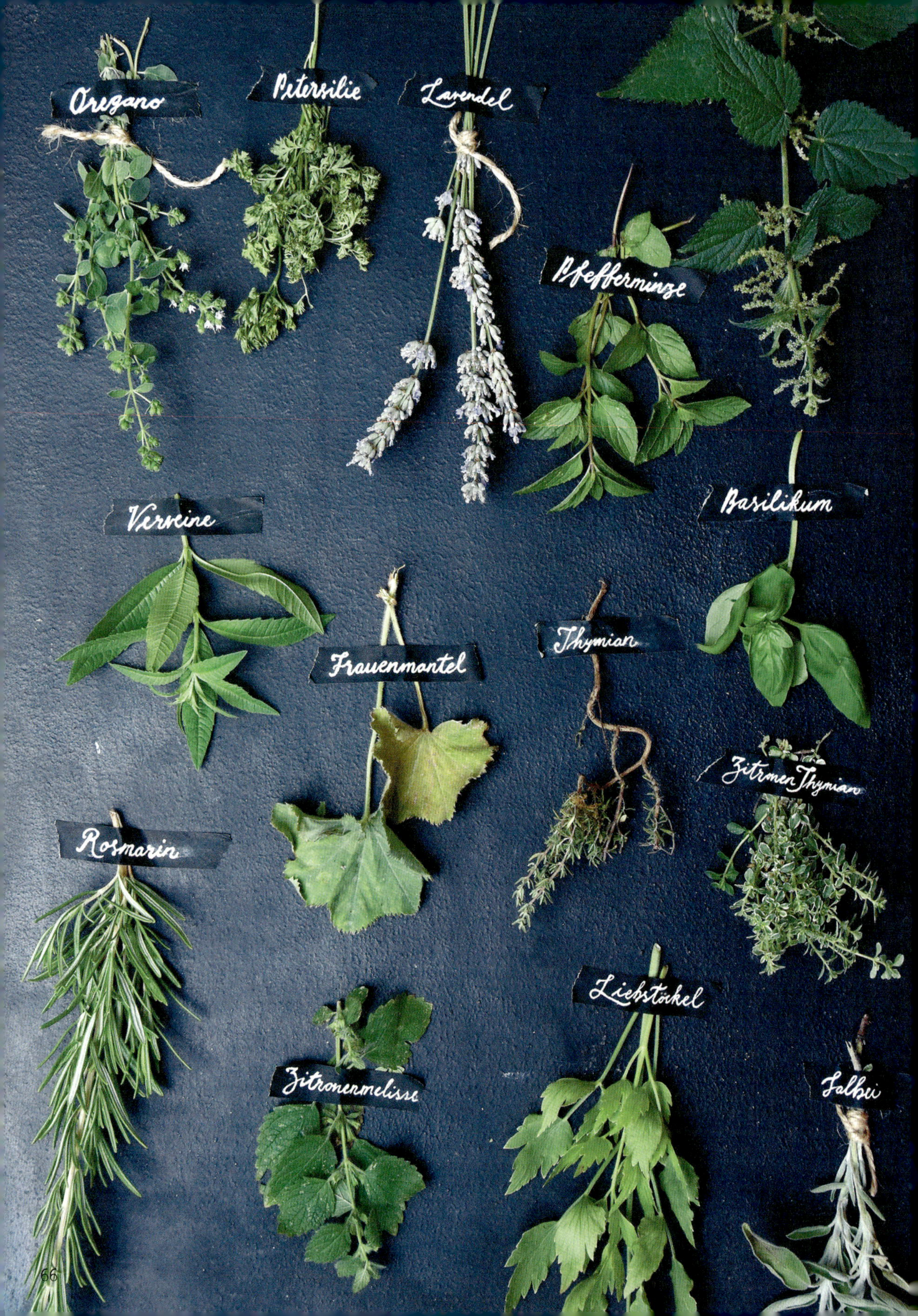
Oregano
Petersilie
Lavendel
Pfefferminze
Basilikum
Verveine
Frauenmantel
Thymian
Zitronen Thymian
Rosmarin
Liebstöckel
Zitronenmelisse
Salbei

KRÄUTERTÜTE

Als kleine Geschenke sind Kräutertüten immer eine tolle Idee. Sorten wie Salbei, Rosmarin, Thymian oder Pfefferminze eignen sich als ideales Mitbringsel zur Grillparty.

➳ SO GEHT'S:

Kleine Kräuterbündel kopfüber aufhängen und trocknen lassen. Alternativ können die Kräuter im Ofen bei 40 Grad rund drei Stunden getrocknet werden.
Anschließend die Kräuterblätter abzupfen, wenn nötig zerkleinern und in licht- und luftdichte Tüten oder Behälter abpacken.

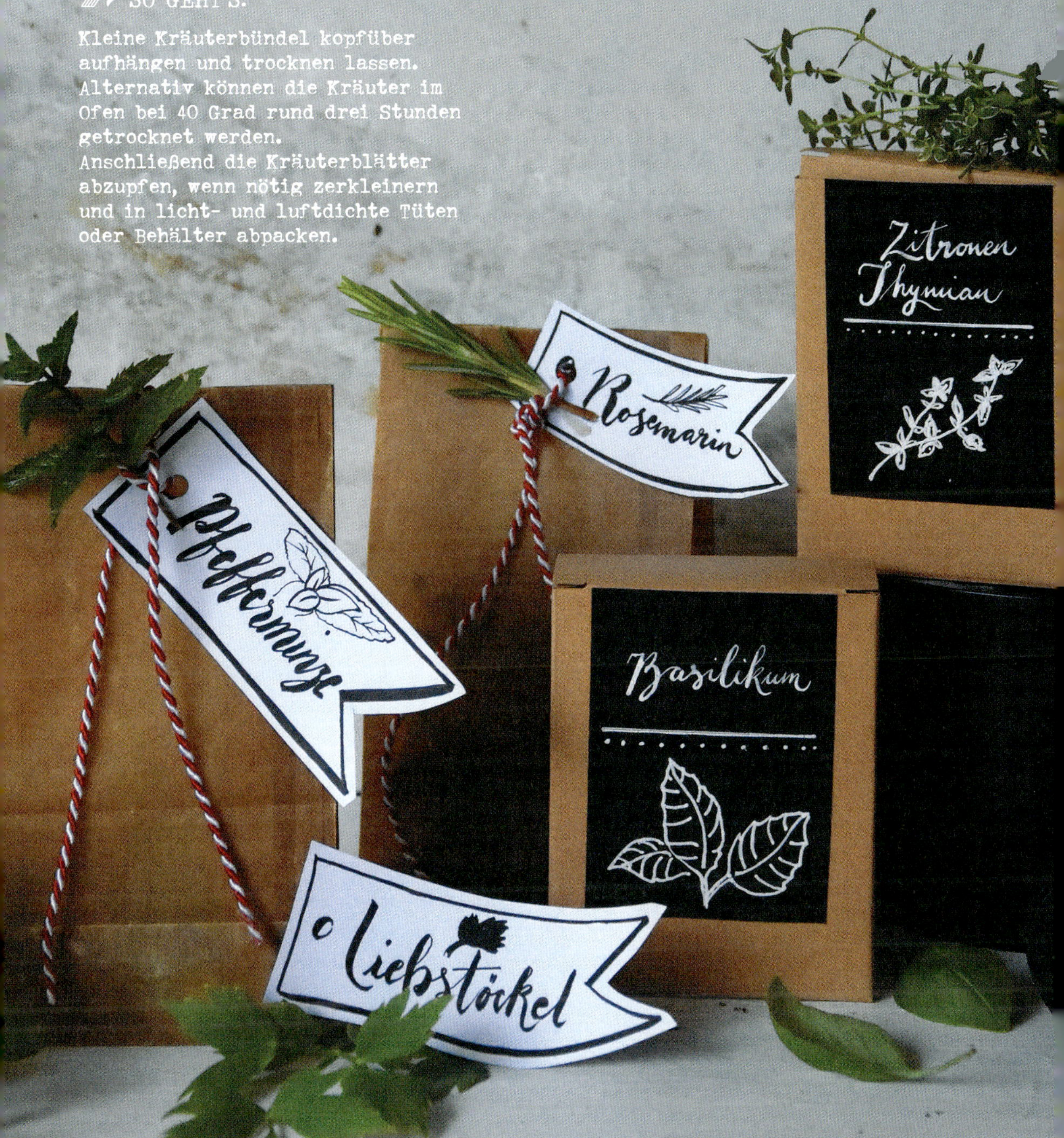

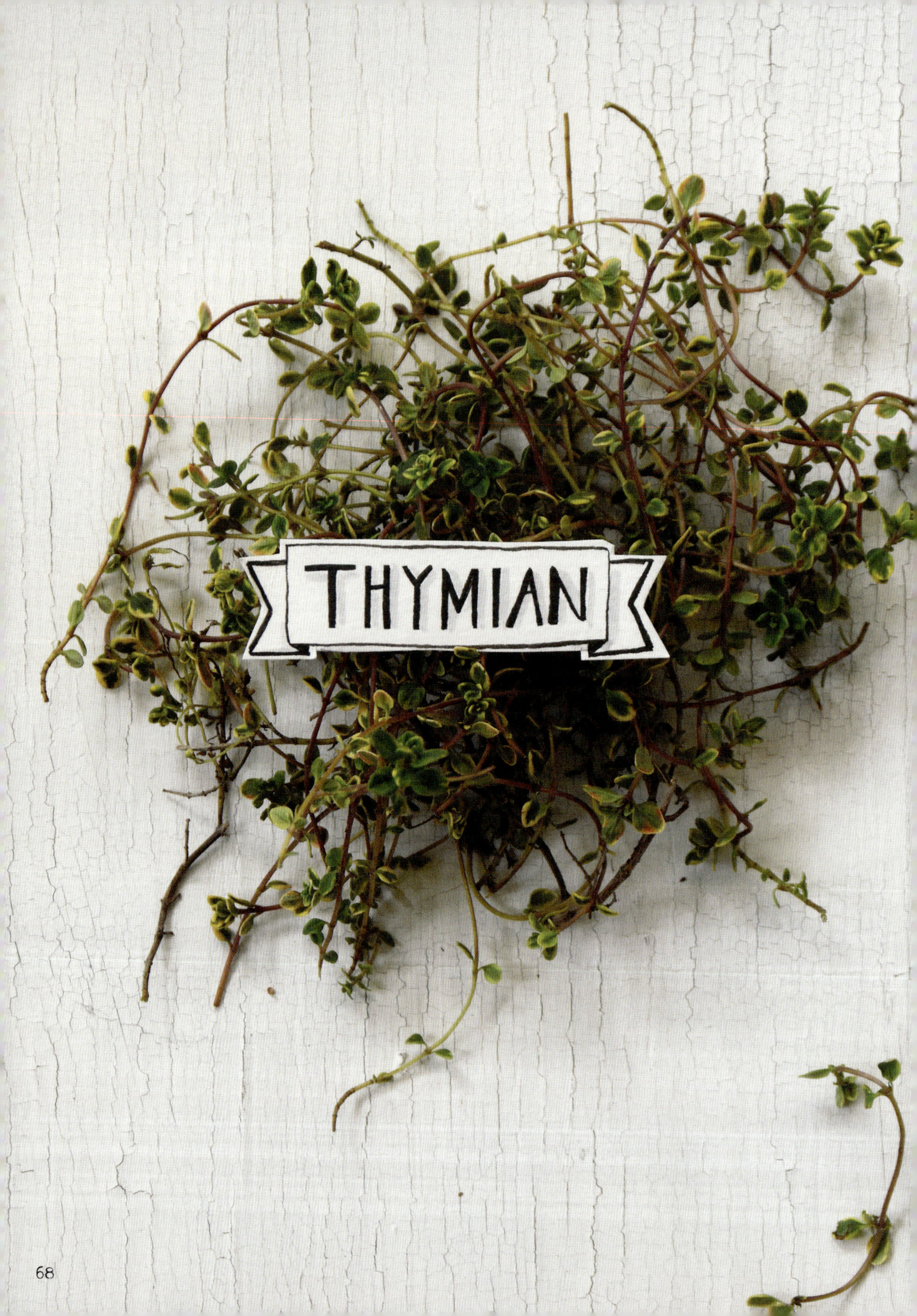
THYMIAN

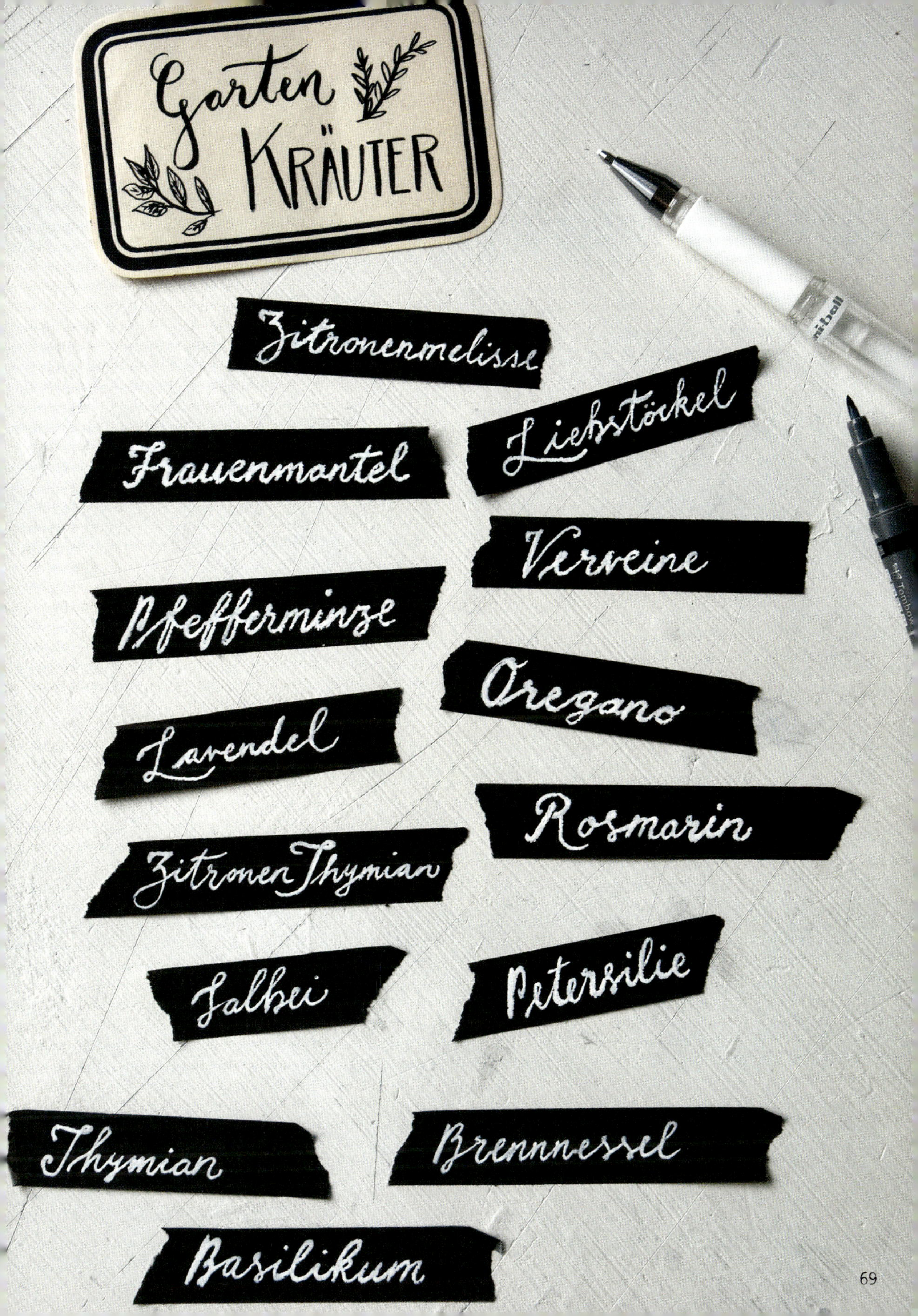
Garten
Kräuter
Zitronenmelisse
Liebstöckel
Frauenmantel
Verveine
Pfefferminze
Oregano
Lavendel
Rosmarin
Zitronen Thymian
Salbei
Petersilie
Thymian
Brennnessel
Basilikum

HERBARIUM

Ein Herbarium GESTALTEN

Für ein Herbarium eignet sich ein leeres Buch mit dicken Seiten oder auch einzelne Blätter Naturpapier. Für das Cover kann man den Text in Schreibschrift auf ein separates Papier schreiben und dieses anschließend auf den Buchdeckel kleben. Mit gezeichneten Blumenmustern oder gepressten Blüten wird das Herbarium stilgerecht ausgeschmückt.

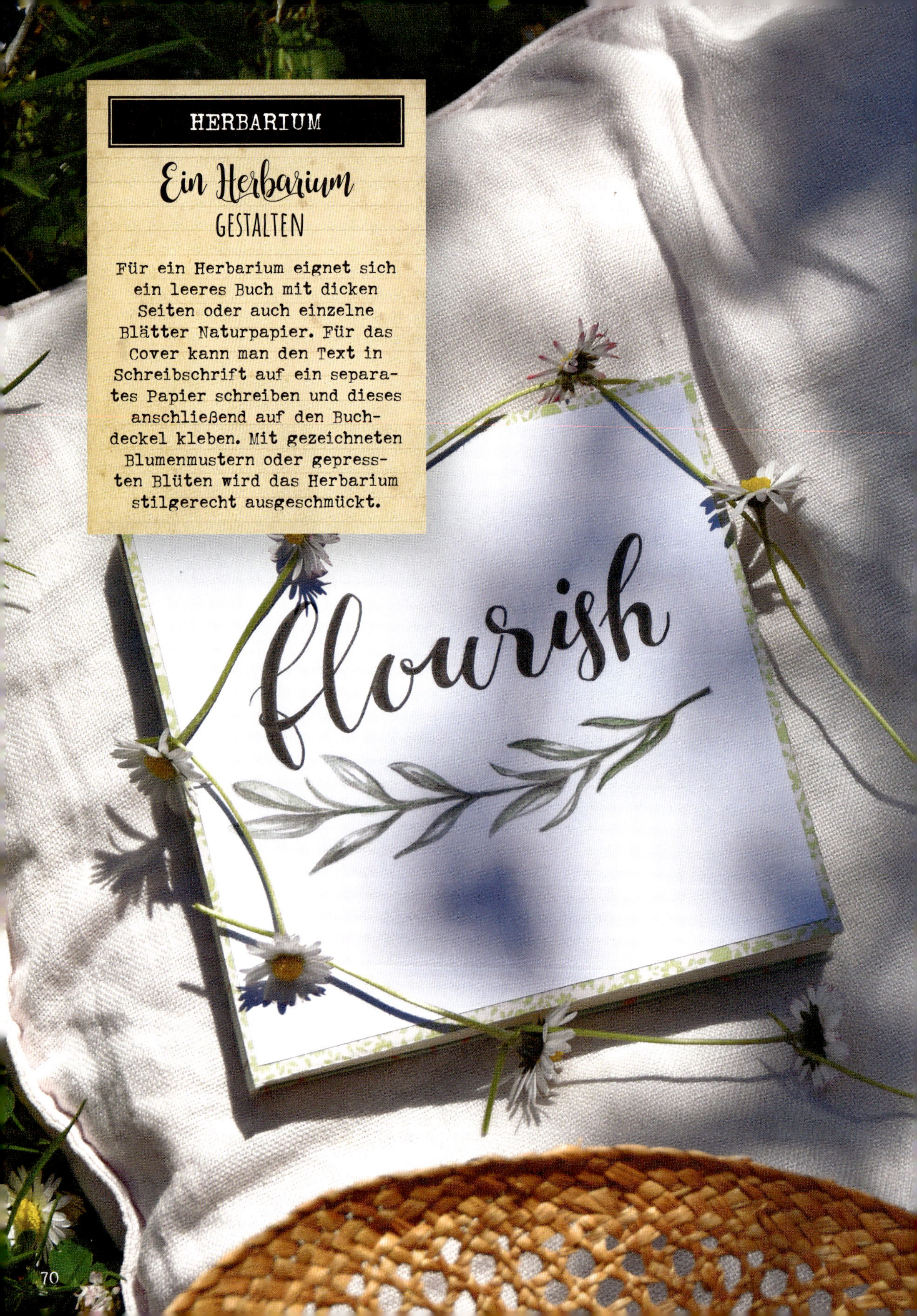

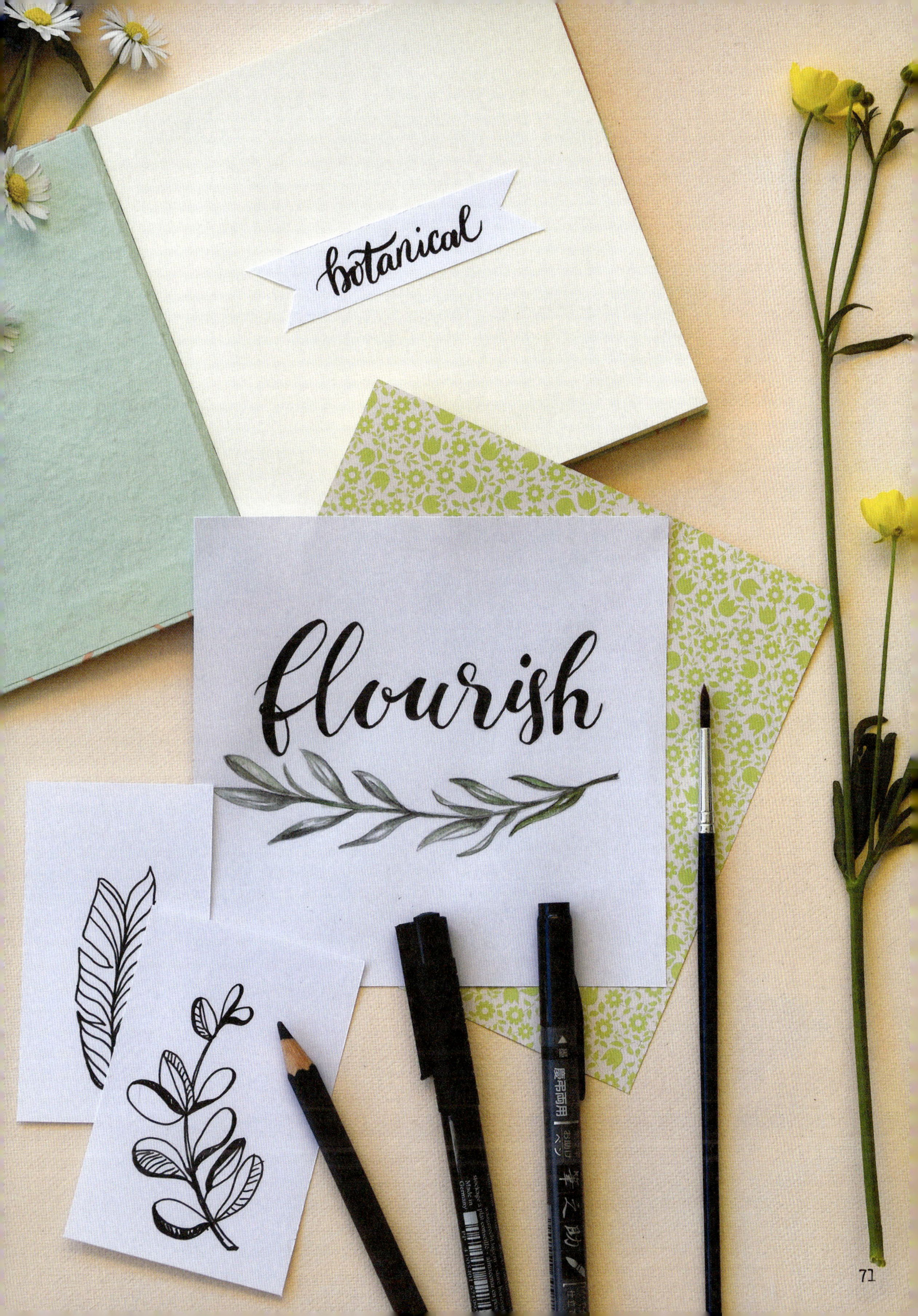
botanical
flourish

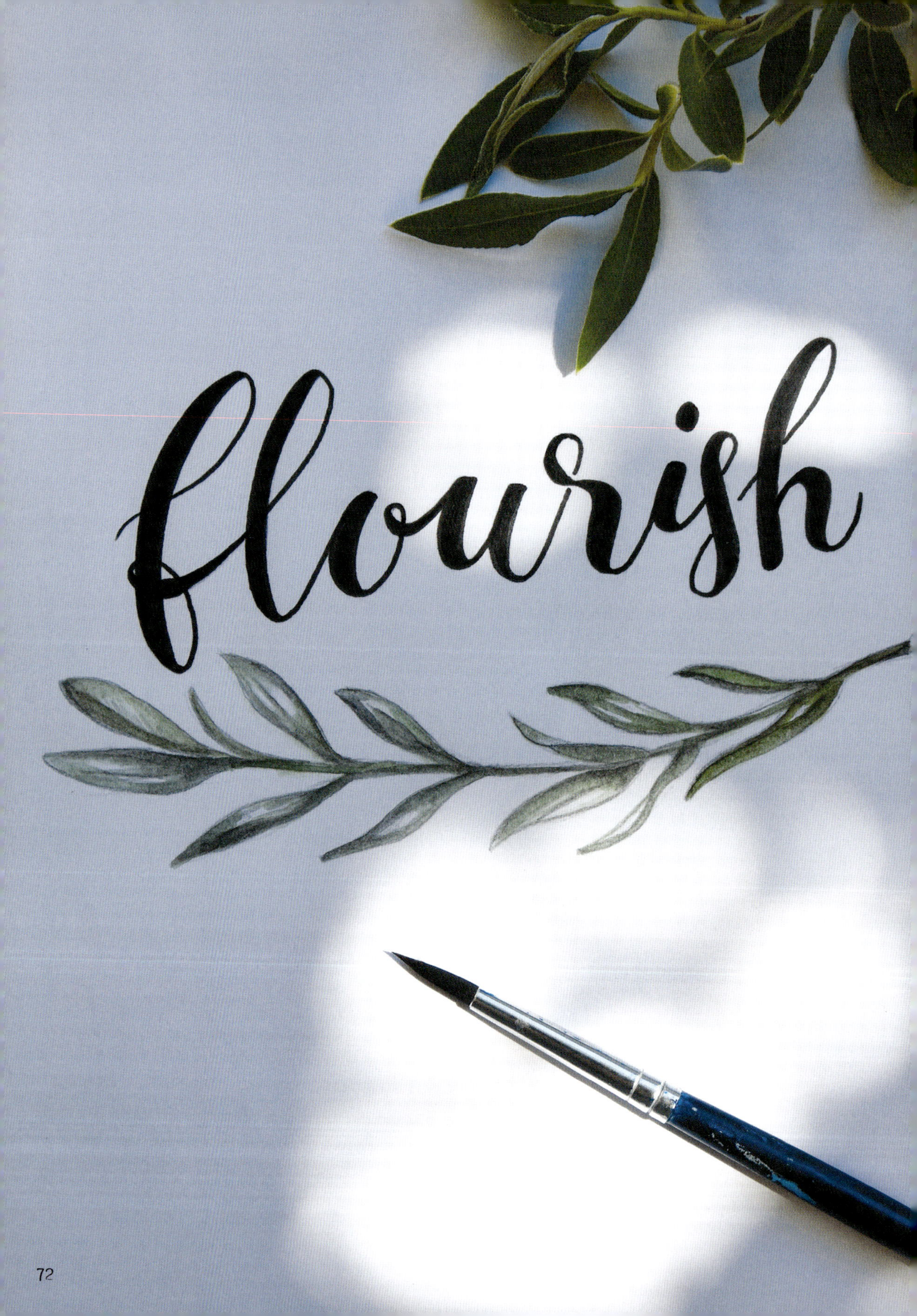
flourish

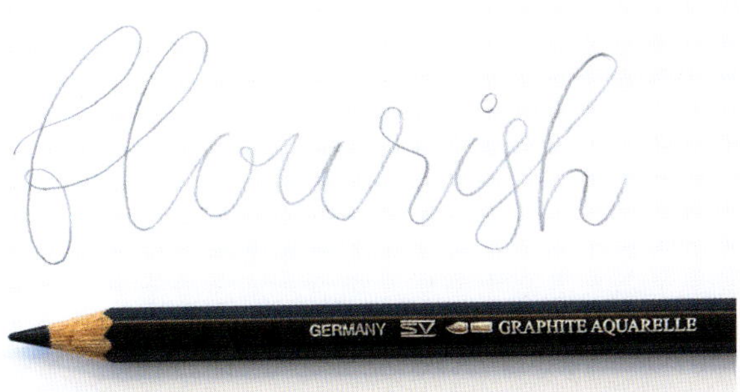

Mit einem Aquarellbleistift B2 die Grundlinie ganz leicht einzeichnen und den Titel in der gewünschten Schrift vorzeichnen.

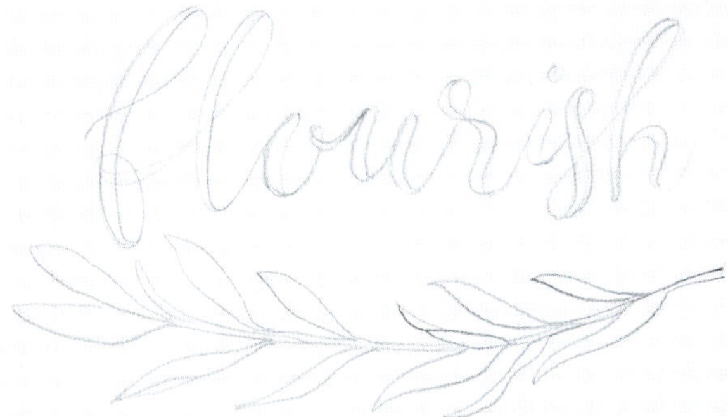

Die Buchstaben mit einer Doppellinie, also in Faux-Calligraphy-Technik, auszeichnen. Eine Pflanzenzeichnung oder eine Verzierung vorzeichnen.

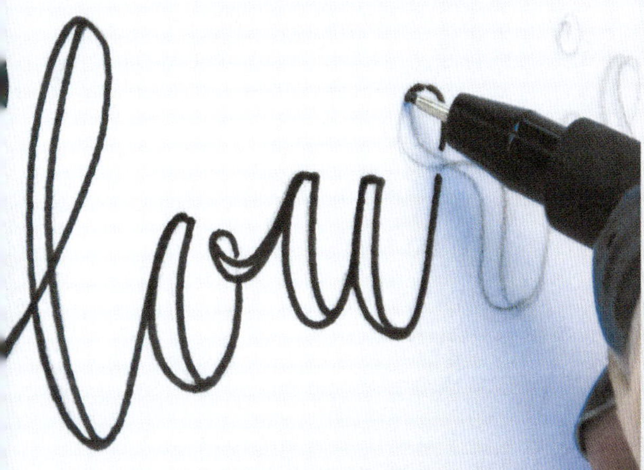

Mit einem wasserfesten Fineliner sämtliche Bleistiftlinien nachfahren.

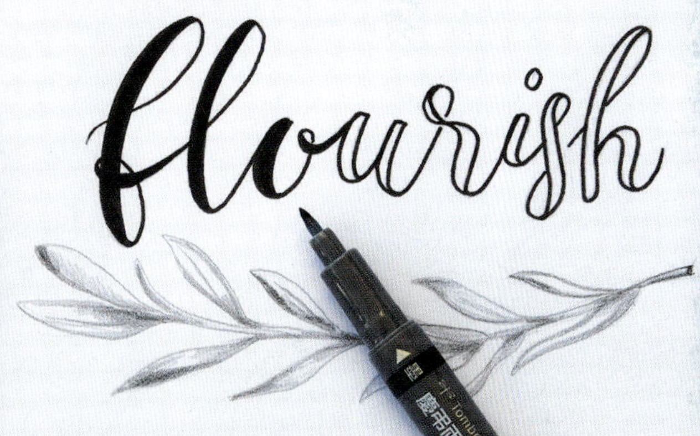

Nun den Titel mit wasserfestem Brushpen ausfüllen und die Schattierungen der Verzierung mit dem Bleistift zeichnen.

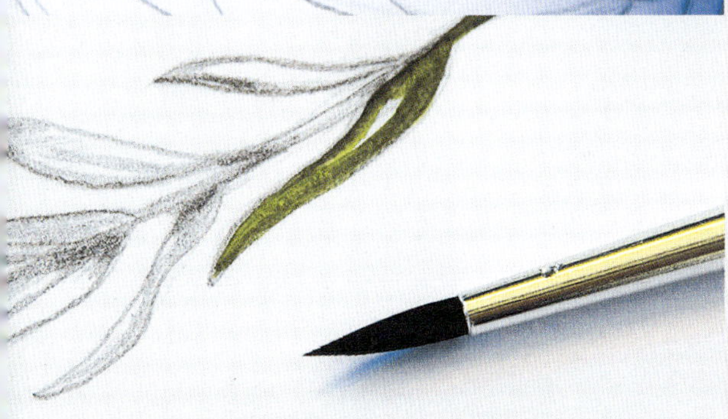

Bei meiner Vorlage habe ich eine grüne Aquarellfarbe mit der Bleistiftschattierung gemischt und so eine graugrüne Farbe erhalten.
Wichtig: Immer weiße Stellen als Lichteffekte frei halten!

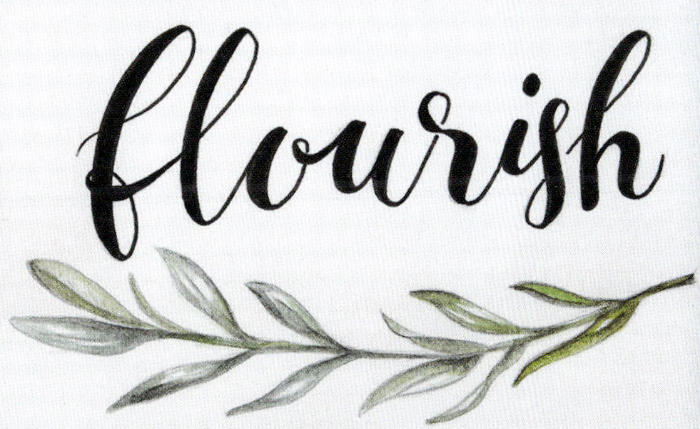

Nun noch das Titelblatt mit einem matten UV-beständigen Fixationsspray schützen.

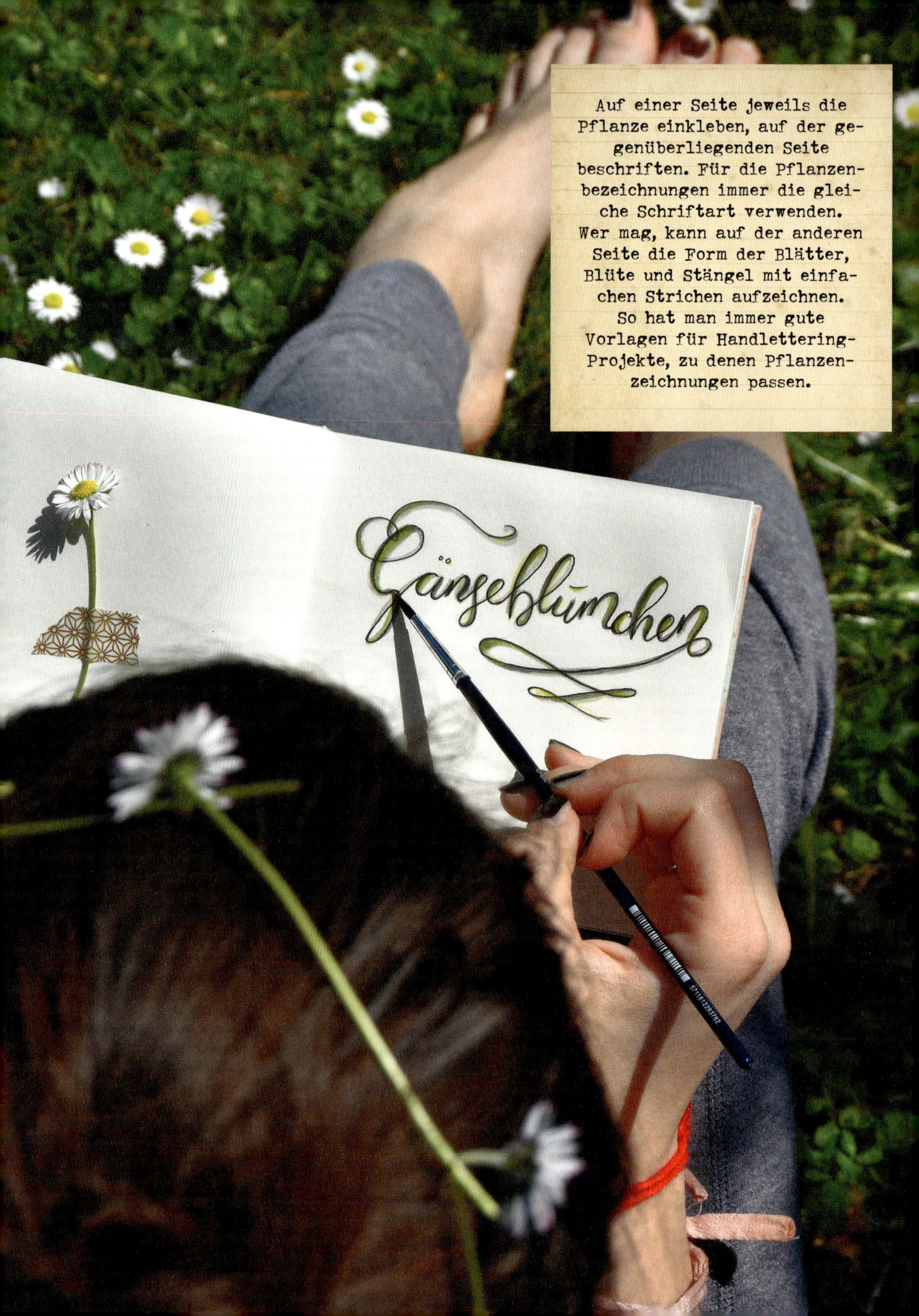

Auf einer Seite jeweils die Pflanze einkleben, auf der gegenüberliegenden Seite beschriften. Für die Pflanzenbezeichnungen immer die gleiche Schriftart verwenden. Wer mag, kann auf der anderen Seite die Form der Blätter, Blüte und Stängel mit einfachen Strichen aufzeichnen. So hat man immer gute Vorlagen für Handlettering-Projekte, zu denen Pflanzenzeichnungen passen.

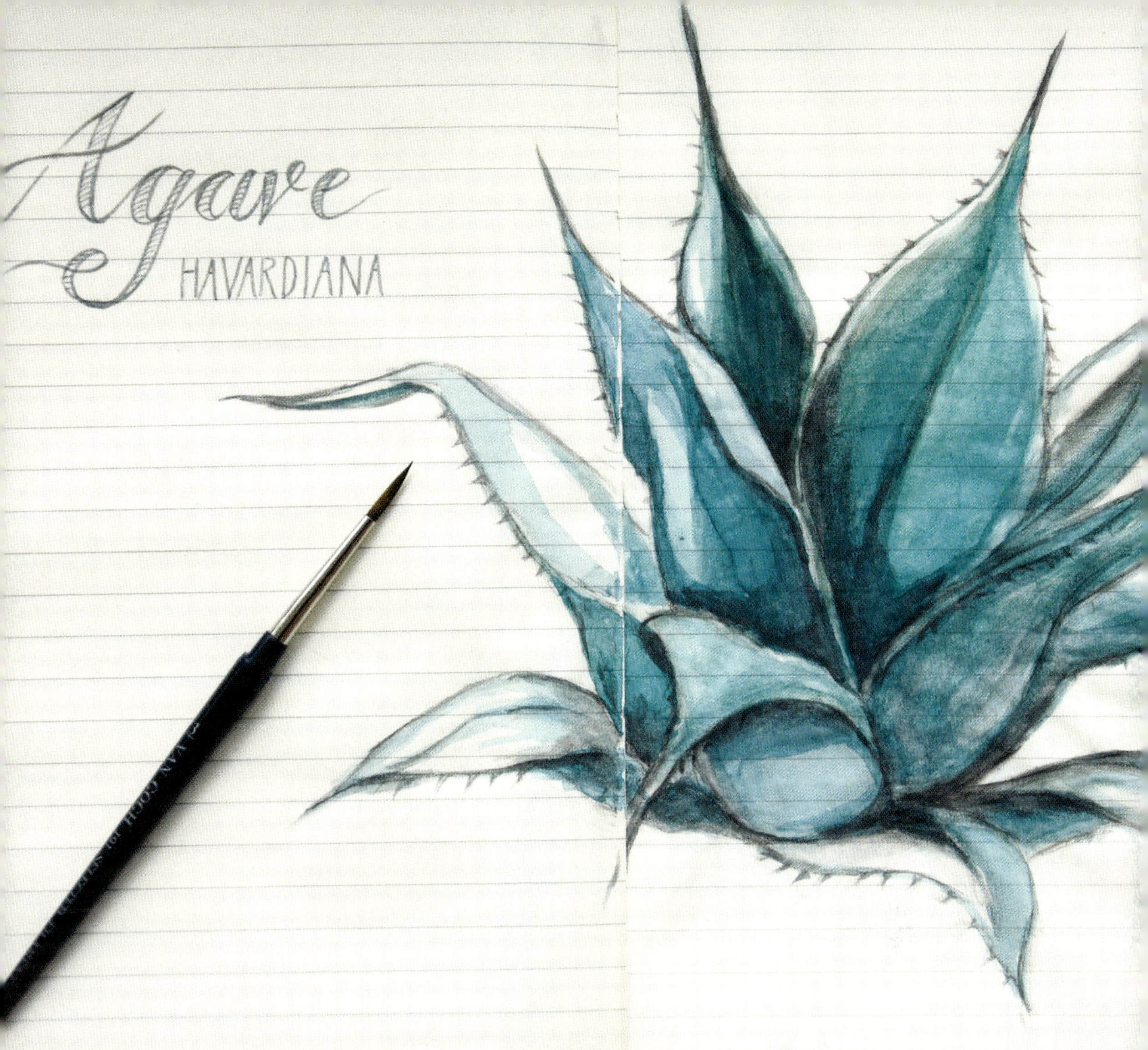
Agave
HAVARDIANA

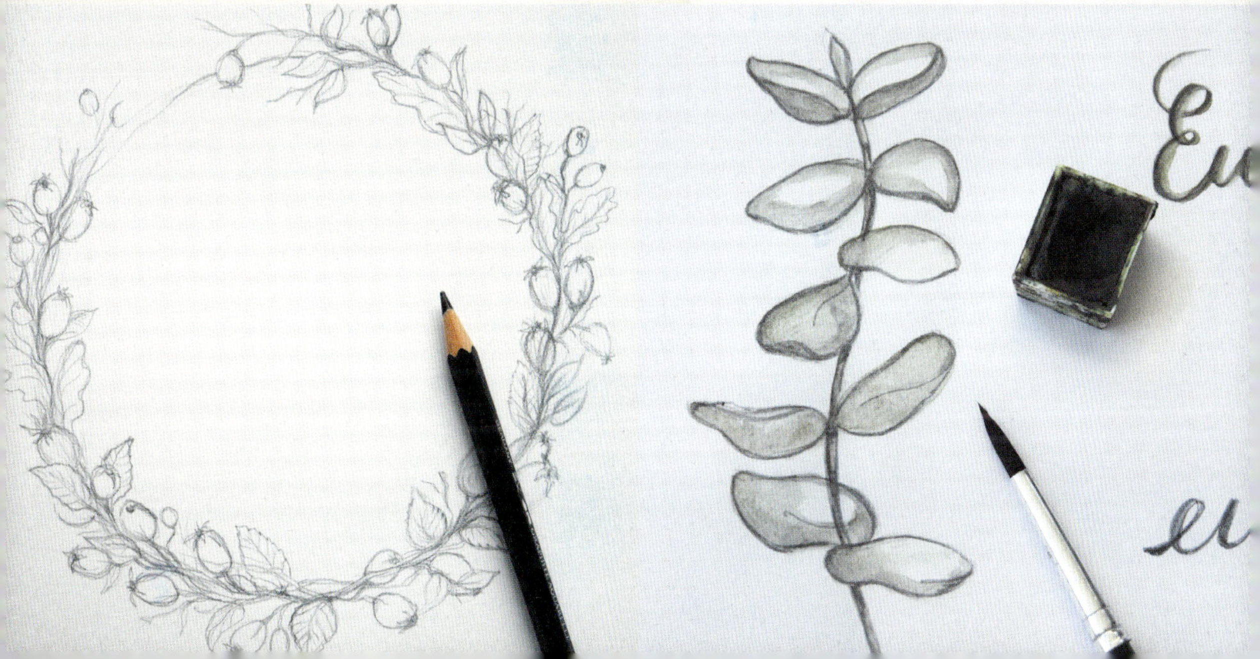

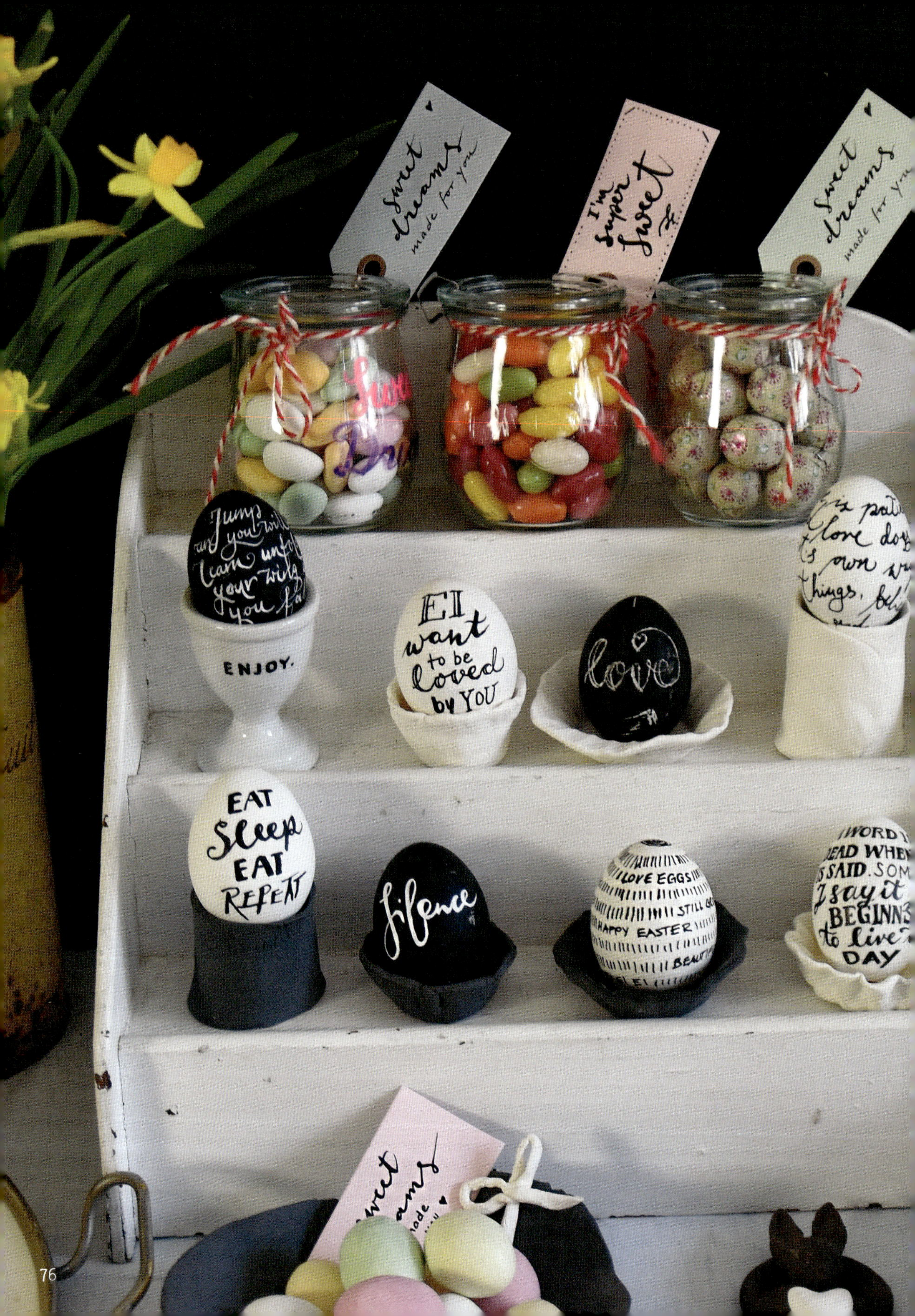
sweet dreams made for you
I'm super sweet
sweet dreams made for you
ENJOY.
EI want to be loved by YOU
love
EAT Sleep EAT REPEAT
Silence
LOVE EGGS
HAPPY EASTER

OSTERFEST

Ostern ist nicht nur ein schöner Anlass, um Zeit mit Familie und Freunden zu verbringen, sondern bietet auch viele Möglichkeiten, die Lettering-Begeisterung so richtig auszuleben. Auf den nächsten Seiten finden sich Ideen und Rezepte, mit denen der Osterbrunch noch festlicher gestaltet werden kann.

Es lassen sich dabei viele verschiedene Materialien beletttern. Neben Holz, Keramik, Glas oder Papier bieten sich an Ostern natürlich auch Eierschalen an. Vom Fineliner über den Brushpen bis zum Kreide- und Keramikmarker kommen dabei fast alle Arten von Stiften zum Einsatz.

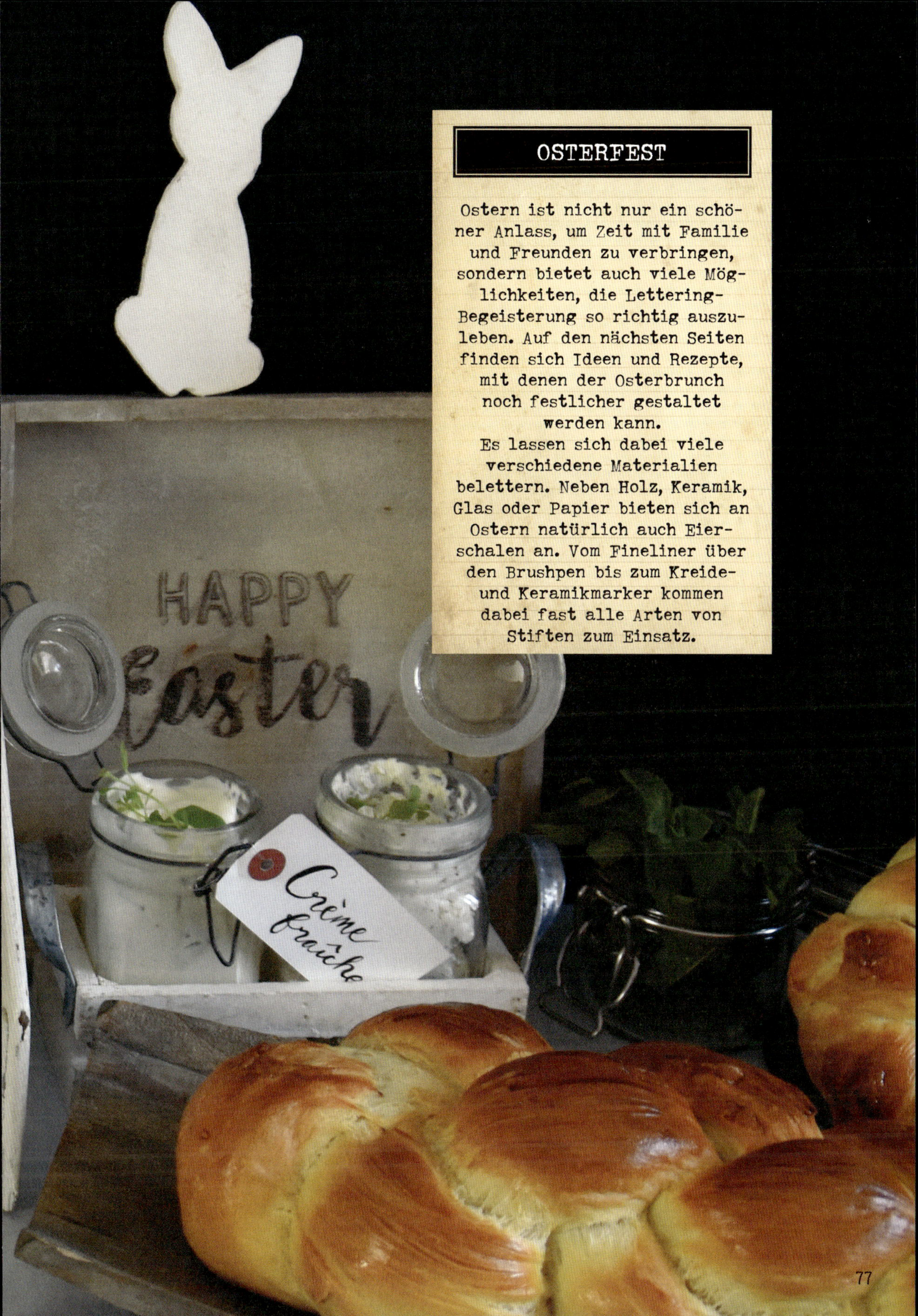

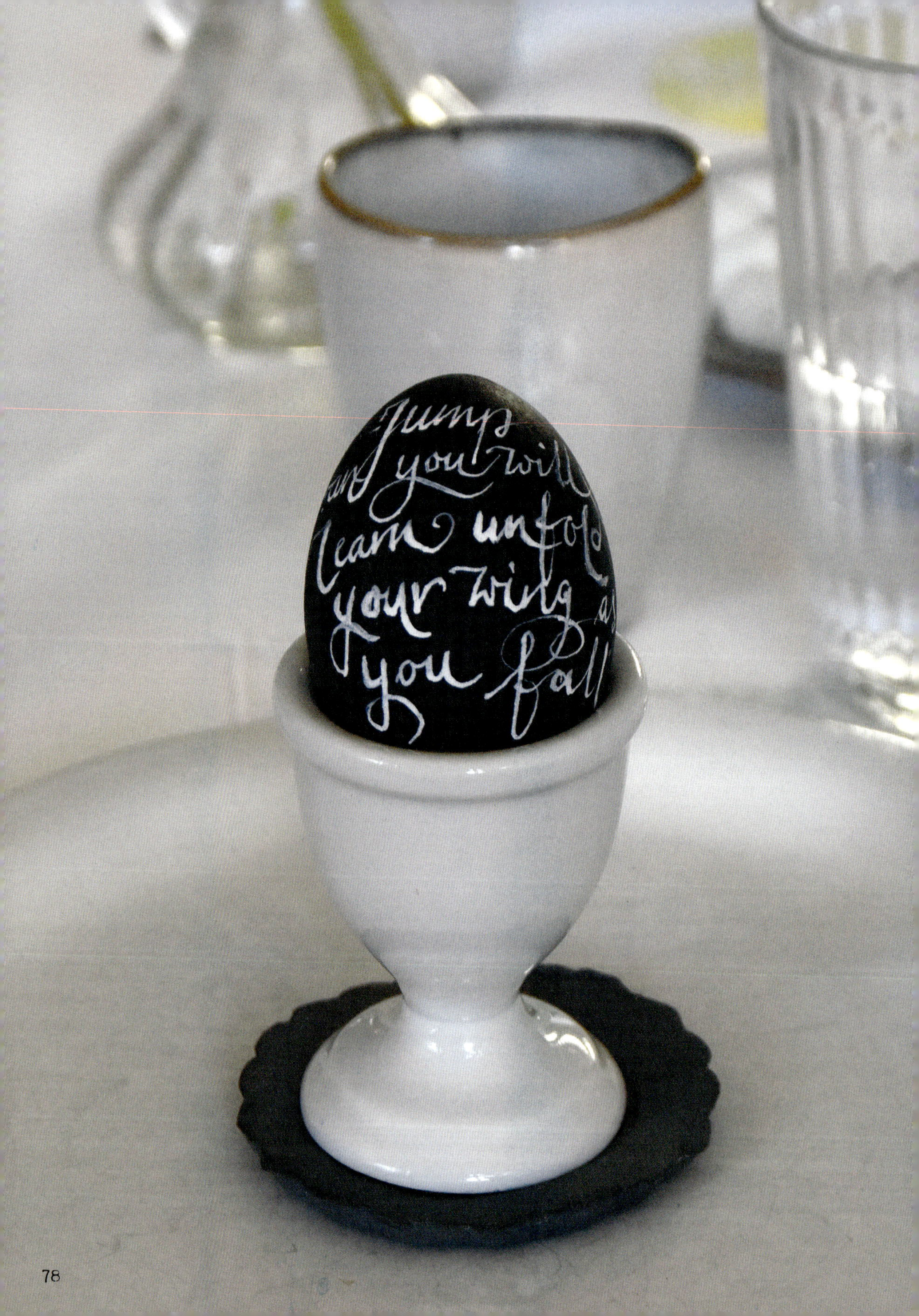
Jump
you
learn
your
you fall

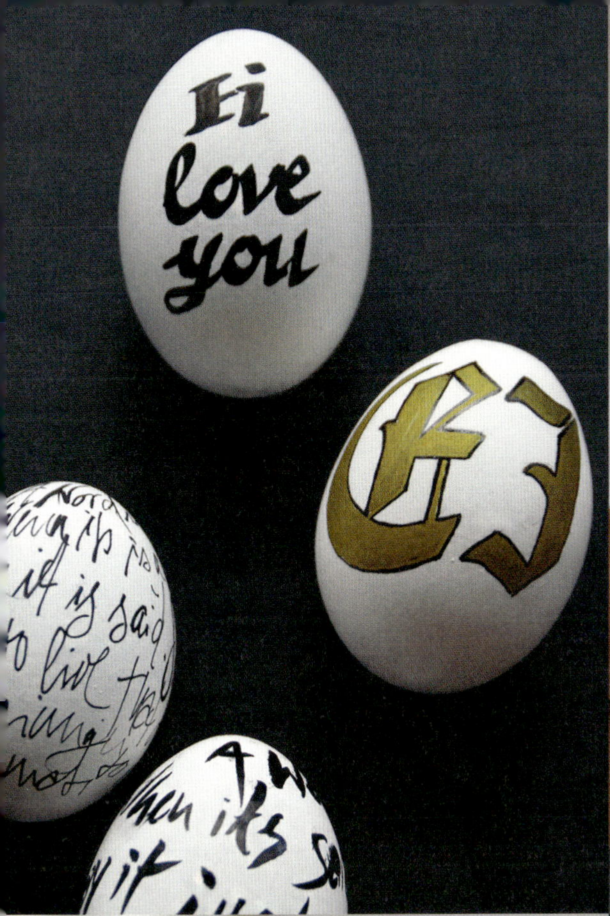
Ei
love
you

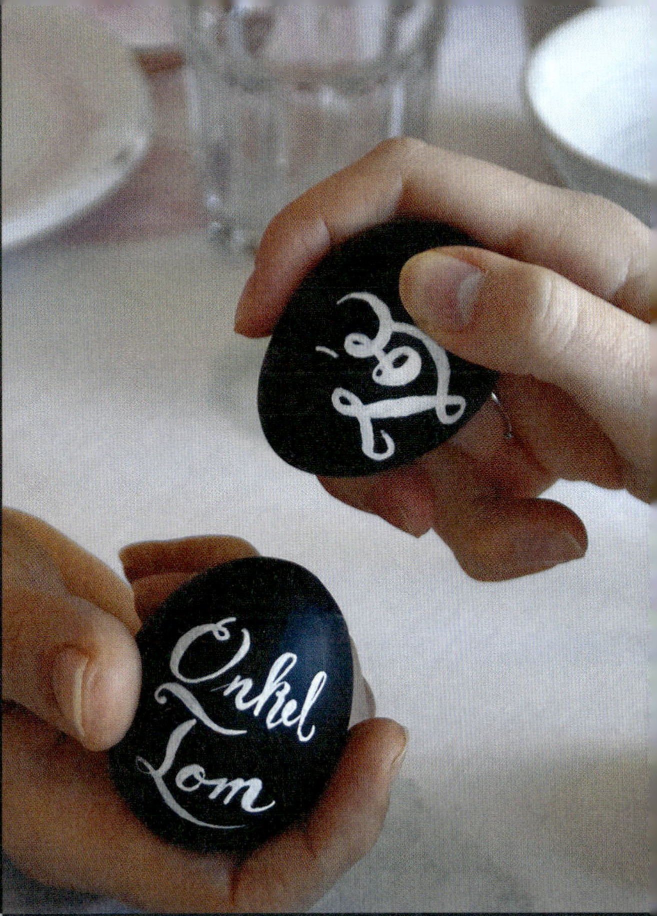
Onkel

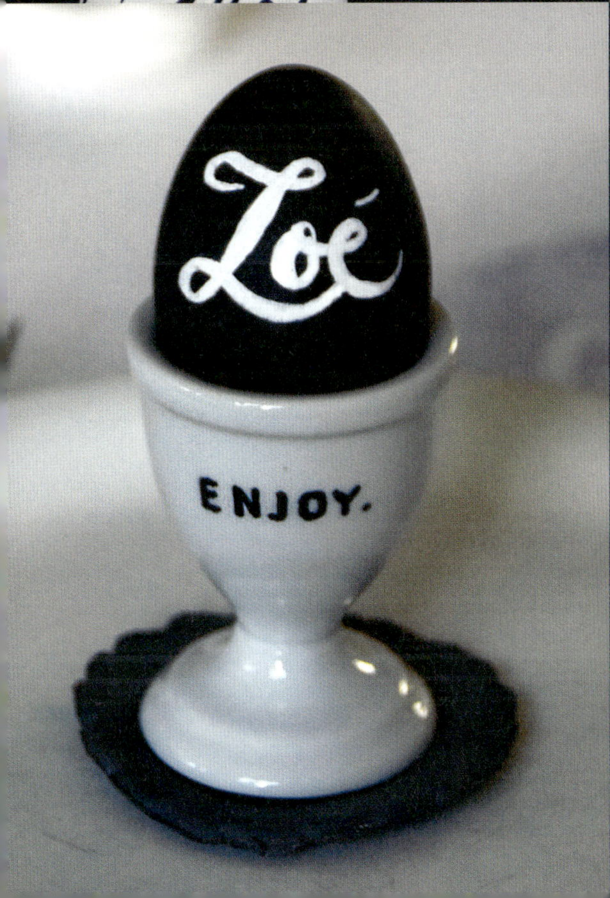
Zoé
ENJOY.

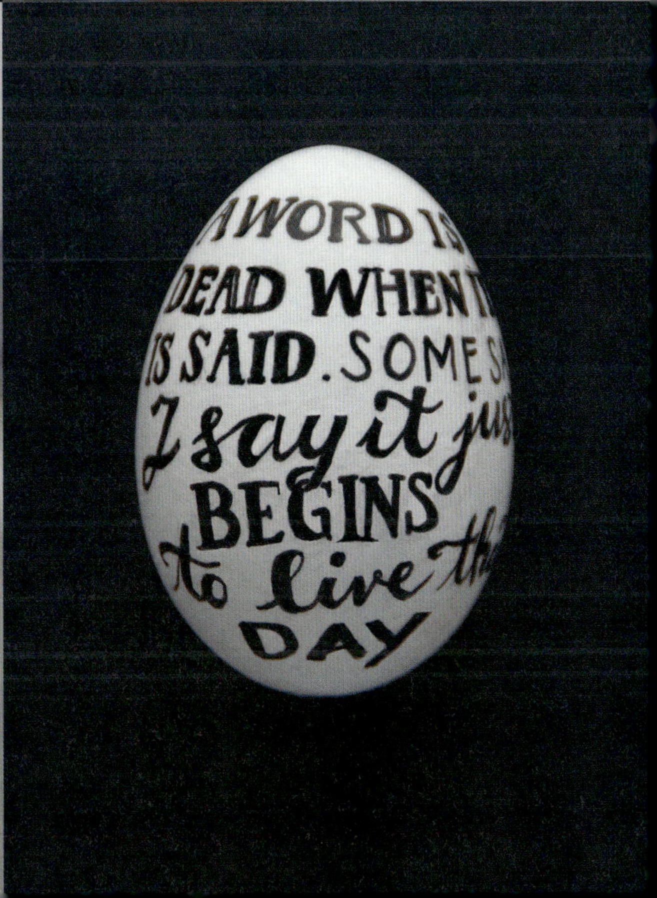
A WORD IS
DEAD WHEN
IS SAID. SOME
BEGINS
DAY

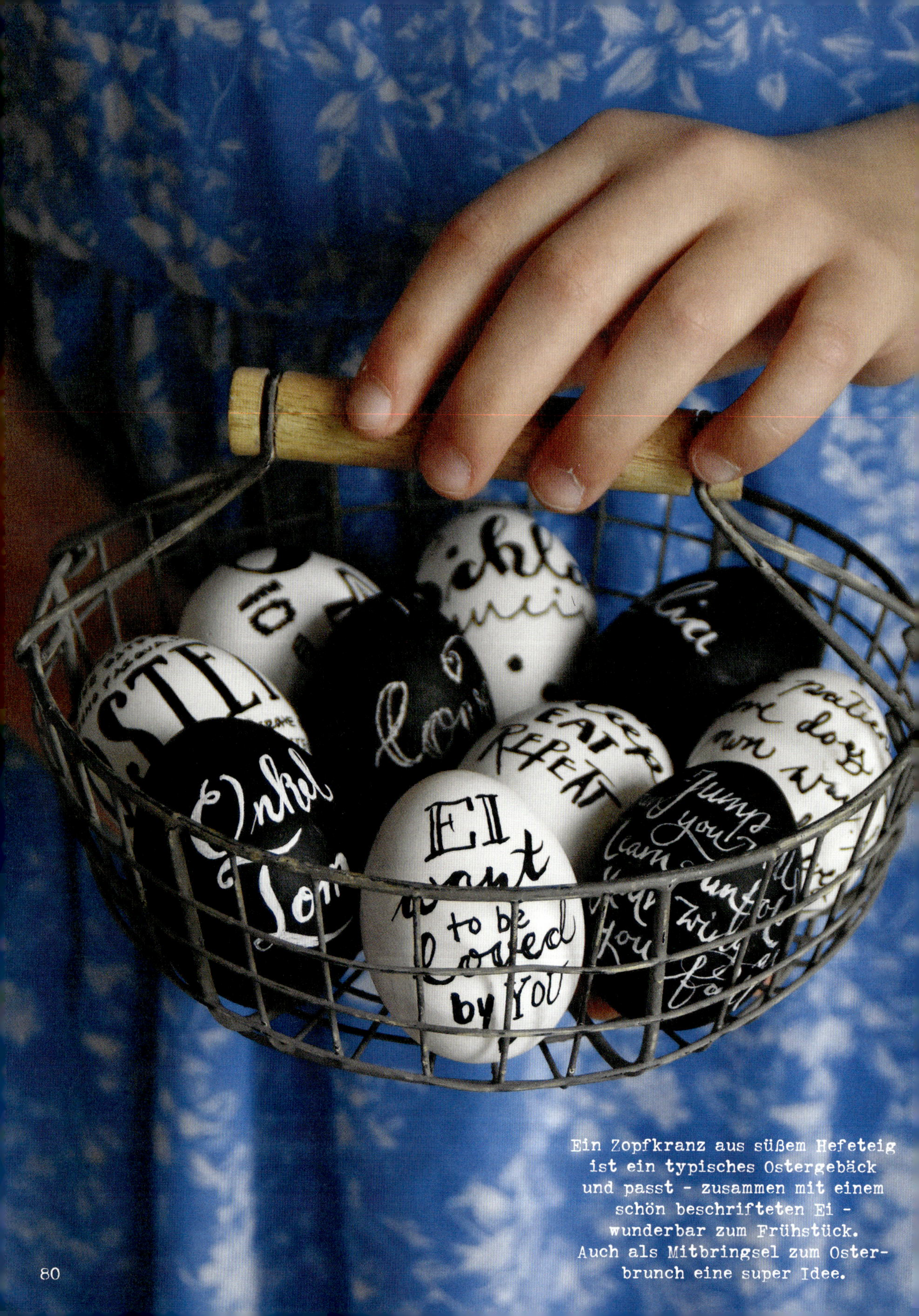

Ein Zopfkranz aus süßem Hefeteig ist ein typisches Ostergebäck und passt – zusammen mit einem schön beschrifteten Ei – wunderbar zum Frühstück. Auch als Mitbringsel zum Osterbrunch eine super Idee.

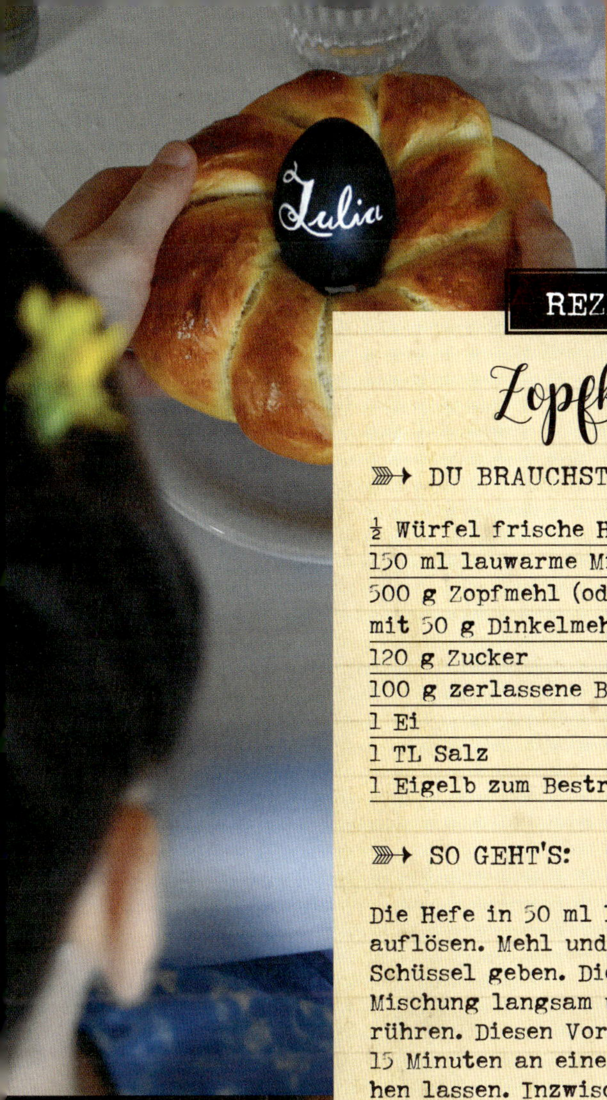

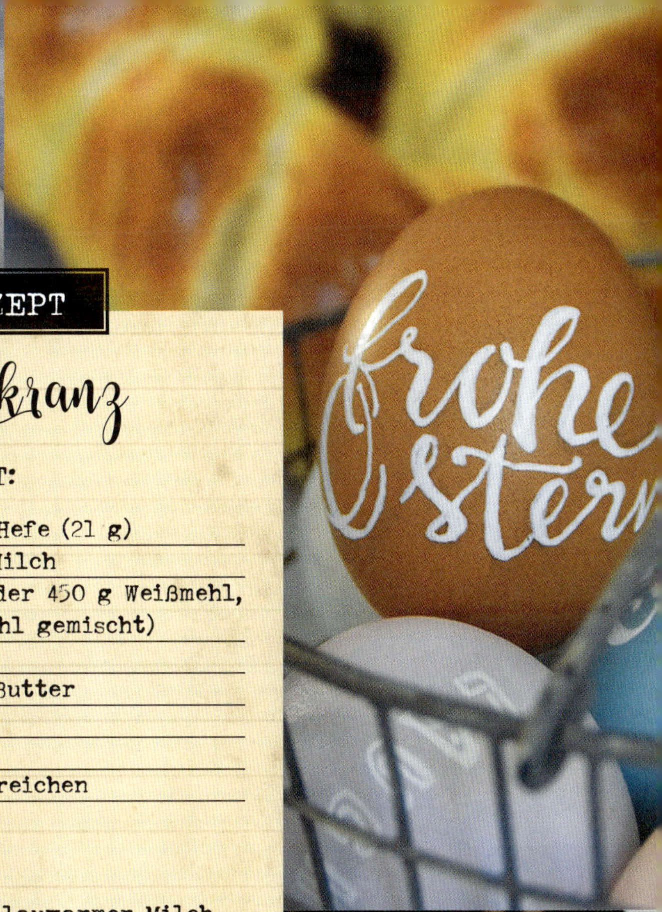

REZEPT

Zopfkranz

➳ DU BRAUCHST:

½ Würfel frische Hefe (21 g)
150 ml lauwarme Milch
500 g Zopfmehl (oder 450 g Weißmehl, mit 50 g Dinkelmehl gemischt)
120 g Zucker
100 g zerlassene Butter
1 Ei
1 TL Salz
1 Eigelb zum Bestreichen

➳ SO GEHT'S:

Die Hefe in 50 ml lauwarmer Milch auflösen. Mehl und Zucker in eine Schüssel geben. Die Hefe-Milch-Mischung langsam unter das Mehl rühren. Diesen Vorteig zugedeckt 15 Minuten an einem warmen Ort stehen lassen. Inzwischen die zerlassene Butter mit der restlichen Milch, dem Ei und dem Salz verrühren. Diese Mischung zum Vorteig geben, alles miteinander vermengen und zu einem glatten Teig kneten.
Den Teig zugedeckt an einem warmen Ort 30 Minuten gehen lassen.
Nun den Teig nochmals durchkneten und in 3 Teile teilen. Die Drittel jeweils halbieren und zu zwei gleich langen Strängen rollen; diese jeweils zu einem Kranz flechten. Das Eigelb mit 2 EL Milch verquirlen und die Kränze damit bestreichen. Auf ein mit Backpapier belegtes Blech setzen und zugedeckt nochmals 15 Minuten gehen lassen. Dann im vorgeheizten Backofen bei 200 Grad etwa 20 Minuten goldgelb backen.

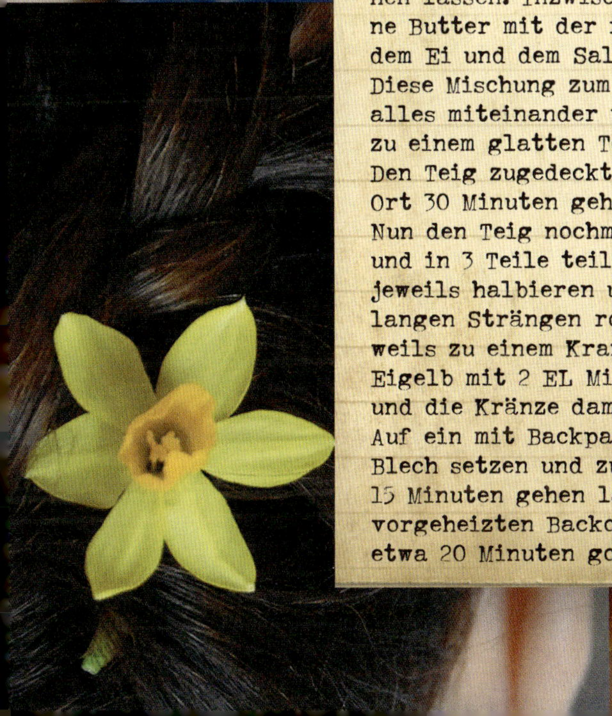

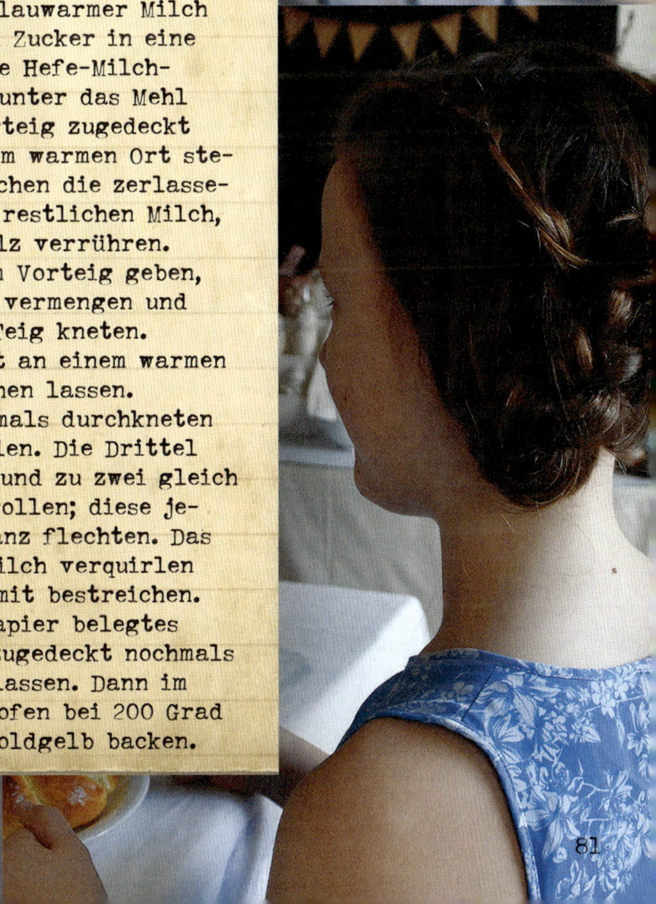

Handlettering
Auf Stoff oder Tischdecke

Pastellfarben passen wunderbar zu Ostern und zur Frühlingszeit. Anstatt mit dem Stift direkt auf das Tuch zu schreiben, wurde die Fototransfer-Technik gewählt. Die Variante mit Aceton ist eine günstige und einfache Möglichkeit, in kurzer Zeit große Flächen zu bedrucken.

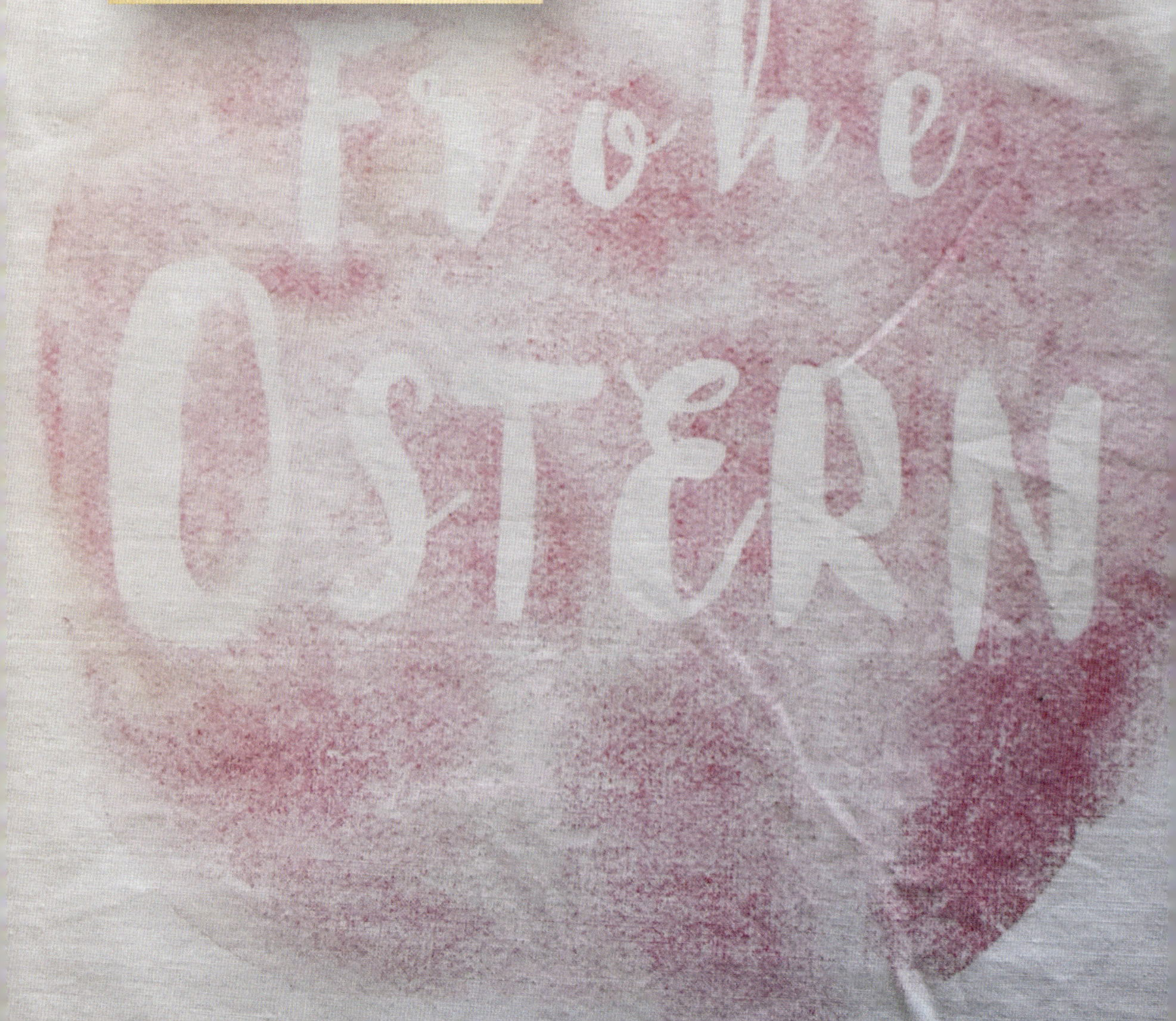

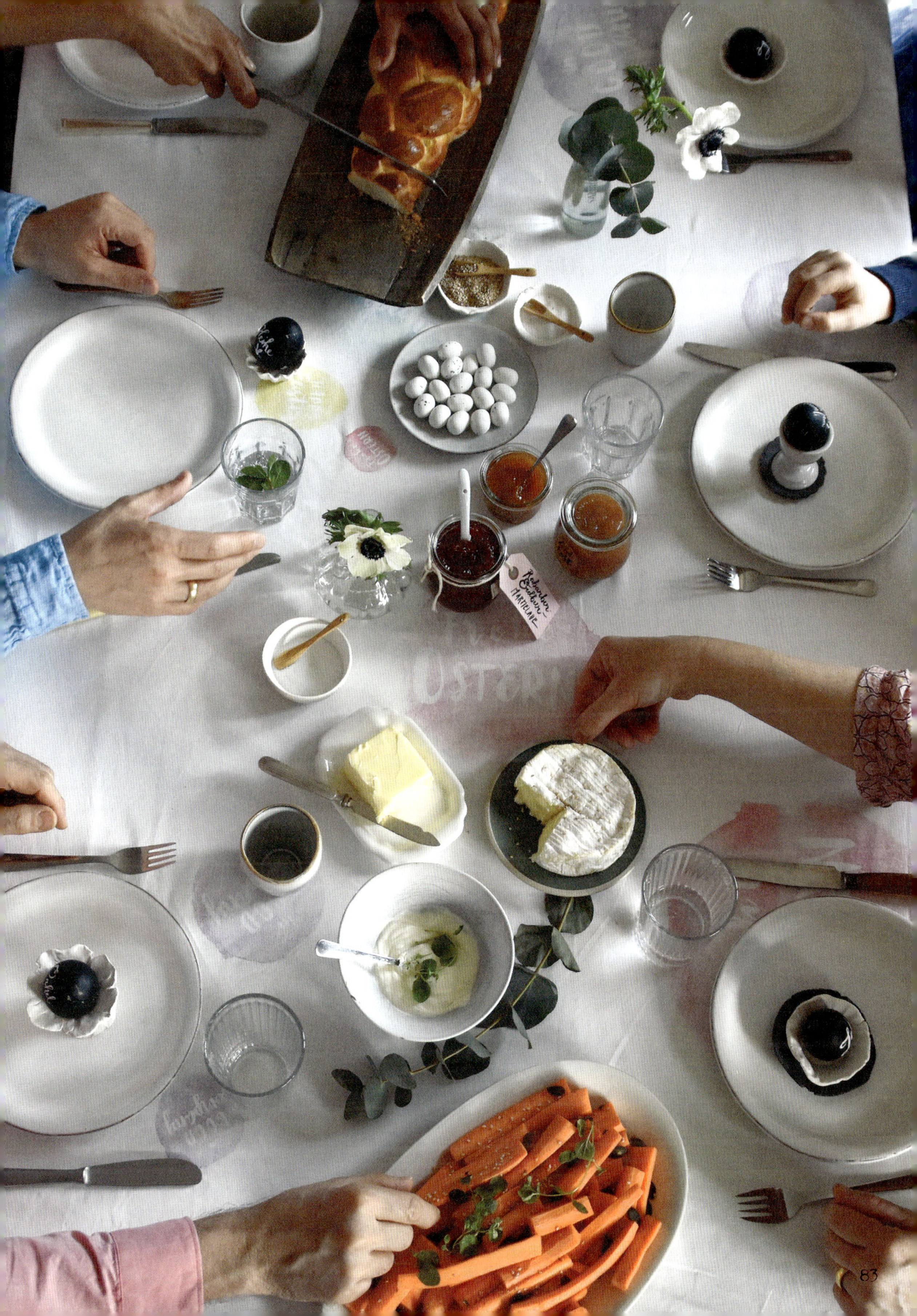

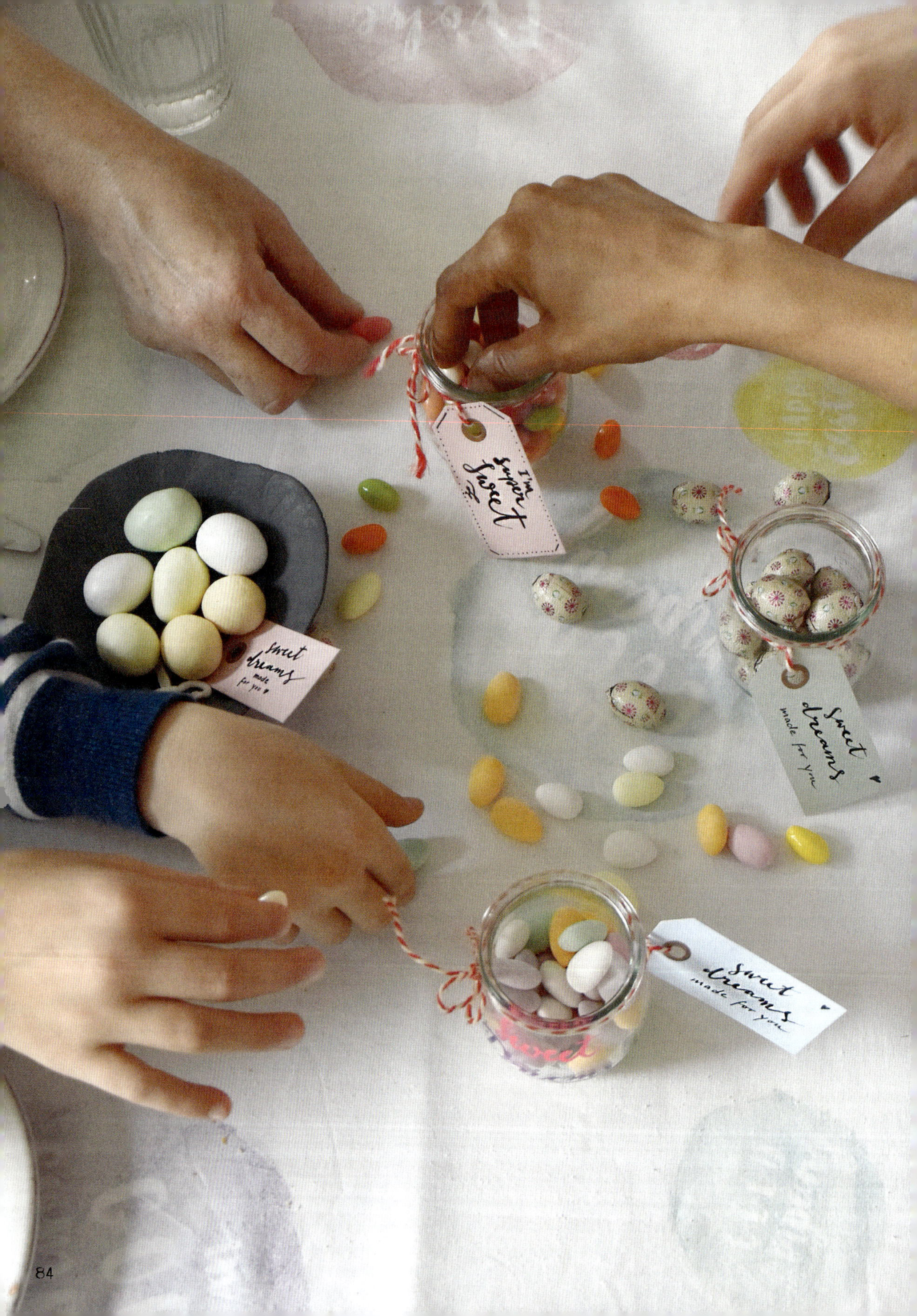
I'm super Sweet
sweet dreams made for you
Sweet dreams made for you
sweet dreams made for you

Mit Wasserfarben verschieden große Pastellkreise auf ein Aquarellpapier malen. Gut trocknen lassen. Danach die Umrisse der Buchstaben mit einem Uni-ball-Pigmentstift auf das Papier schreiben. Anschließend die Buchstabenflächen mit dem Wet Erase von Pentel ausfüllen.

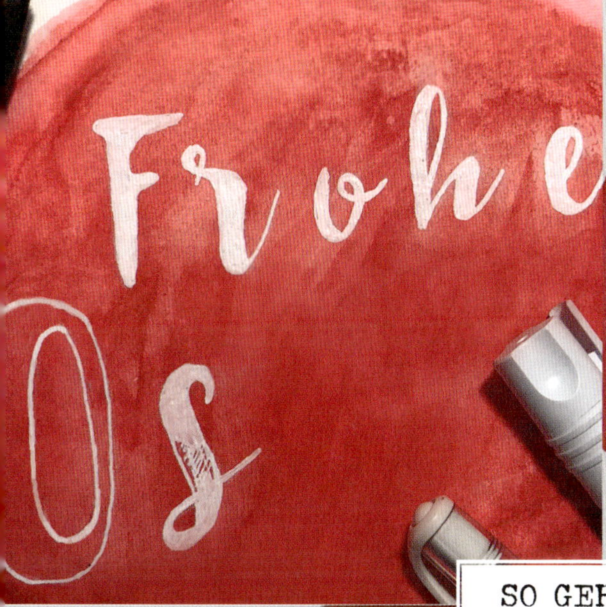

Nun kann man die Vorlage fotografieren oder scannen und seitenverkehrt mit einem Laserdrucker auf 100-g-Papier ausdrucken.

FÜR DEN FOLGENDEN SCHRITT WERDEN ACETON (ERHÄLTLICH IN JEDER APOTHEKE) UND EINE WATTERONDELLE BENÖTIGT.

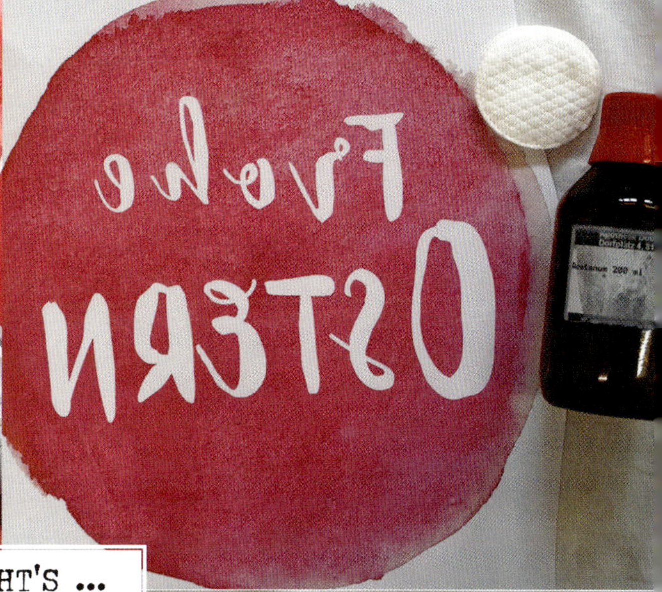

SO GEHT'S ...

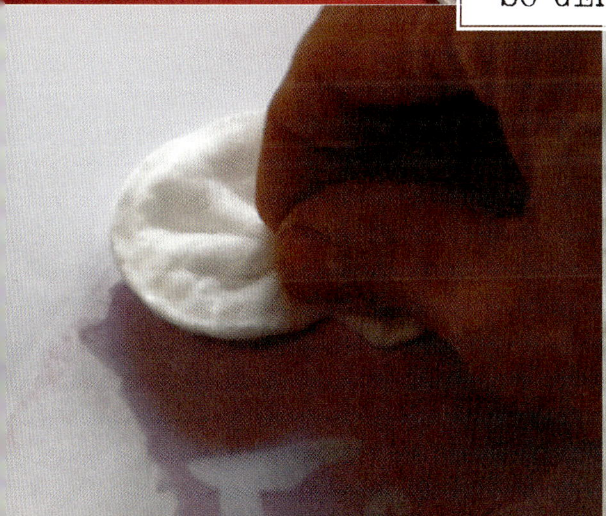

Der Print wird mit der bedruckten Seite nach unten auf die Tischdecke gelegt und mit einer Hand fest auf den Stoff gepresst. Mit der anderen Hand fährt man mit der mit viel Aceton getränkten Watterondelle über den Laserprint. Dabei besonders bei den Stellen mit dem Schriftzug kräftig drücken. So lange wiederholen, bis sich der Toner von der Laserkopie auf den Stoff übertragen hat.

Während dieses Vorgangs das Resultat vorsichtig kontrollieren. Dabei darf der Print aber nicht verrutschen. Am Schluss das Papier langsam abziehen. Fertig!

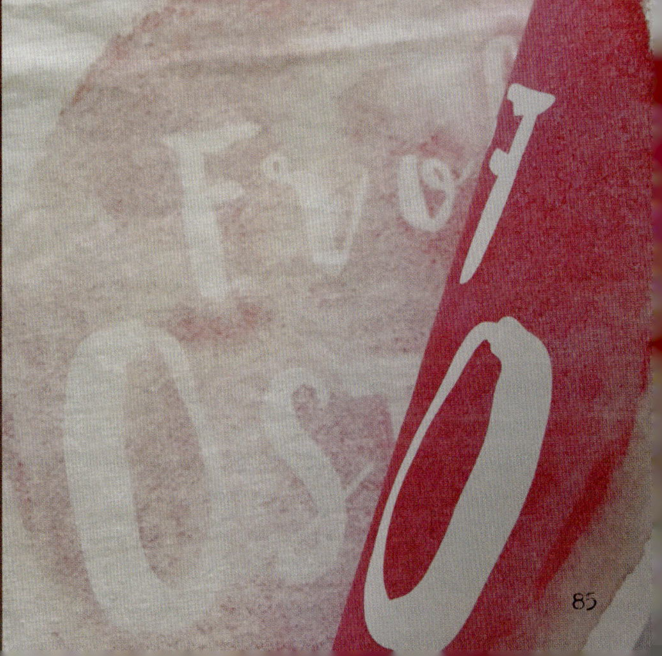

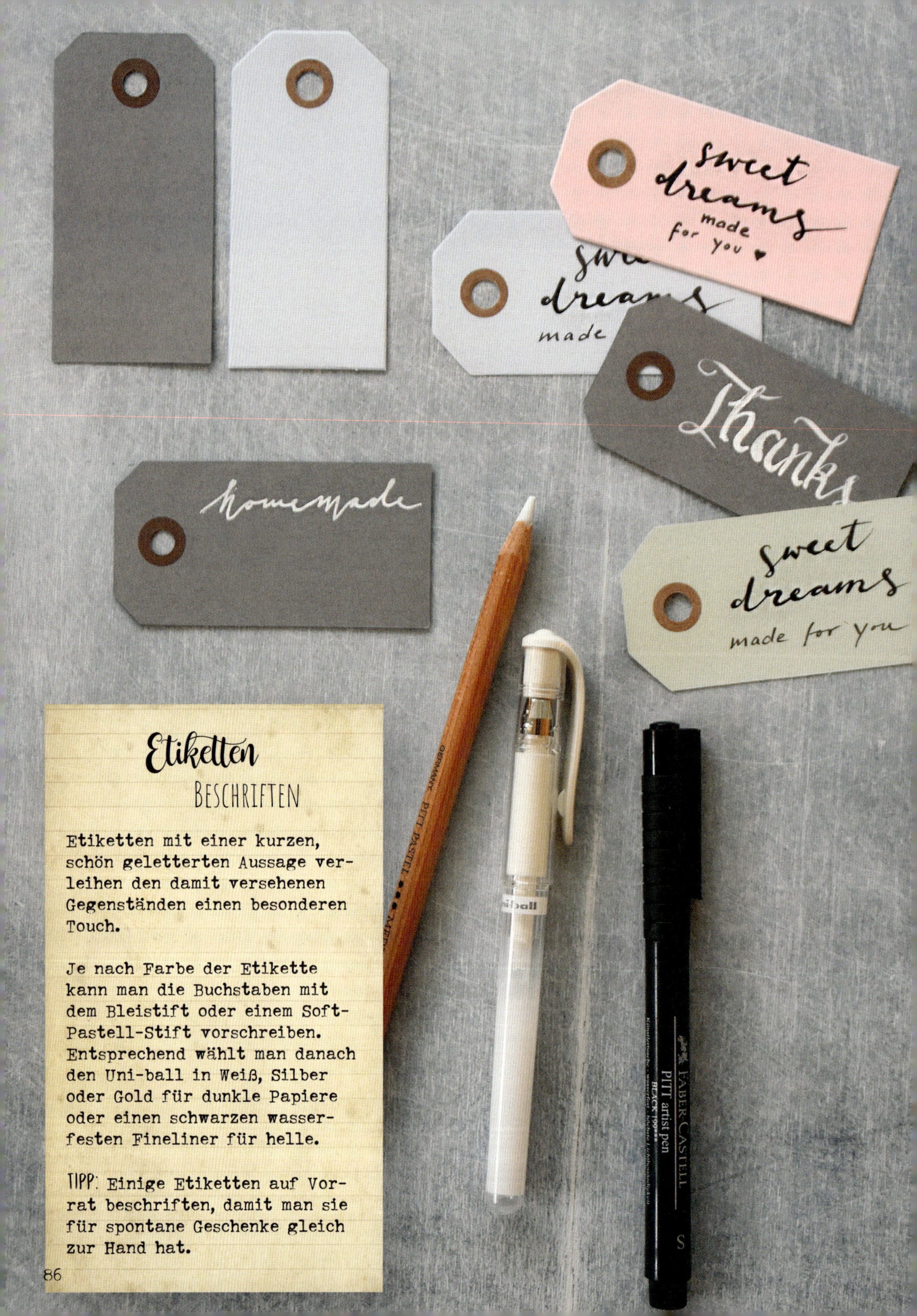

Etiketten
BESCHRIFTEN

Etiketten mit einer kurzen, schön geletterten Aussage verleihen den damit versehenen Gegenständen einen besonderen Touch.

Je nach Farbe der Etikette kann man die Buchstaben mit dem Bleistift oder einem Soft-Pastell-Stift vorschreiben. Entsprechend wählt man danach den Uni-ball in Weiß, Silber oder Gold für dunkle Papiere oder einen schwarzen wasserfesten Fineliner für helle.

TIPP: Einige Etiketten auf Vorrat beschriften, damit man sie für spontane Geschenke gleich zur Hand hat.

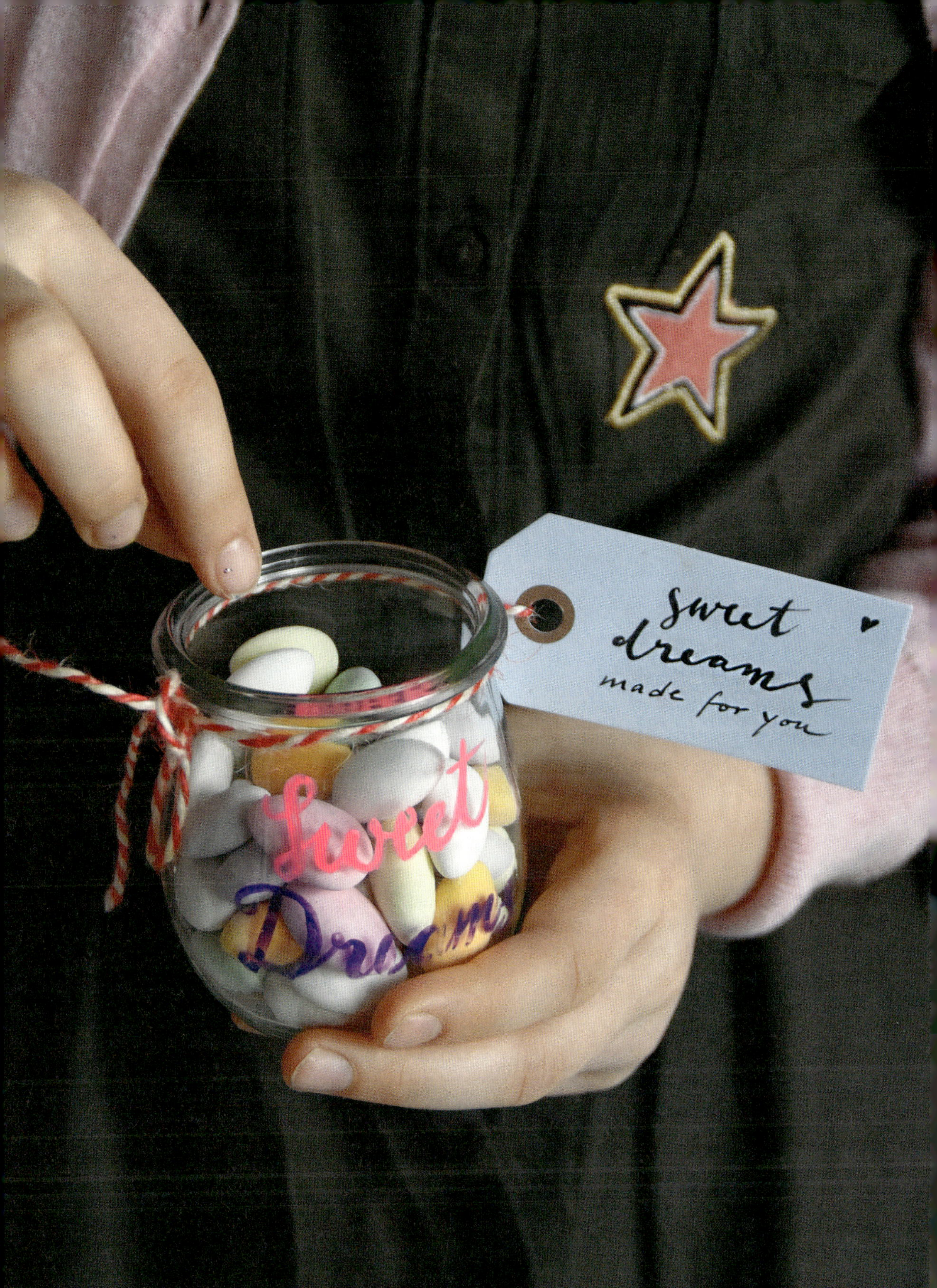
sweet dreams
made for you
Sweet
Dreams

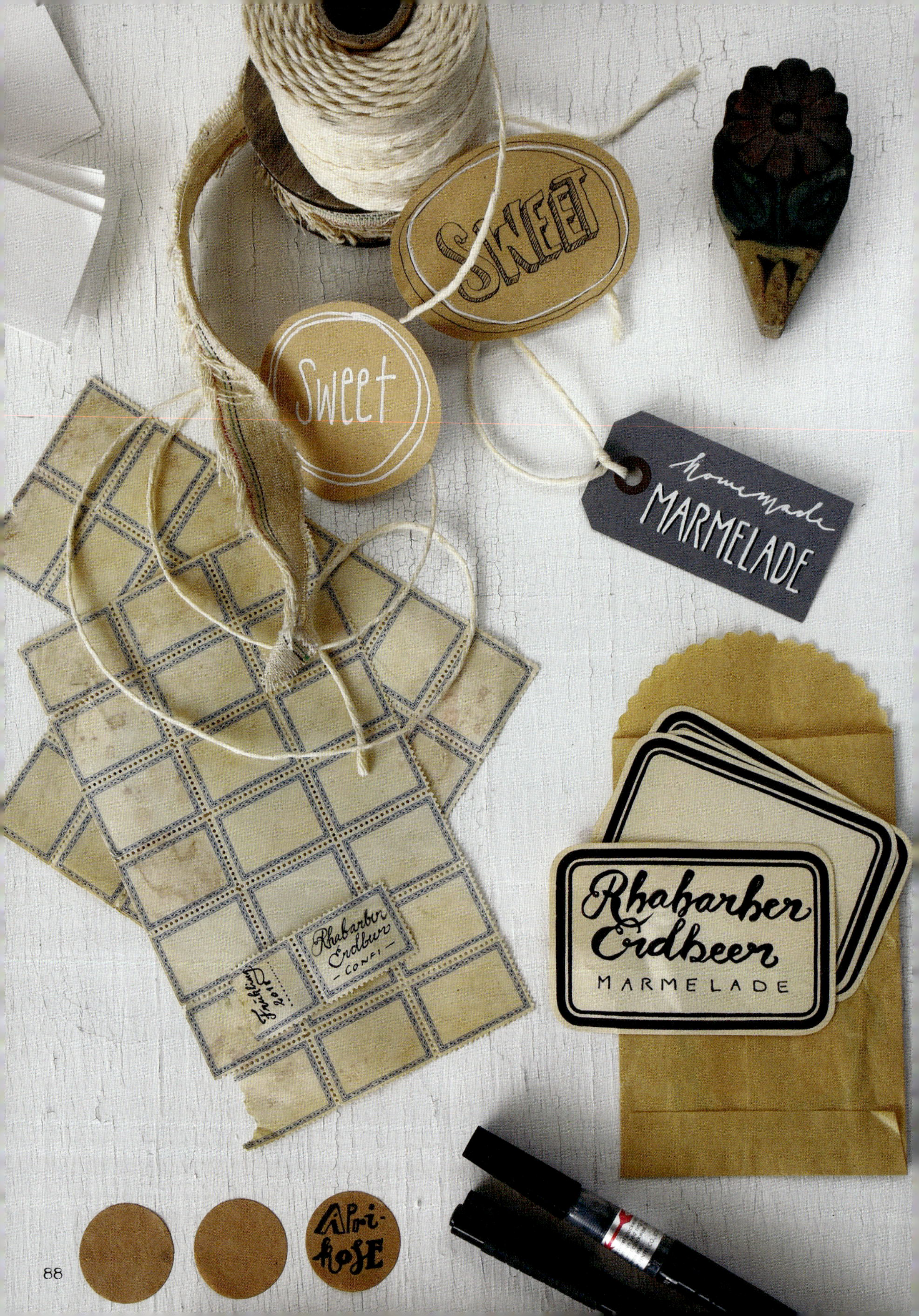
SWEET
Sweet
homemade
MARMELADE
Rhabarber
Erdbeer
MARMELADE
Rhabarber
Erdbeer
CONFI
Apri-
kose

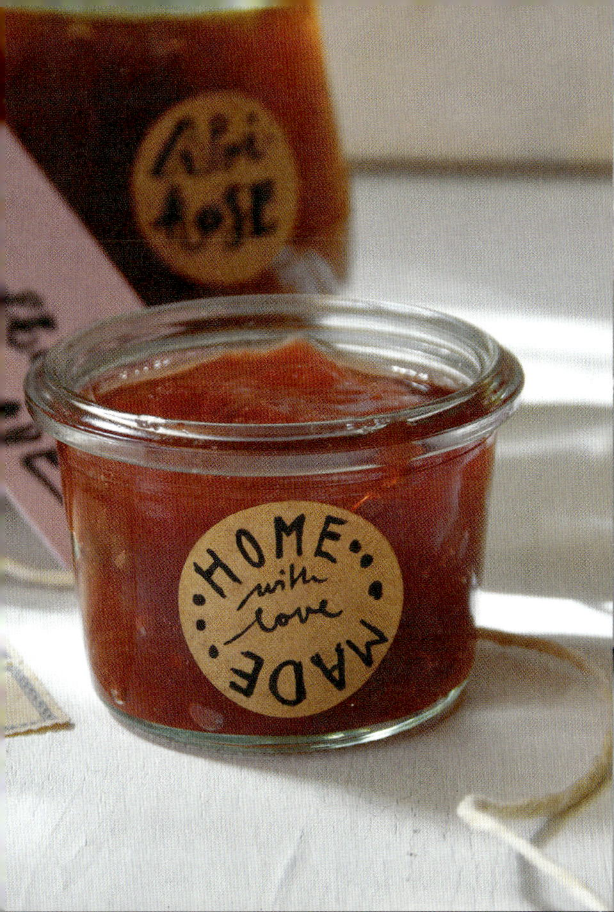

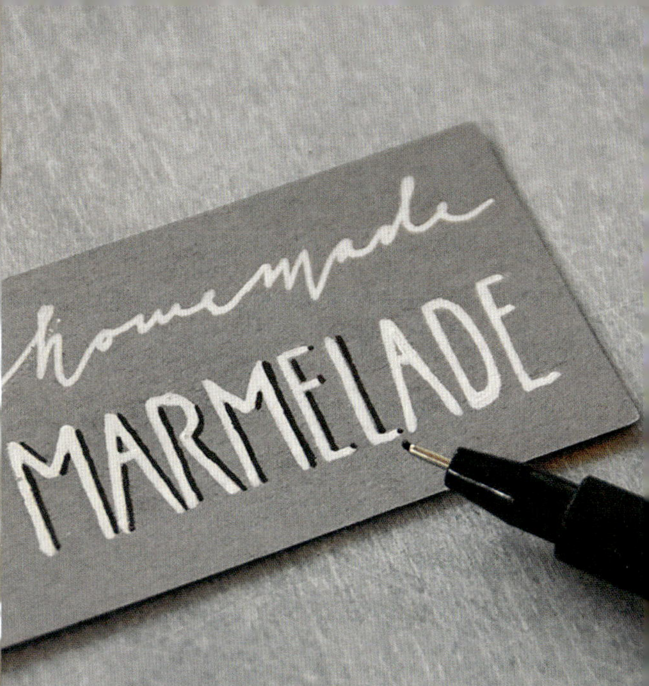

Idealerweise verwendet man zur Beschriftung von Etiketten für Lebensmittel wasserfeste Fineliner.

Es lohnt sich, auf Flohmärkten, im Brockenhaus oder in Second-Hand-Läden nach alten Papieren, Etiketten oder Schreibwaren Ausschau zu halten. Ich entdecke auf meinen Streifzügen fast immer etwas für meine Sammlung. Schöne Etiketten findet man im Papierwarenhandel, kann sie aber auch selbst aus Packpapier oder Papierresten zuschneiden. Dann braucht es nur noch selbstklebende Lochverstärker, schöne Leinenbänder und verschiedenfarbige Schnüre aus Naturfasern.

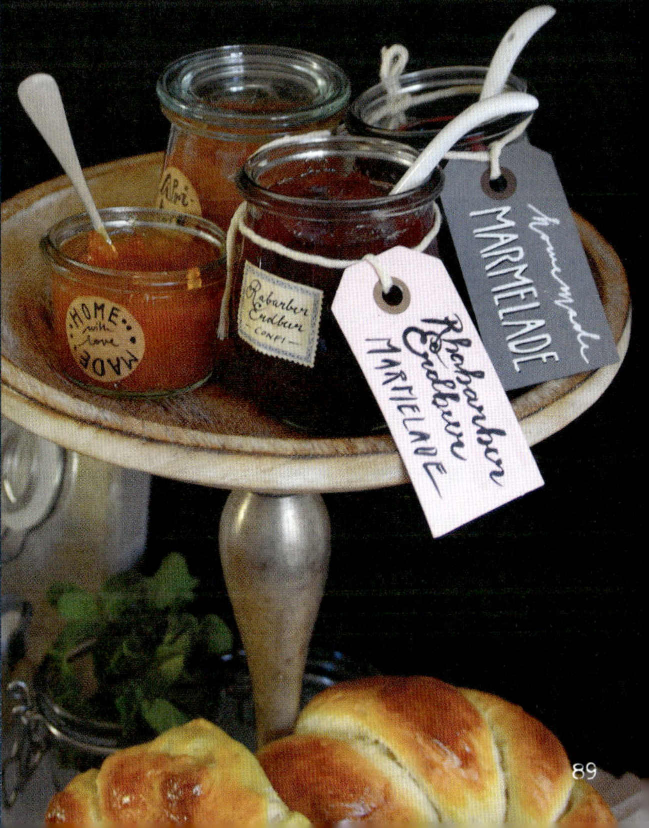

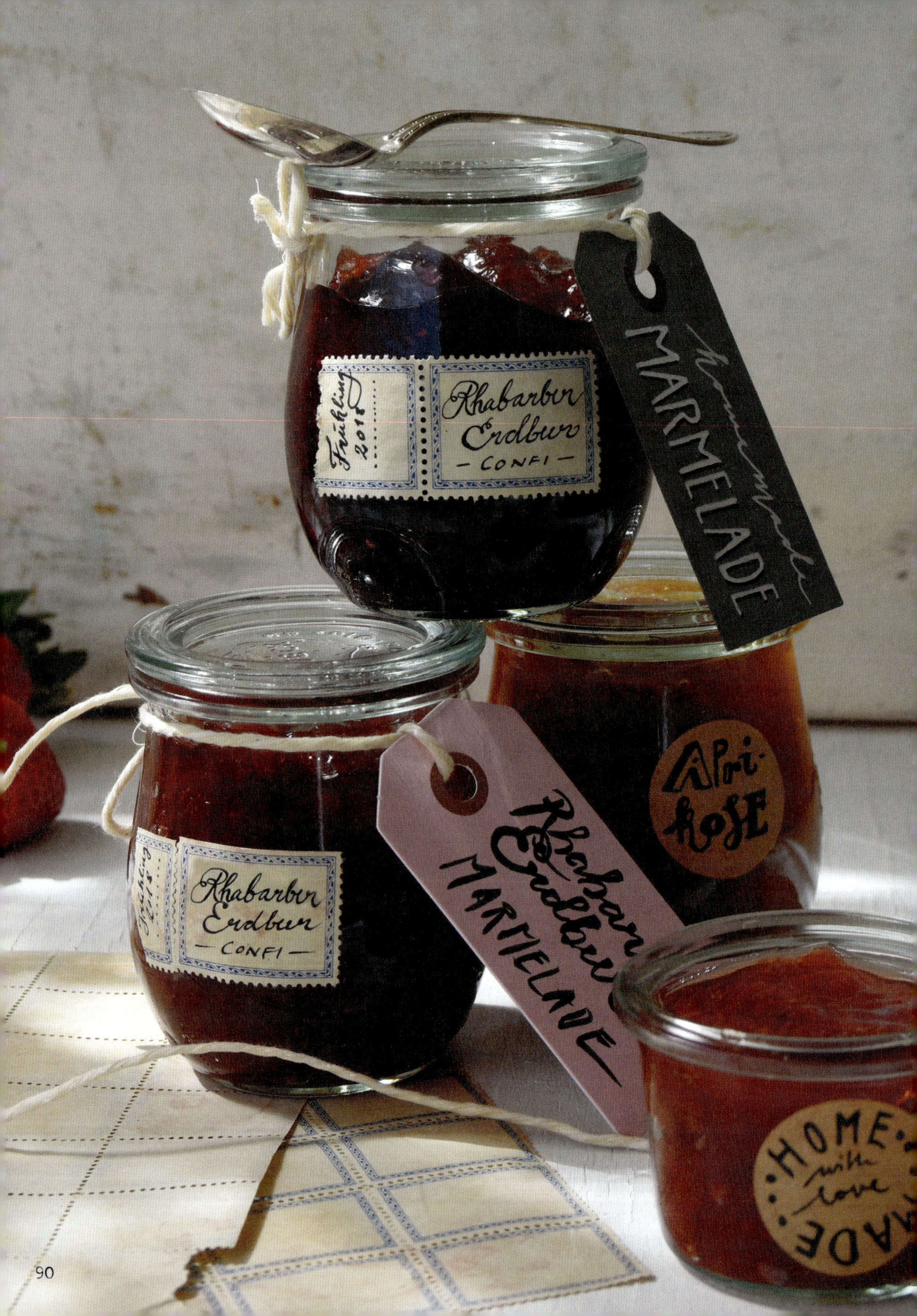
Frühling 2018
Rhabarber Erdbeer
CONFI
MARMELADE
Rhabarber Erdbeer
MARMELADE
Apri-kose
HOME with love

Rhabarber Erdbeer
MARMELADE

REZEPT

DU BRAUCHST:

750 g Erdbeeren (geputzt gewogen)
500 g Gelierzucker
250 g Rhabarber
1 TL Zitronensaft

SO GEHT'S:

Die Erdbeeren waschen, putzen und halbieren. Die Erdbeeren mit dem Gelierzucker mischen und die Früchte pürieren. Vom Rhabarber Blätter und Stielansatz abschneiden und die Haut abziehen. Den Rhabarber in kleine Stücke schneiden und unter das Erdbeerpüree mischen. Den Zitronensaft hinzufügen. Alles in einem Topf zum Kochen bringen, den Schaum abschöpfen und die Masse unter Rühren 5 Minuten sprudelnd kochen lassen. Dann sofort in sterilisierte, saubere Gläser füllen und verschließen.

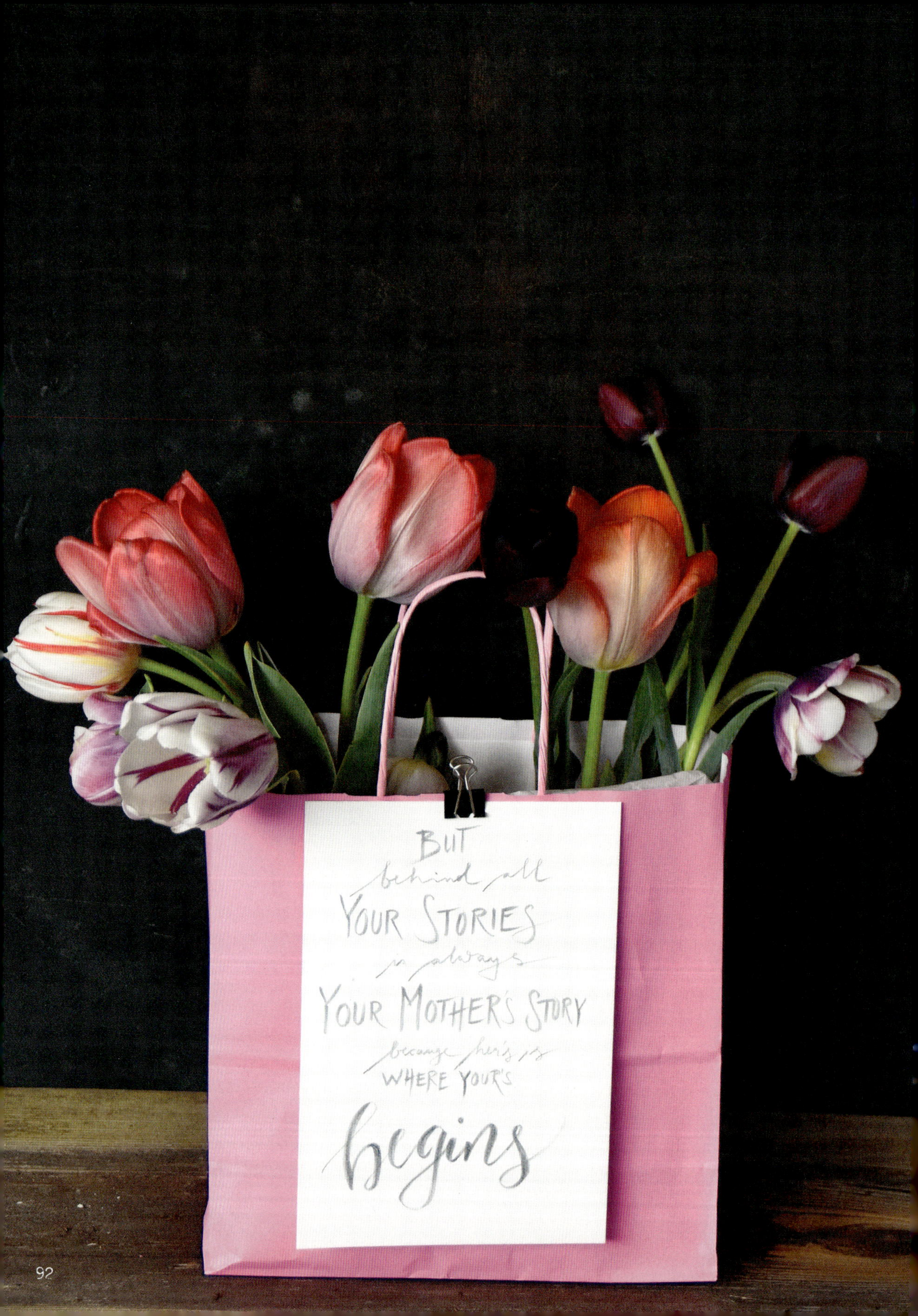
But
behind all
Your Stories
is always
Your Mother's Story
because her's is
where your's
begins

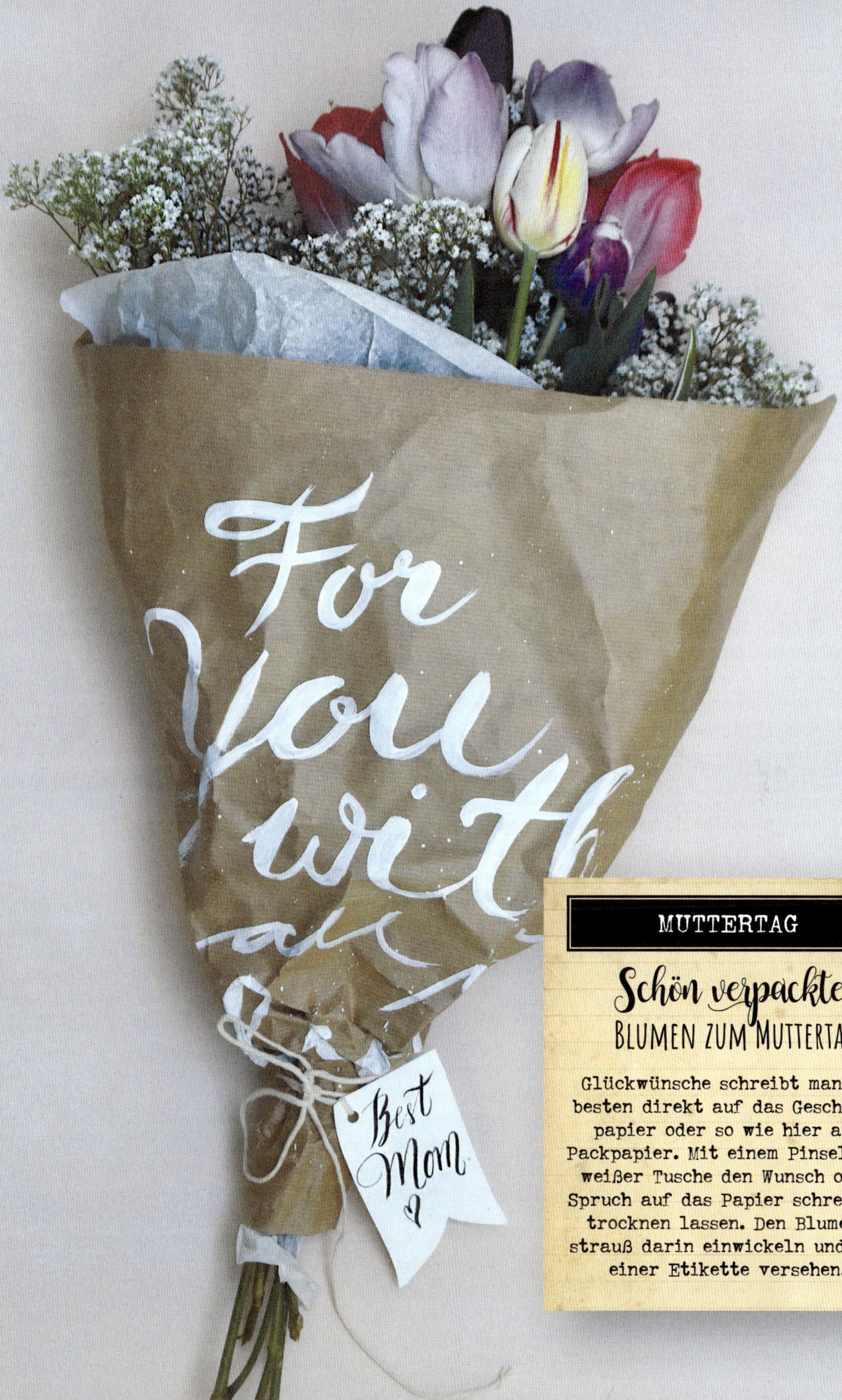

MUTTERTAG

Schön verpackte
Blumen zum Muttertag

Glückwünsche schreibt man am besten direkt auf das Geschenkpapier oder so wie hier auf Packpapier. Mit einem Pinsel und weißer Tusche den Wunsch oder Spruch auf das Papier schreiben, trocknen lassen. Den Blumenstrauß darin einwickeln und mit einer Etikette versehen.

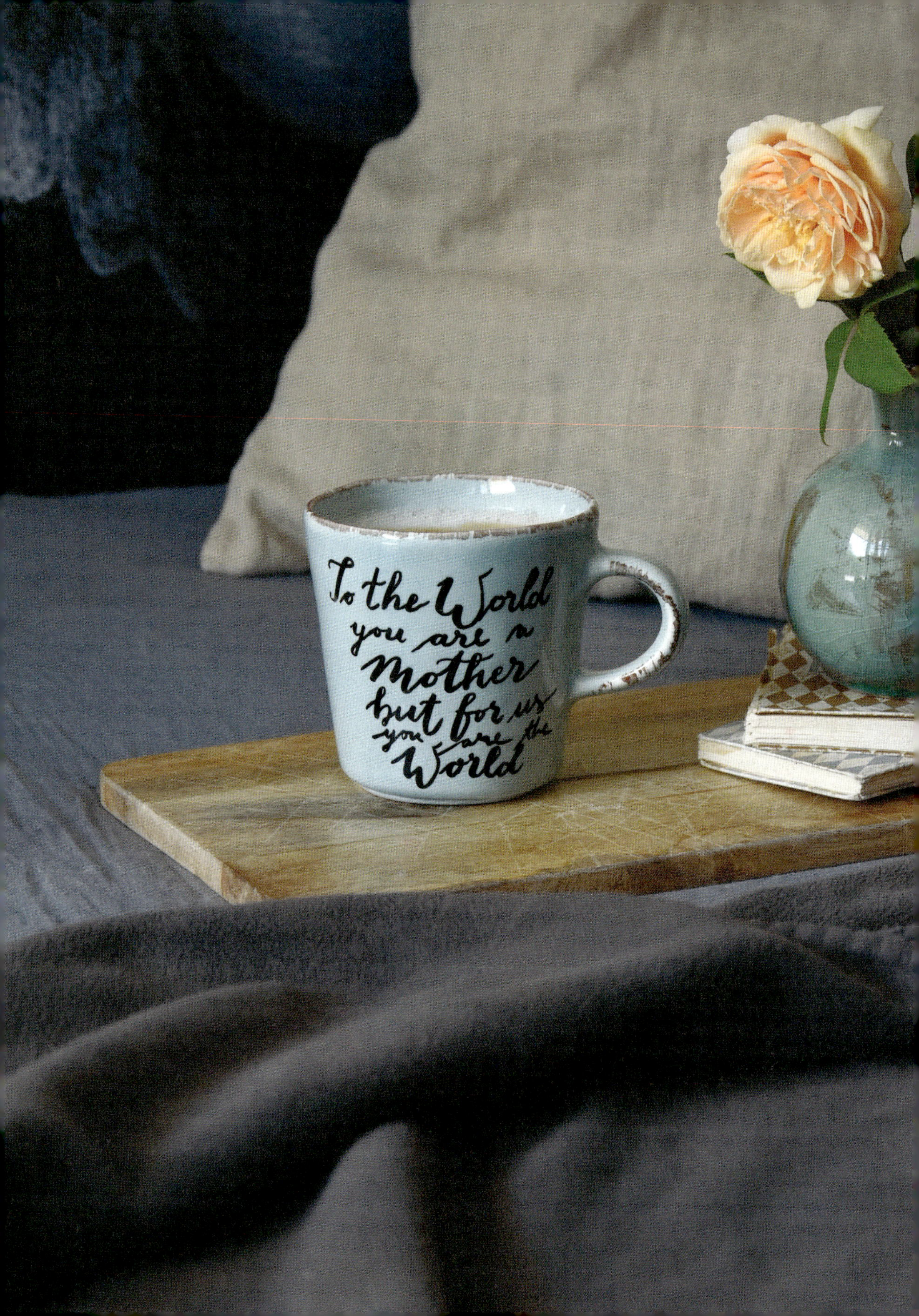
To the World
you are a
mother
but for us
you are the
World

SO GEHT'S ...

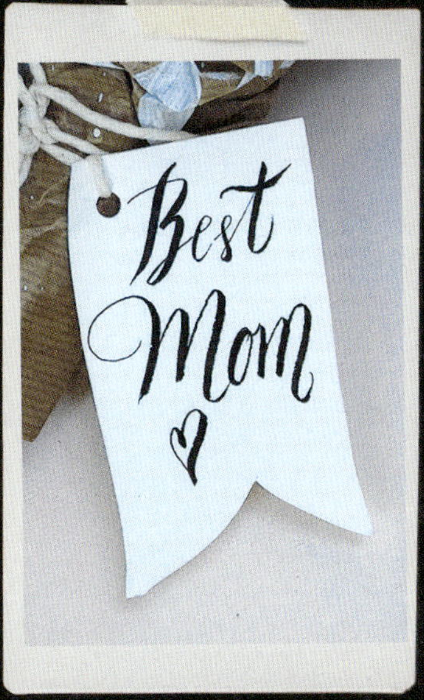

Papier in die gewünschte Form schneiden und mit dem Brushpen Fudenosuke (wasserfest) beschriften.

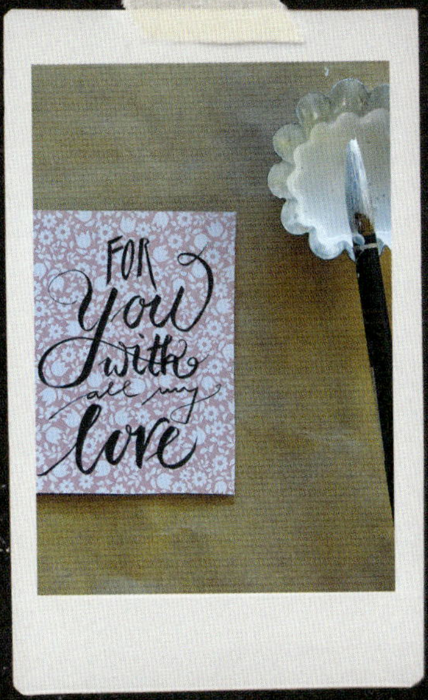

Den Text für die Beschriftung der Verpackung vorher auf einem Blatt Papier vorschreiben und gestalten. Schreibfehler können so vermieden werden.

Weiße oder schwarze Tusche und je nach Größe der Buchstaben Spitz- oder Flachpinsel verwenden.

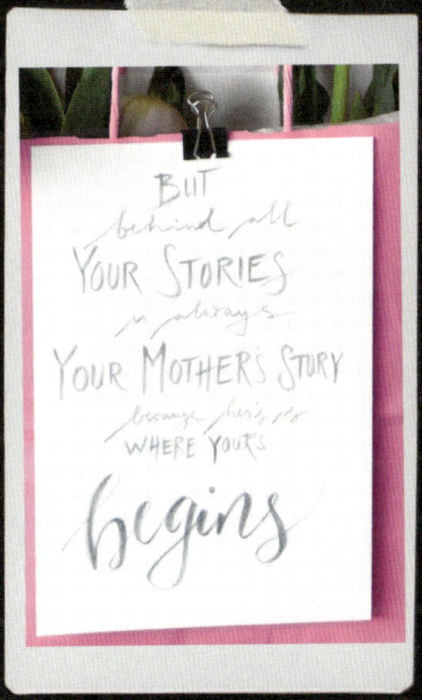

Mit einer schönen Klammer kann die Karte zum Beispiel an der Verpackung des Blumenstraußes oder an einer Tüte befestigt werden. TIPP: Einen Bilderrahmen im Format der Karte gleich mit dazu schenken.

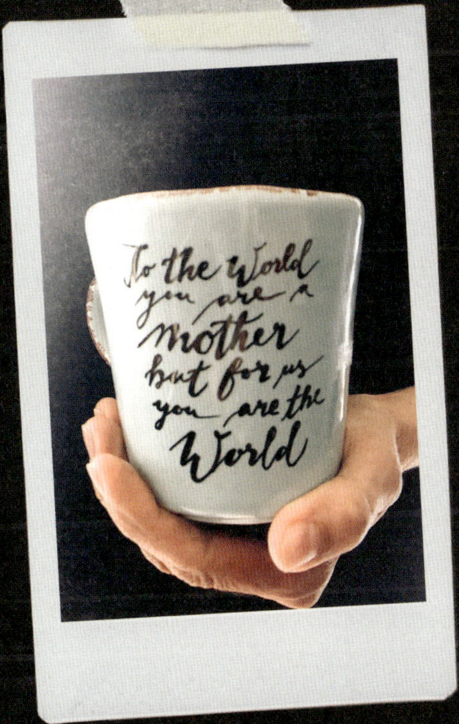

Als leidenschaftliche Tassensammlerin finde ich diese Geschenkidee äußerst praktisch, und der Kaffee schmeckt aus einer persönlichen Tasse gleich doppelt so gut. So geht's: Die Tasse gut reinigen und trocknen. Mit einem weichen Bleistift B4 den gewünschten Spruch mit etwas Druck auf die Tasse vorschreiben. Danach mit Edding 4200 Porzellan Brushpen den Spruch auf die Tasse schreiben. Bei 160 Grad im Ofen 20 Minuten einbrennen. Abkühlen lassen. Nach dem Einbrennen können alle Bleistiftstriche mit Wasser entfernt werden.

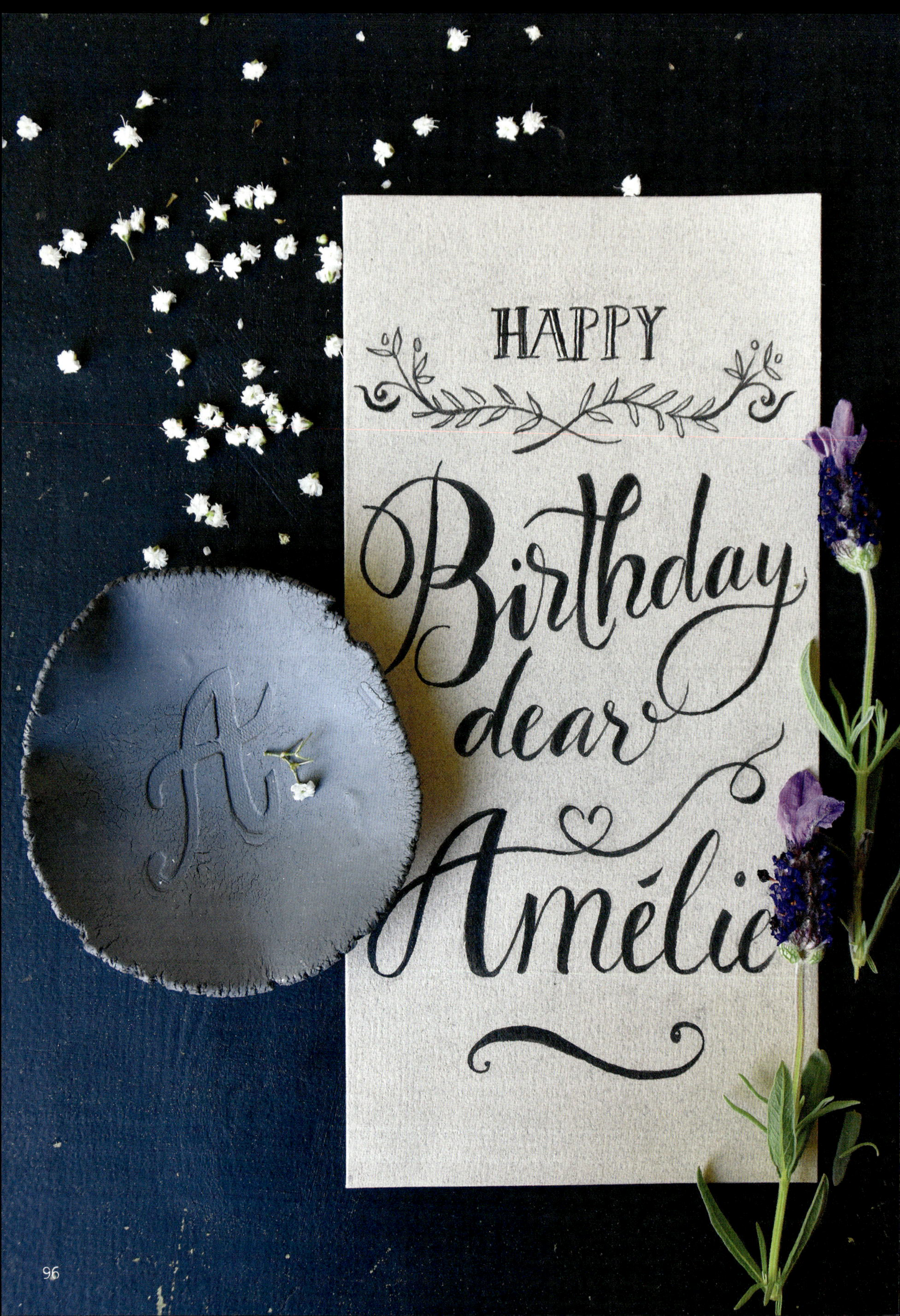
HAPPY
Birthday
dear
Amélie

Selbst gemacht KOMMT VON HERZEN

Keramikschale mit geprägten Initialen und Glückwunschkarte aus Naturpapier

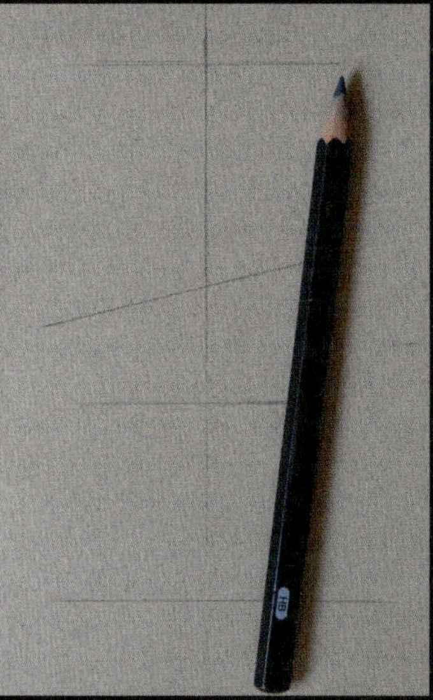

Passend zur selbst gemachten Tonschale wählt man ein Naturpapier für die Glückwunschkarte aus. Darauf die Grund- und Versallinien einzeichnen.

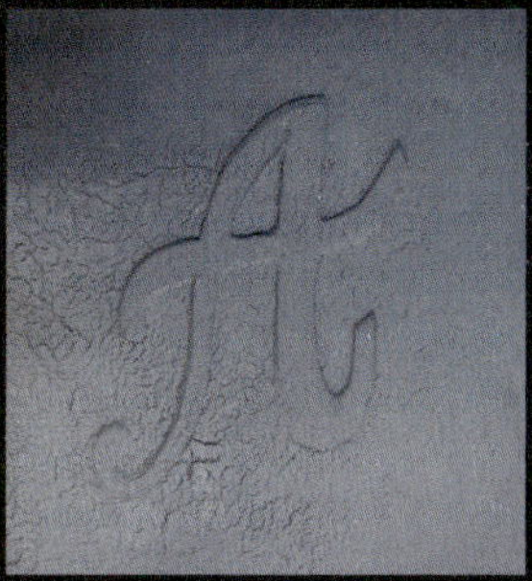

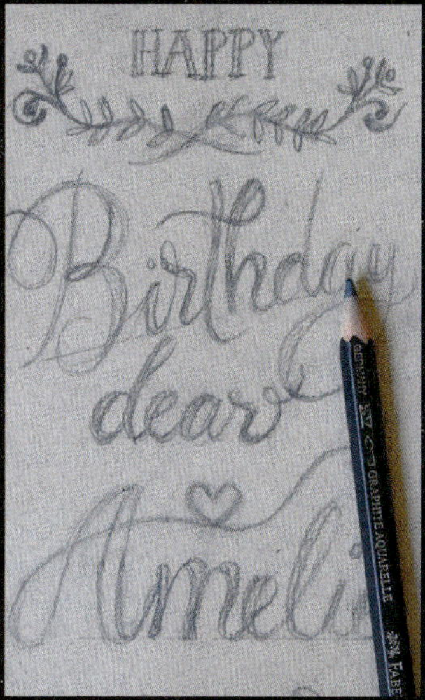

Mit wenig Druck den Text auf die Grundlinien schreiben und die leeren Flächen mit Verzierungen ausfüllen.

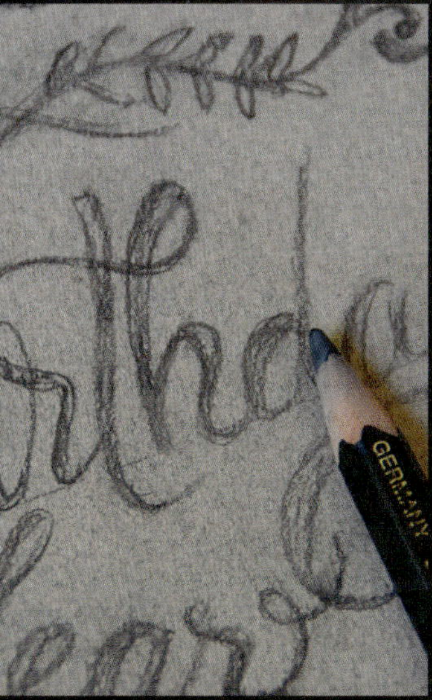

Alle Buchstabenabstände nochmals kontrollieren, dann mit Faux Calligraphy die dünnen und dicken Linien einzeichnen.

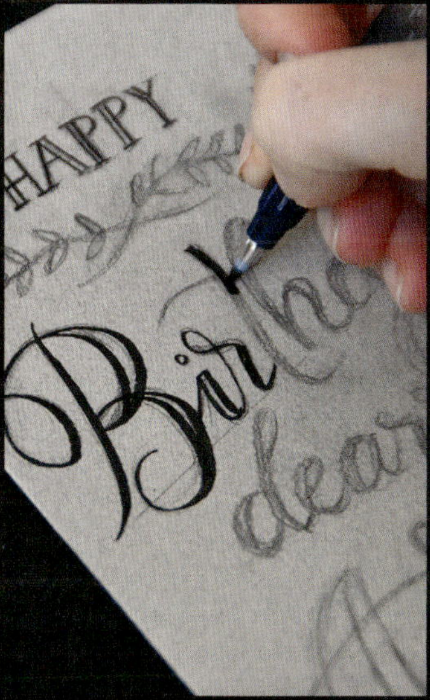

Mit einem wasserfesten Fineliner oder Brushpen die Bleistiftlinien nachfahren.

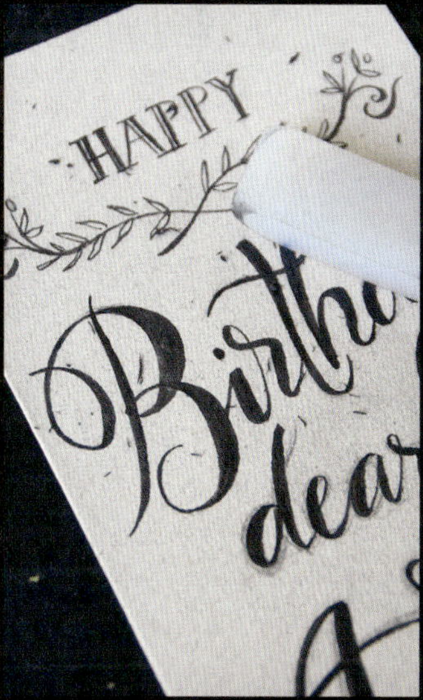

Die Bleistiftlinien erst dann mit einem Radiergummi ausradieren, wenn alles ganz getrocknet ist.

Keramikschale

➳ DU BRAUCHST:

Schablonen oder Papier 200 g/m²
Schere
Bleistift
selbst härtender Ton oder Modeliermasse (es gibt verschiedene Produkte, je nachdem ob die Schale wasserfest oder nur für Dekozwecke verwendet werden soll). In diesem Beispiel verwende ich schwarzen Ton von Søstrene Grene.

➳ SO GEHT'S:

Die Initiale in der gewünschten Schrift und Größe auf das Papier zeichnen und genau ausschneiden. Eine etwa handflächengroße Kugel aus Ton formen und von Hand zu einer 5 mm dicken Scheibe ausrollen. Nun den ganzen Buchstabenkörper der Initiale gleichmäßig in die Scheibe drücken. Die noch feuchte Tonscheibe zu einer Schale formen. Je nach Ton 24 bis 48 Stunden an der Luft oder 2 bis 3 Stunden bei 40 Grad im Backofen trocknen lassen.

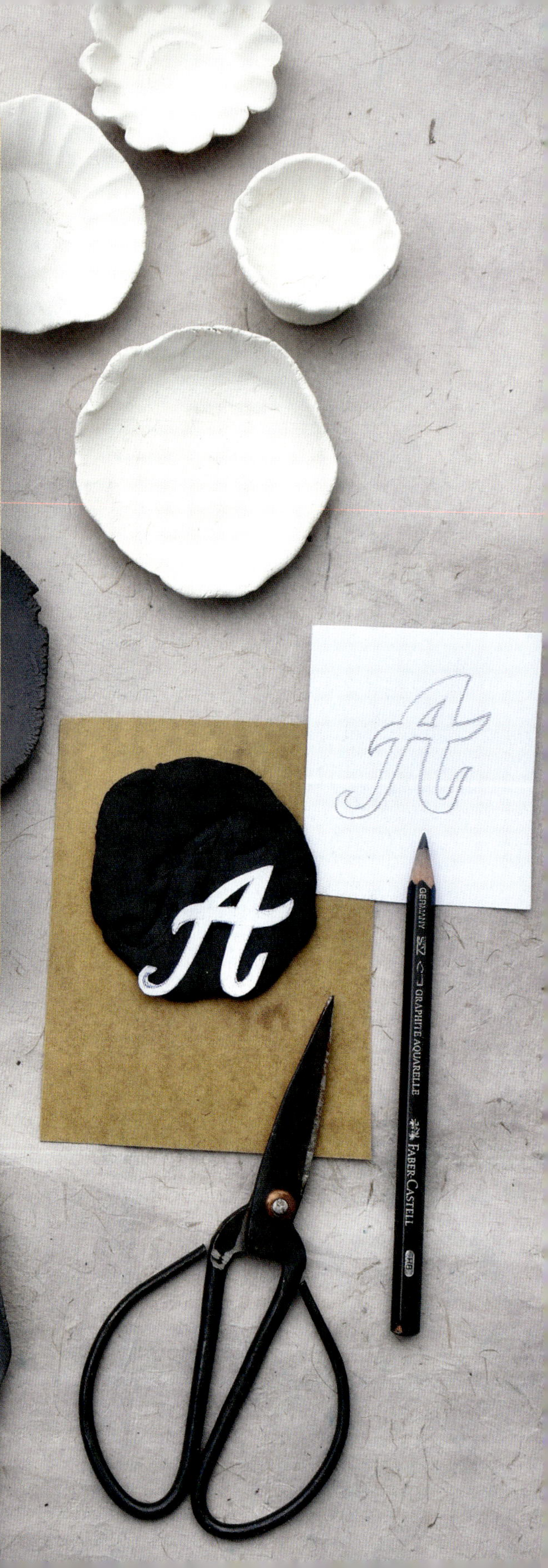

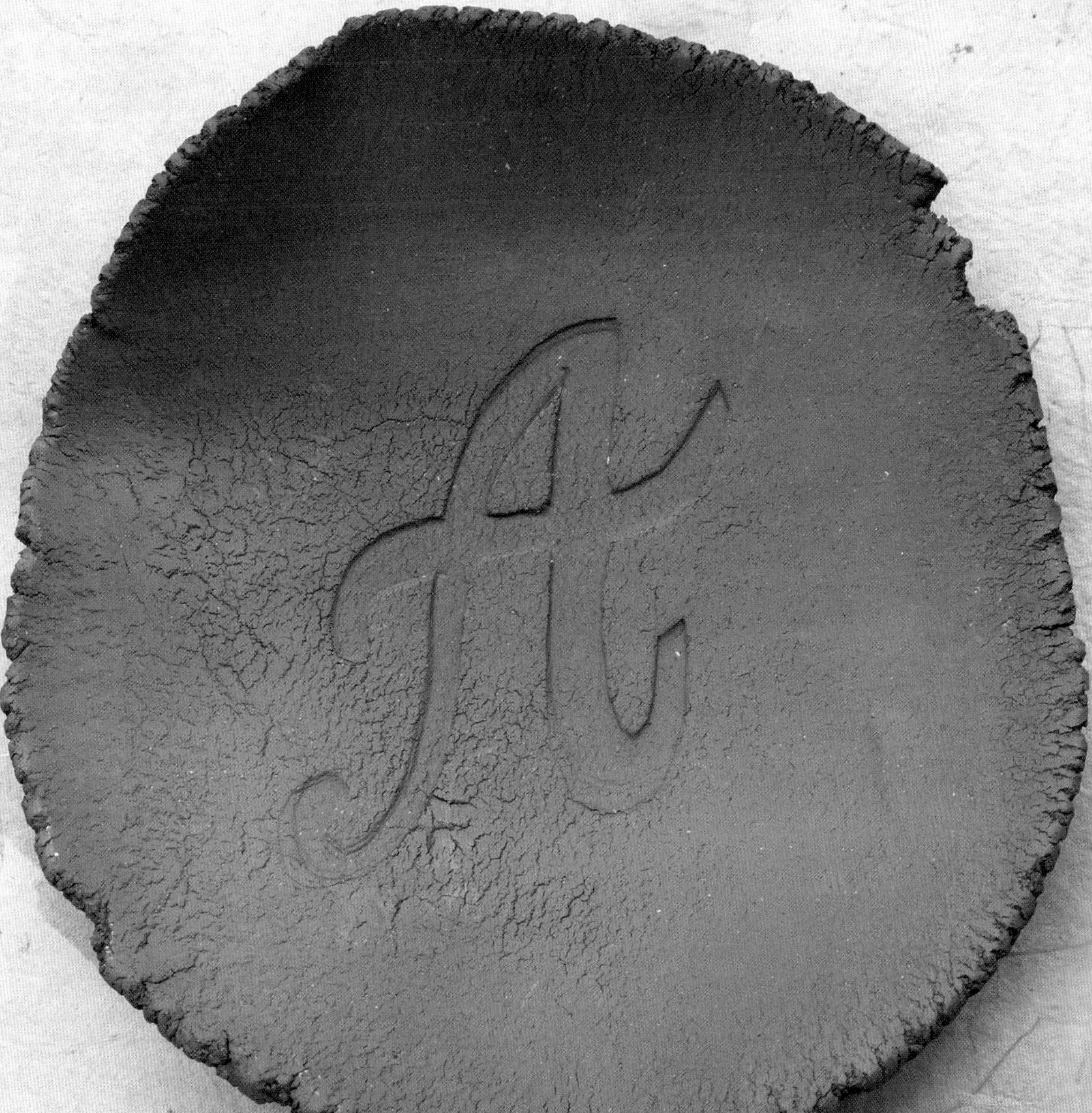

Aus Bastelton lassen sich auch ganz schnell wunderschöne Keramikgegenstände gestalten. Eierbecher, Gewürzschälchen, Anhänger oder Christbaumschmuck sind nur einige Ideen. Die frei geformten Kanten und kleine Risse in der Struktur verleihen diesen Objekten ihren ganz eigenen Charme.

Sirup geht immer!
Besonders wenn er hausgemacht ist und aus aromatisch duftenden Blüten und frischen Früchten zubereitet wird.

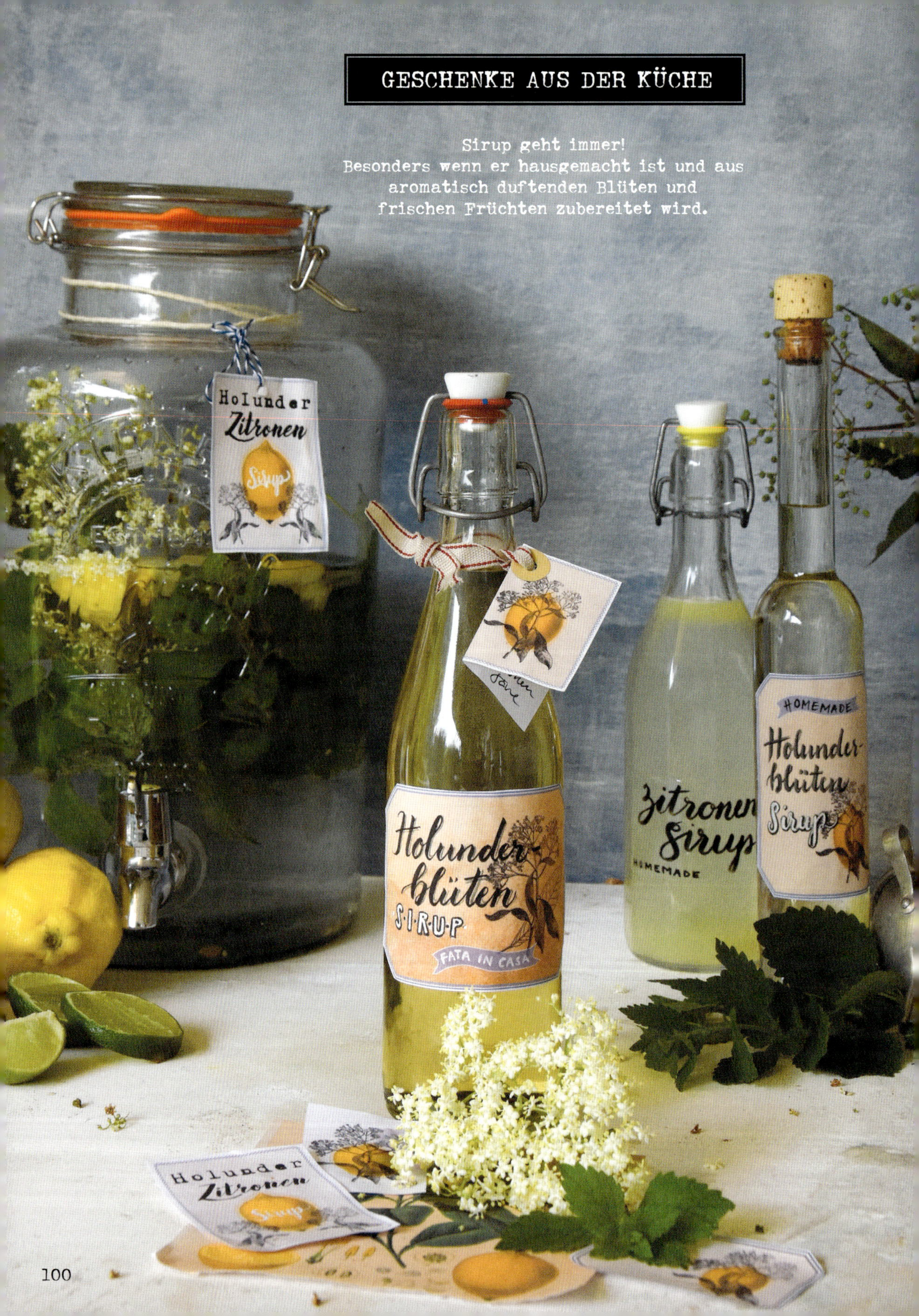

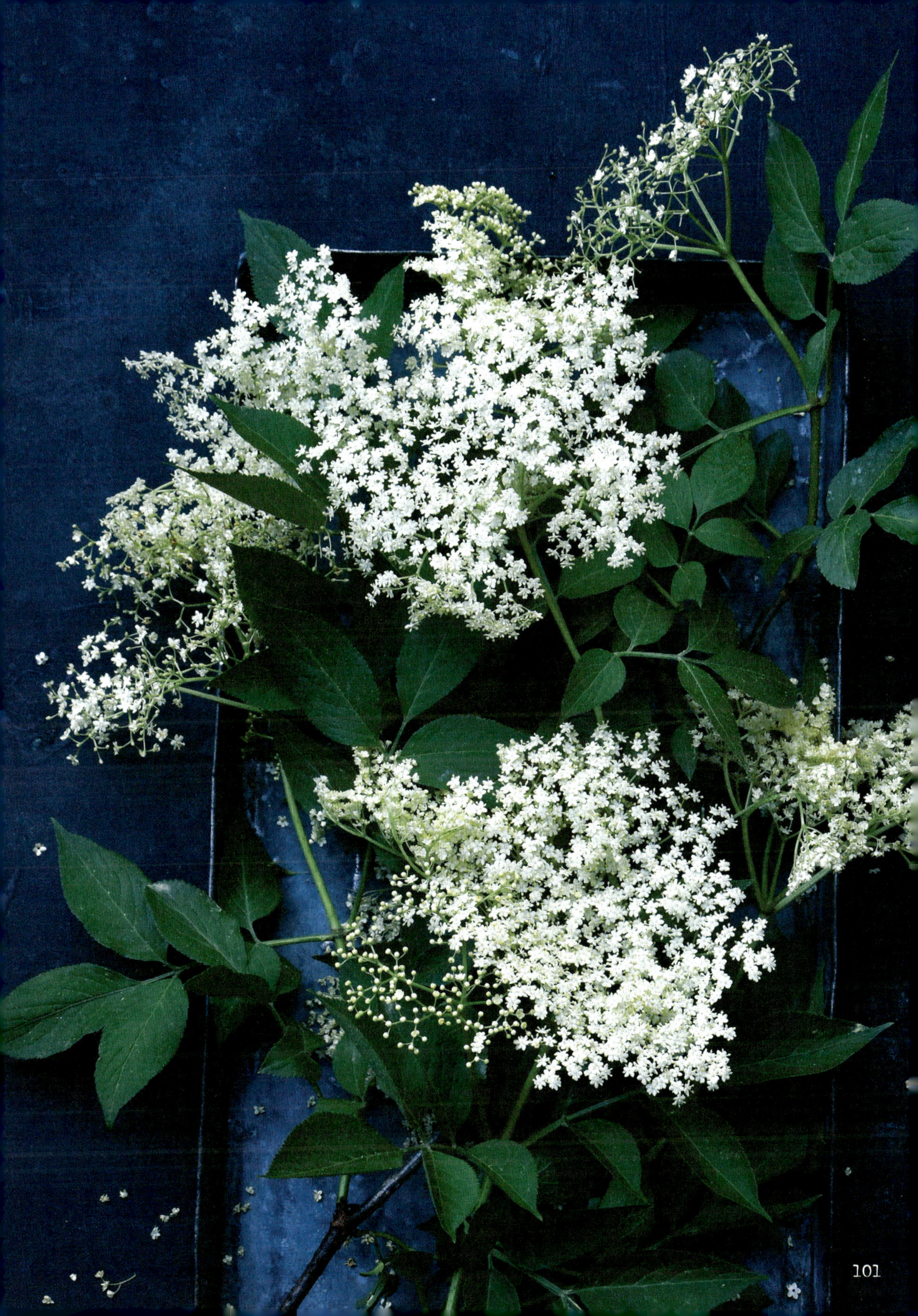

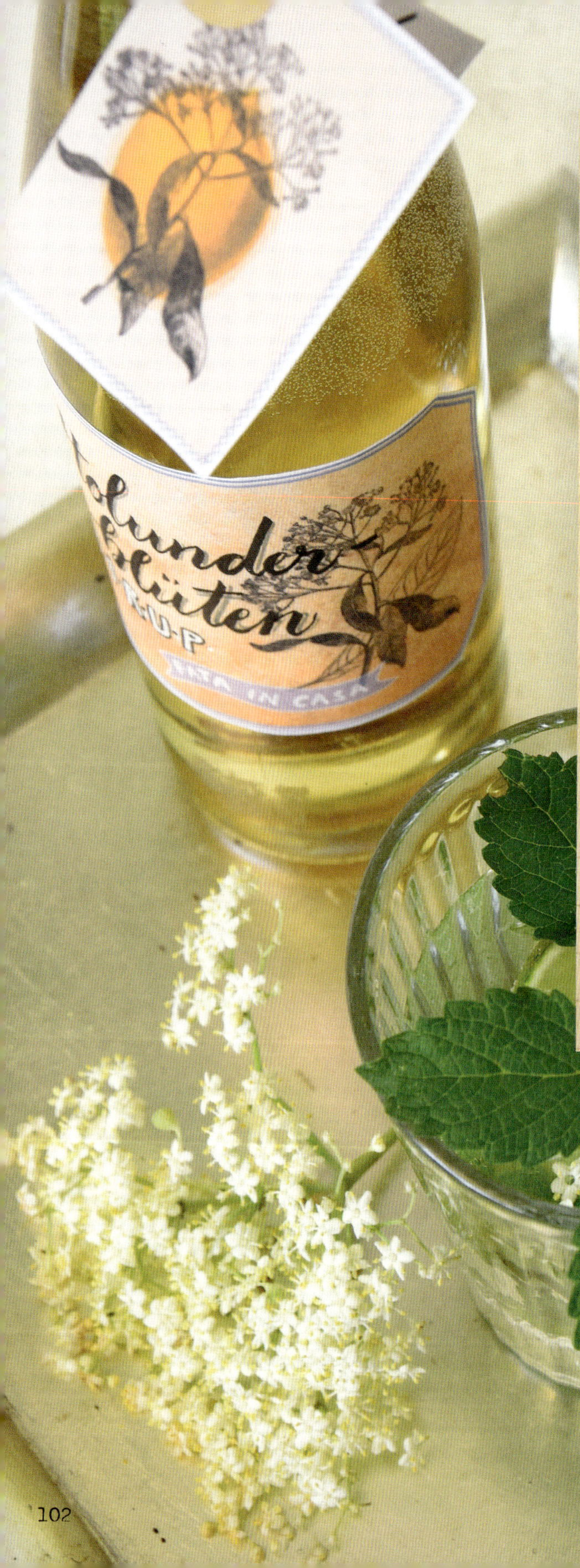

REZEPT

Holunderblüten-Sirup

DU BRAUCHST:
Für 1 Liter Sirup

1½ l Wasser
1,2 kg Zucker
25 g Zitronensäure
1 Zitrone, Saft
ca. 20-25 Holunderblütendolden, gesäubert

SO GEHT'S:

Wasser, Zucker und Zitronensäure in einem großen Topf aufkochen und etwa 10 Minuten kochen lassen. Zitronensaft und Holunderblüten dazugeben. Abgedeckt im Kühlschrank 3-5 Tage ziehen lassen; dabei täglich umrühren. Dann den Sirup durch ein Tuch filtern, nochmals in einem Topf aufkochen und anschließend mithilfe eines Trichters in saubere, sterilisierte Flaschen füllen.

Der Sirup ist kühl und dunkel gelagert etwa 2 Monate haltbar. Einmal geöffnet, die Flasche im Kühlschrank aufbewahren und den Sirup rasch konsumieren.

MESSAGE ON THE BOTTLE

Diese Idee für die Beschriftung kann natürlich je nach Flascheninhalt angepasst werden. Einfach im Internet nach botanischen Bildern suchen und sie in der passenden Größe farbig oder schwarzweiß ausdrucken. Danach zuschneiden und zusammen mit der beschrifteten Etikette auf die Flasche kleben. Zusätzlich kann man eine Karte gestalten, auf die das Rezept oder ein schöner Spruch geschrieben wird.

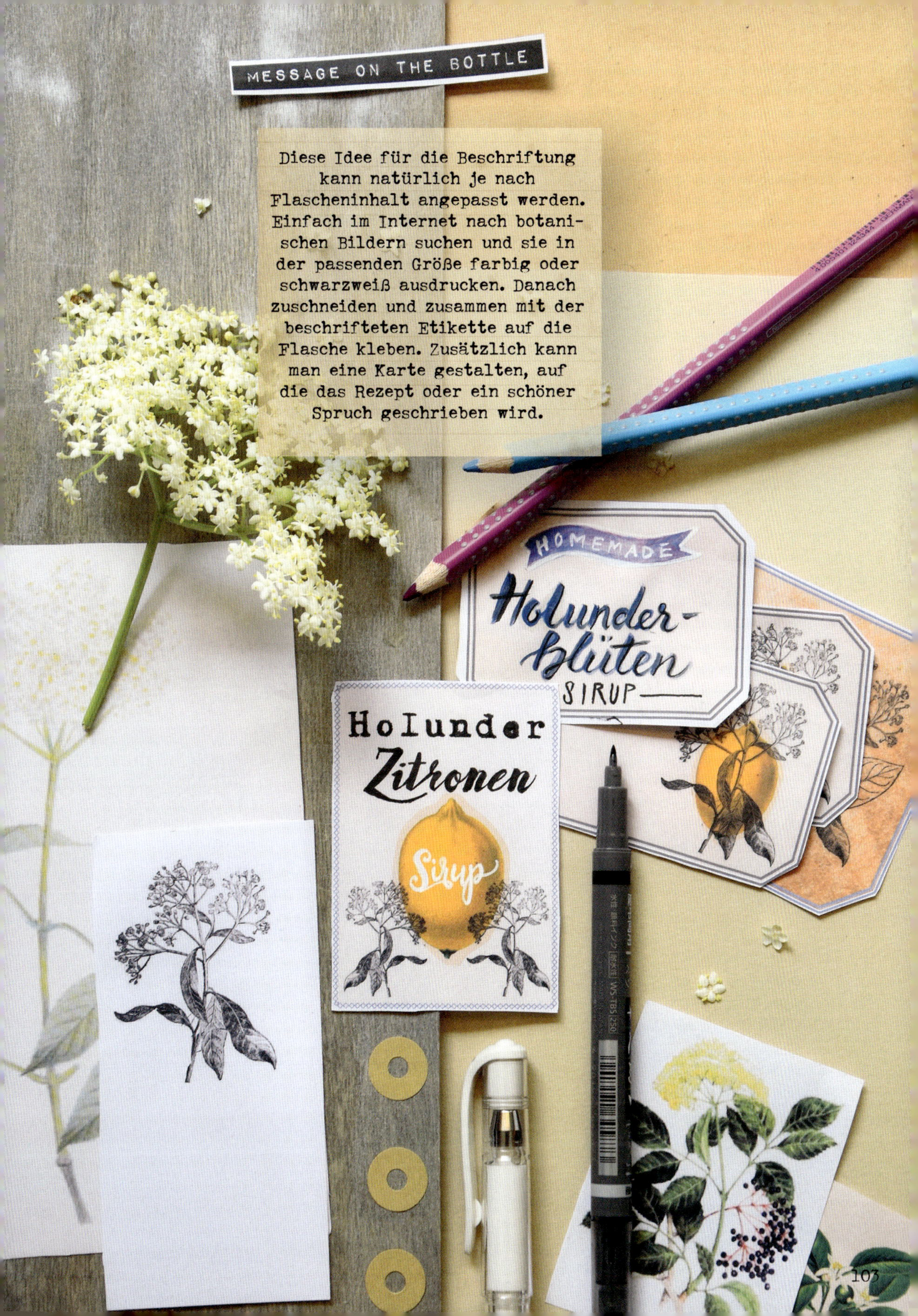

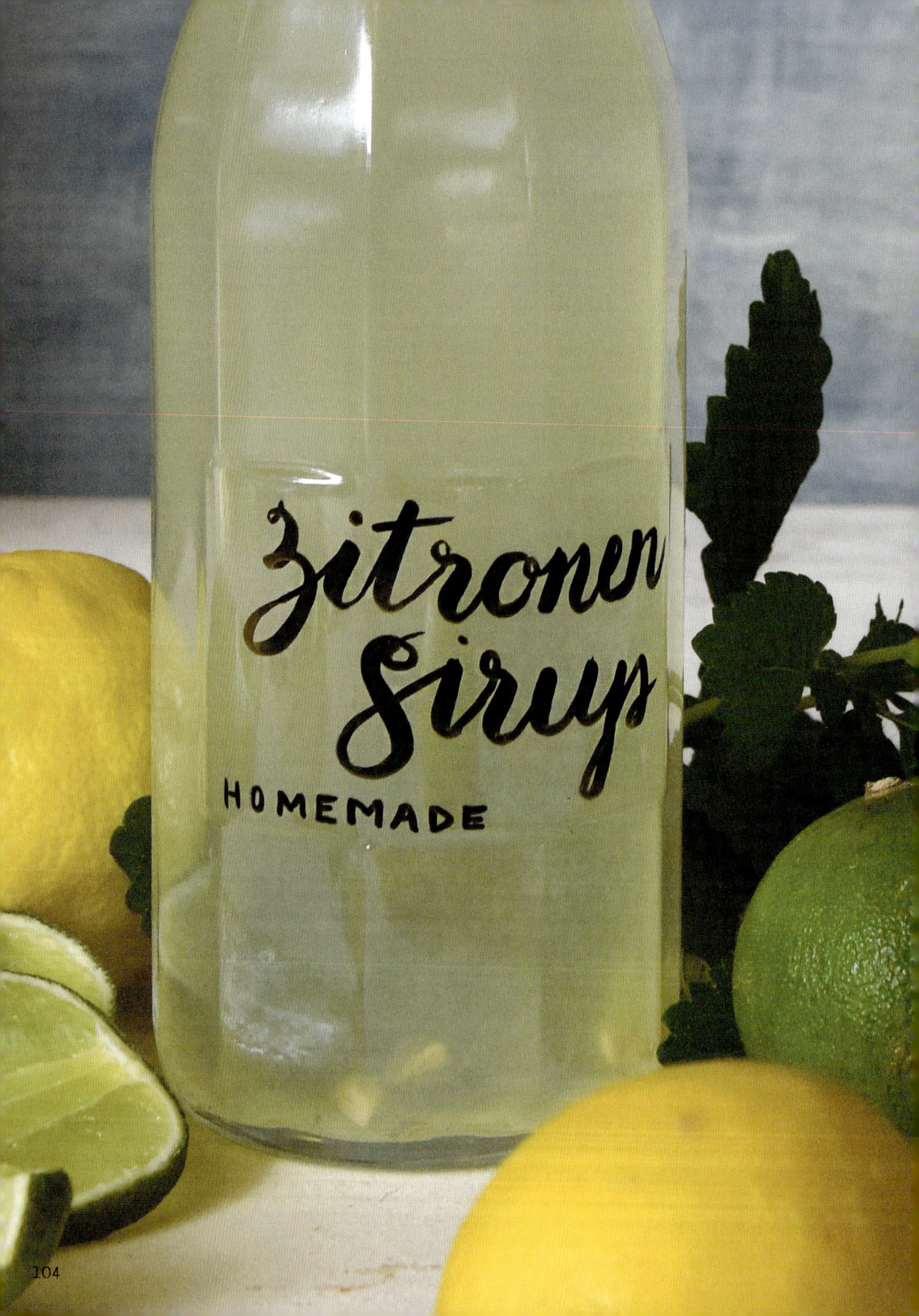
Zitronen
Sirup
HOMEMADE

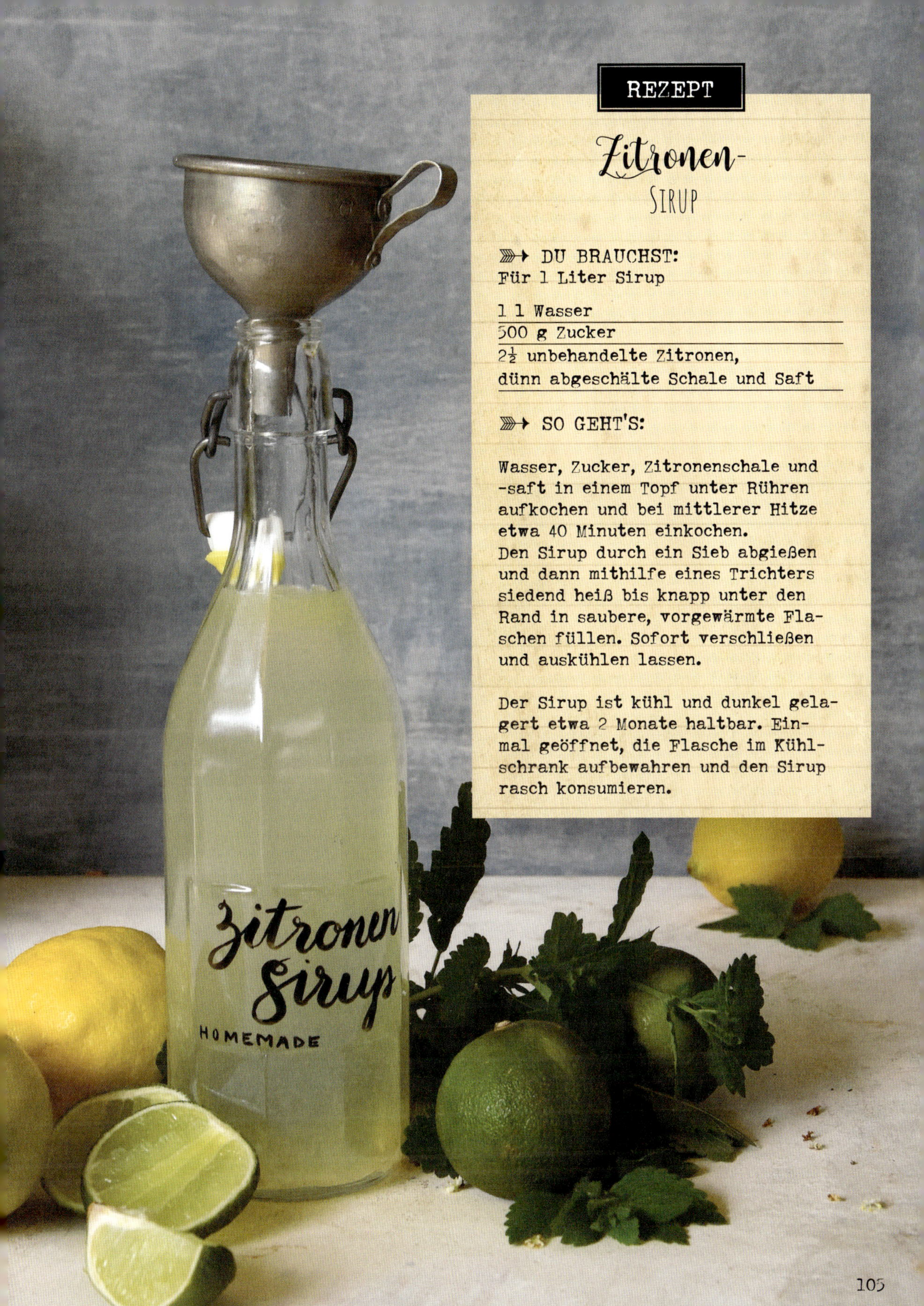

REZEPT

Zitronen-Sirup

DU BRAUCHST:
Für 1 Liter Sirup

1 l Wasser
500 g Zucker
2½ unbehandelte Zitronen, dünn abgeschälte Schale und Saft

SO GEHT'S:

Wasser, Zucker, Zitronenschale und -saft in einem Topf unter Rühren aufkochen und bei mittlerer Hitze etwa 40 Minuten einkochen.
Den Sirup durch ein Sieb abgießen und dann mithilfe eines Trichters siedend heiß bis knapp unter den Rand in saubere, vorgewärmte Flaschen füllen. Sofort verschließen und auskühlen lassen.

Der Sirup ist kühl und dunkel gelagert etwa 2 Monate haltbar. Einmal geöffnet, die Flasche im Kühlschrank aufbewahren und den Sirup rasch konsumieren.

Sommer

Der Sommer war schon immer meine Lieblingsjahreszeit. Die Kraft der Sonne spüren, Licht und Energie tanken und natürlich barfuß gehen, erfreut unser Herz in dieser Zeit. Pack deine Stifte ein, und zeichne in der freien Natur! Aus Blumen und Früchten lassen sich wunderbare Farben für das sommerliche Brush Lettering herstellen.
Der Sommer ist auch die bevorzugte Zeit für Hochzeiten, Feste und Partys.
Ideal also für tolle Lettering-Projekte.

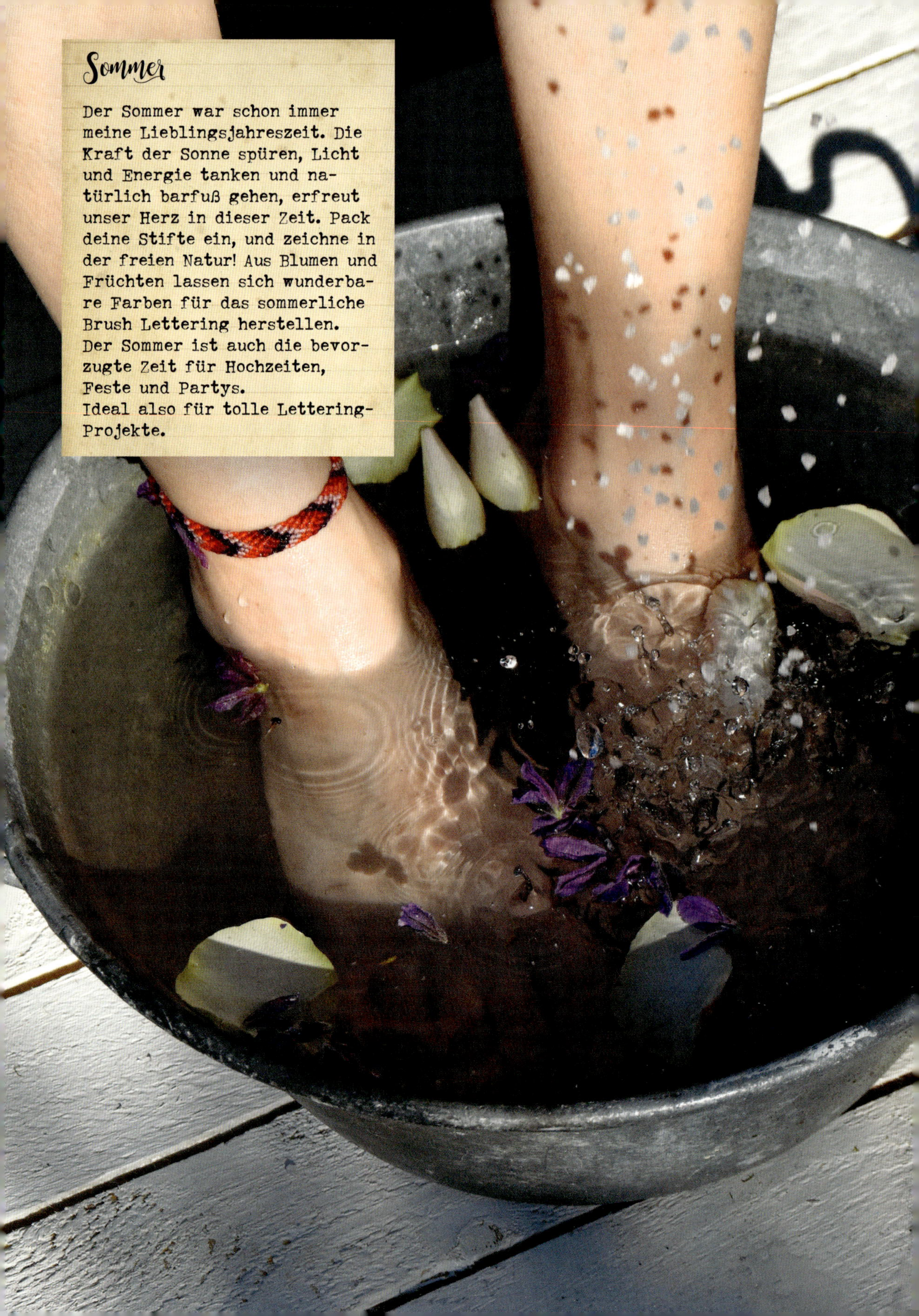

Sommer-Projekte

COLOUR LETTERING
WEDDING
BON VOYAGE
BEAUTY DAY
SKATEBOARD LETTERING

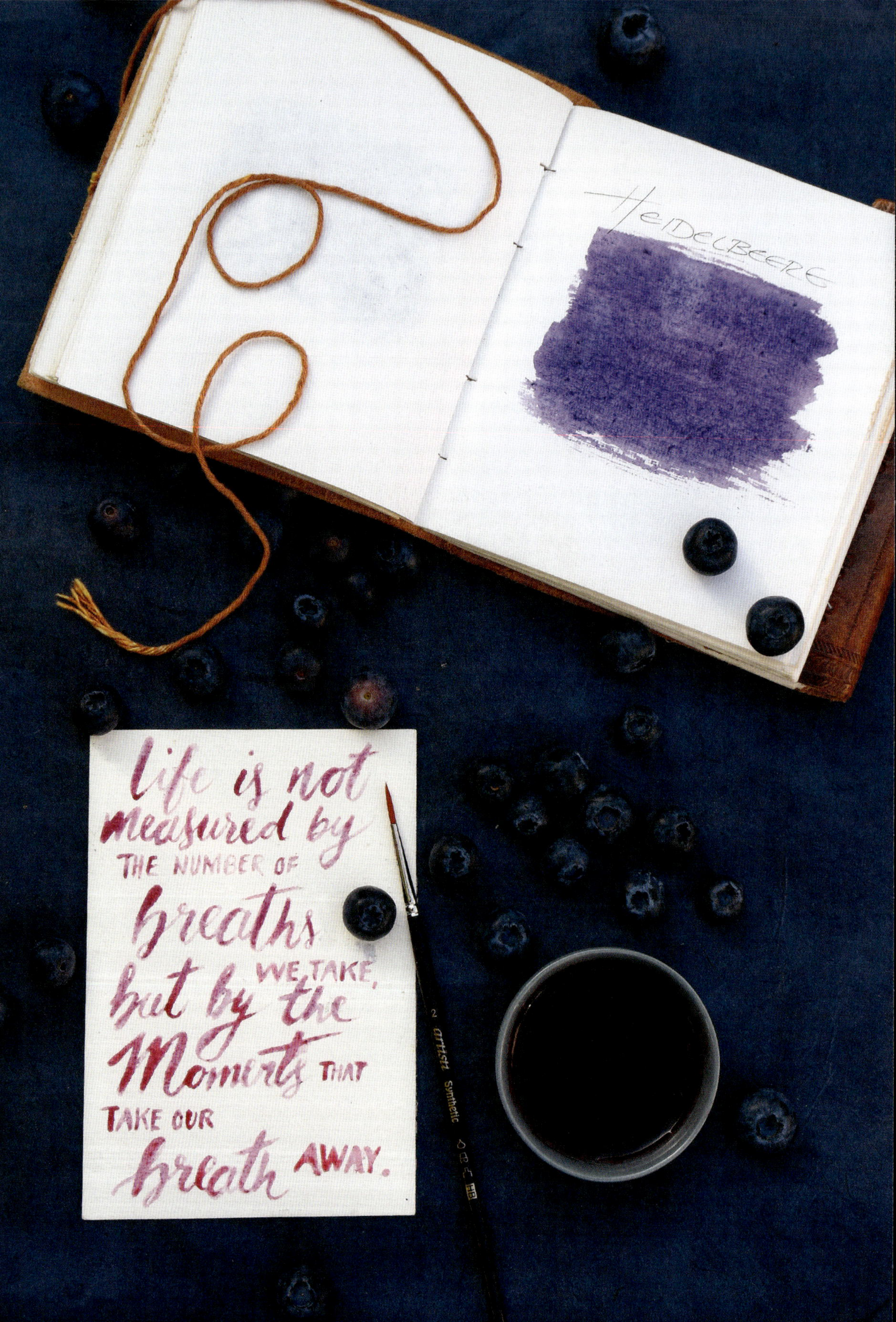

Heidelbeere
life is not measured by THE NUMBER OF breaths WE TAKE, but by the Moments THAT TAKE OUR breath AWAY.

Naturfarben AUS PFLANZEN

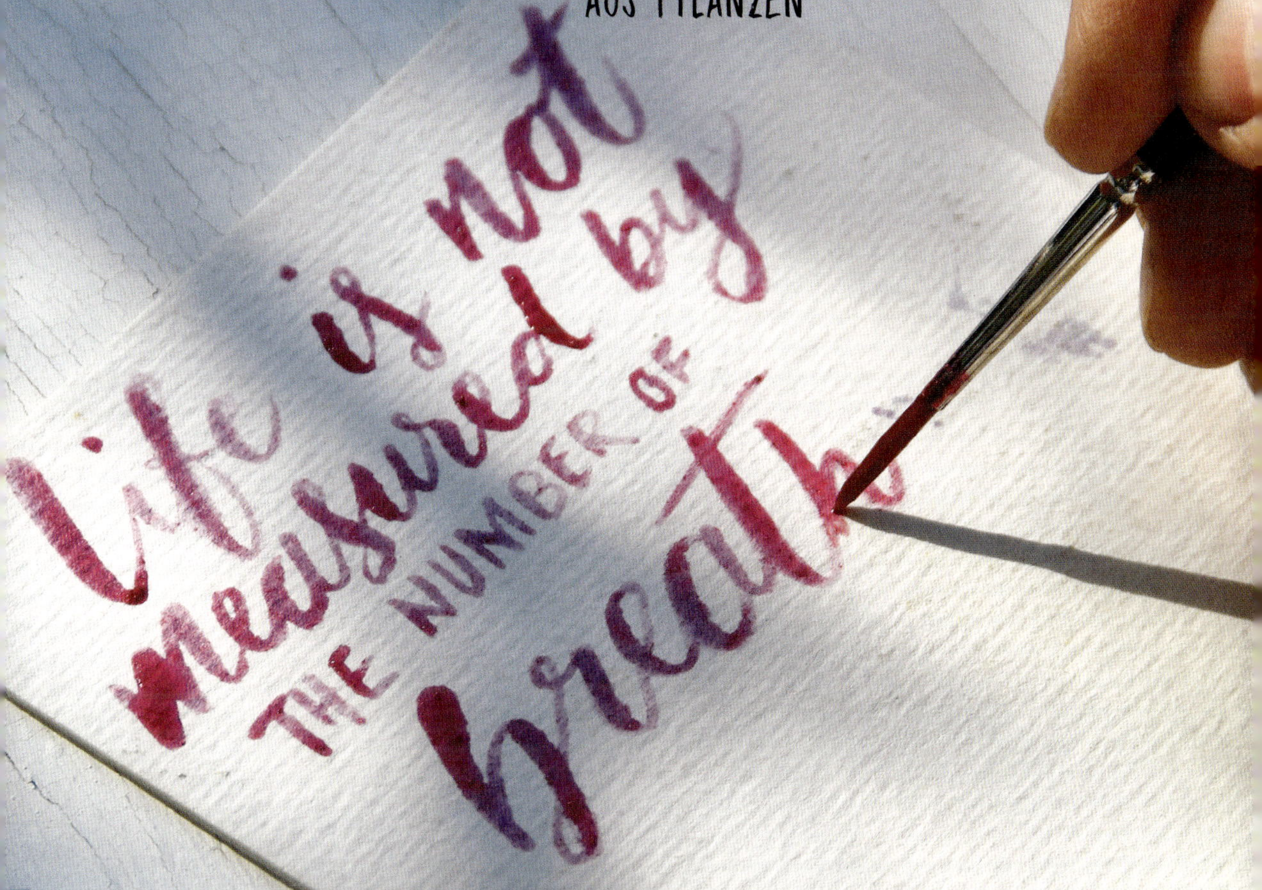

Hier kommen die Ideen und Anleitungen für alle Hobby-Alchemistinnen und -alchemisten.

Beim Colour Lettering werden oft teure Farbpens verwendet, dabei benötigt man für die Farbenherstellung nur ein wenig Zeit und Muße. Es macht unglaublich viel Spaß, Naturfarben selbst herzustellen. Im Gegensatz zu synthetisch hergestellten Farben sind selbst gefertigte Pflanzenfarben nie homogen und wirken dadurch viel lebendiger. Einige Farben wie Gelb, Grün, Braun und Grau lassen sich leicht aus Pflanzen und Früchten gewinnen, Blau- und Rottöne sind hingegen etwas schwerer herzustellen. Pflanzenfarben sind nicht lange haltbar und sollten innerhalb weniger Tage aufgebraucht werden.

Die äußere Farbe einer Pflanze entspricht nicht immer dem Farbstoff, der aus ihr herausgelöst werden kann. Für Spannung und Überraschungen ist also gesorgt.

Für Modern Calligraphy oder Brush Lettering eignet sich am besten Farbtinte, die wie Wasserfarbe eine leicht lasierende Eigenschaft besitzt. Dieser Farbsaft wird ganz einfach aus Früchten oder Pflanzen gewonnen. Wie das geht, wird auf den folgenden Seiten gezeigt.

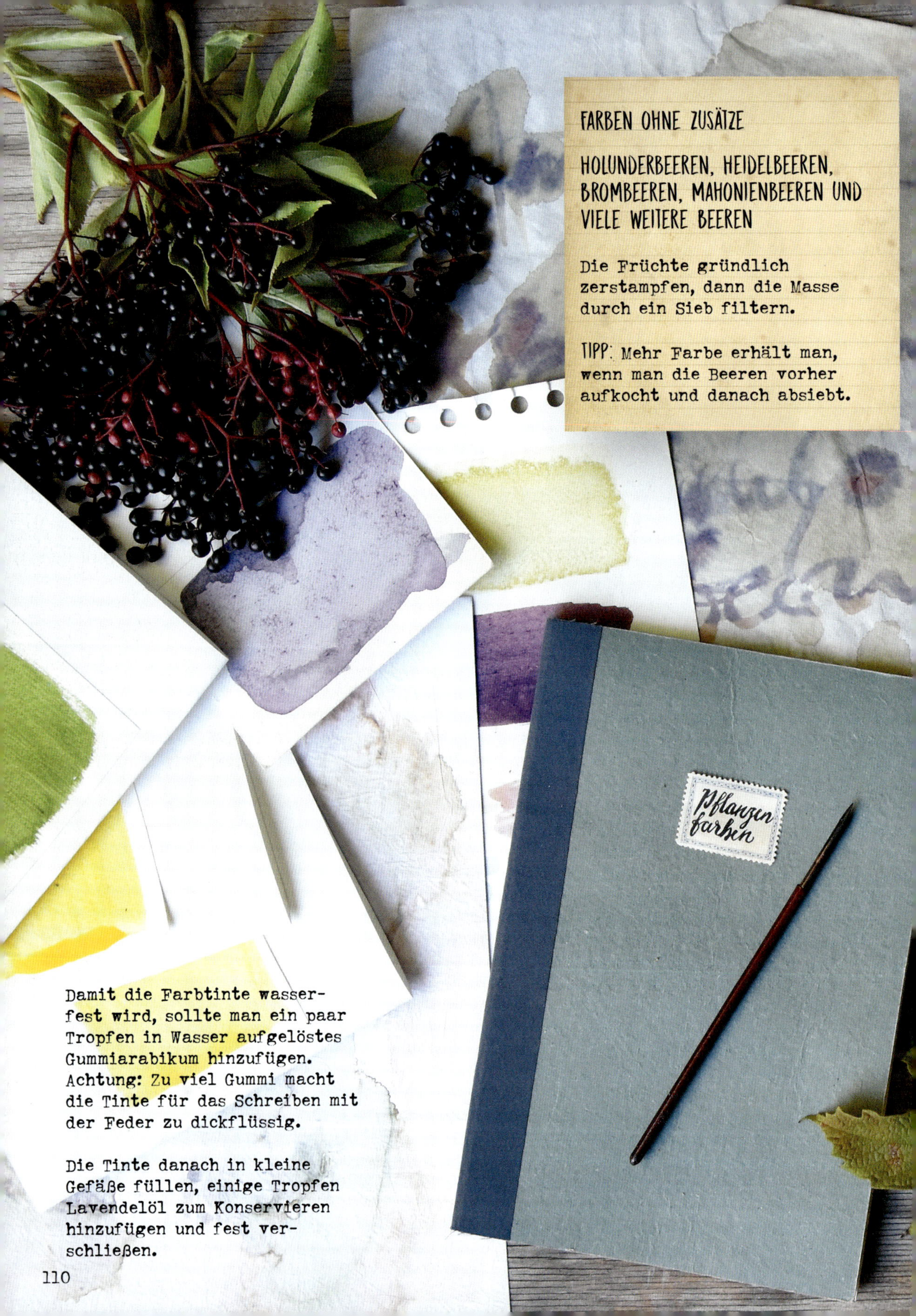

FARBEN OHNE ZUSÄTZE

HOLUNDERBEEREN, HEIDELBEEREN, BROMBEEREN, MAHONIENBEEREN UND VIELE WEITERE BEEREN

Die Früchte gründlich zerstampfen, dann die Masse durch ein Sieb filtern.

TIPP: Mehr Farbe erhält man, wenn man die Beeren vorher aufkocht und danach absiebt.

Damit die Farbtinte wasserfest wird, sollte man ein paar Tropfen in Wasser aufgelöstes Gummiarabikum hinzufügen. Achtung: Zu viel Gummi macht die Tinte für das Schreiben mit der Feder zu dickflüssig.

Die Tinte danach in kleine Gefäße füllen, einige Tropfen Lavendelöl zum Konservieren hinzufügen und fest verschließen.

FARBEN MIT ZUSATZ VON METALLSALZEN

ROTE BETE (RANDE), ZWIEBELSCHALE, AMARANT, APFELBAUMRINDE, GRANATAPFELSCHALE, BLÄTTER VON SONNENBLUMEN, TAGETES, BRENNNESSEL, FRAUENMANTEL ODER VIELE ANDERE PFLANZENARTEN

Blätter und Blüten 10-20 Minuten, Rinde oder Granatapfelschale 40-60 Minuten in Wasser auskochen. In das köchelnde Wasser etwas Alaunlösung (auf 100 ml Farbsaft 5 Teelöffel Alaunlösung) geben.
Für Alaunlösung mischt man 1 : 1 Alaun mit Wasser.

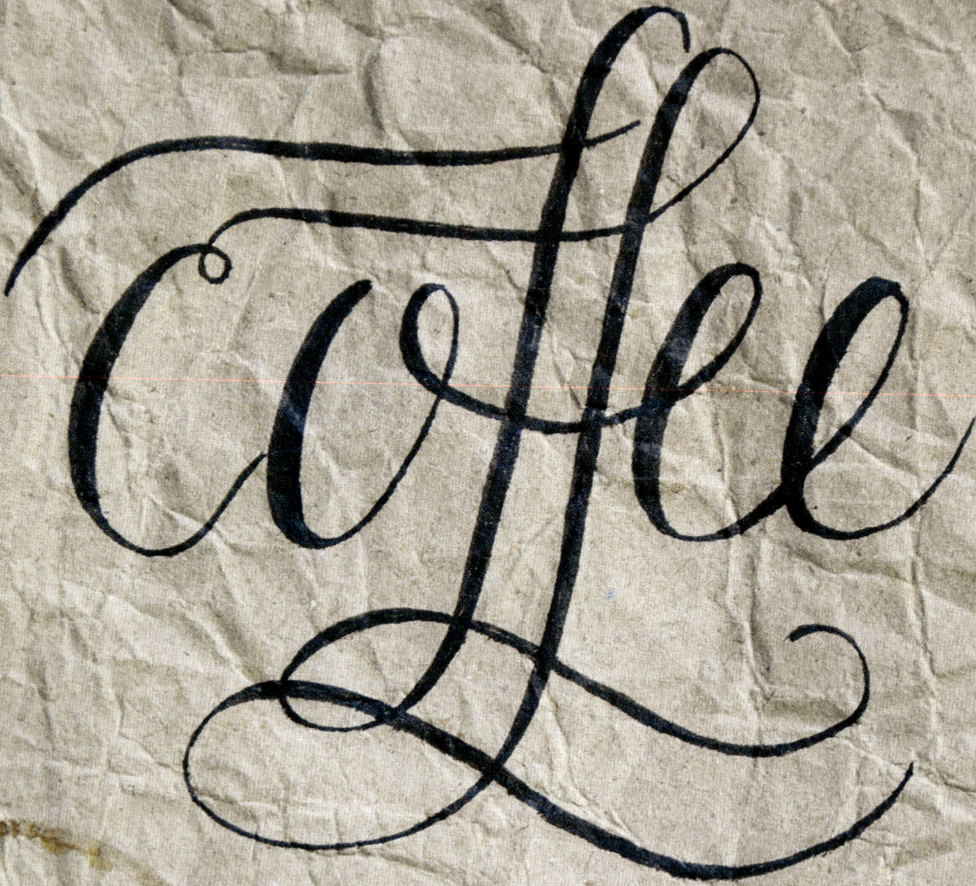

COLOUR LETTERING

mit Kaffee UND TEE

Mit Kaffee und Tee lässt sich auch wunderbar schreiben. Beim Kaffee eignet sich Instant-Kaffee besonders gut, da sich die Farbintensität durch die Zugabe von mehr Pulver schnell verstärken lässt, falls sie zu transparent wirkt. Für das Schreiben mit Tee eignen sich Schwarztee oder Rooibos-Tee.

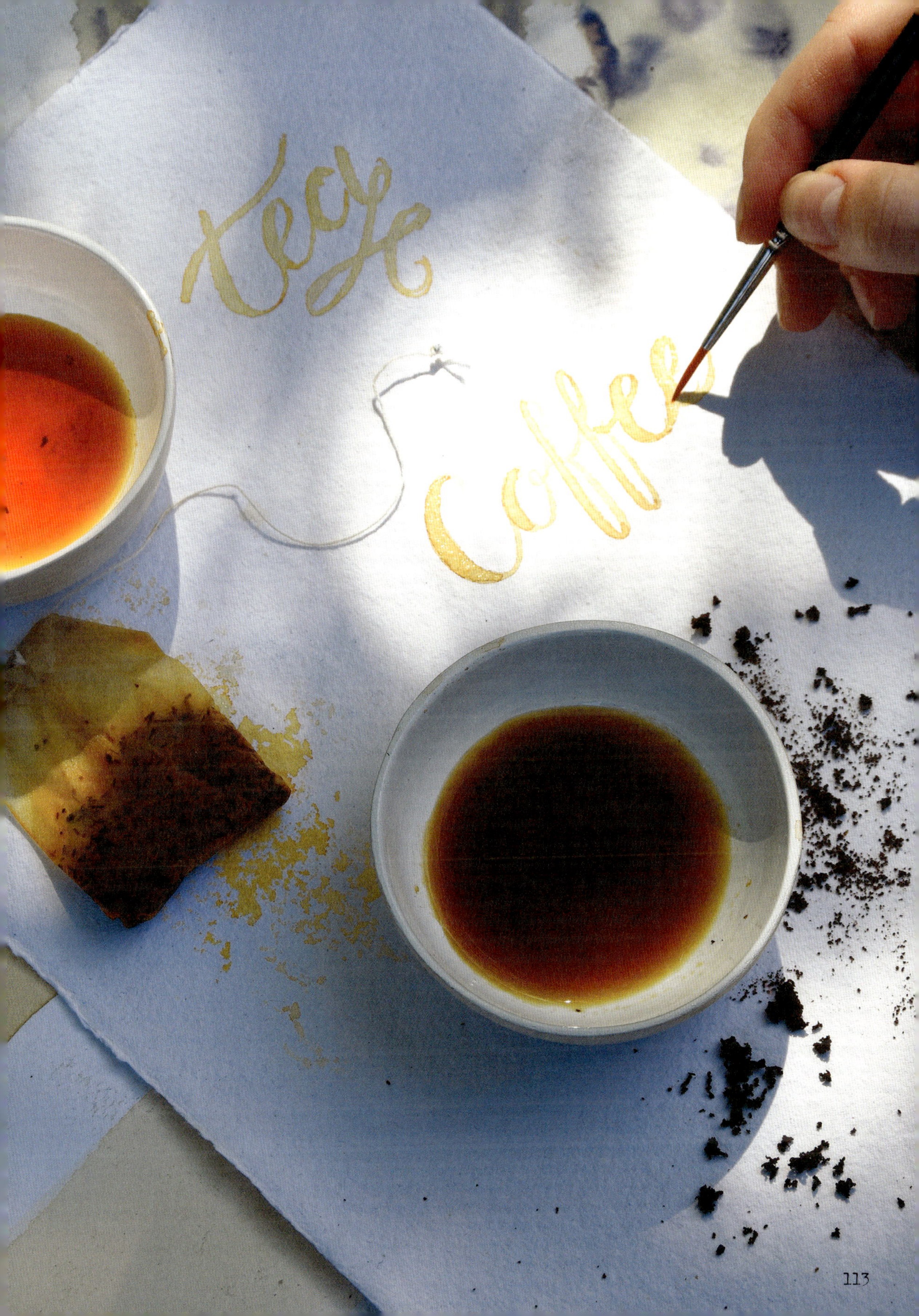
Tea
Coffee

Handlettering ist eine tolle Möglichkeit, die Hochzeitsdekoration individuell zu gestalten. Von Hand geschriebene Einladungskarten verleihen diesem Anlass schon zu Beginn eine besondere und sehr persönliche Note.

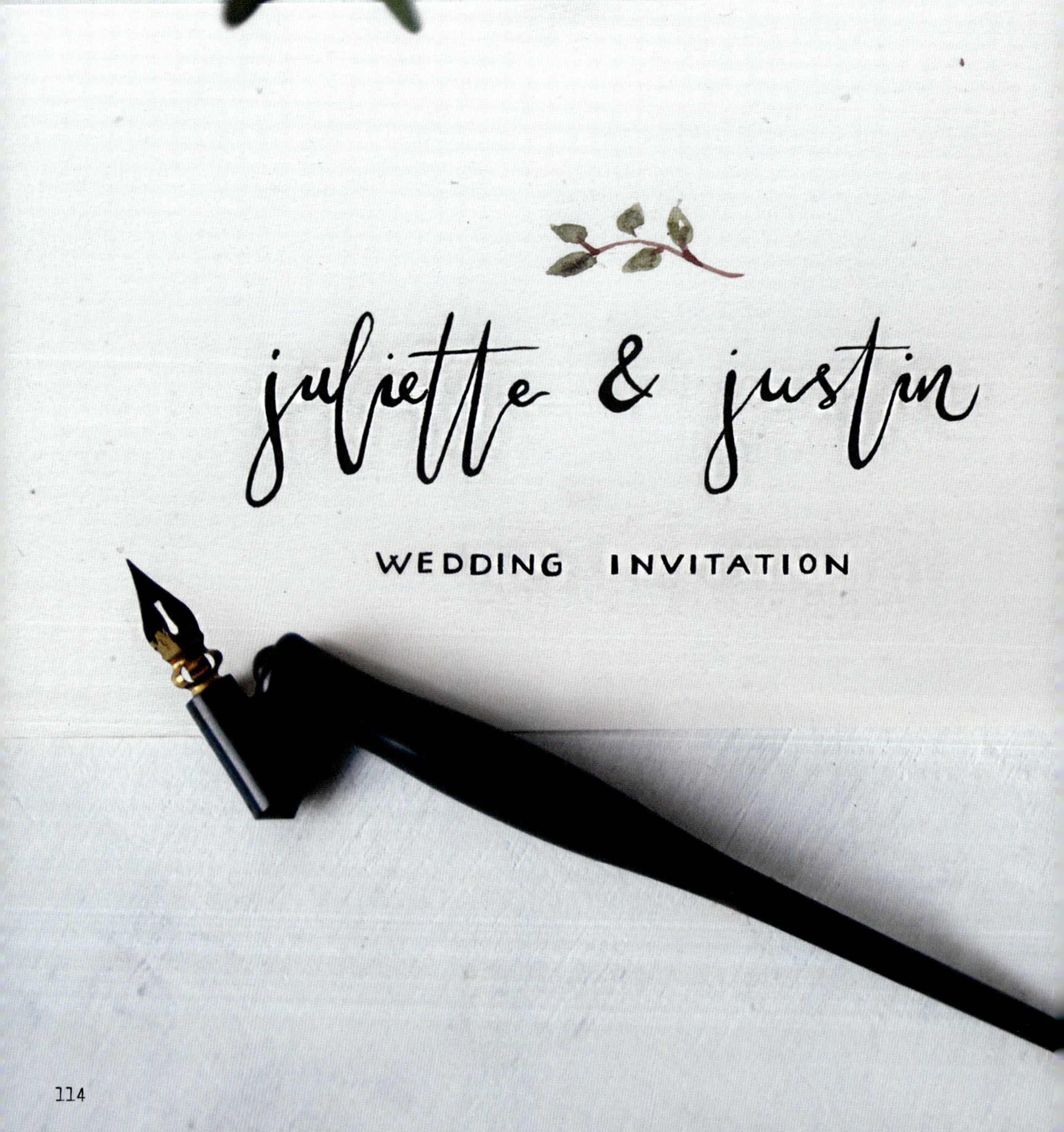

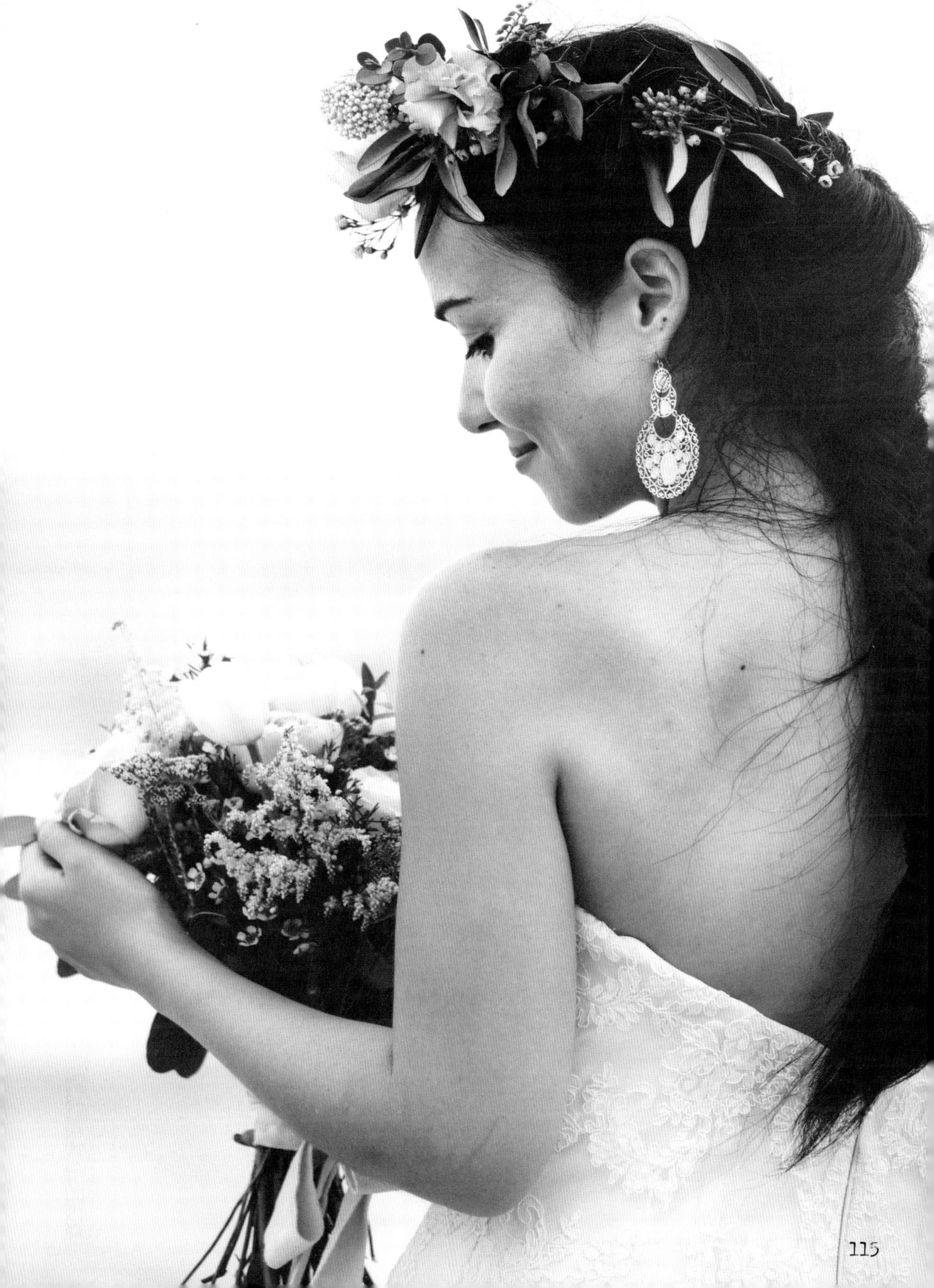

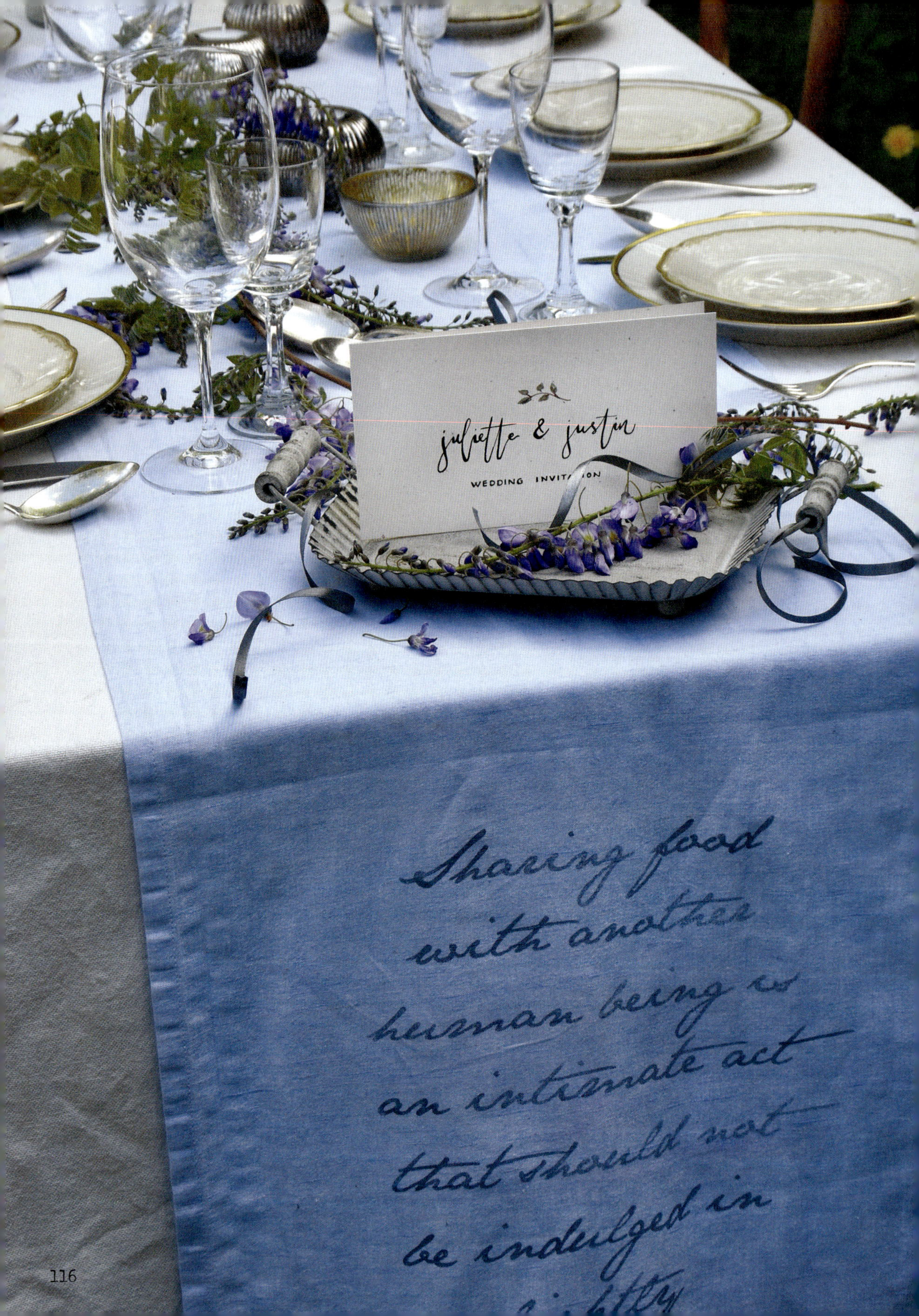
juliette & justin
WEDDING INVITA ION
Sharing food
with another
human being is
an intimate act
that should not
be indulged in

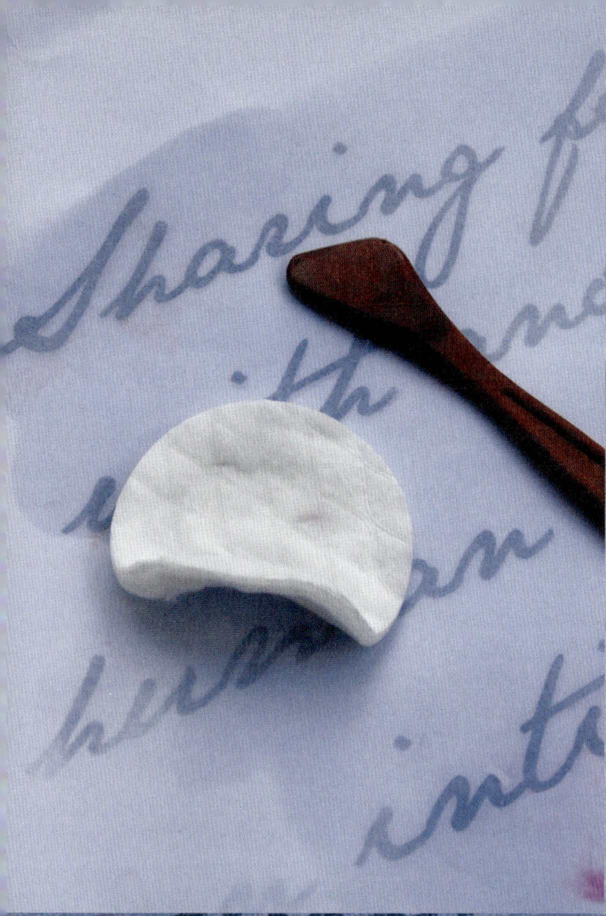

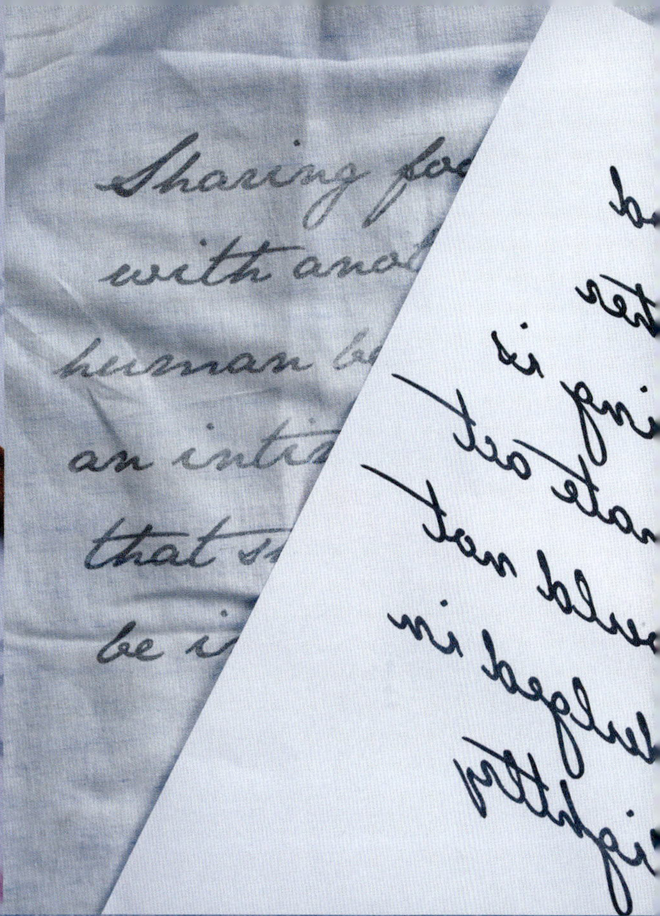

TISCHLÄUFER

Eine schön gedeckte Tafel gehört zu einer Hochzeit so wie das Brautkleid. Ein individuell gestalteter Tischläufer ist dabei ein toller Blickfang. Tischläufer aus Baumwolle oder feinmaschigem Leinen in hellen Farben eignen sich besonders gut für diese Technik.

➳ SO GEHT'S:

Die zu bedruckende Fläche des Stoffes abmessen. Den gewünschten Text mit Bleistift auf ein Papier vorschreiben und seitenverkehrt auf die gewünschte Größe kopieren (Laserkopie). Anschließend die Kopie mit dem Text nach unten auf den Tischläufer legen und mit Aceton transferieren. Anleitung siehe Seite 58.

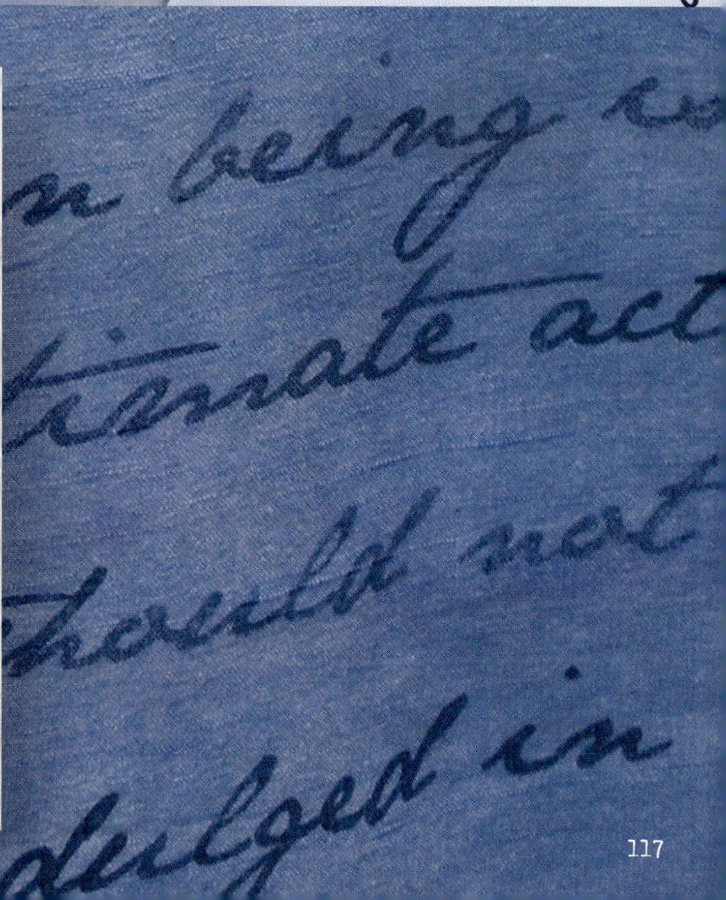

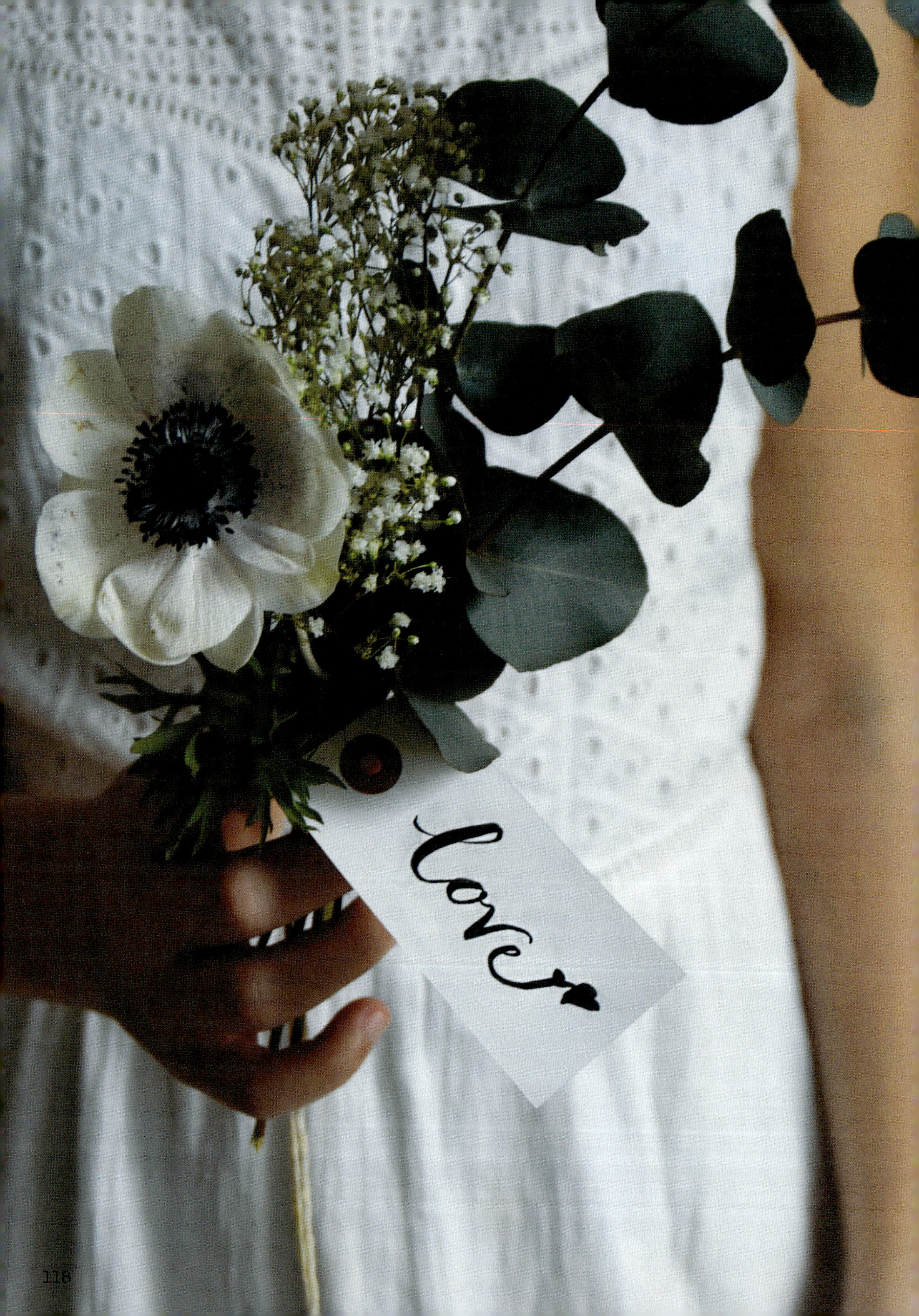
love

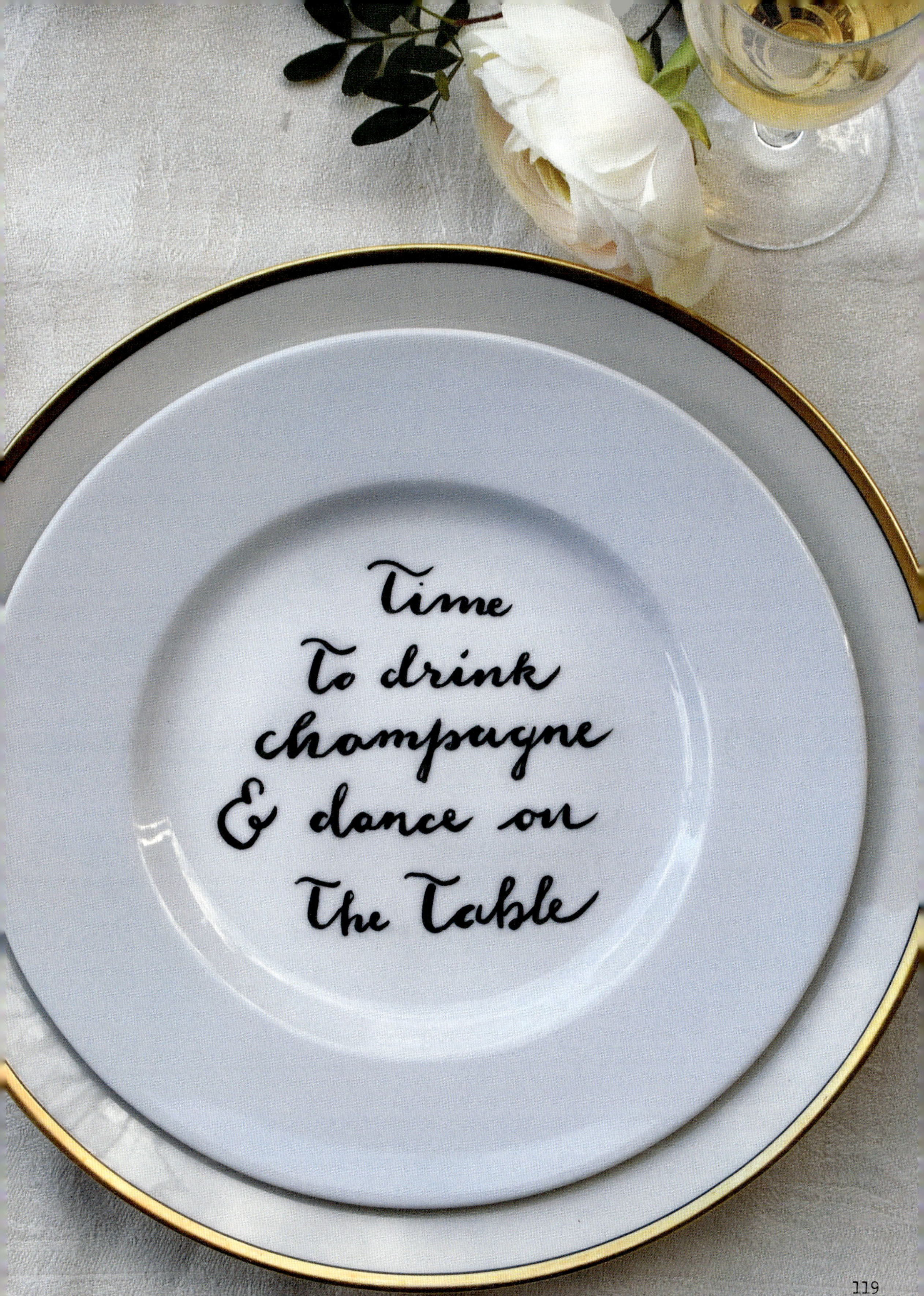
Time
To drink
champagne
& dance on
The Table

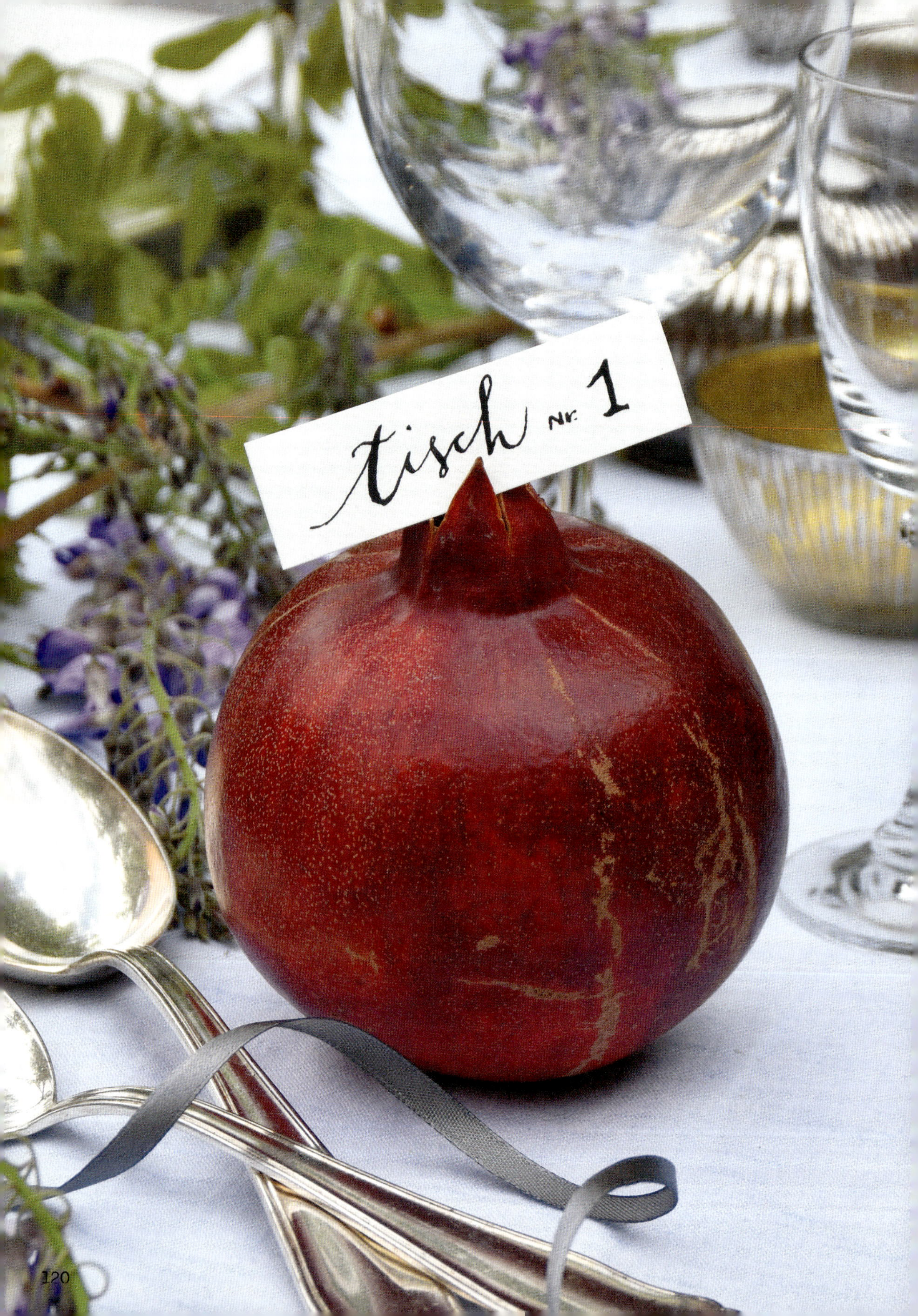
tisch Nr. 1

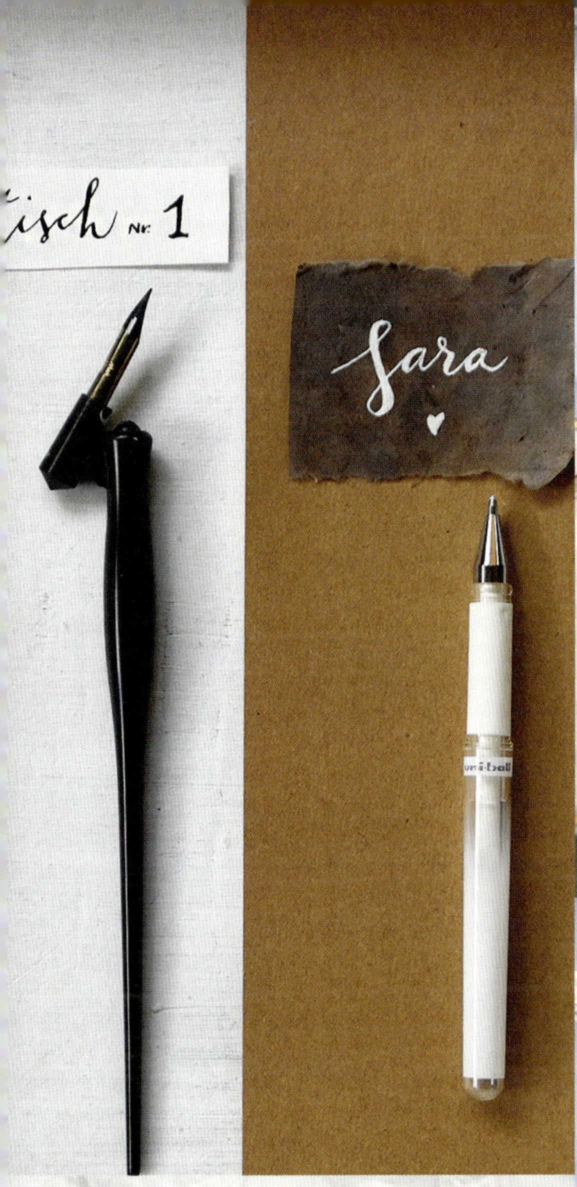

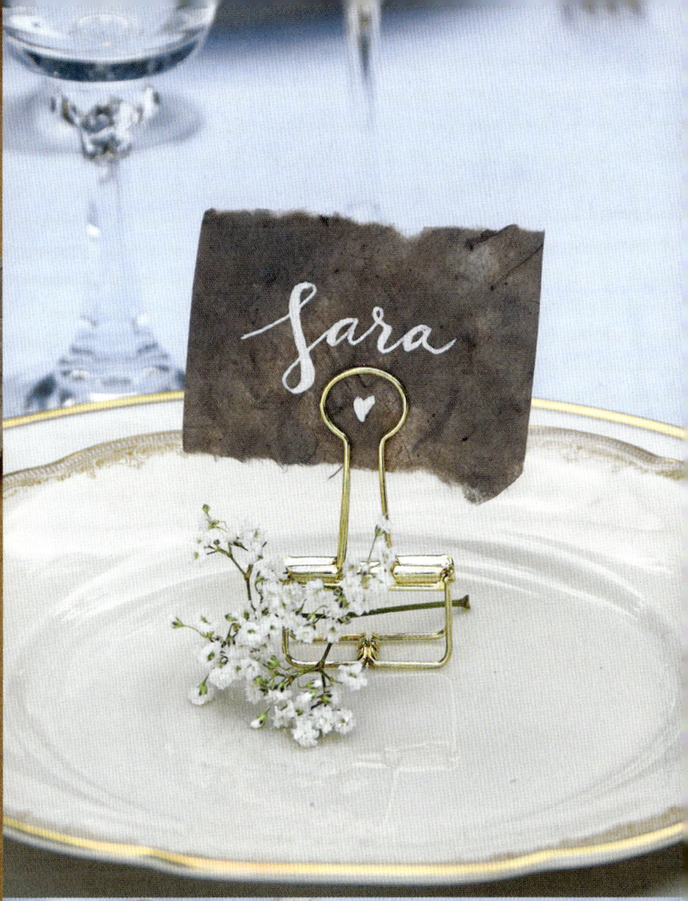

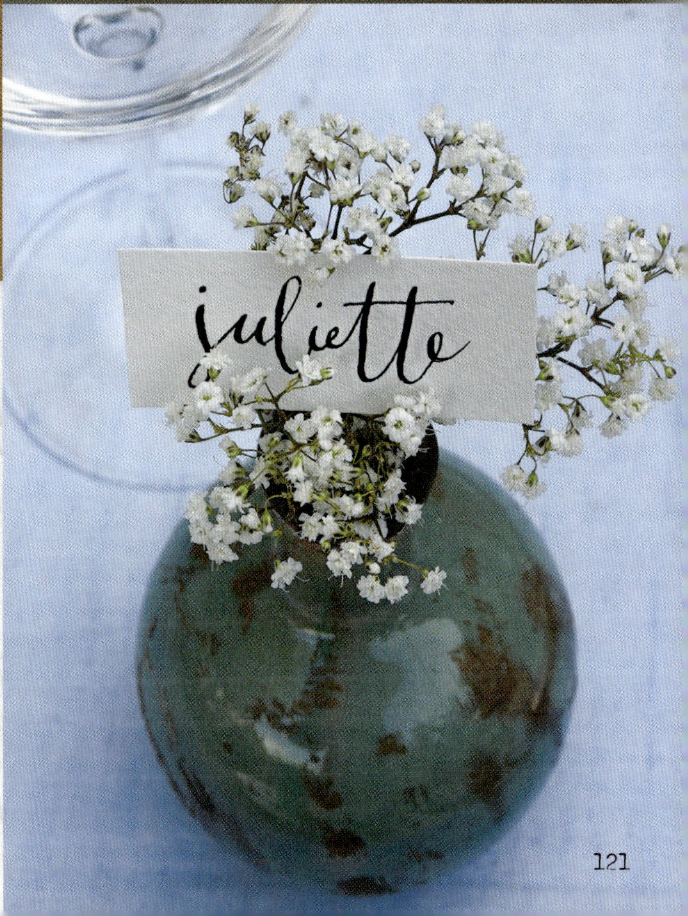

TISCH- UND PLATZKARTEN

Das Auge isst bekanntlich mit, und schon bevor der erste Gang serviert wird, freut man sich über die handgeschriebenen Tisch-, Platz- oder Menükarten. Dazu verwende ich gerne handgeschöpftes Papier. Beschrieben werden sie passend zum Stil mit schwarzer oder weißer Tinte und je nach Papierstruktur mit einer Breitbandfeder oder einem Pinsel.

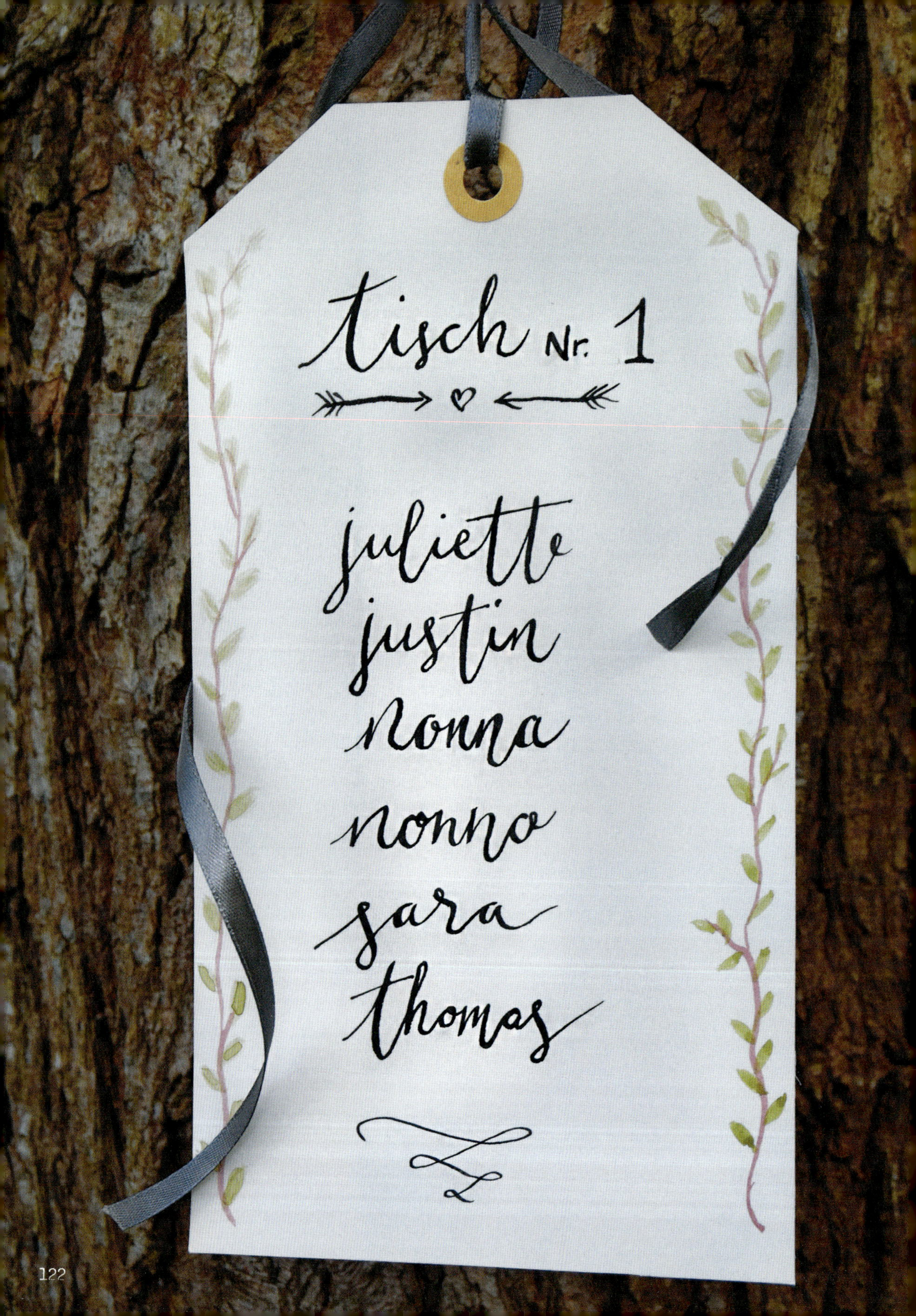
tisch Nr. 1
juliette
justin
nonna
nonno
sara
thomas

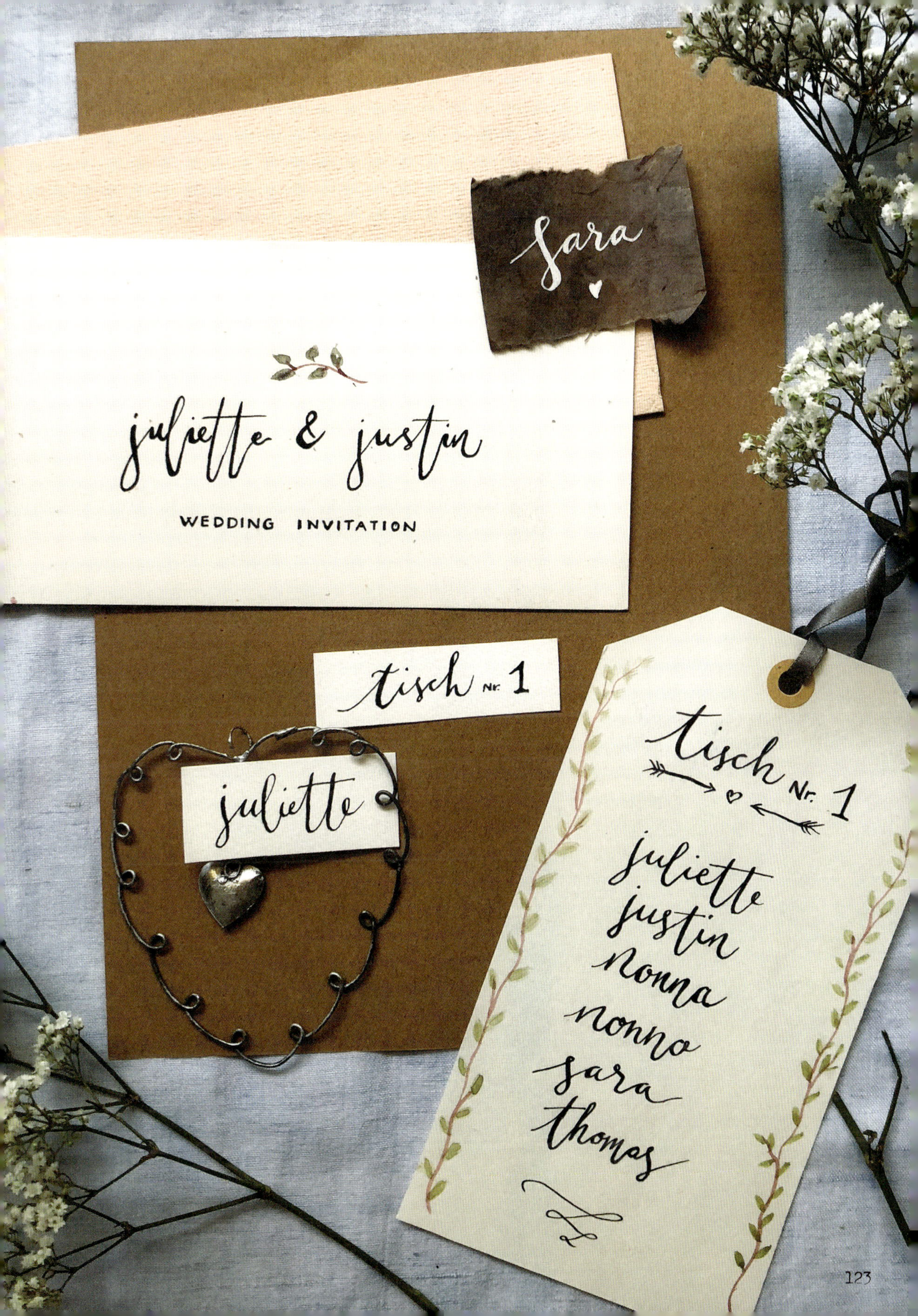
sara
juliette & justin
WEDDING INVITATION
tisch Nr. 1
juliette
tisch Nr. 1
juliette
justin
nonna
nonno
sara
thomas

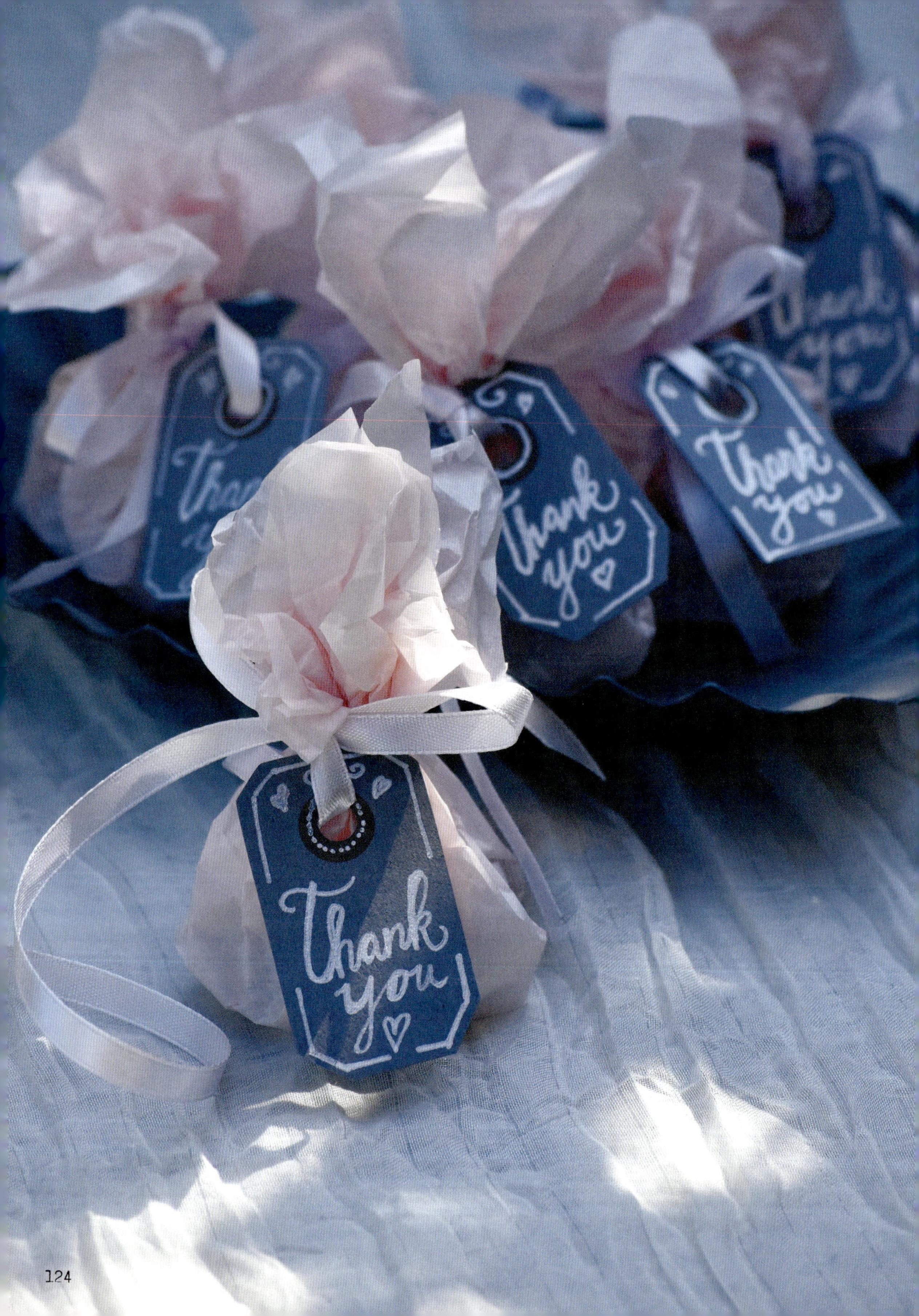
Thank you

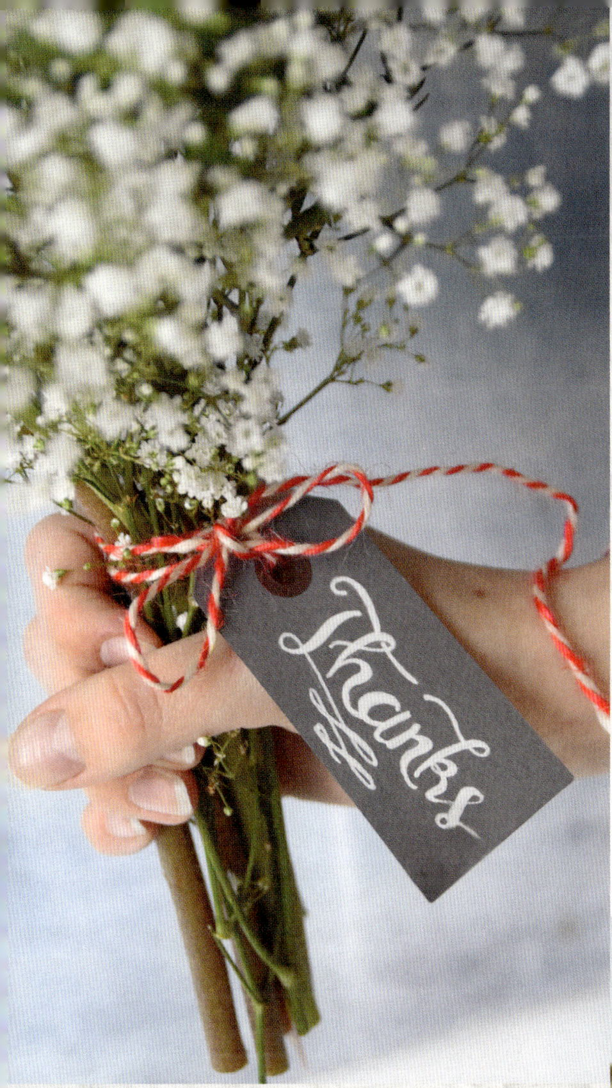

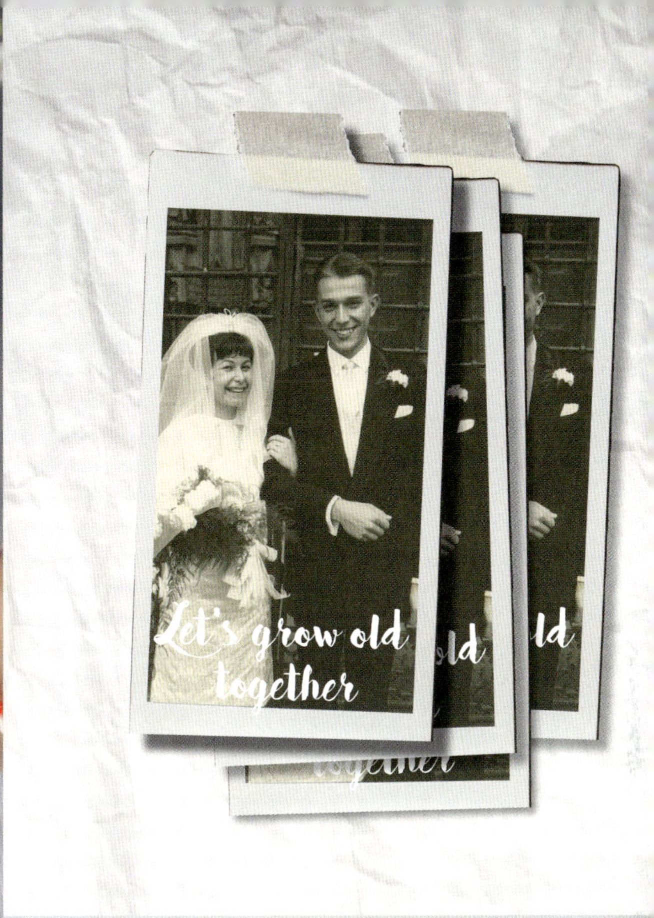

GIVE-AWAYS

Auch wer den Hochzeitsstrauß nicht aufgefangen hat, soll nicht mit leeren Händen nach Hause gehen müssen. Ein selbst gestaltetes Give-away ist dafür die perfekte Idee.

- Papiertüten mit Inhalt
- Süßigkeiten
- Blumenstrauß
  usw.

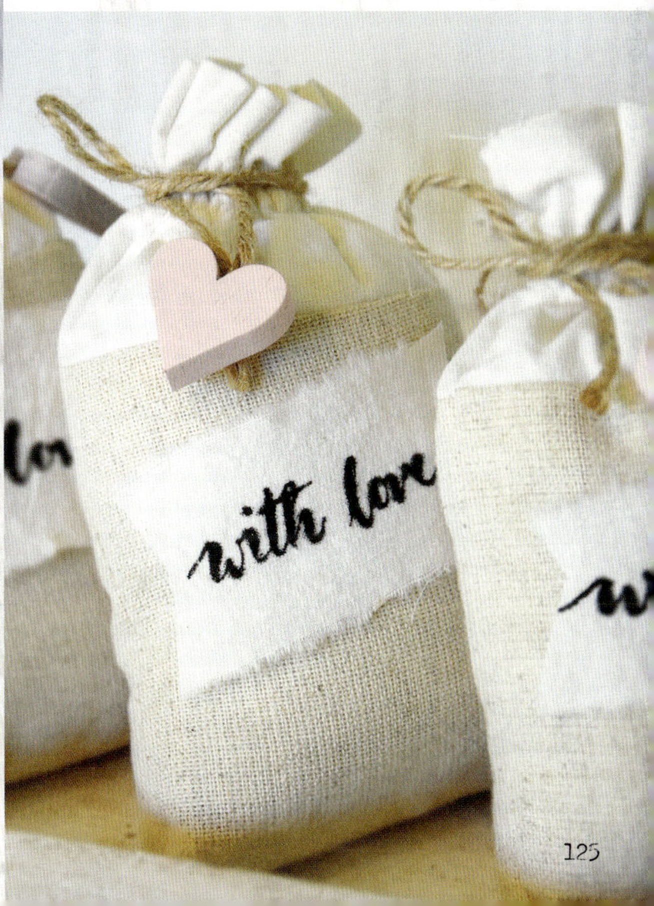

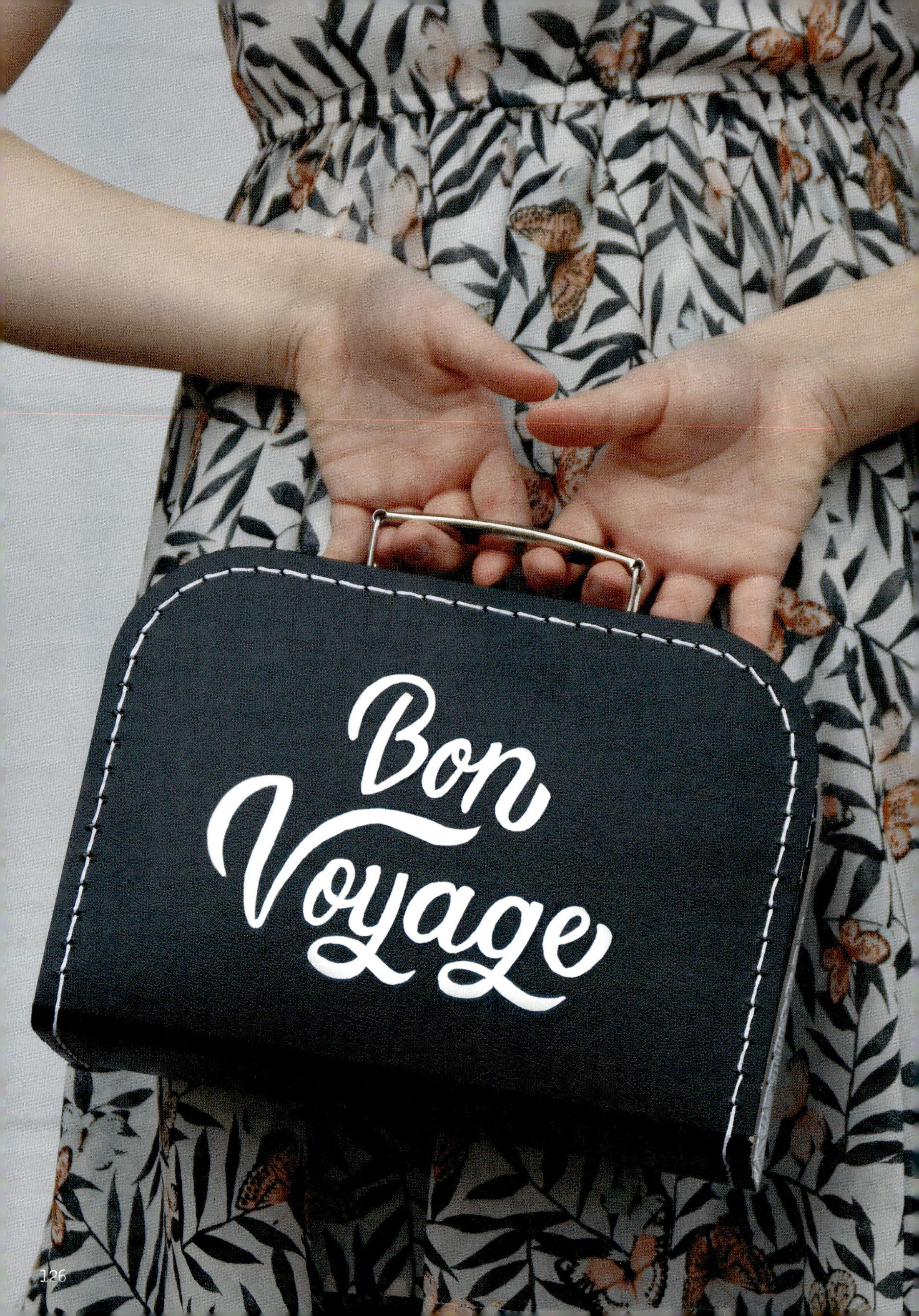
Bon
Voyage

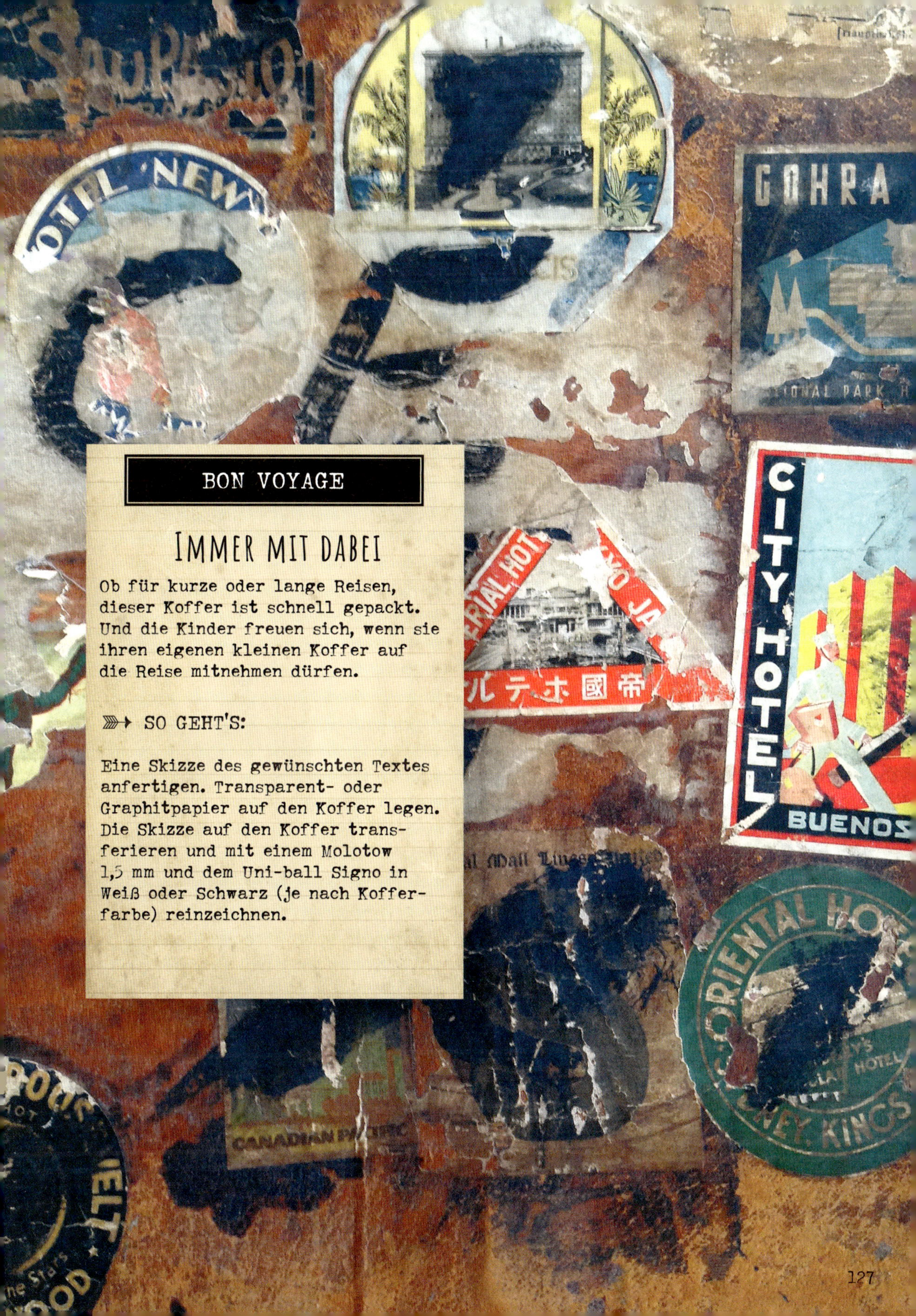

BON VOYAGE

Immer mit dabei

Ob für kurze oder lange Reisen, dieser Koffer ist schnell gepackt. Und die Kinder freuen sich, wenn sie ihren eigenen kleinen Koffer auf die Reise mitnehmen dürfen.

SO GEHT'S:

Eine Skizze des gewünschten Textes anfertigen. Transparent- oder Graphitpapier auf den Koffer legen. Die Skizze auf den Koffer transferieren und mit einem Molotow 1,5 mm und dem Uni-ball Signo in Weiß oder Schwarz (je nach Kofferfarbe) reinzeichnen.

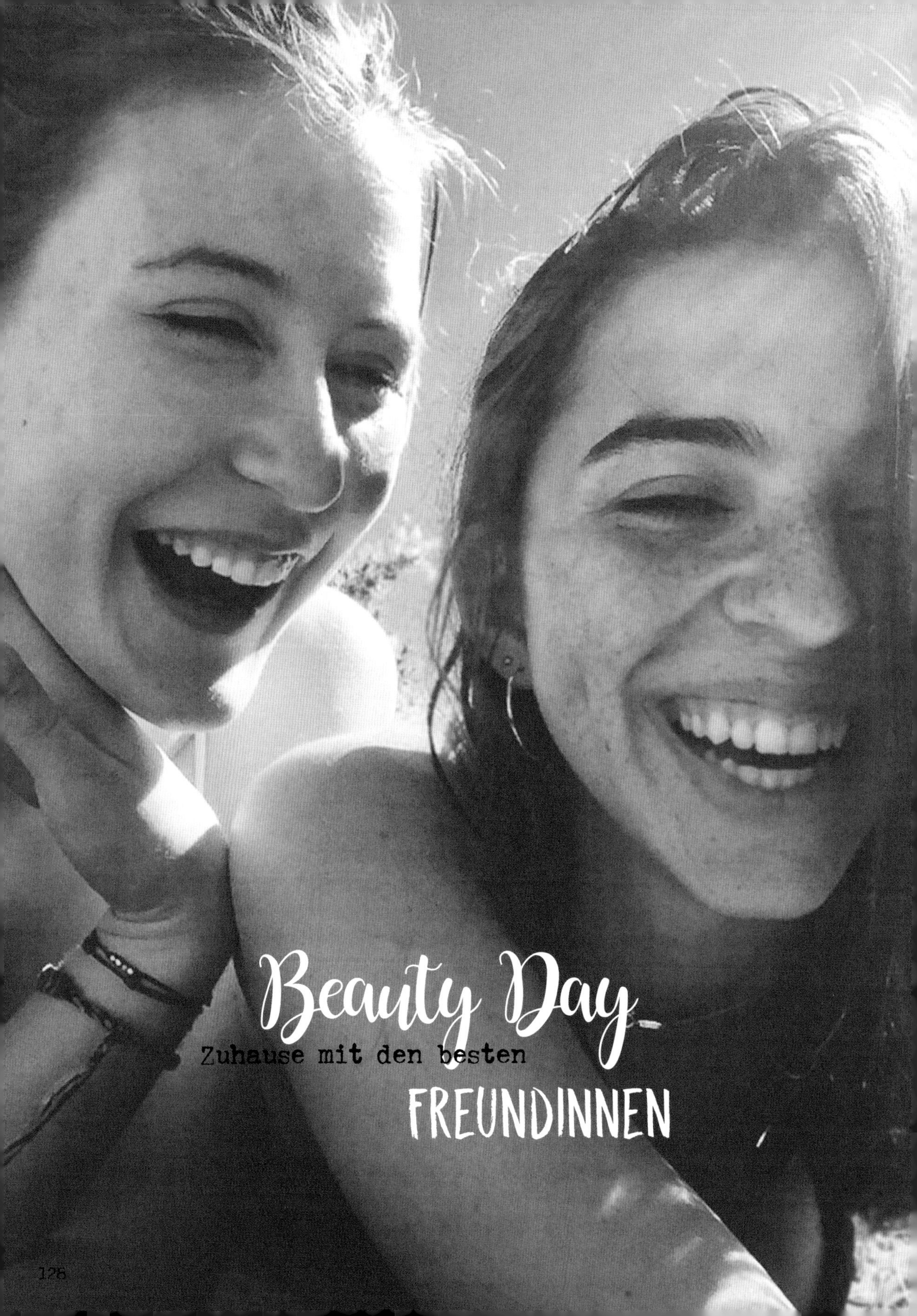

Beauty Day

Zuhause mit den besten FREUNDINNEN

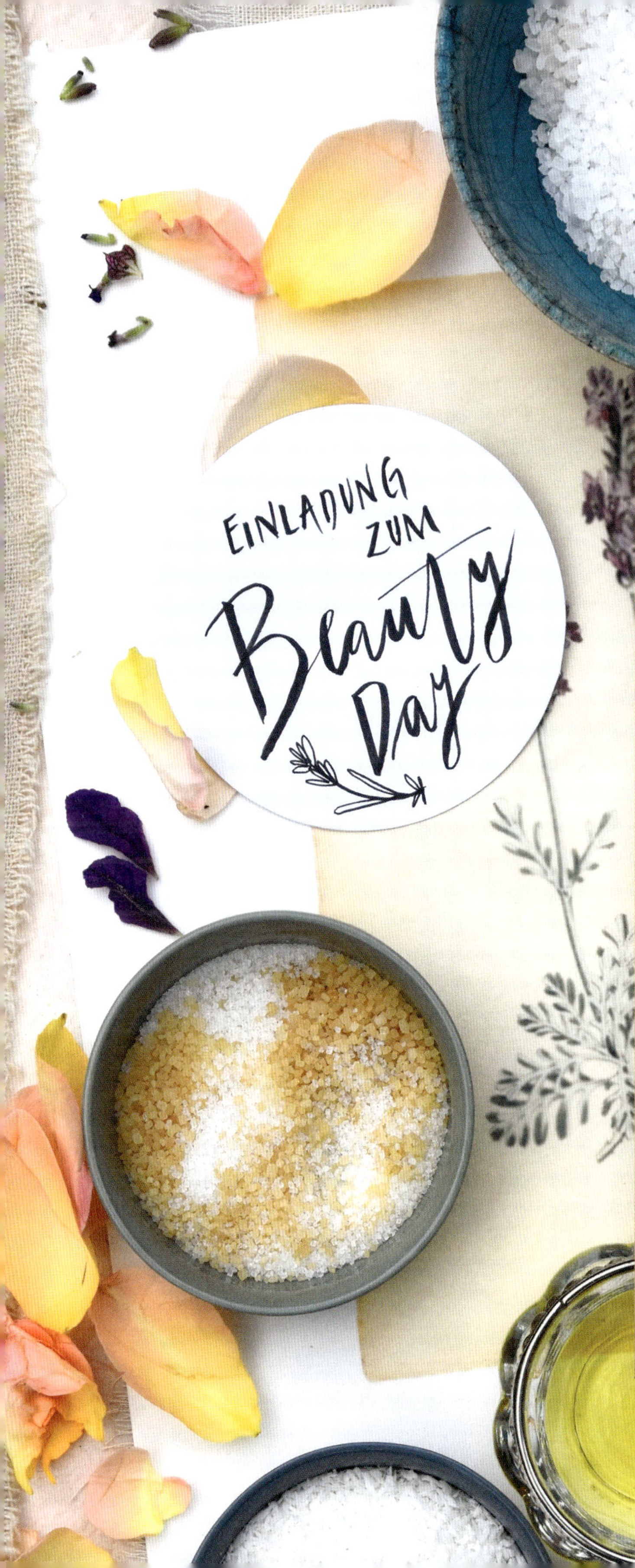

Beauty Day
MIT SELBST GEMACHTEN BEAUTYPRODUKTEN

Was gibt es Schöneres, als einen Tag mit den besten Freundinnen zu verbringen? Um dabei Körper und Geist zu verwöhnen, braucht es weder ein luxuriöses Wellnesshotel noch teure Treatments. Ein entspanntes Verwöhnprogramm zu Hause mit selbst gemachten Beautyprodukten, feinen Häppchen und einem erfrischenden Cocktail machen solche Momente einzigartig. Damit die Entspannung auch nach der Party nicht zu kurz kommt, bekommen alle Freundinnen ein »homemade« Beautypaket mit auf den Weg nach Hause. Auf den folgenden Seiten stelle ich meine drei Lieblingsprodukte mit Verpackung und Anleitung vor.
Girls, let's have fun.

Für die selbst gemachten Beautyprodukte empfehle ich, immer biologische Produkte zu verwenden.

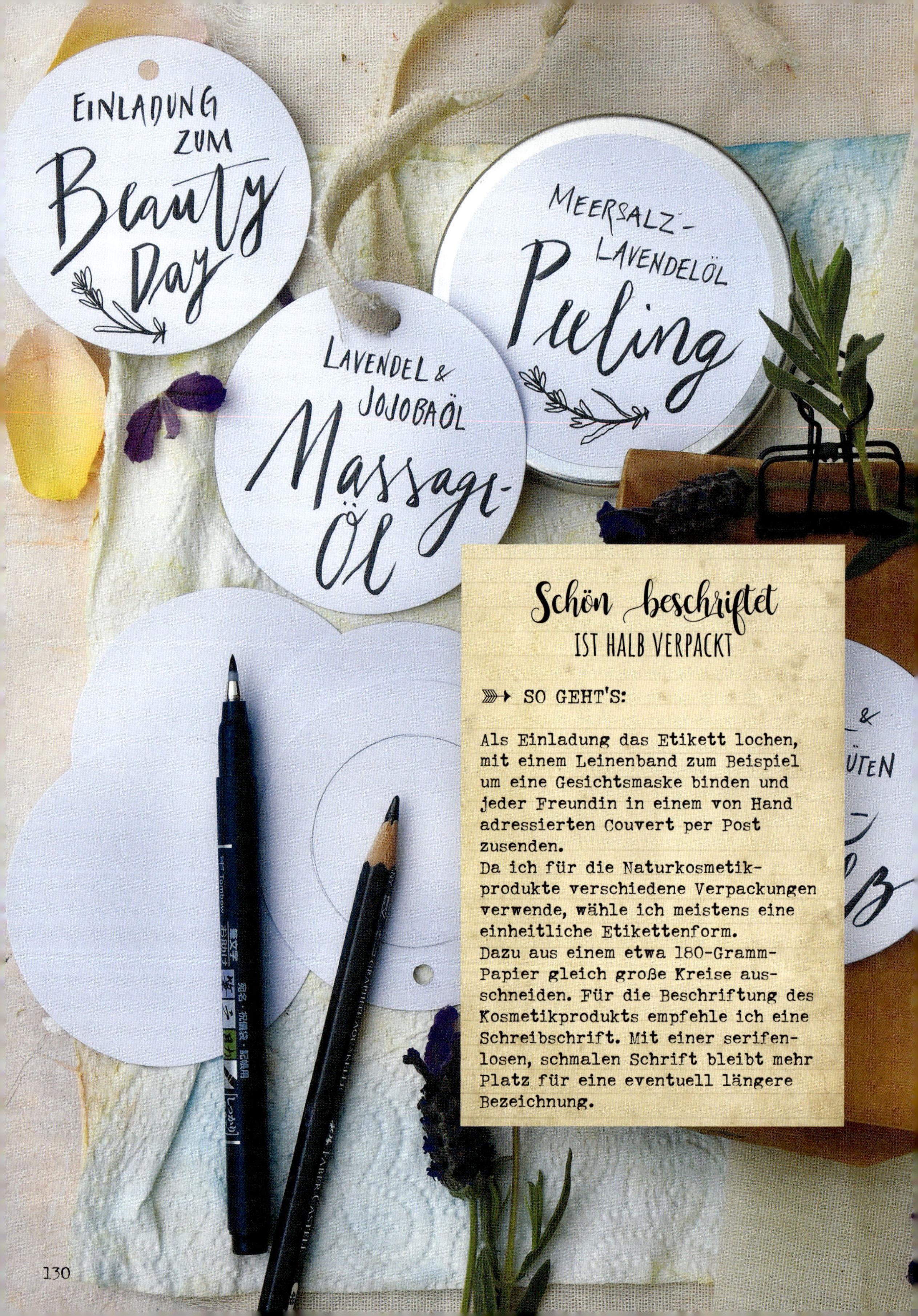

Schön beschriftet
IST HALB VERPACKT

➳ SO GEHT'S:

Als Einladung das Etikett lochen, mit einem Leinenband zum Beispiel um eine Gesichtsmaske binden und jeder Freundin in einem von Hand adressierten Couvert per Post zusenden.
Da ich für die Naturkosmetikprodukte verschiedene Verpackungen verwende, wähle ich meistens eine einheitliche Etikettenform.
Dazu aus einem etwa 180-Gramm-Papier gleich große Kreise ausschneiden. Für die Beschriftung des Kosmetikprodukts empfehle ich eine Schreibschrift. Mit einer serifenlosen, schmalen Schrift bleibt mehr Platz für eine eventuell längere Bezeichnung.

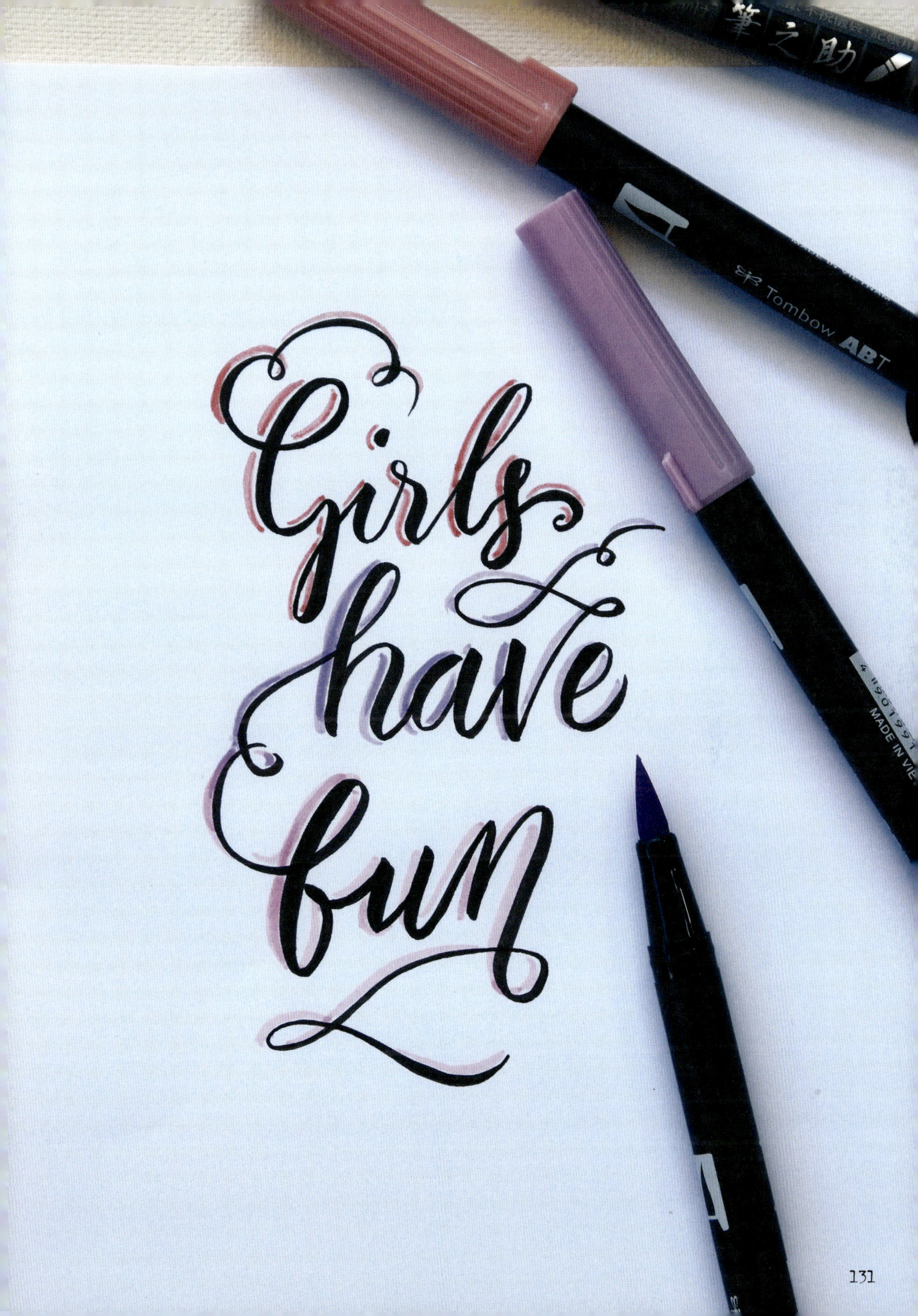
Girls have fun
Tombow ABT
MADE IN VIE
筆之助

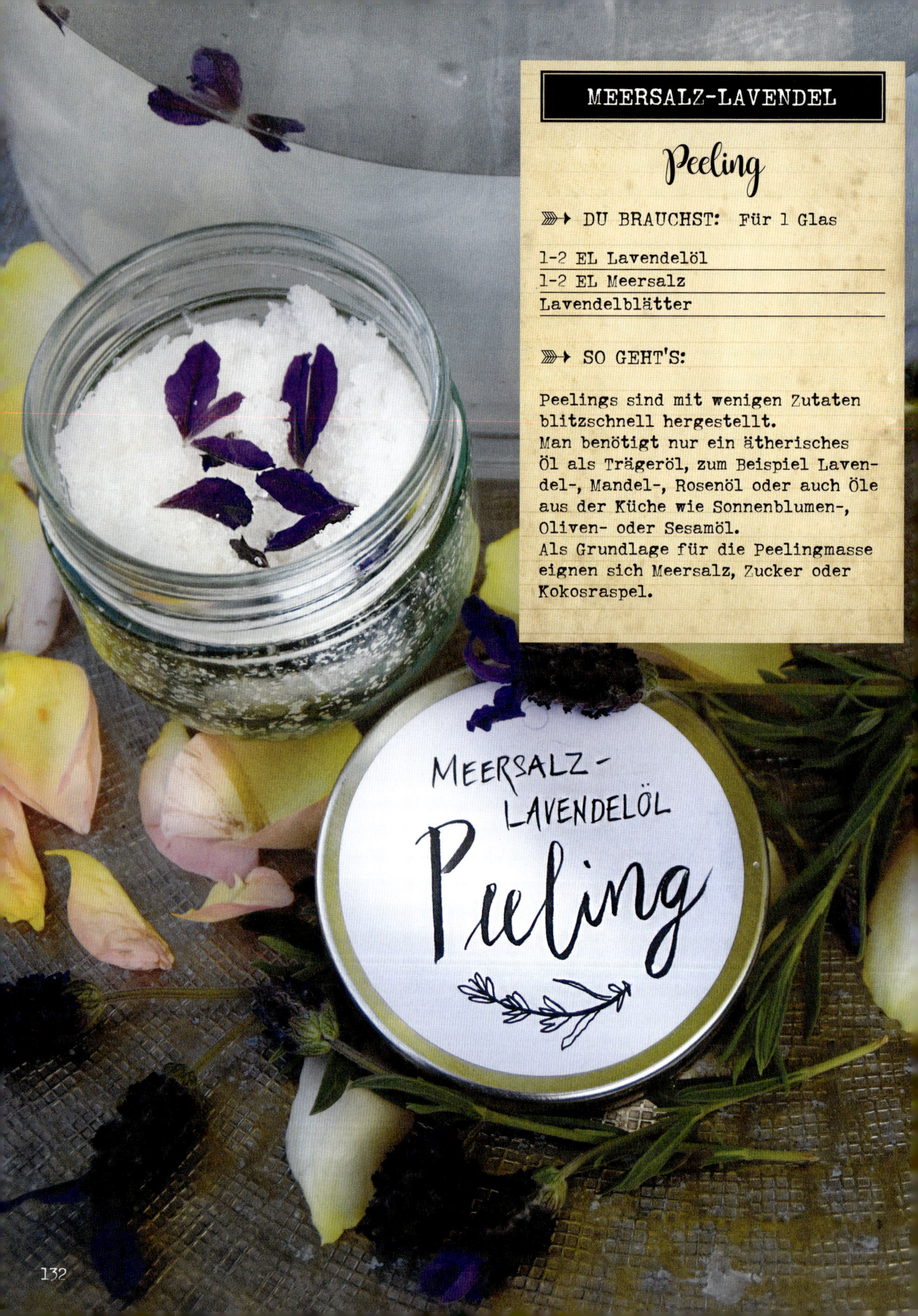

MEERSALZ-LAVENDEL

Peeling

DU BRAUCHST: Für 1 Glas

- 1-2 EL Lavendelöl
- 1-2 EL Meersalz
- Lavendelblätter

SO GEHT'S:

Peelings sind mit wenigen Zutaten blitzschnell hergestellt.
Man benötigt nur ein ätherisches Öl als Trägeröl, zum Beispiel Lavendel-, Mandel-, Rosenöl oder auch Öle aus der Küche wie Sonnenblumen-, Oliven- oder Sesamöl.
Als Grundlage für die Peelingmasse eignen sich Meersalz, Zucker oder Kokosraspel.

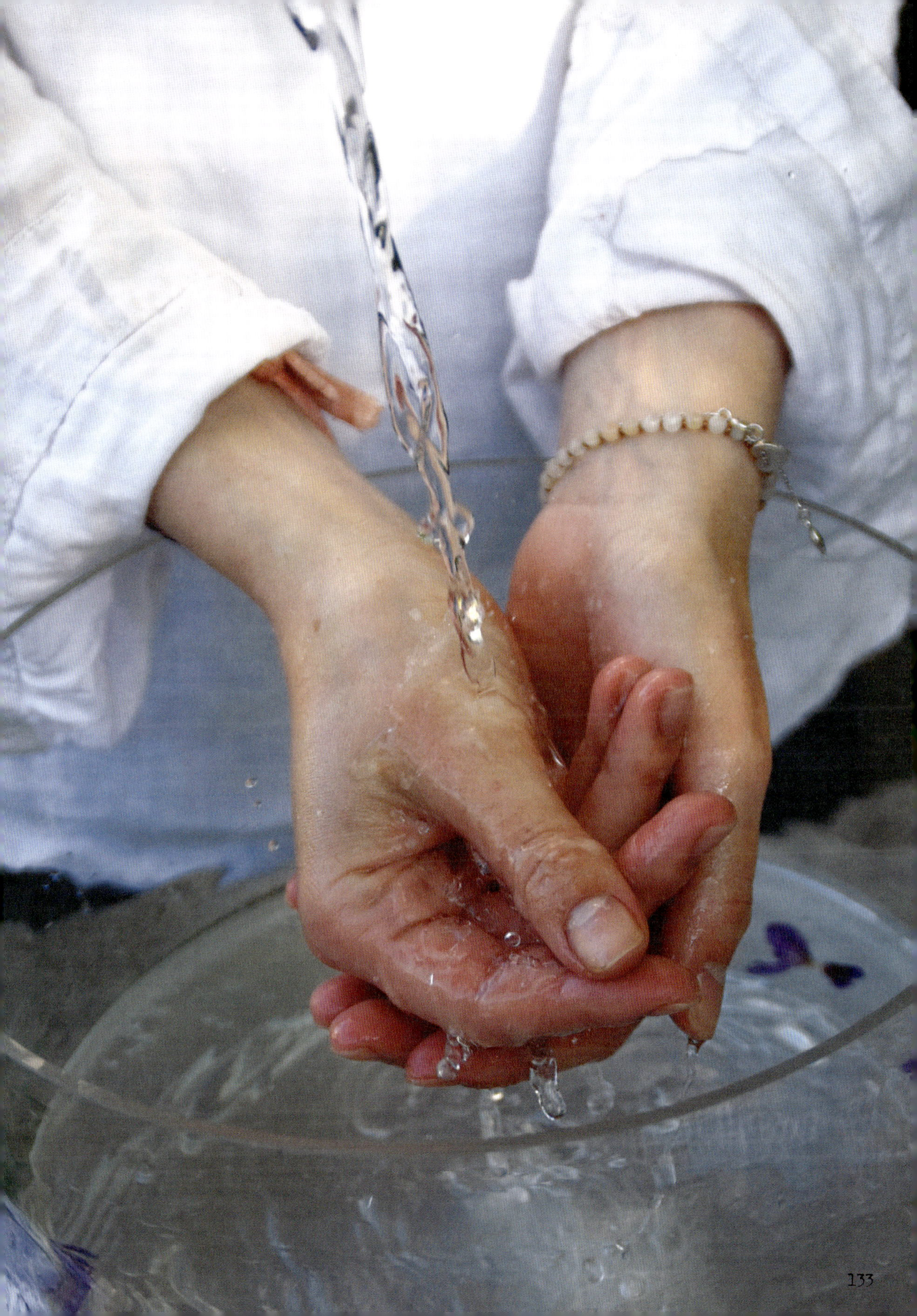

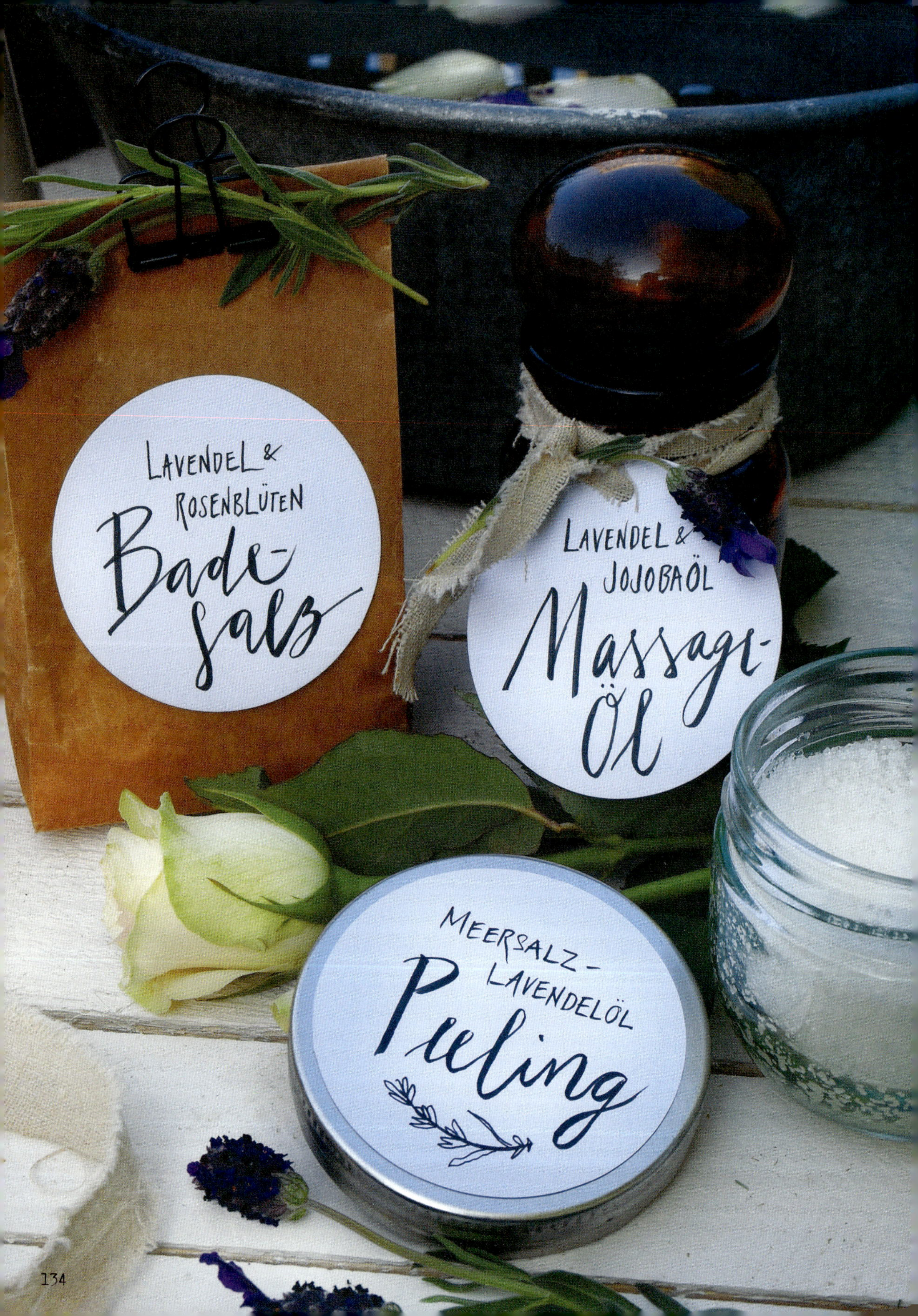
LAVENDEL &
ROSENBLÜTEN
Bade-
salz
LAVENDEL &
JOJOBAÖL
Massage-
Öl
MEERSALZ-
LAVENDELÖL
Peeling

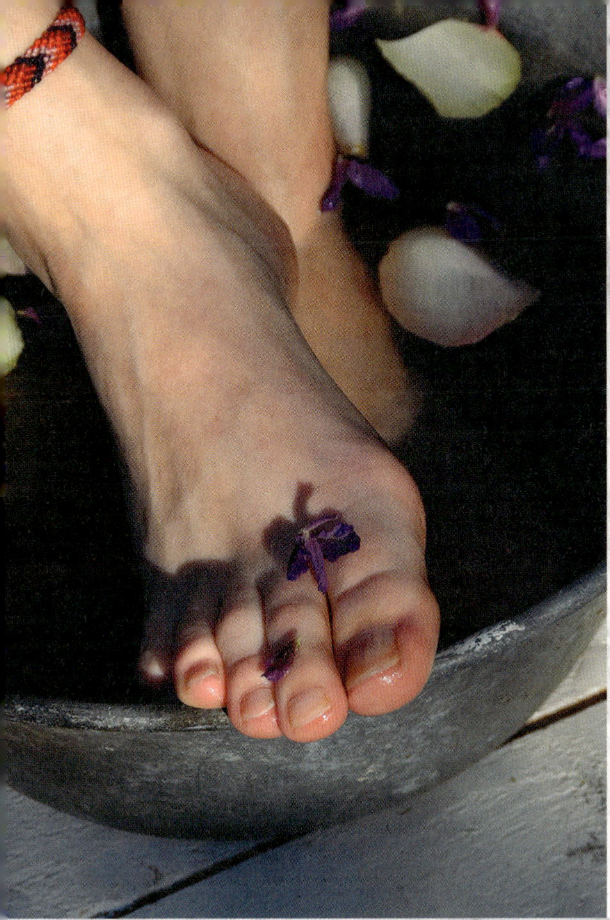

LAVENDEL-JOJOBA

Massageöl

➳ DU BRAUCHST: Für 100 ml

100 ml Jojobaöl
10-15 Tropfen Lavendelöl

➳ SO GEHT'S:

Das Basisöl in eine dunkle Flasche geben und das ätherische Öl einträufeln. Die Flasche fest verschließen und kräftig schütteln, damit sich die Zutaten gleichmäßig verteilen. Wie bei anderen Ölen empfiehlt es sich, das Massageöl dunkel zu lagern. Die Haltbarkeit beträgt in der Regel mehrere Monate.

LAVENDEL-ROSENBLÜTEN

Badesalz

➳ DU BRAUCHST: Für 100 g

Einige Lavendel- und Rosenblüten in Bioqualität (ungespritzt)
100 g Meersalz, Himalajasalz oder eine Mischung davon

➳ SO GEHT'S:

Die Blüten zerkleinern und mit dem Salz gründlich mischen. In eine Tüte aus Wachspapier abfüllen.
Dieses Badesalz pflegt und entspannt Haut, Körper und Seele. Einige Tropfen ätherisches Öl wie Lavendel- oder Rosenöl sorgen für den entspannenden Duft.

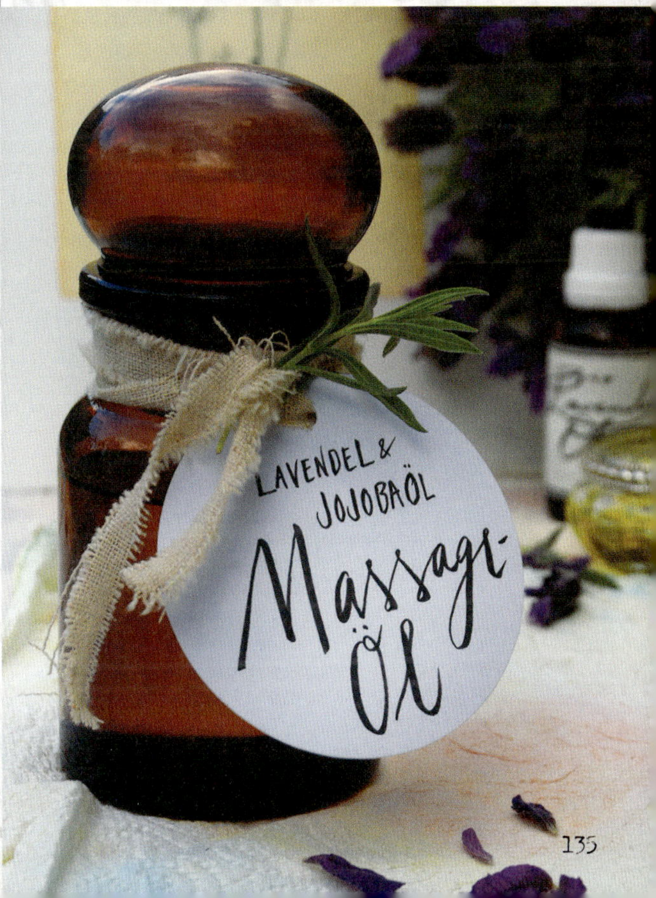

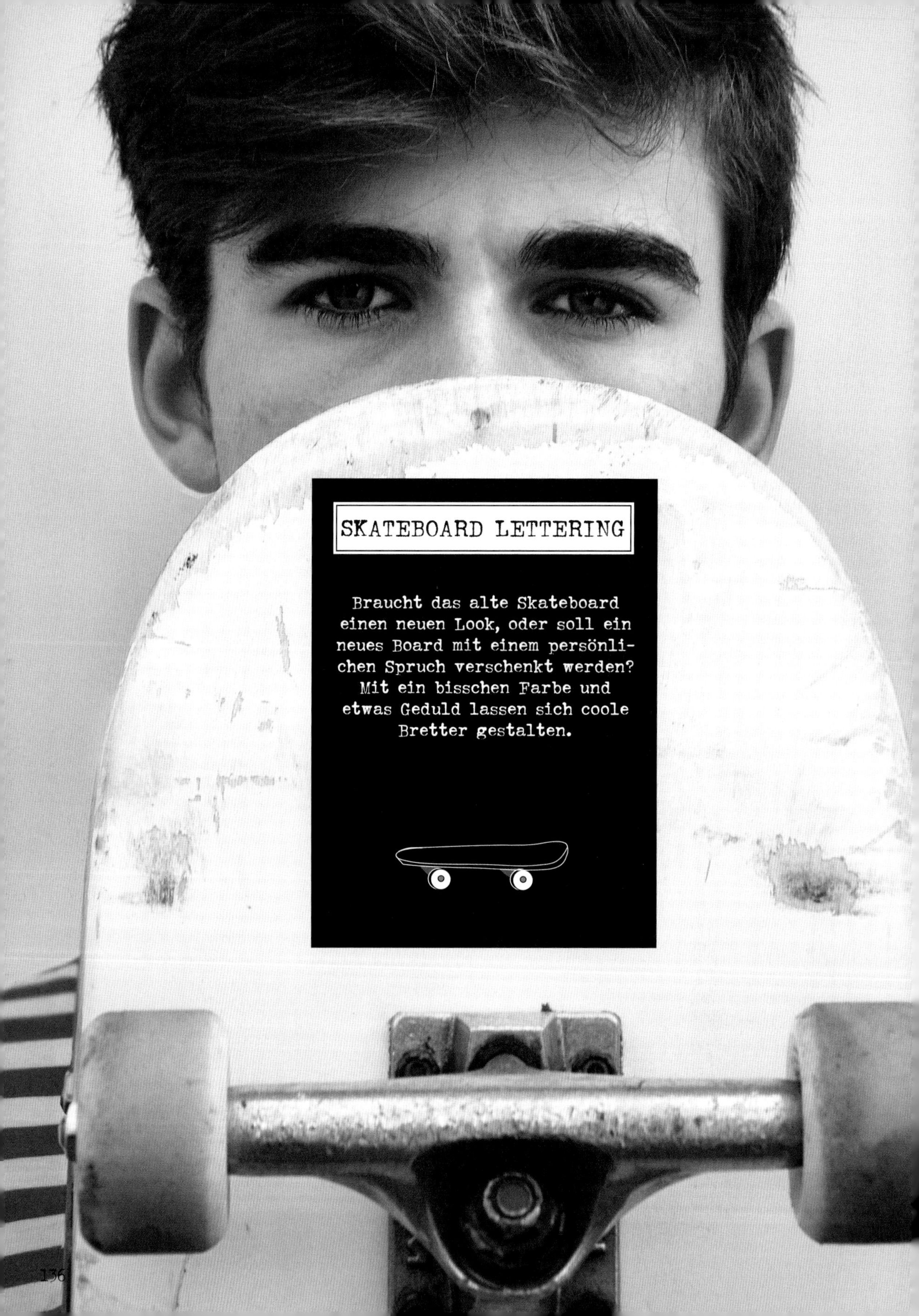

SKATEBOARD LETTERING

Braucht das alte Skateboard einen neuen Look, oder soll ein neues Board mit einem persönlichen Spruch verschenkt werden? Mit ein bisschen Farbe und etwas Geduld lassen sich coole Bretter gestalten.

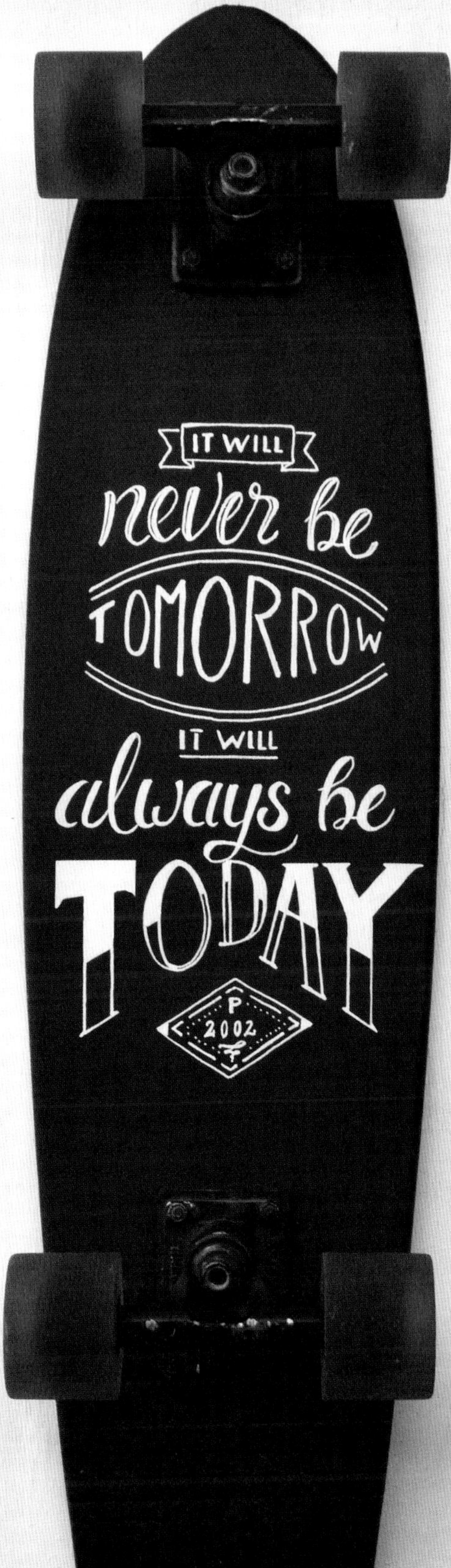
IT WILL
never be
TOMORROW
IT WILL
always be
TODAY
P
2002

SO GEHT'S ...

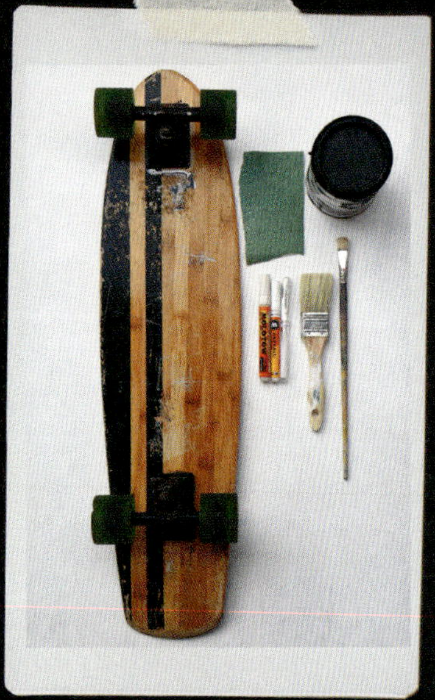

BENÖTIGT WERDEN:
Ein gebrauchtes oder neues Skateboard, Schleifpapier etwa Nr. 4, Grundierpinsel, schwarze Kreidefarbe oder Acryllack, Stifte: Molotow Signalweiß 1,5 und 4 mm, Uni-ball Signo Weiß

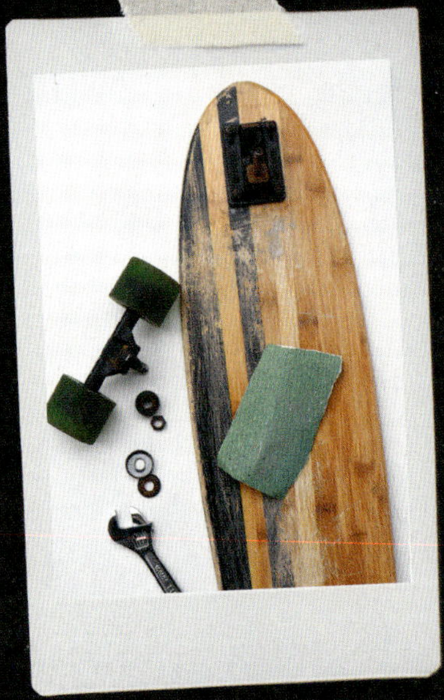

Bei einem gebrauchten Board die Räder abschrauben und die Oberfläche des Boards leicht anschleifen.

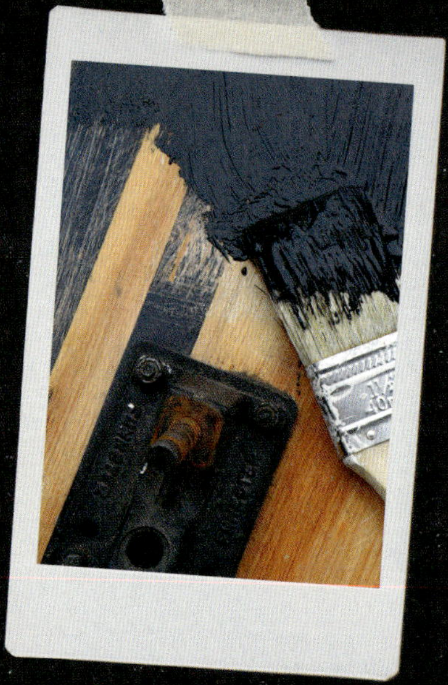

Die ganze Unterseite mit Kreidefarbe grundieren. Diesen Schritt für einen besseren Halt zweimal wiederholen.

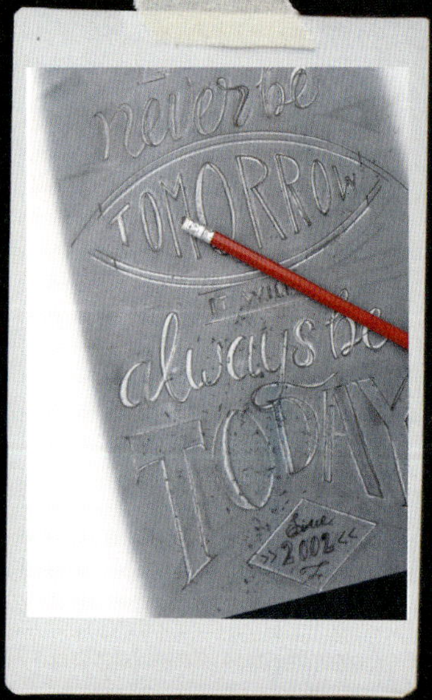

Den Schriftzug zuerst 1 : 1 auf Papier vorschreiben und das Schriftbild entwerfen. Dieses dann mit Bleistift auf ein Transparentpapier übertragen. Anschließend die Konturen auf der Rückseite mit einem weißen Kreidestift (Soft Pastell) nachfahren.

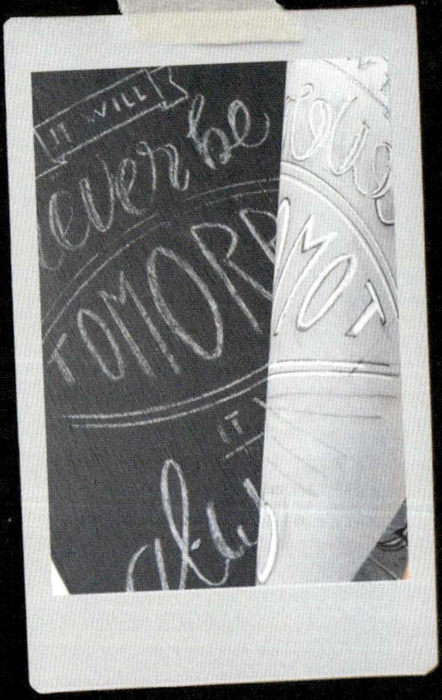

Die Transparentvorlage mit dem Text nach oben auf das Brett legen und die Konturen mit einem Bleistift oder einem harten Radiergummi abpausen. So wird das Schriftbild übertragen.

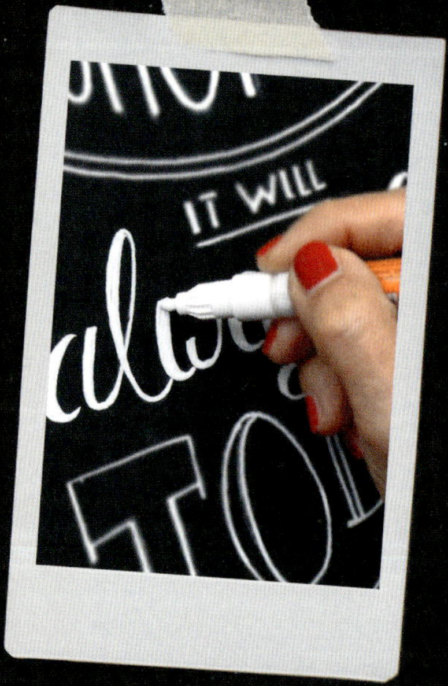

Nun kann man mit dem Uniball-Stift die Konturen der kleinen und mit dem Molotow 1,5 mm die der größeren Buchstaben nachfahren.
Um die Buchstabenflächen auszufüllen, wählt man je nach Schriftzug einen Stift passender Dicke. Zum Schluss wird alles mit einem Fixativspray lackiert.

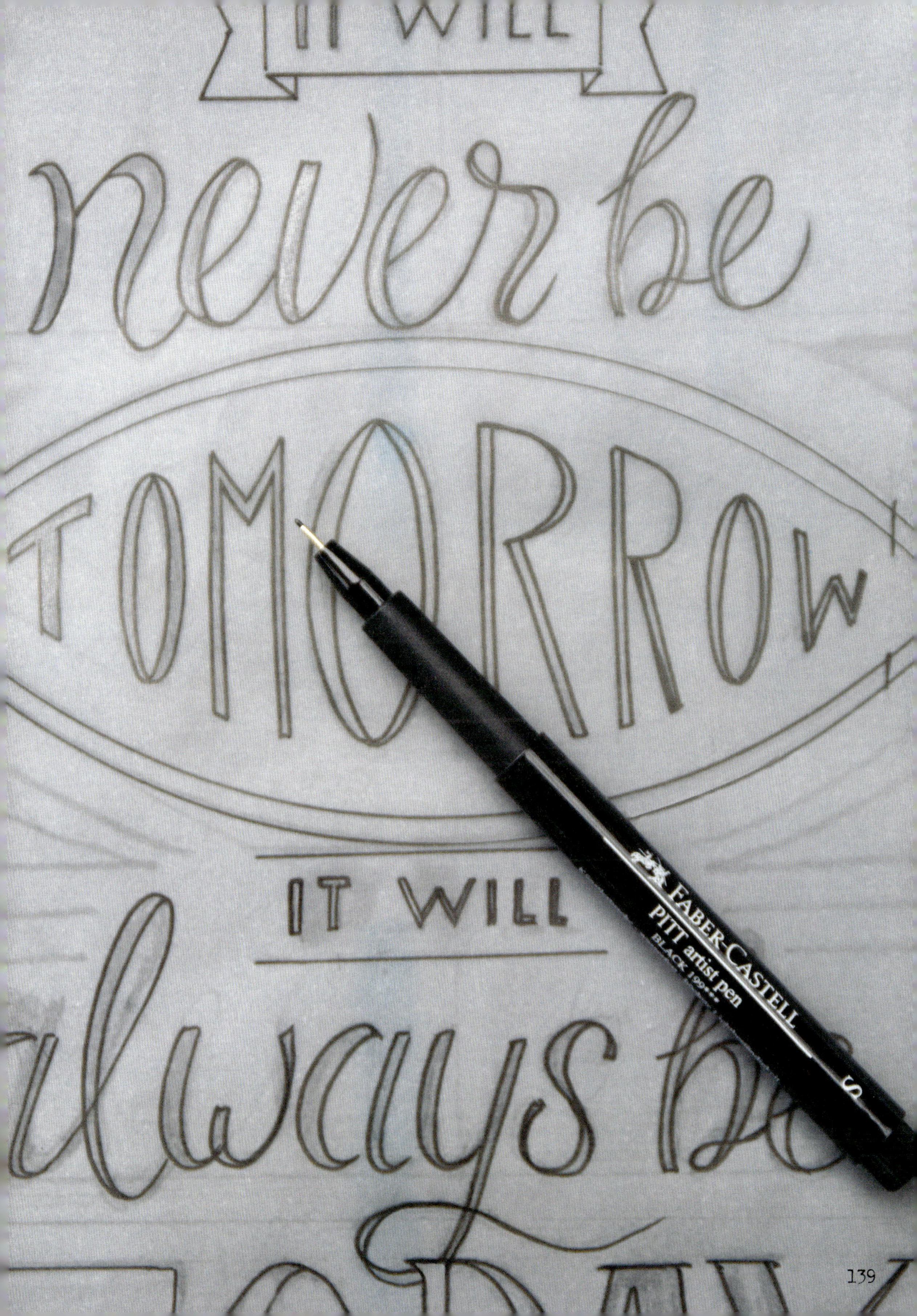
IT WILL
never be
TOMORROW
IT WILL
always be
FABER-CASTELL
PITT artist pen

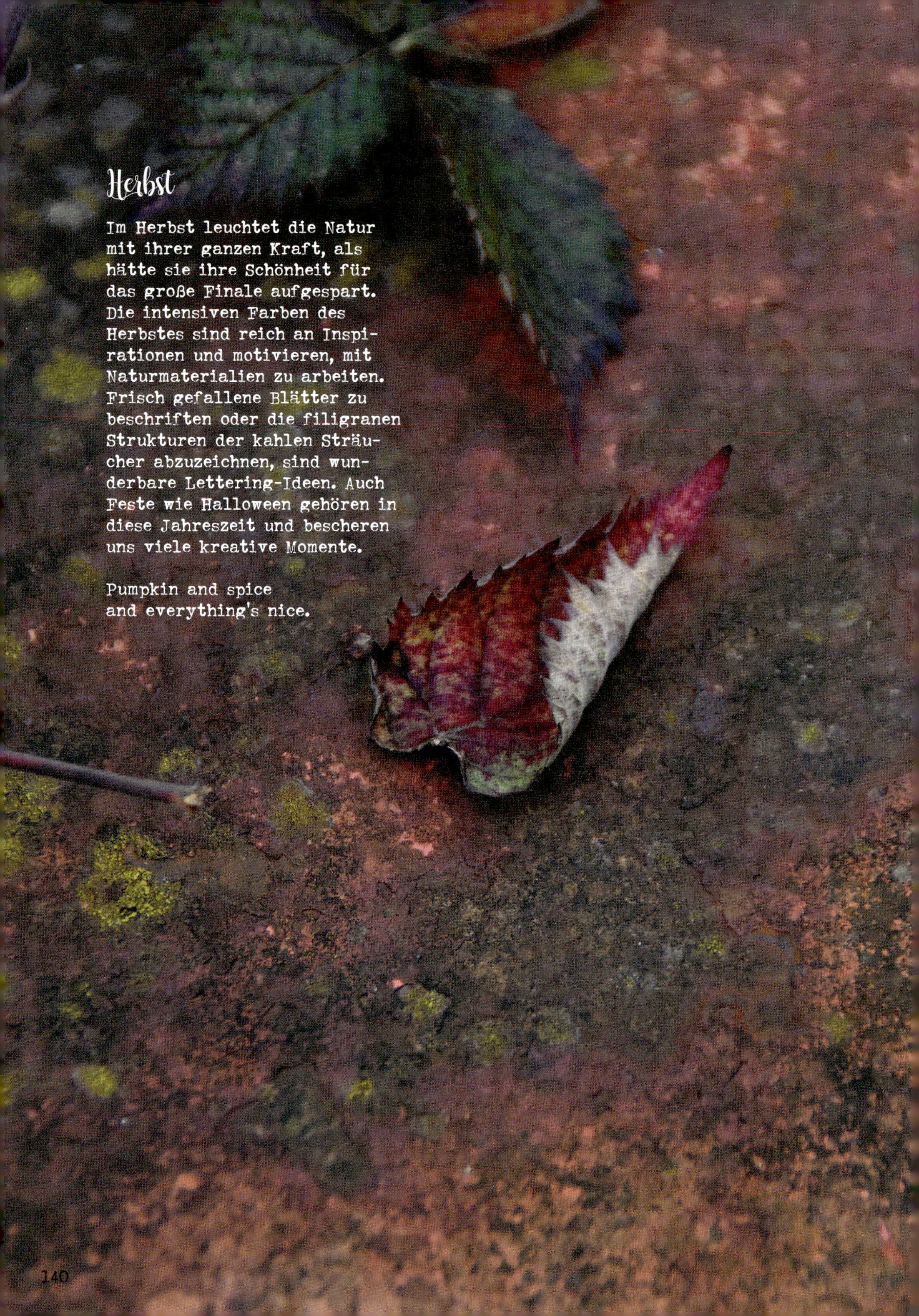

Herbst

Im Herbst leuchtet die Natur mit ihrer ganzen Kraft, als hätte sie ihre Schönheit für das große Finale aufgespart. Die intensiven Farben des Herbstes sind reich an Inspirationen und motivieren, mit Naturmaterialien zu arbeiten. Frisch gefallene Blätter zu beschriften oder die filigranen Strukturen der kahlen Sträucher abzuzeichnen, sind wunderbare Lettering-Ideen. Auch Feste wie Halloween gehören in diese Jahreszeit und bescheren uns viele kreative Momente.

Pumpkin and spice
and everything's nice.

Herbst-Projekte

HERBSTMOTIVE
HALLOWEEN
BROT UND SALZ
FÜRS BABY
LETTERING AUF TEXTILIEN

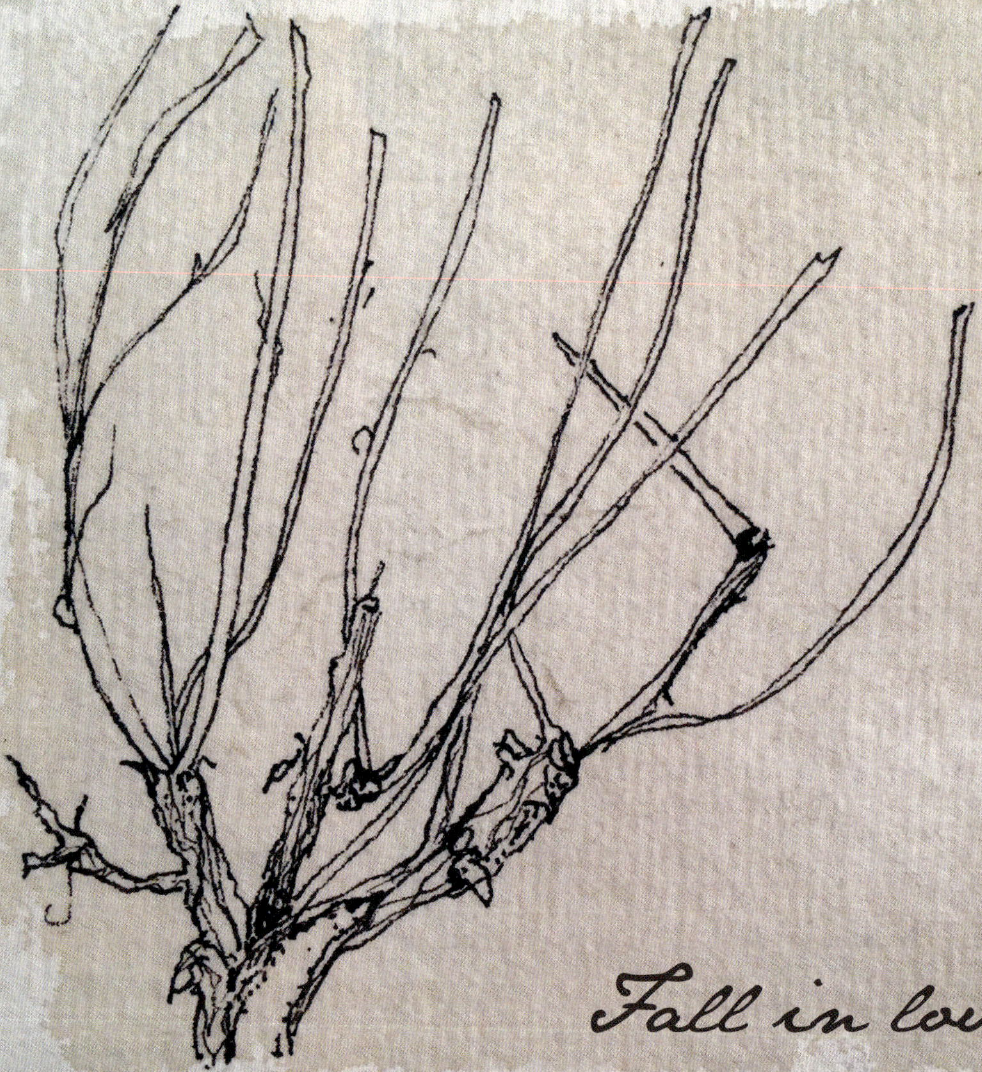

Fall in love

HERBSTMOTIVE

STRICHZEICHNUNGEN

Kahle Sträucher, getrocknete Pflanzen oder Beeren mit ihrer sinnlichen Schönheit und ihrer vergänglichen Anmut sind wunderbare Modelle für Strichzeichnungen. Zuerst grundieren wir dazu ein Aquarellpapier mit einer blassen Aquarellfarbe. Danach mit wenigen Strichen die Umrisse zeichnen. Wähle für den Text eine Schreibschrift, die sich für Faux Calligraphy eignet.

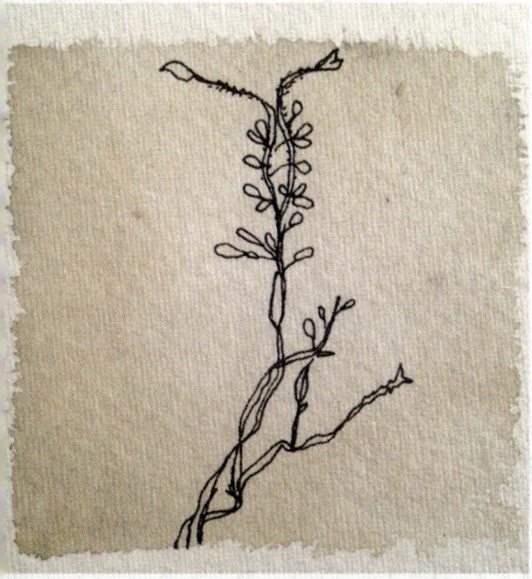

PFLANZEN-MEMORY

Gestalte dein eigenes Memory-Spiel. Dazu einfach die Zeichnungen mit den Pflanzennamen beschriften, doppelt auf festes Papier oder Halbkarton kopieren und ausschneiden. Schon hat man ein tolles selbst gemachtes Spiel für die ganze Familie. Ganz nebenbei lernt man dabei auch die verschiedenen Pflanzen kennen. In eine hübsche kleine Schachtel verpackt, ist dieses Memory ein schönes Geschenk für große und kleine Pflanzenliebhaber.

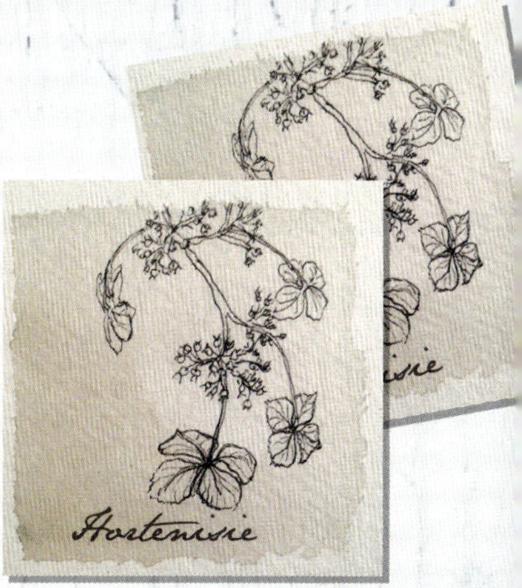

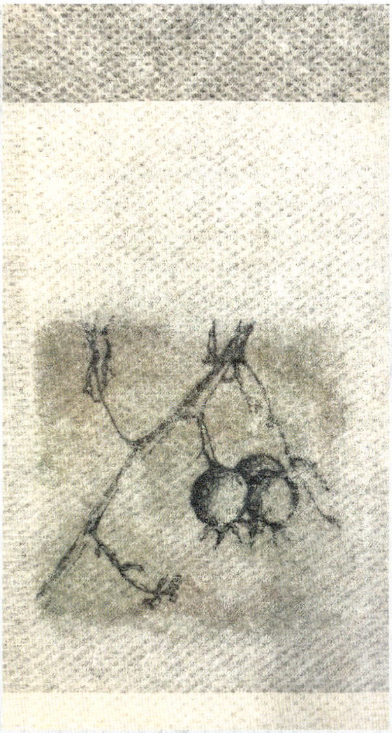

TEEFILTER VERZIEREN

Aus Einweg-Teefiltern aus Papier lassen sich ganz einfach duftende Lavendelsäckchen herstellen.

Wichtig: Wegen des Transferverfahrens mit Aceton nur zu Duftzwecken und nicht als Teebeutel verwenden!

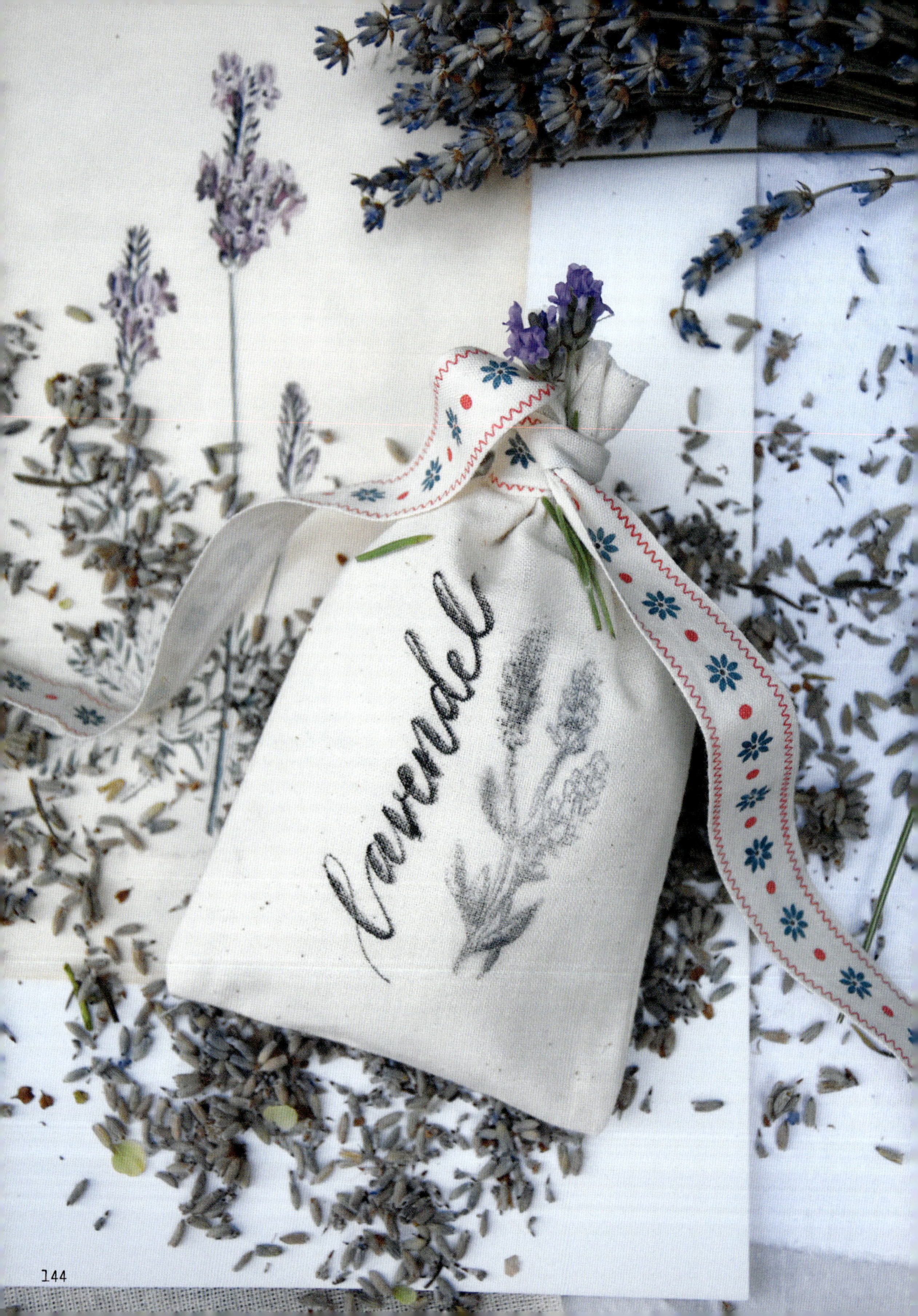
Lavendel

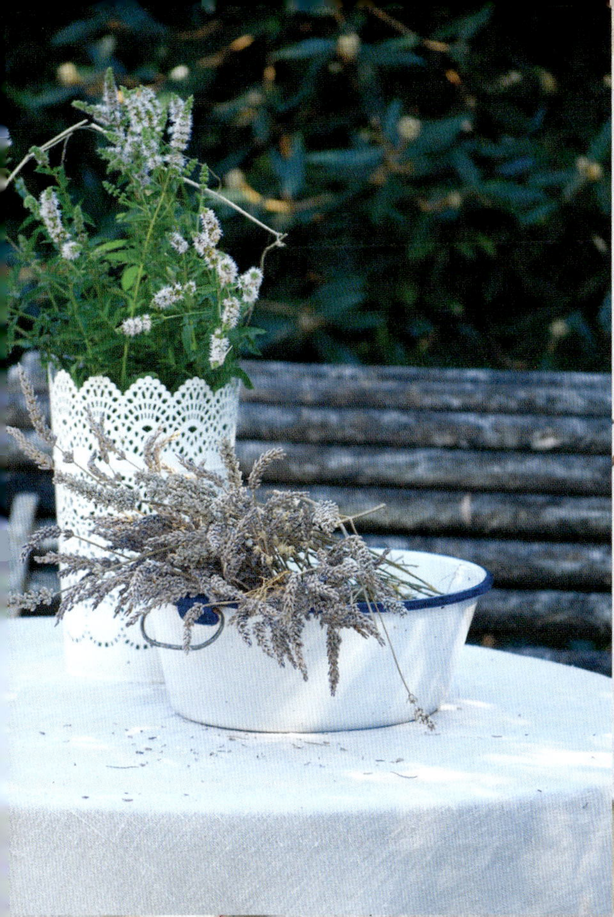

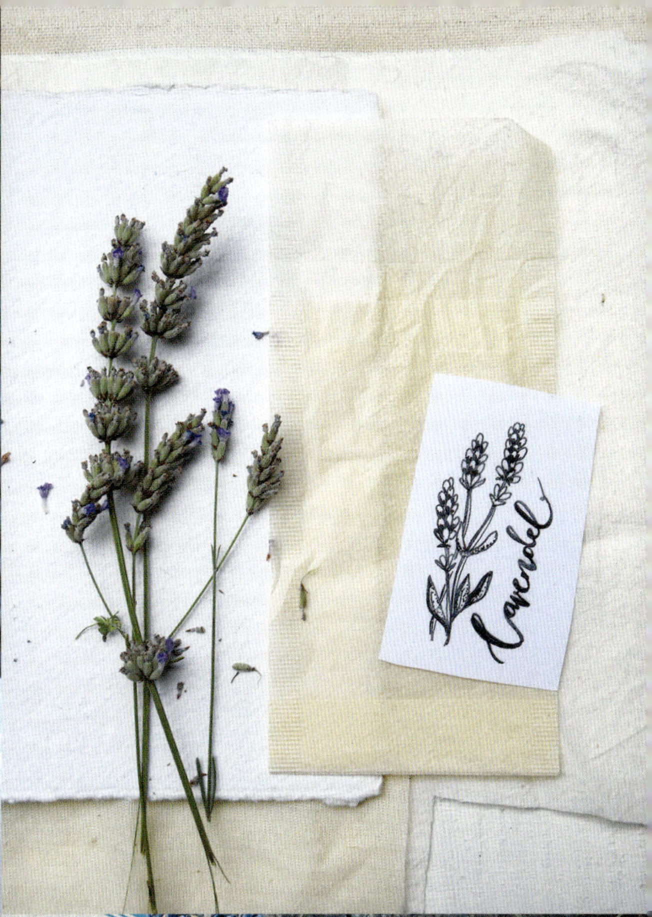

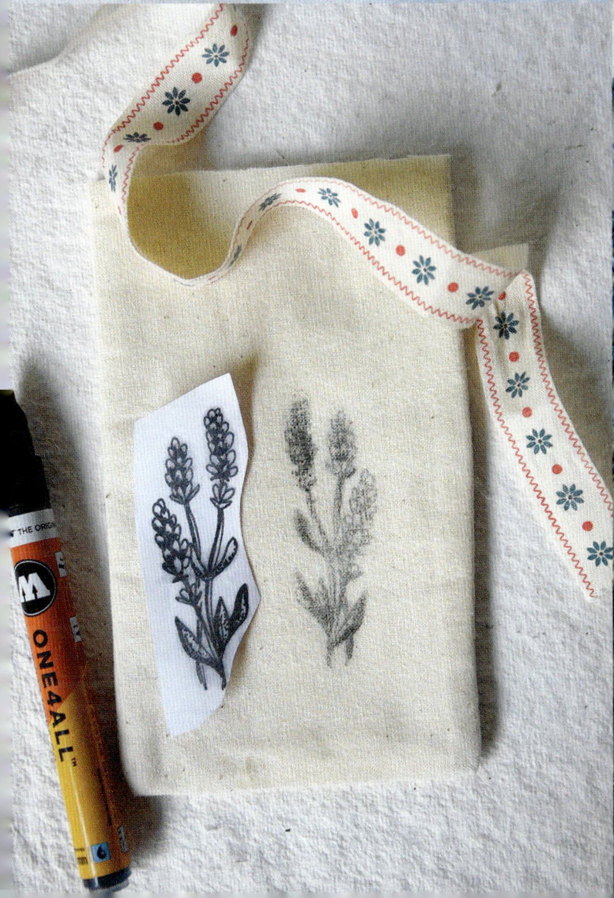

LAVENDELSÄCKCHEN

DU BRAUCHST:

- Getrockneter Lavendel
- Lavendelöl
- Laserkopie (seitenverkehrt)
- Teefilterpapier oder Stoffsäckchen
- Band oder schöne Schnur

SO GEHT'S:

Die Vorlage mit dem Aceton-Transferverfahren (Seite 58) auf das Teefilterpapier übertragen. Etwa 100 g getrocknete Lavendelblüten mit 1-2 Tropfen Lavendelöl mischen. Mit einem Löffel die Beutel mit der Lavendelmischung füllen und mit einem Band zubinden.
Das Säckchen mit einem Permanent Marker beschriften.

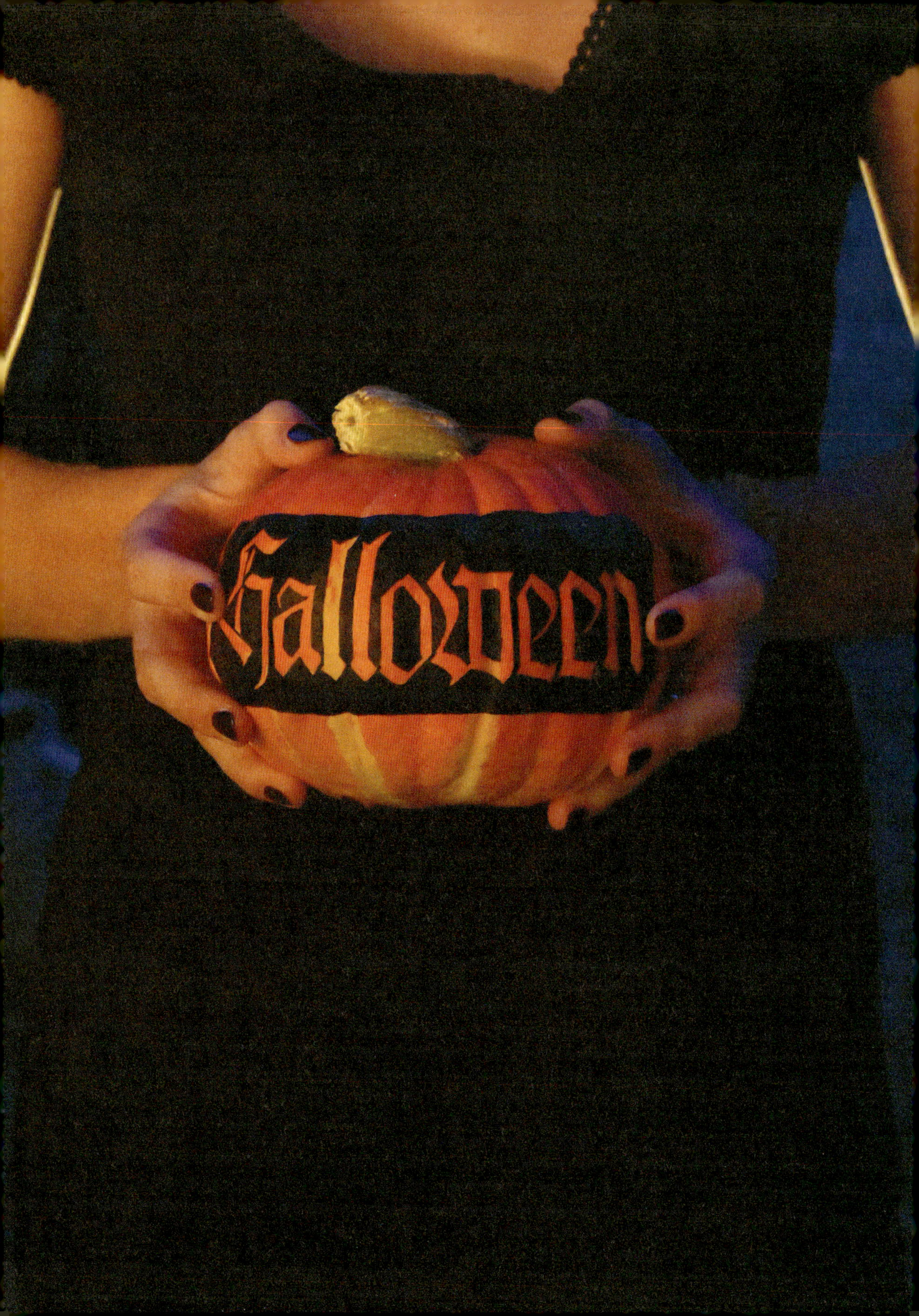
Halloween

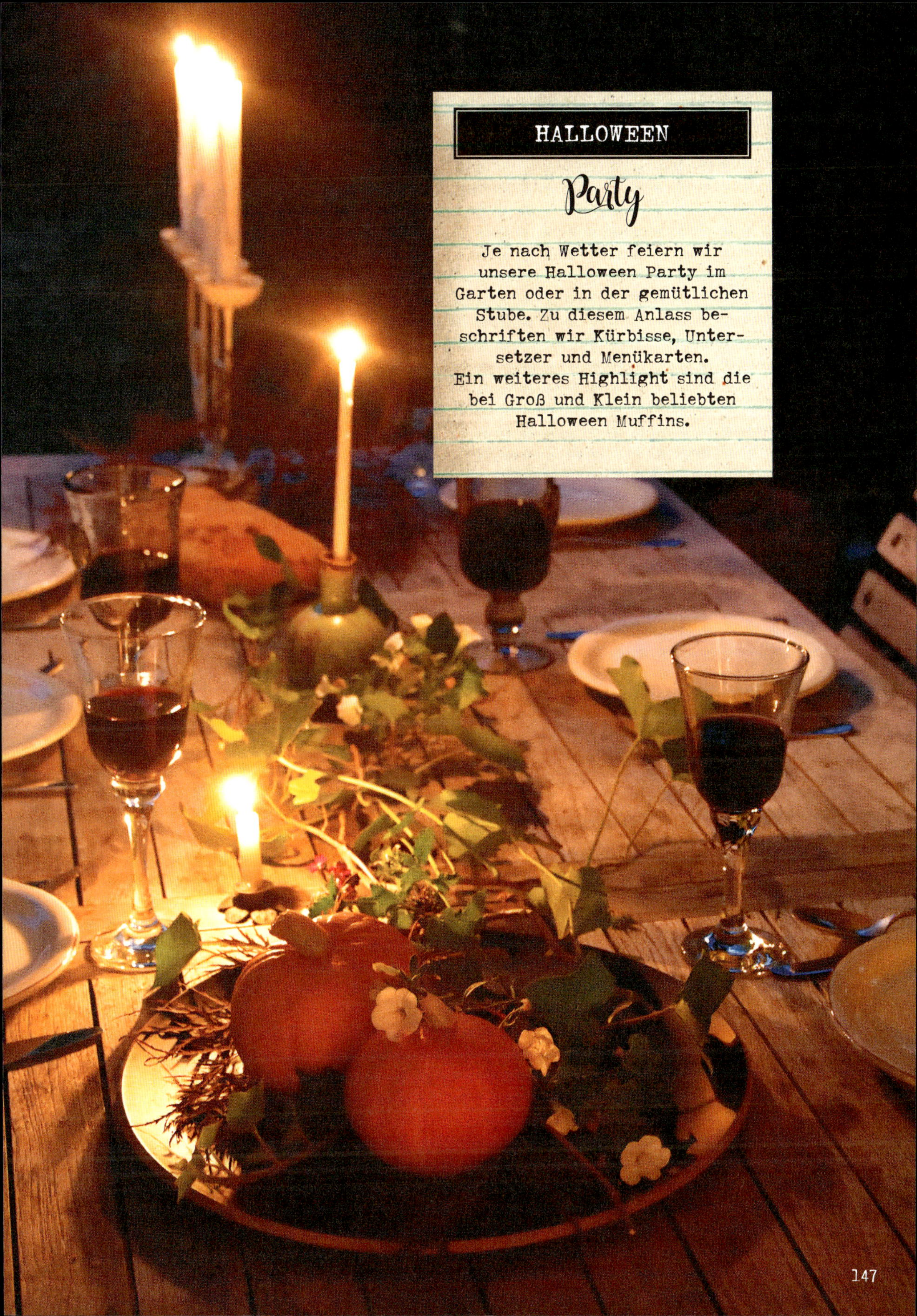

HALLOWEEN

Party

Je nach Wetter feiern wir unsere Halloween Party im Garten oder in der gemütlichen Stube. Zu diesem Anlass beschriften wir Kürbisse, Untersetzer und Menükarten.
Ein weiteres Highlight sind die bei Groß und Klein beliebten Halloween Muffins.

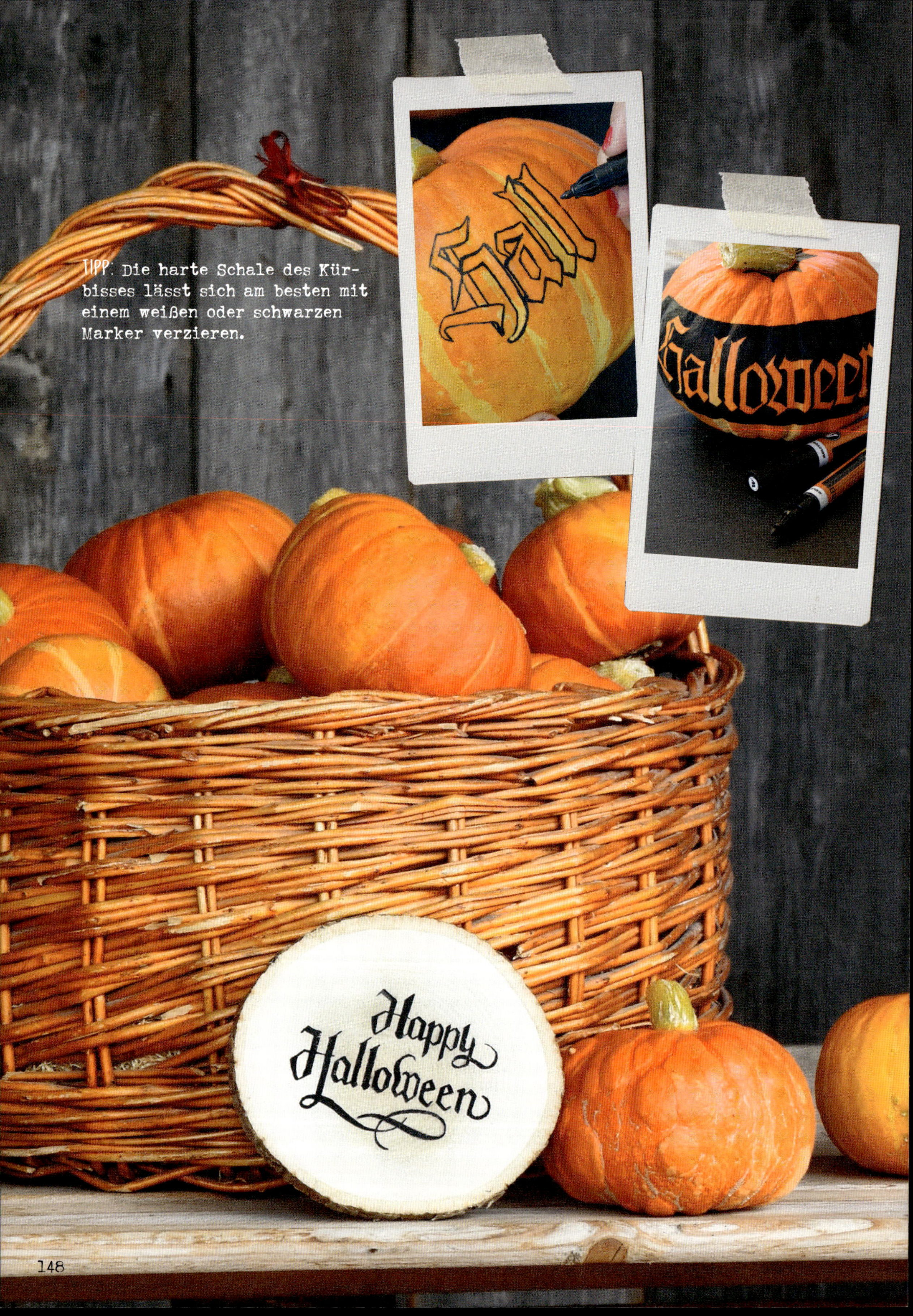

TIPP: Die harte Schale des Kürbisses lässt sich am besten mit einem weißen oder schwarzen Marker verzieren.

ASTSCHEIBEN

ALS UNTERSETZER

DU BRAUCHST:

Astscheiben
Tafelfarbe und Flachpinsel
Kreidemarker

SO GEHT'S:

Die Astscheiben mit Tafelfarbe vollflächig oder mit einem schmalen freien Rand zweimal grundieren. Mit Bleistift den Namen oder ein anderes Wort nach Wunsch auf der Scheibe schwach vorzeichnen, danach mit Kreidemarker nachfahren. Die Konturen mit dem Marker vorsichtig nachzeichnen.

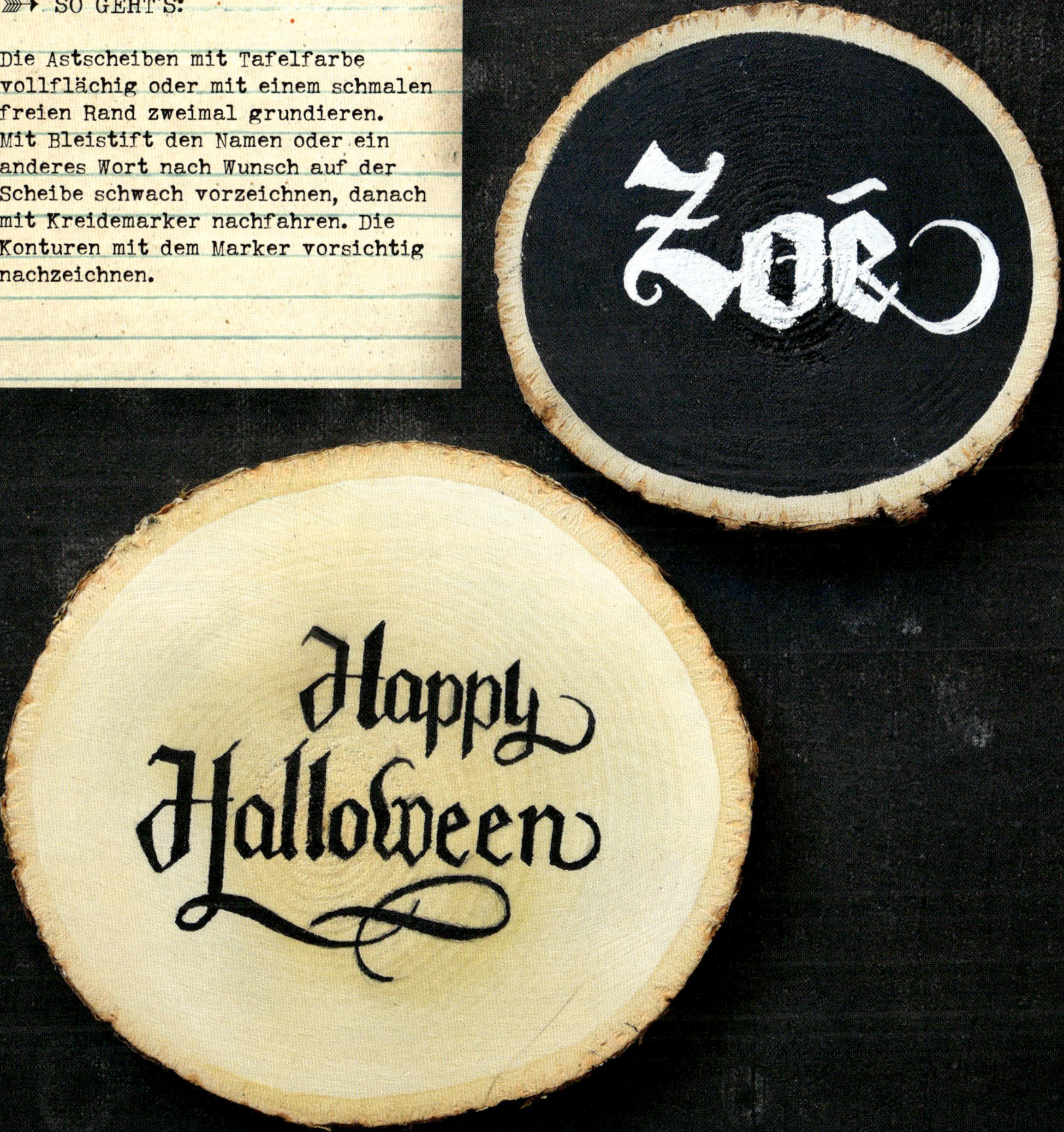

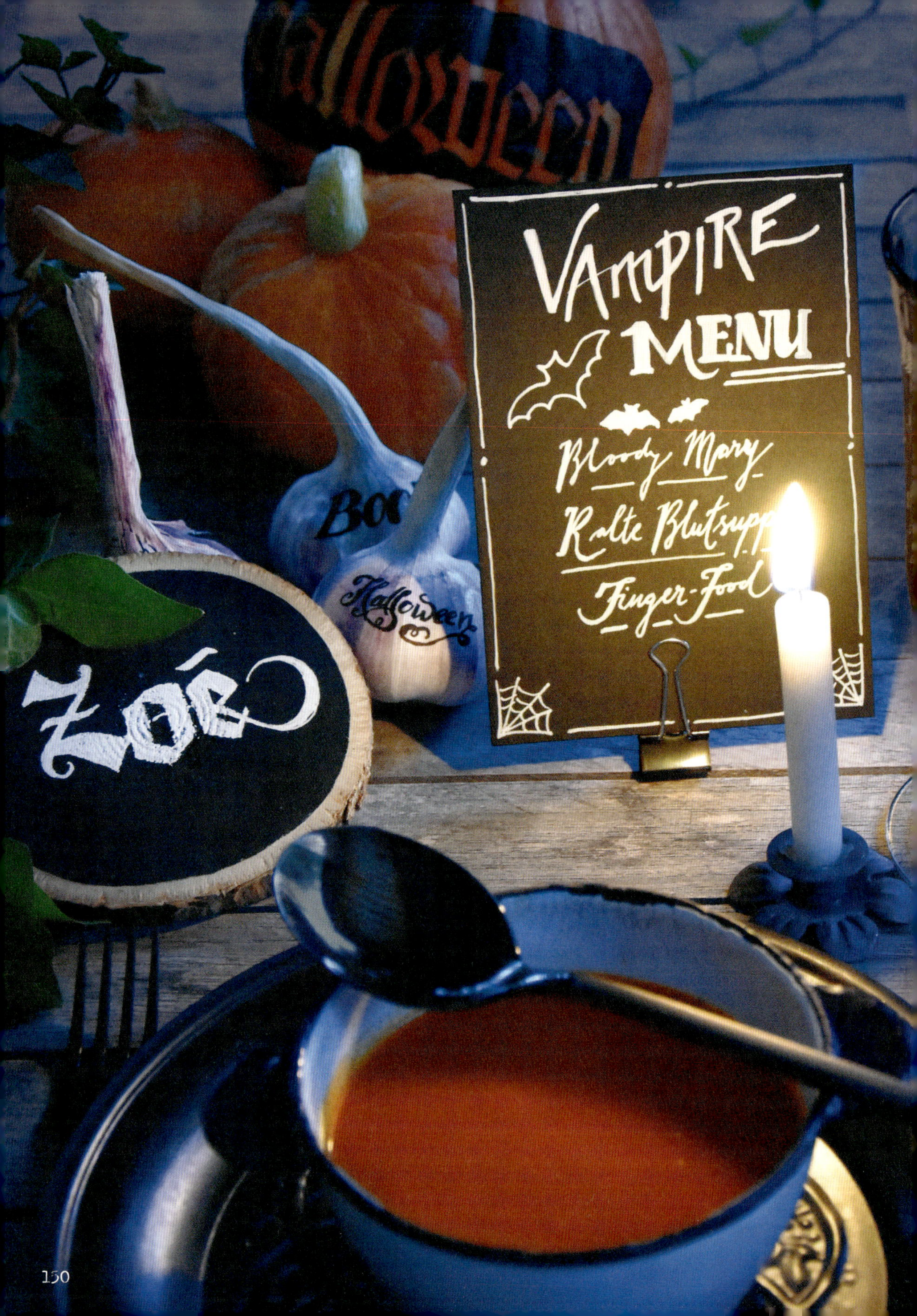

Vampire
Menu
Bloody Mary
Kalte Blutsupp
Finger-Food
Zoé
Boo
Halloween

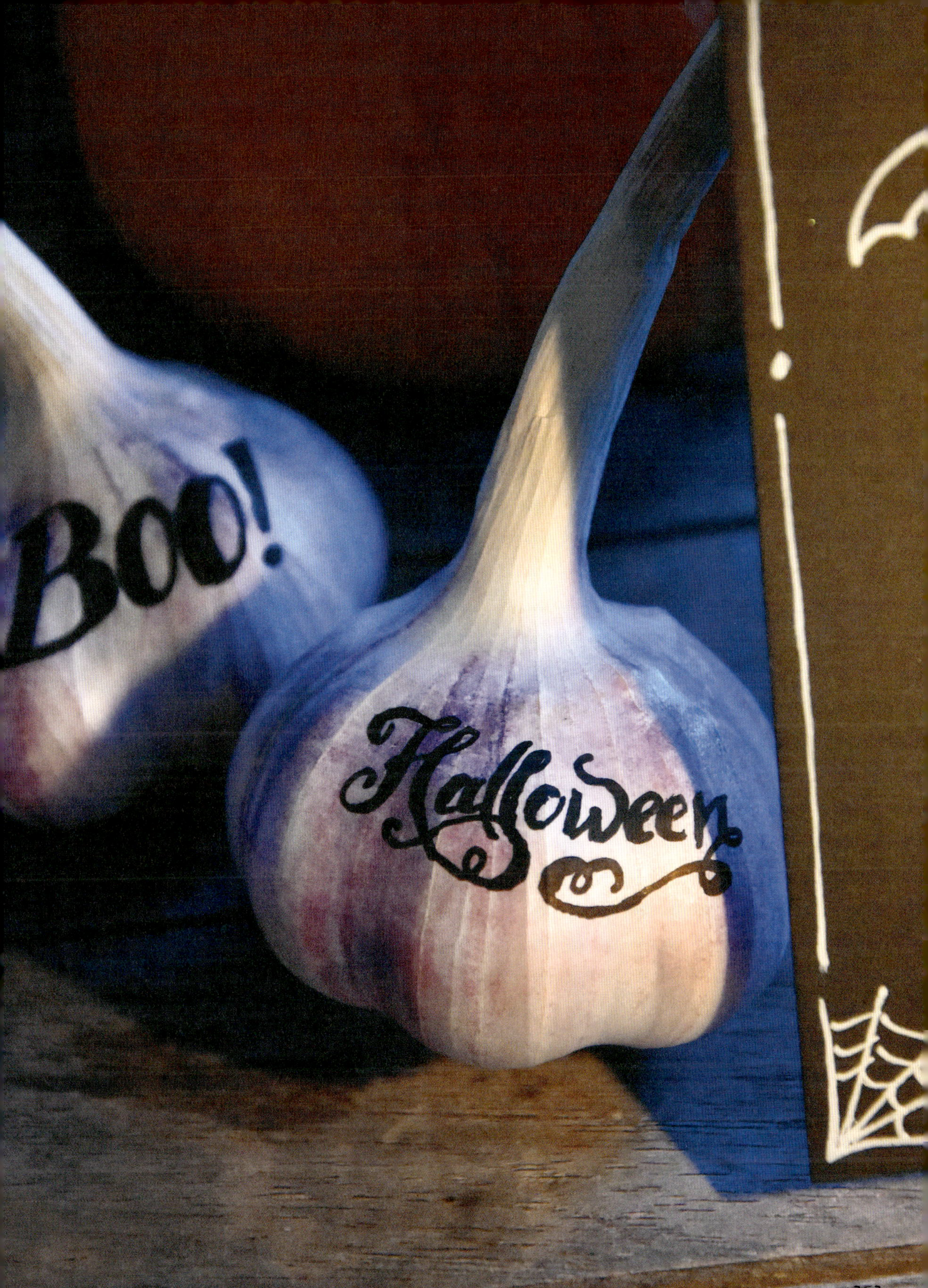
Boo!
Halloween

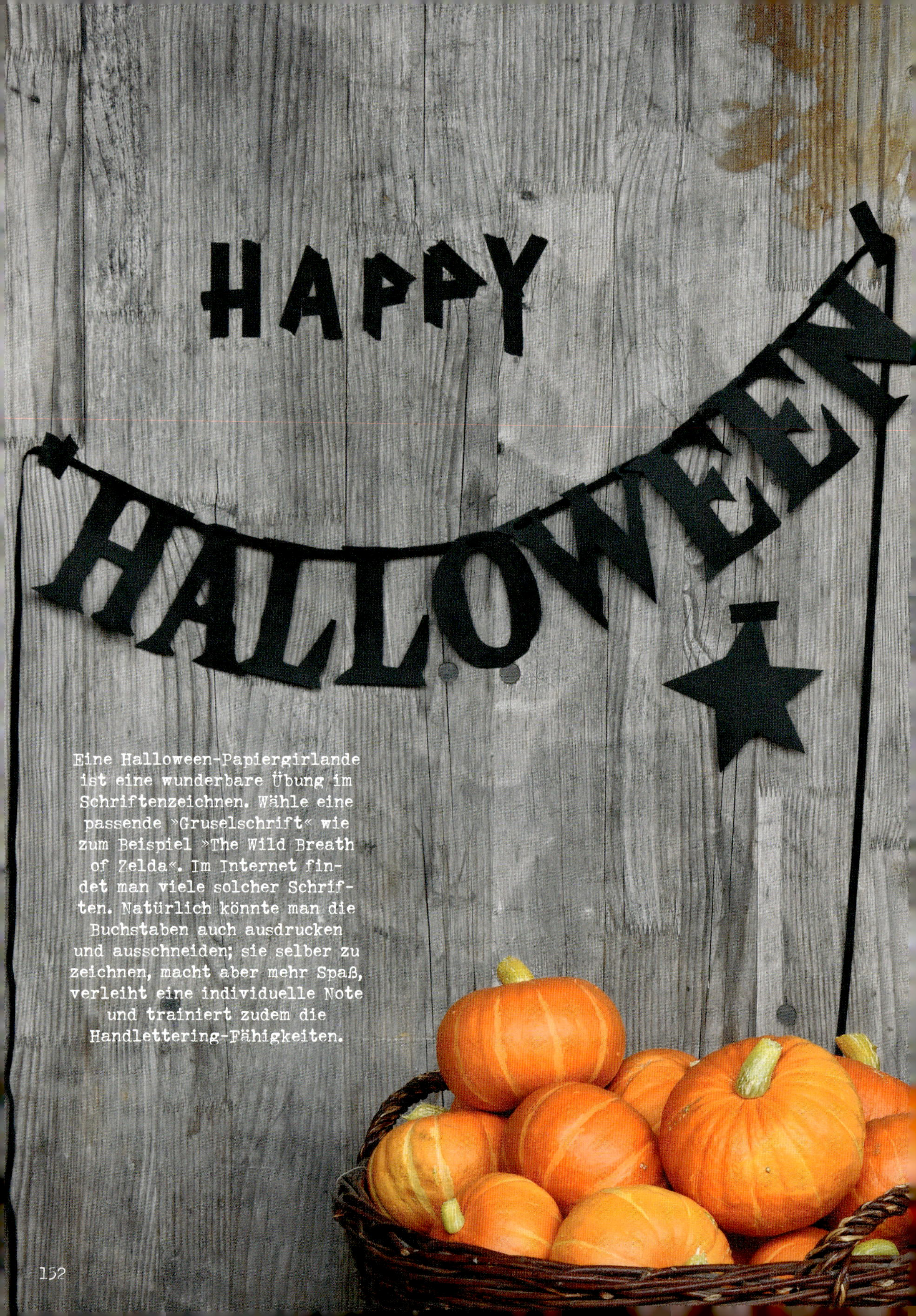

Eine Halloween-Papiergirlande ist eine wunderbare Übung im Schriftenzeichnen. Wähle eine passende »Gruselschrift« wie zum Beispiel »The Wild Breath of Zelda«. Im Internet findet man viele solcher Schriften. Natürlich könnte man die Buchstaben auch ausdrucken und ausschneiden; sie selber zu zeichnen, macht aber mehr Spaß, verleiht eine individuelle Note und trainiert zudem die Handlettering-Fähigkeiten.

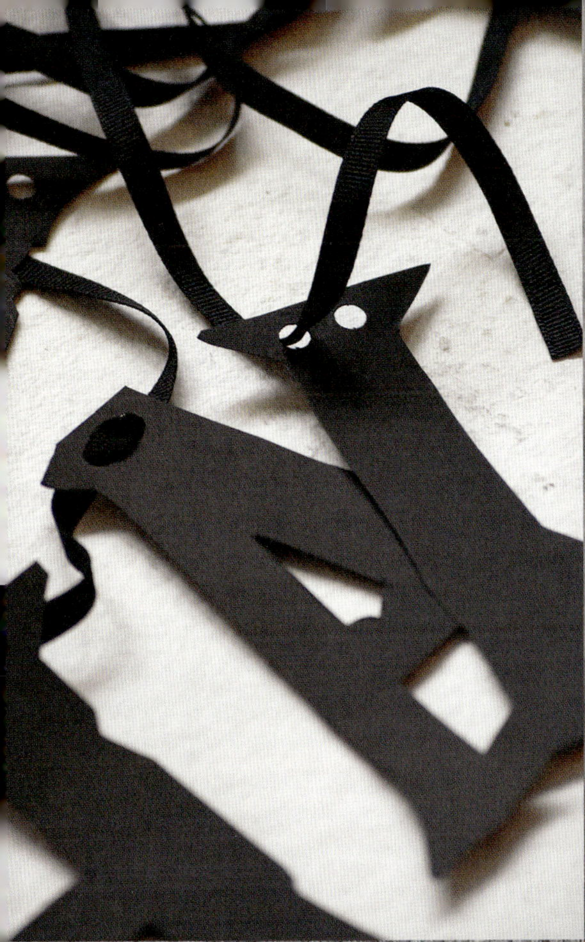

BUCHSTABENGIRLANDE

DU BRAUCHST:

Schwarzer Halbkarton
Schere und Locher
Schnur oder Band

SO GEHT'S:

Den Schriftzug »HAPPY HALLOWEEN« auf Halbkarton zeichnen, ausschneiden und lochen. Die Buchstaben auf eine Schnur oder ein Band aufziehen und aufhängen.

TIPP: Damit die Löcher nicht ausreißen, auf der Rückseite mit Lochverstärkungsringen versehen.

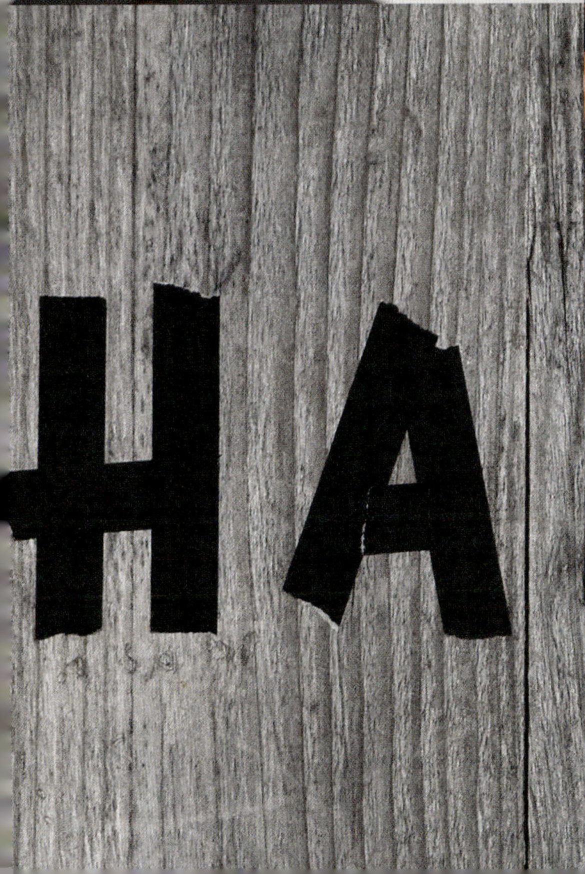

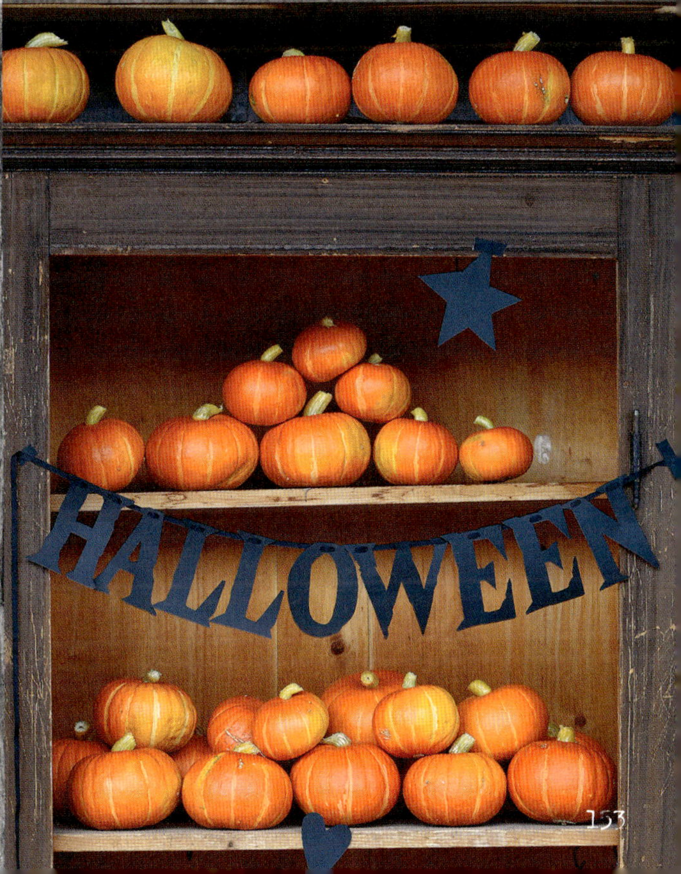

REZEPT

Halloween Muffins

DU BRAUCHST:

450 g Dinkelmehl
150 g Rohrzucker
1 Päckchen Backpulver
Schokostückchen, Dörrfrüchte oder frische Früchte (z. B Äpfel oder Birnen)
150 g Joghurt (Nature oder Vanille)
150 ml Rapsöl
1 TL Vanilleextrakt
3 Eier

DEKORATION:

Weißer Fondant oder Vanilleglasur
schwarze Schokoladenglasur
schwarzes Papier ca. 200 g
weißer Gelstift Uni-ball Signo

SO GEHT'S:

Alle trockenen Zutaten (Mehl, Zucker, Backpulver und die Schokostücke oder Früchte) mischen. In einer separaten Schüssel alle feuchten Zutaten mischen (Joghurt, Öl, Vanilleextrakt und Eier). Anschließend alles gut vermengen und in ein gefettetes Muffinblech oder in Silikon-Förmchen (ca. 5 cm Durchmesser) füllen.
Im vorgeheizten Backofen bei 180 Grad rund 20 Minuten backen (Stäbchenprobe machen). Herausnehmen, aus den Förmchen lösen und abkühlen lassen.

Zum Verzieren die Muffins mit weißem Fondant oder Schokoladenglasur überziehen.
Aus schwarzem Halbkarton Kreuze oder Grabstein-Formen ausschneiden, mit einem weißen Gelstift beschriften und in die Muffins stecken.

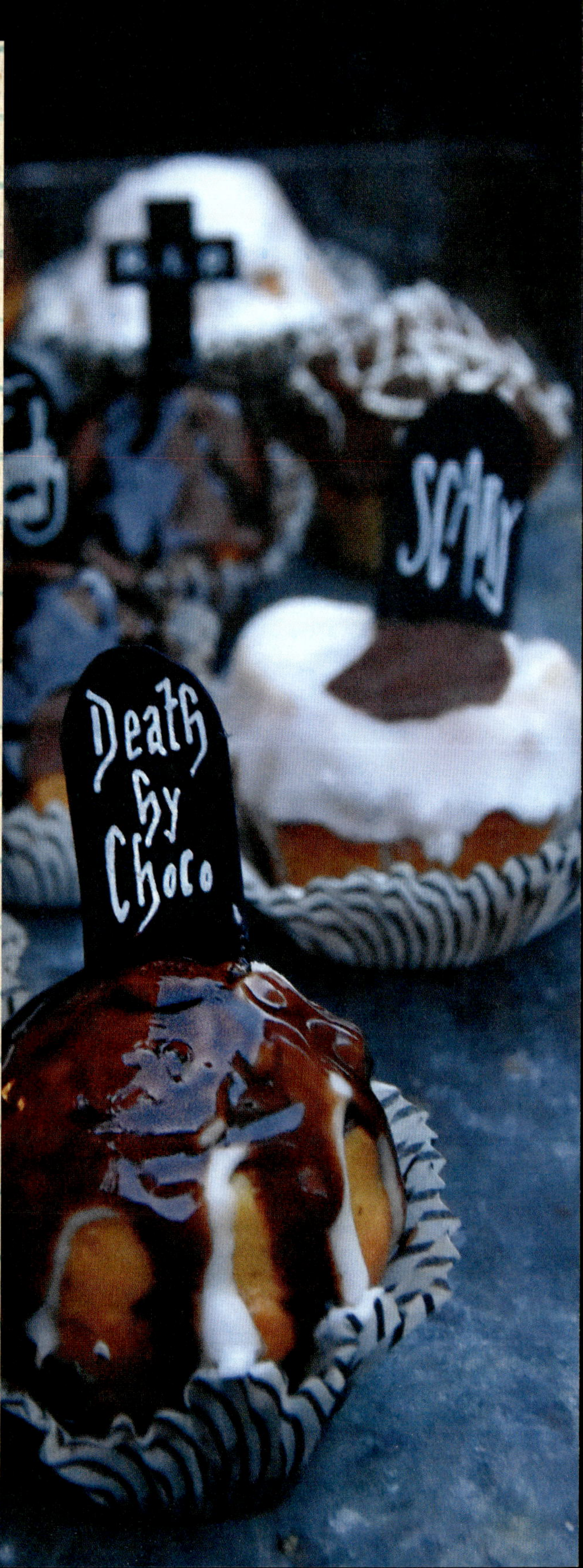

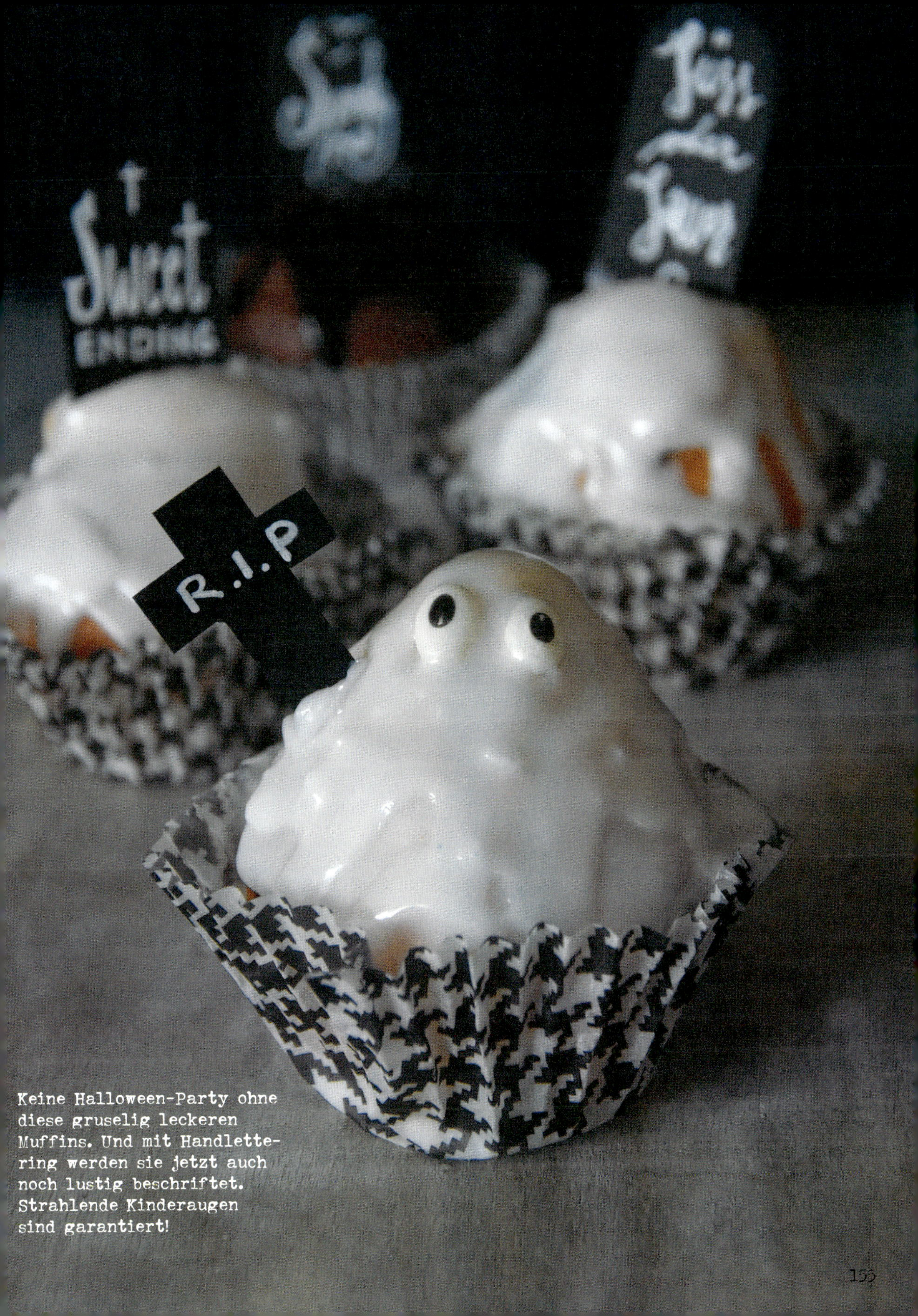

Keine Halloween-Party ohne diese gruselig leckeren Muffins. Und mit Handlettering werden sie jetzt auch noch lustig beschriftet. Strahlende Kinderaugen sind garantiert!

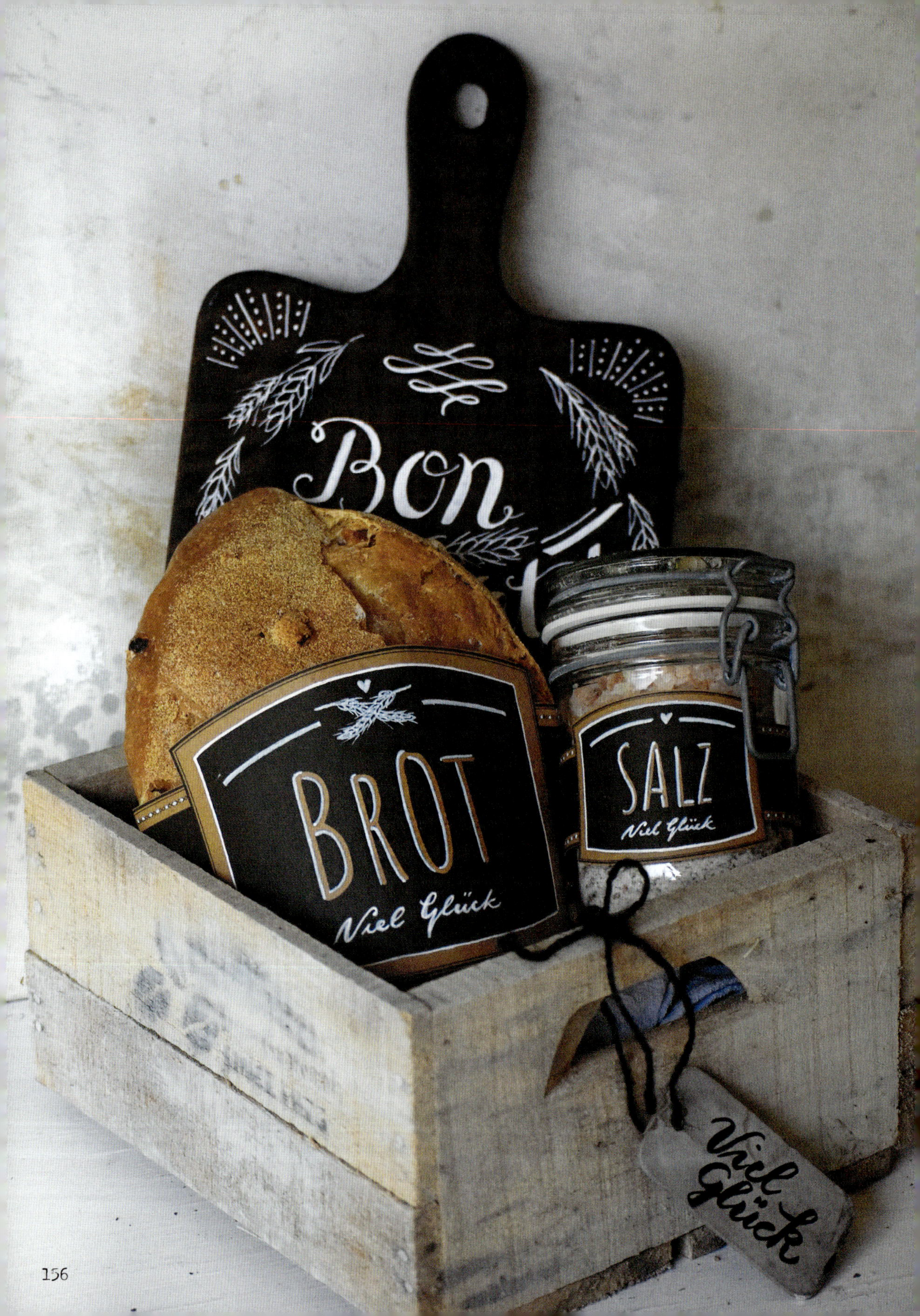
Bon
BROT
Viel Glück
SALZ
Viel Glück
Viel Glück

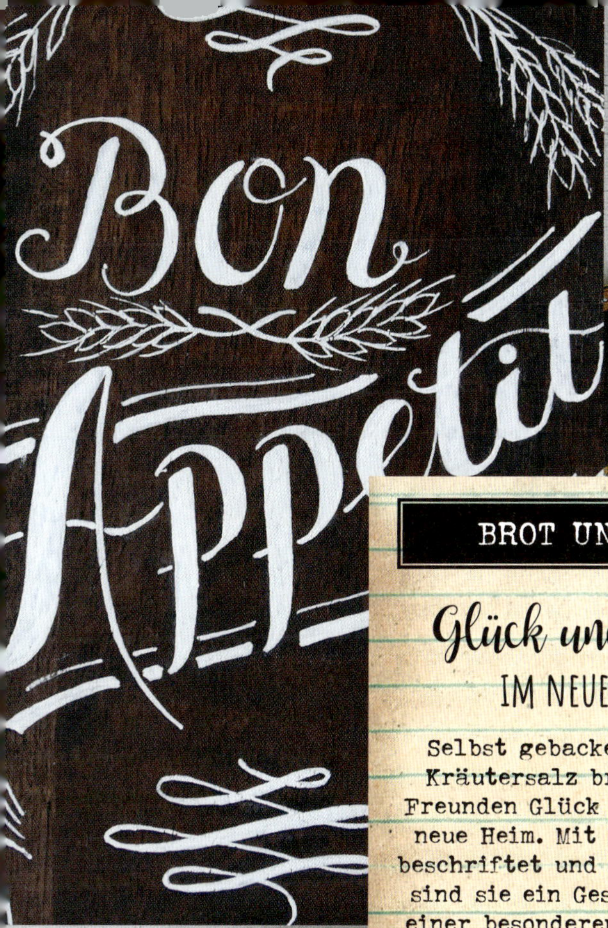

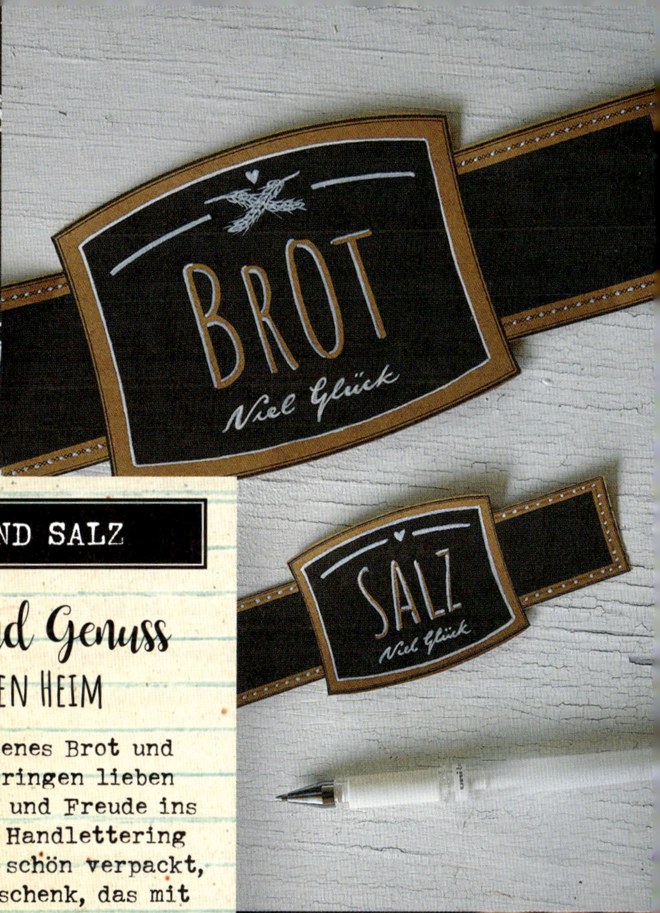

BROT UND SALZ

Glück und Genuss
IM NEUEN HEIM

Selbst gebackenes Brot und Kräutersalz bringen lieben Freunden Glück und Freude ins neue Heim. Mit Handlettering beschriftet und schön verpackt, sind sie ein Geschenk, das mit einer besonderen, persönlichen Note von Herzen kommt. Hier ein Beispiel, wie ihr diesen schönen Brauch vom Rezept bis zur Verpackung gestalten könnt.

Das Rezept des Kastanienbrots stammt übrigens aus meinem Buch »Heissi Marroni«.

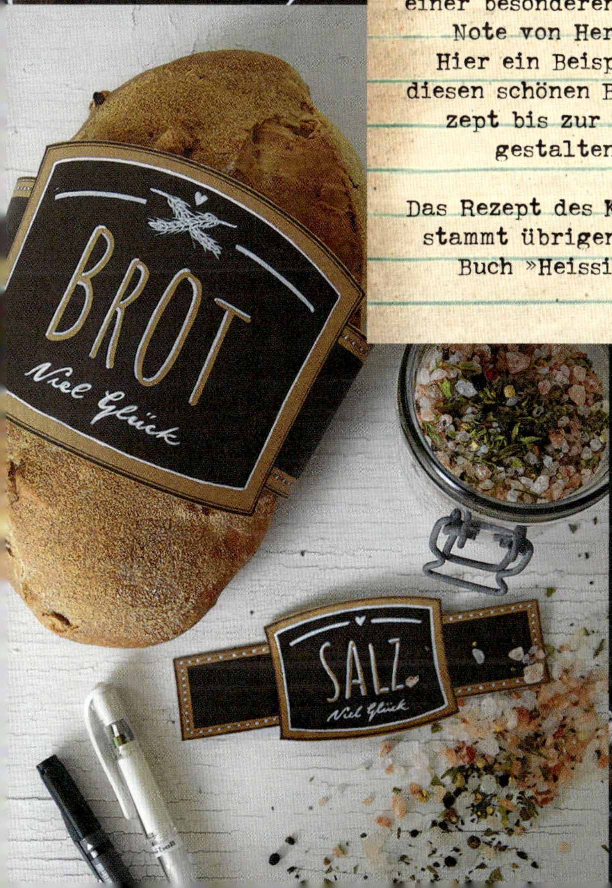

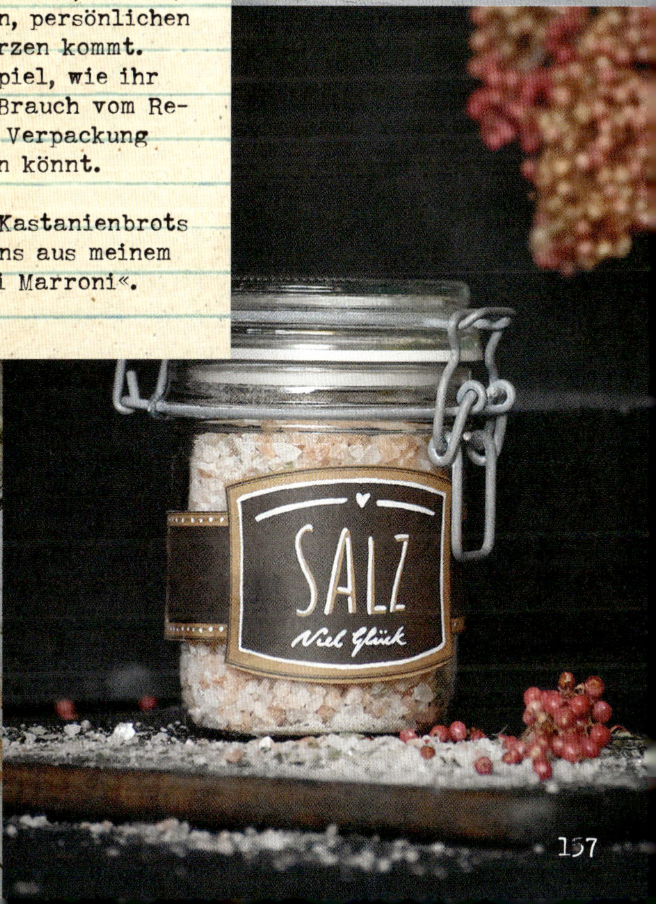

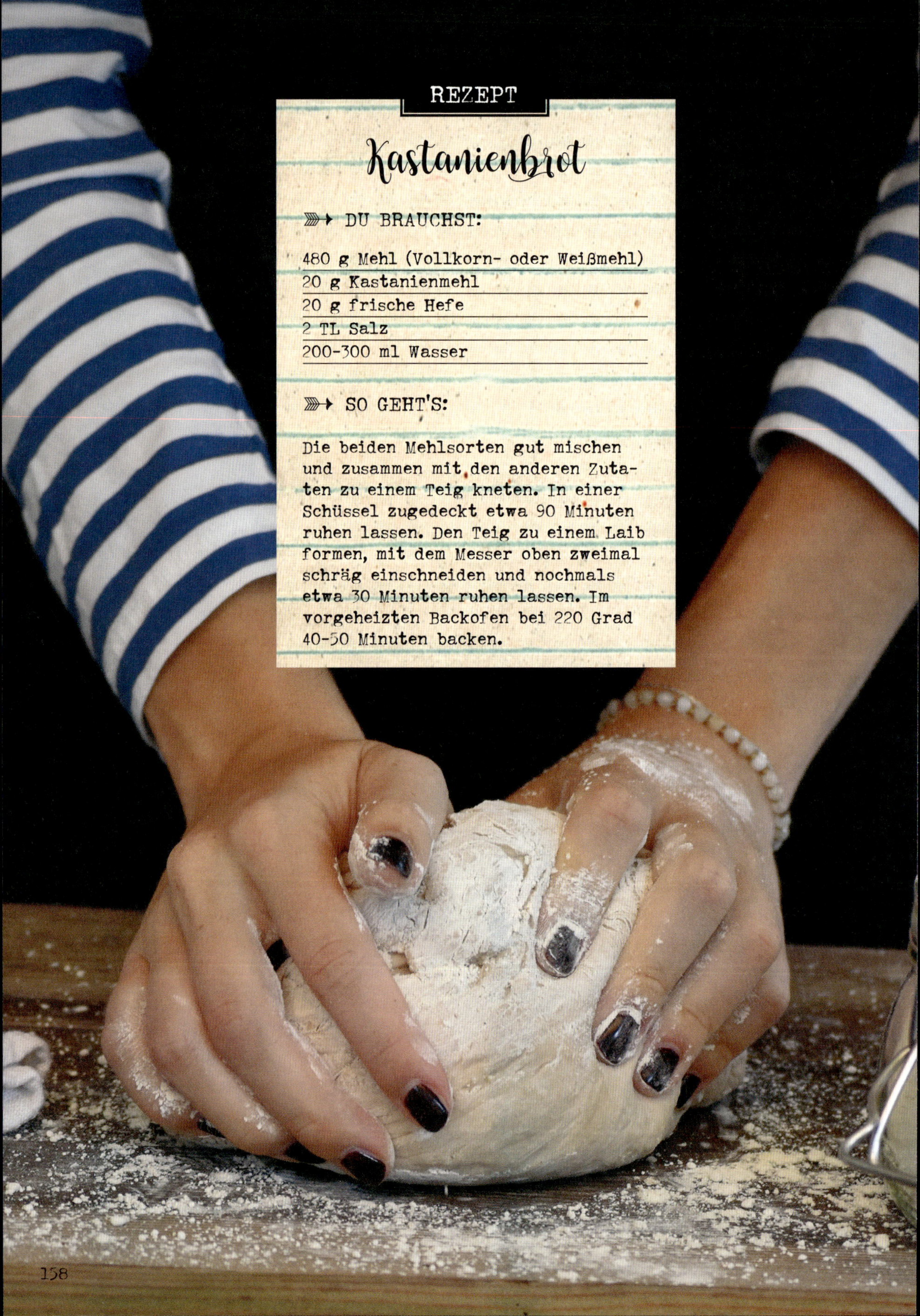

REZEPT

Kastanienbrot

DU BRAUCHST:

480 g Mehl (Vollkorn- oder Weißmehl)
20 g Kastanienmehl
20 g frische Hefe
2 TL Salz
200-300 ml Wasser

SO GEHT'S:

Die beiden Mehlsorten gut mischen und zusammen mit den anderen Zutaten zu einem Teig kneten. In einer Schüssel zugedeckt etwa 90 Minuten ruhen lassen. Den Teig zu einem Laib formen, mit dem Messer oben zweimal schräg einschneiden und nochmals etwa 30 Minuten ruhen lassen. Im vorgeheizten Backofen bei 220 Grad 40-50 Minuten backen.

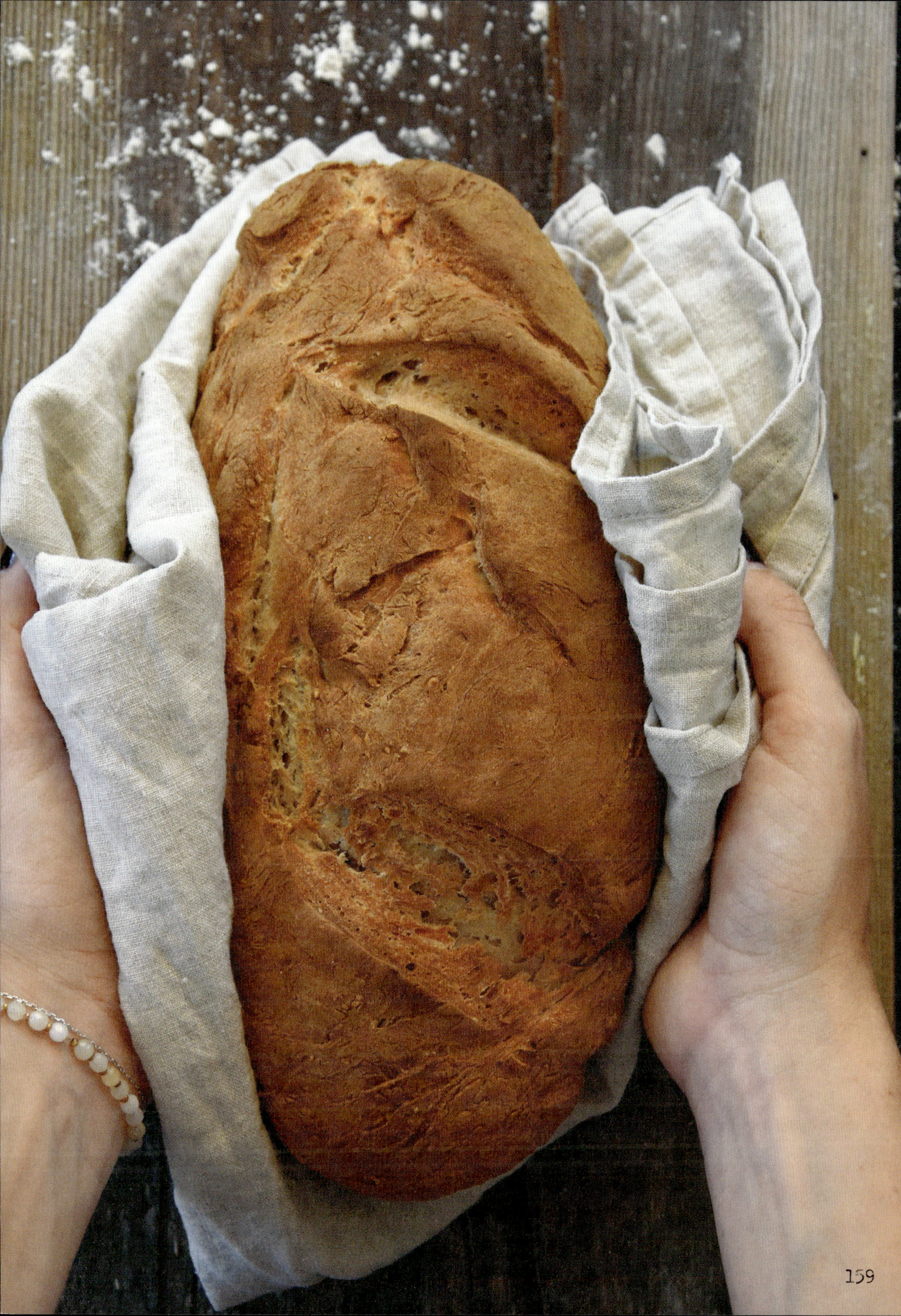

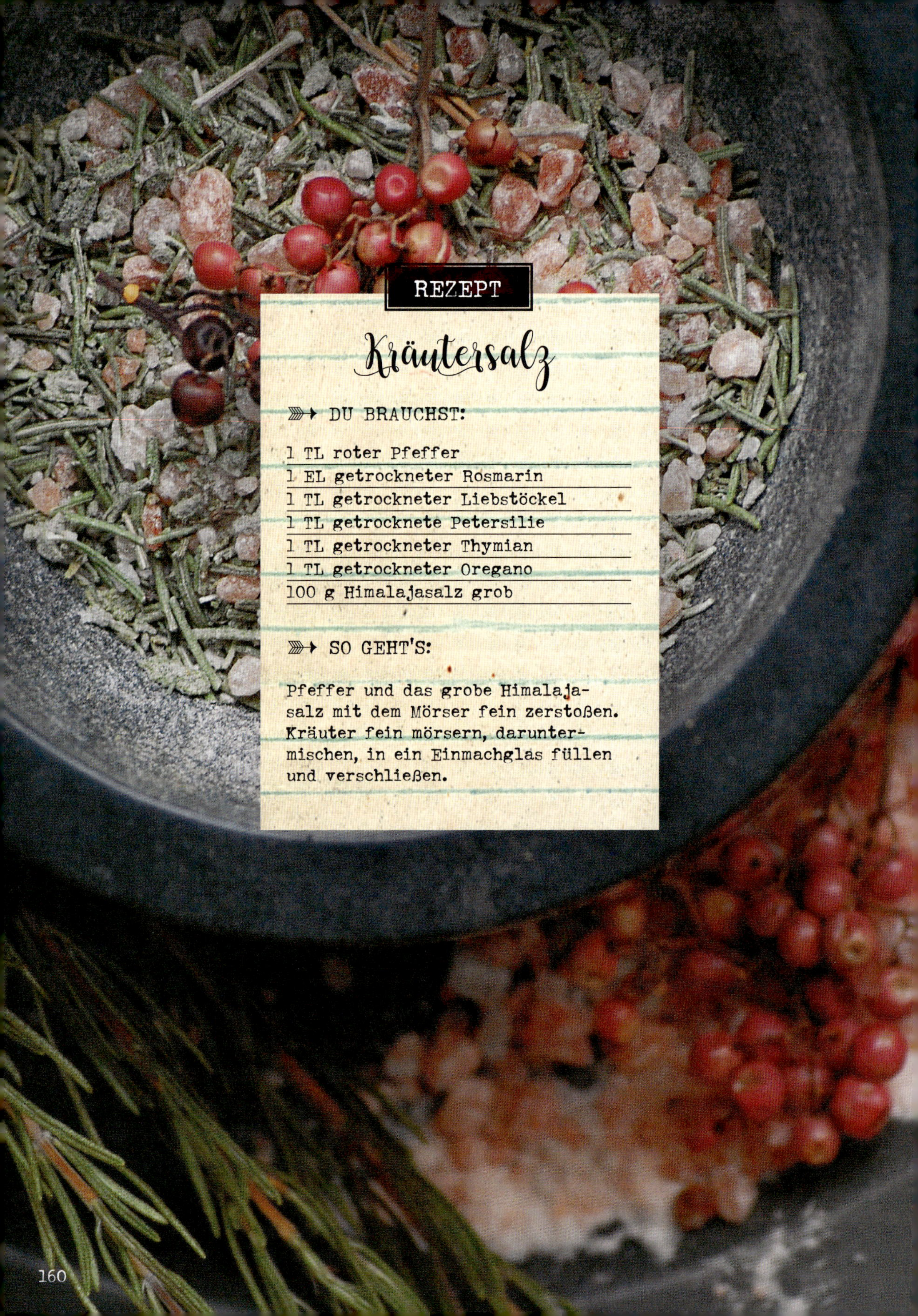

REZEPT

Kräutersalz

➳ DU BRAUCHST:

1 TL roter Pfeffer
1 EL getrockneter Rosmarin
1 TL getrockneter Liebstöckel
1 TL getrocknete Petersilie
1 TL getrockneter Thymian
1 TL getrockneter Oregano
100 g Himalajasalz grob

➳ SO GEHT'S:

Pfeffer und das grobe Himalajasalz mit dem Mörser fein zerstoßen. Kräuter fein mörsern, daruntermischen, in ein Einmachglas füllen und verschließen.

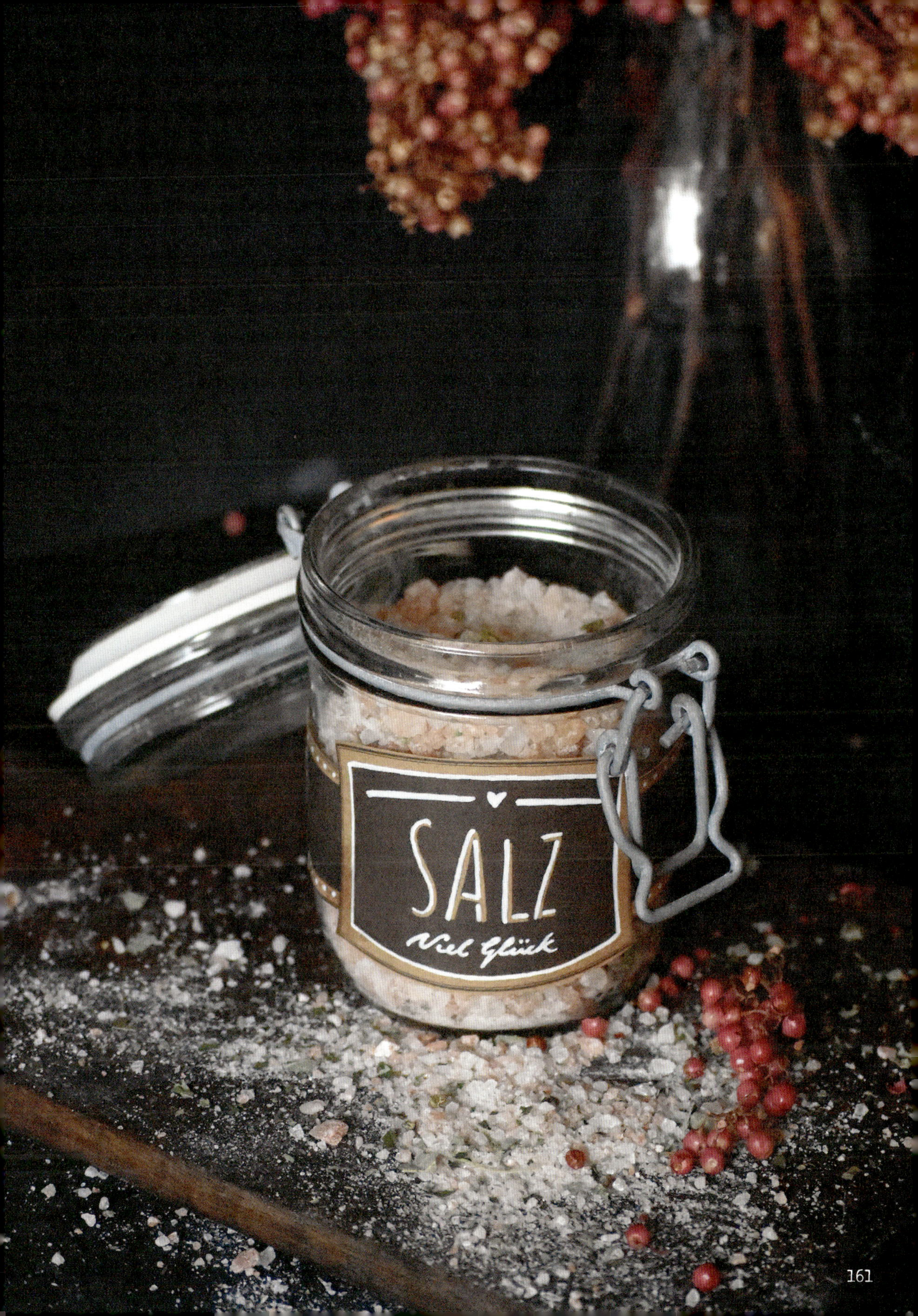
SALZ
Viel Glück

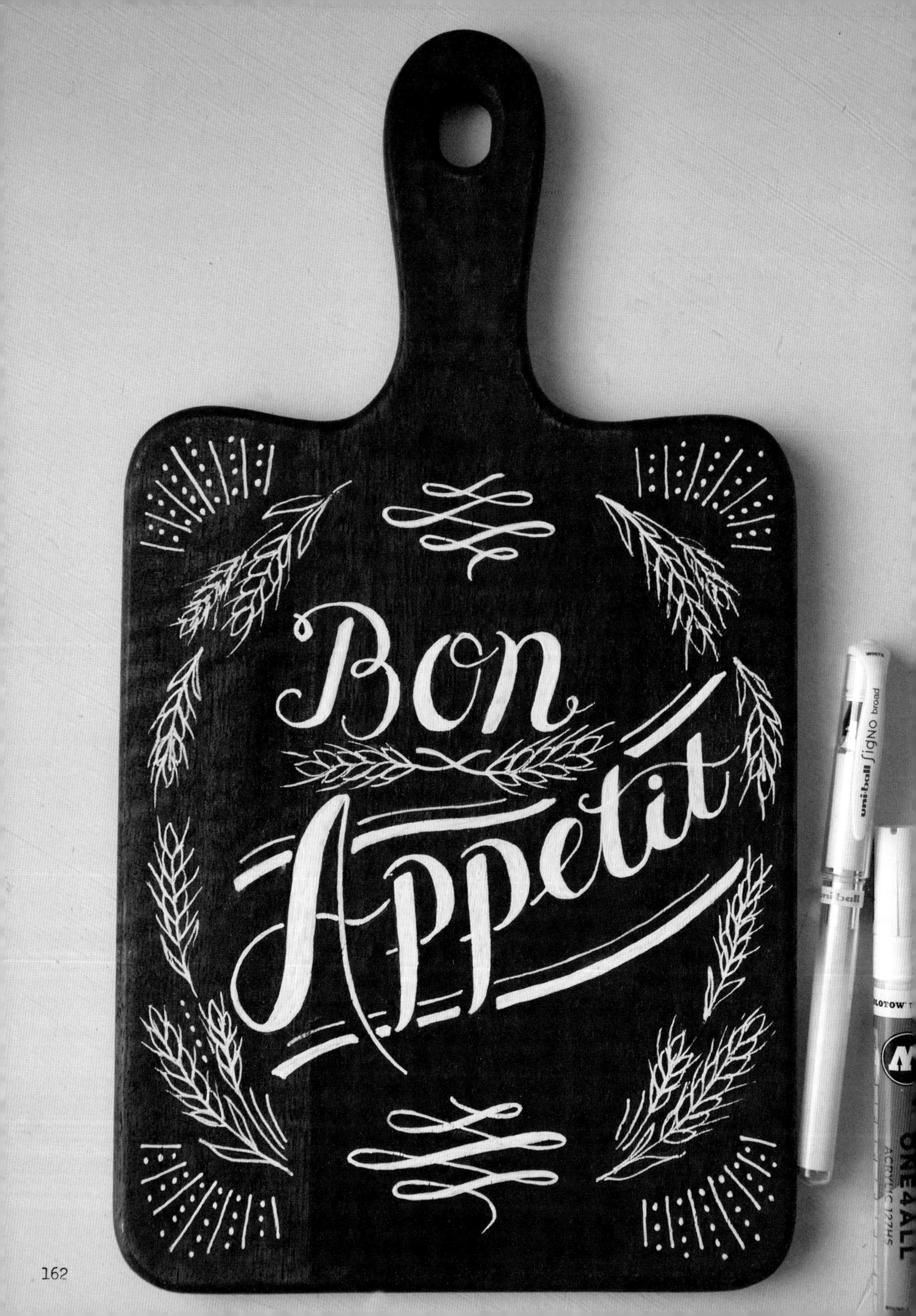
Bon
Appetit

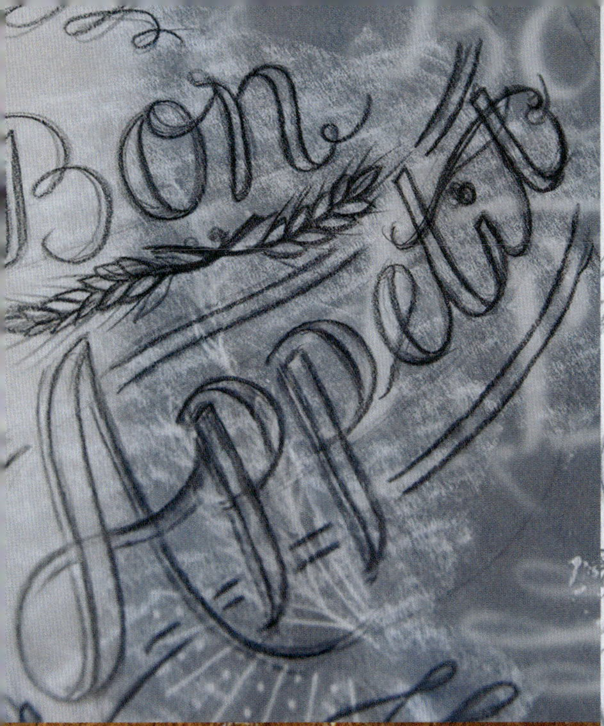

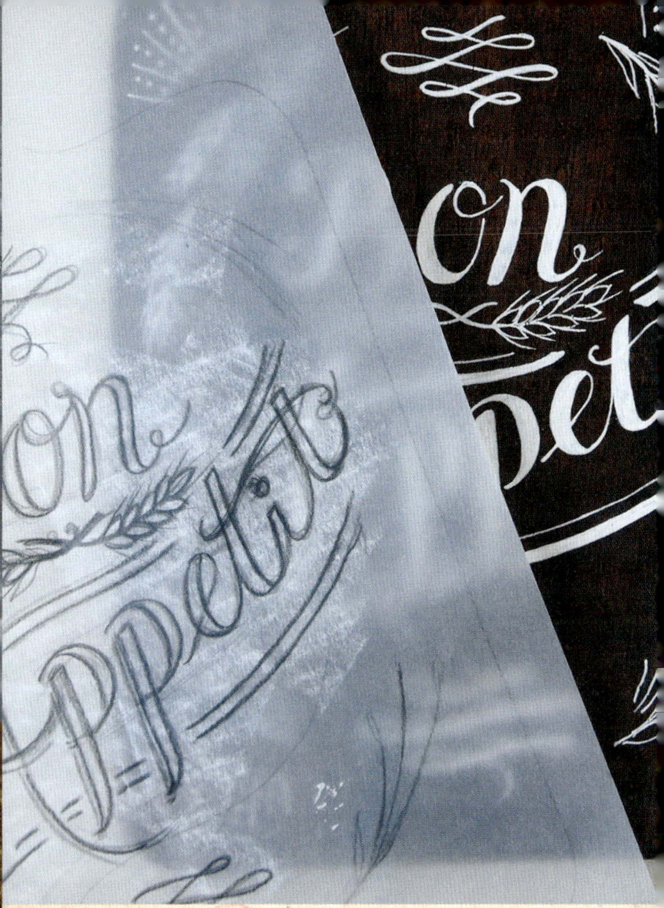

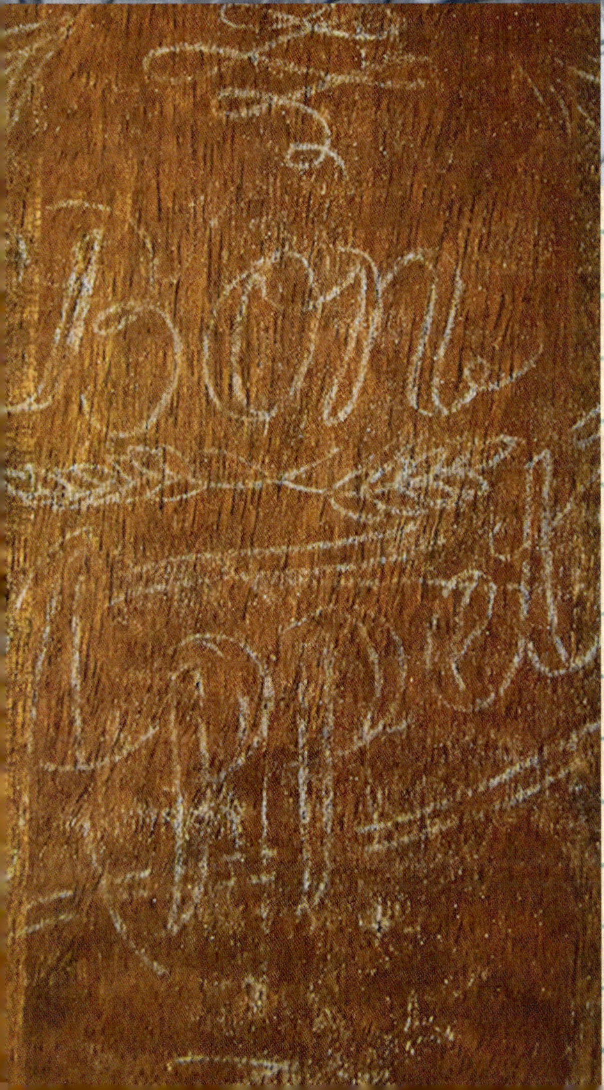

HOLZBRETT

Die beste Verpackung ist eine, die man später weiter verwenden kann. So ist dieses Brotbrett die passende Unterlage für Brot und Salz.

➳ SO GEHT'S (3 VARIANTEN):

- Das Brett direkt mit einem Permanent Marker beschriften.
- Oder das Brett mit Tafelfarbe grundieren und anschließend den Text mit einem (abwischbaren) Kreidemarker auftragen. Diese Variante kann man später als praktisches Memo-Brett verwenden.
- Oder den gewünschten Spruch mit Bleistift auf das Brett zeichnen und mit einem Lötkolben die Konturen direkt ins Holz brennen.

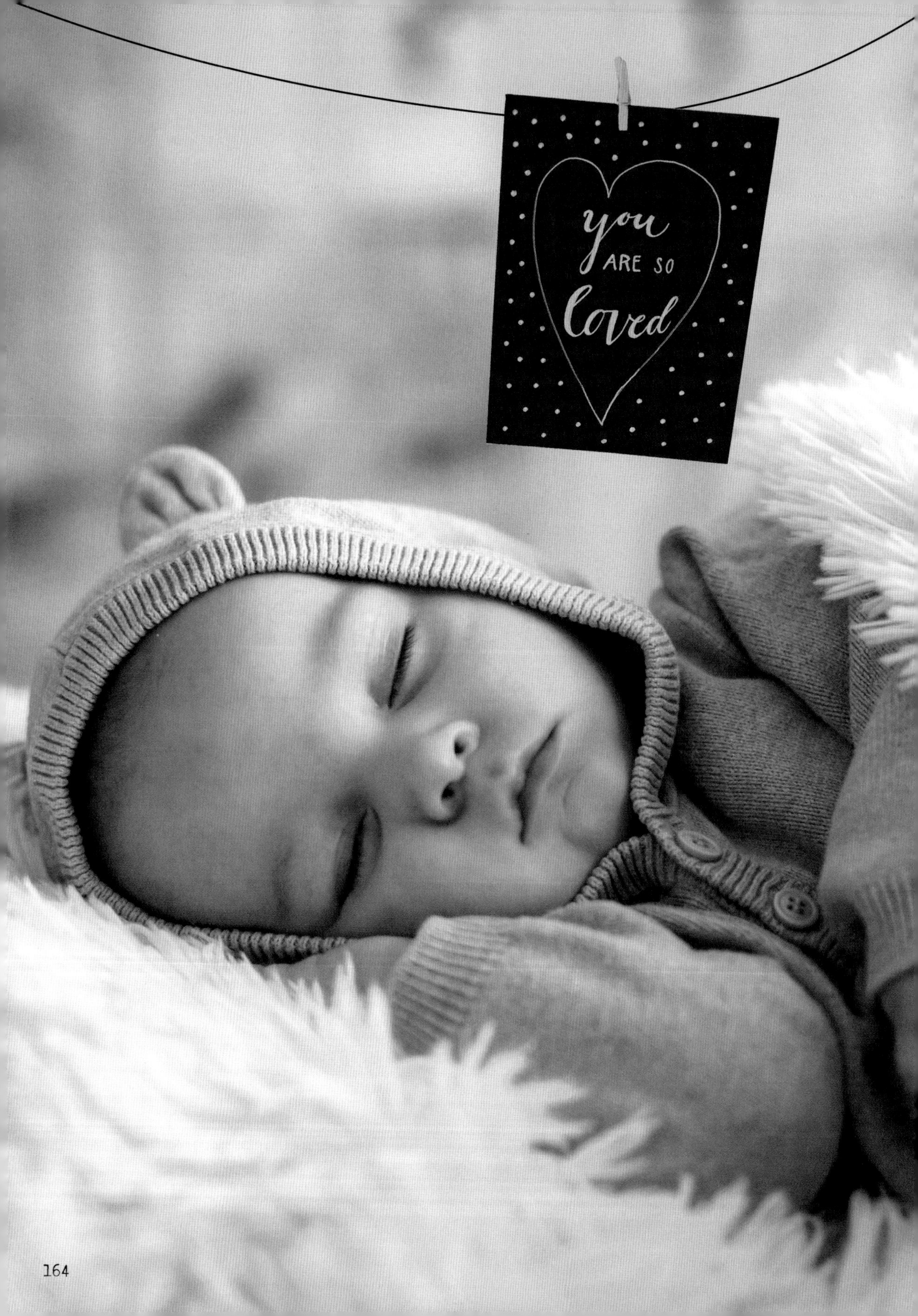
you
ARE SO
loved

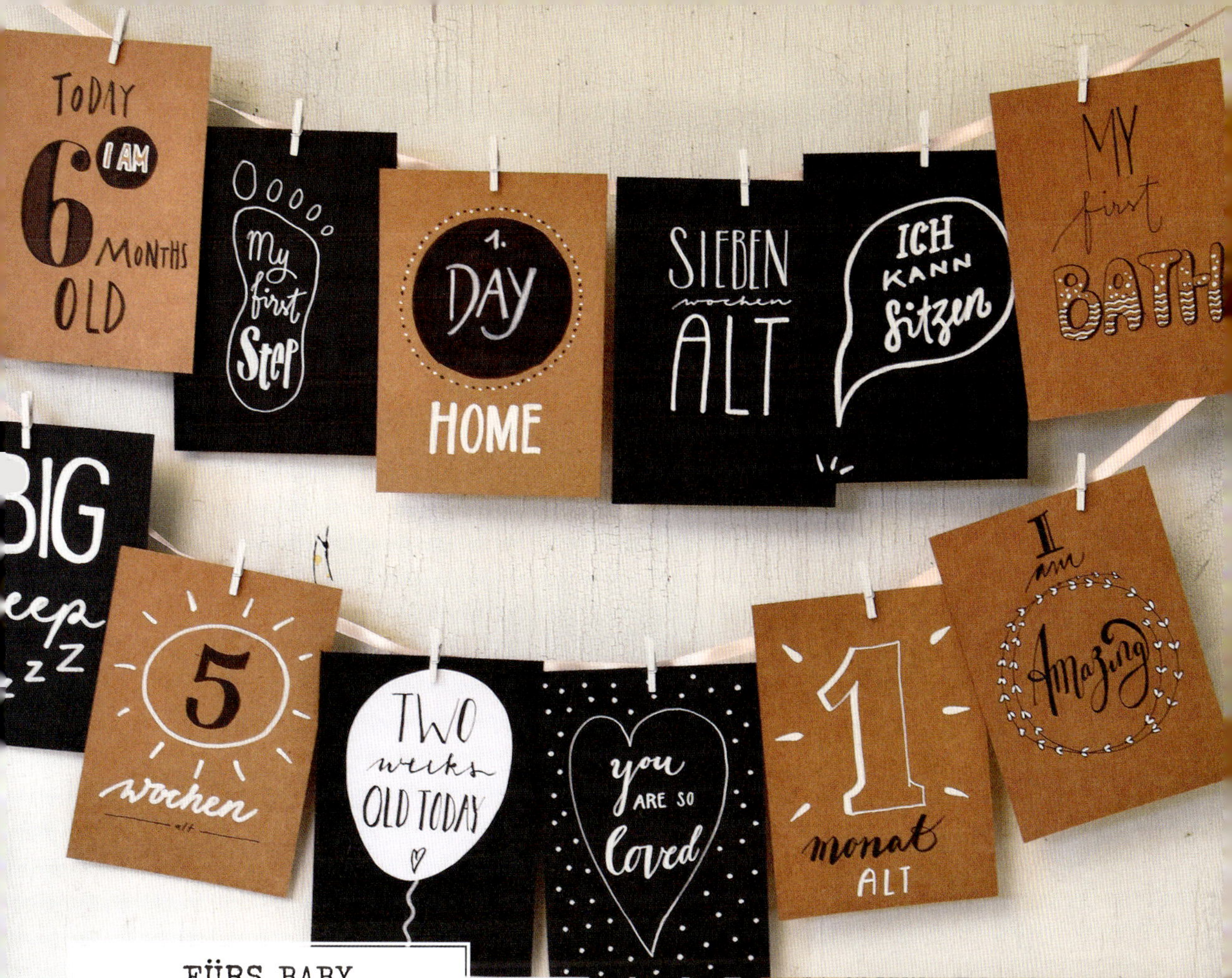

FÜRS BABY

BABYKARTEN

Als Geschenk für frischgebackene Eltern oder zur Geburt des eigenen Kindes sind liebevoll gestaltete Karten eine schöne Tradition, mit der sich die ersten wichtigen Momente im Leben des Babys dokumentieren lassen. Das persönlich gestaltete Datum des Ereignisses auf die Karte schreiben und neben das Baby legen. So entstehen superschöne Erinnerungsfotos.

DU BRAUCHST:

- 12 Karten im Format A6, 200 g/m²
- Wasserfeste Fineliner und Marker
- Tafelfarbe und Flachpinsel
- Band oder schöne Schnur

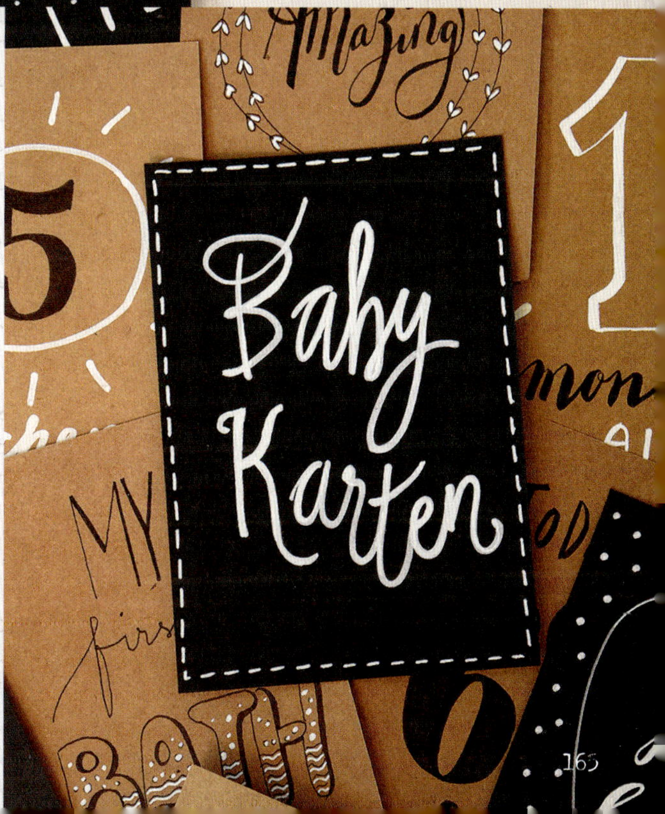

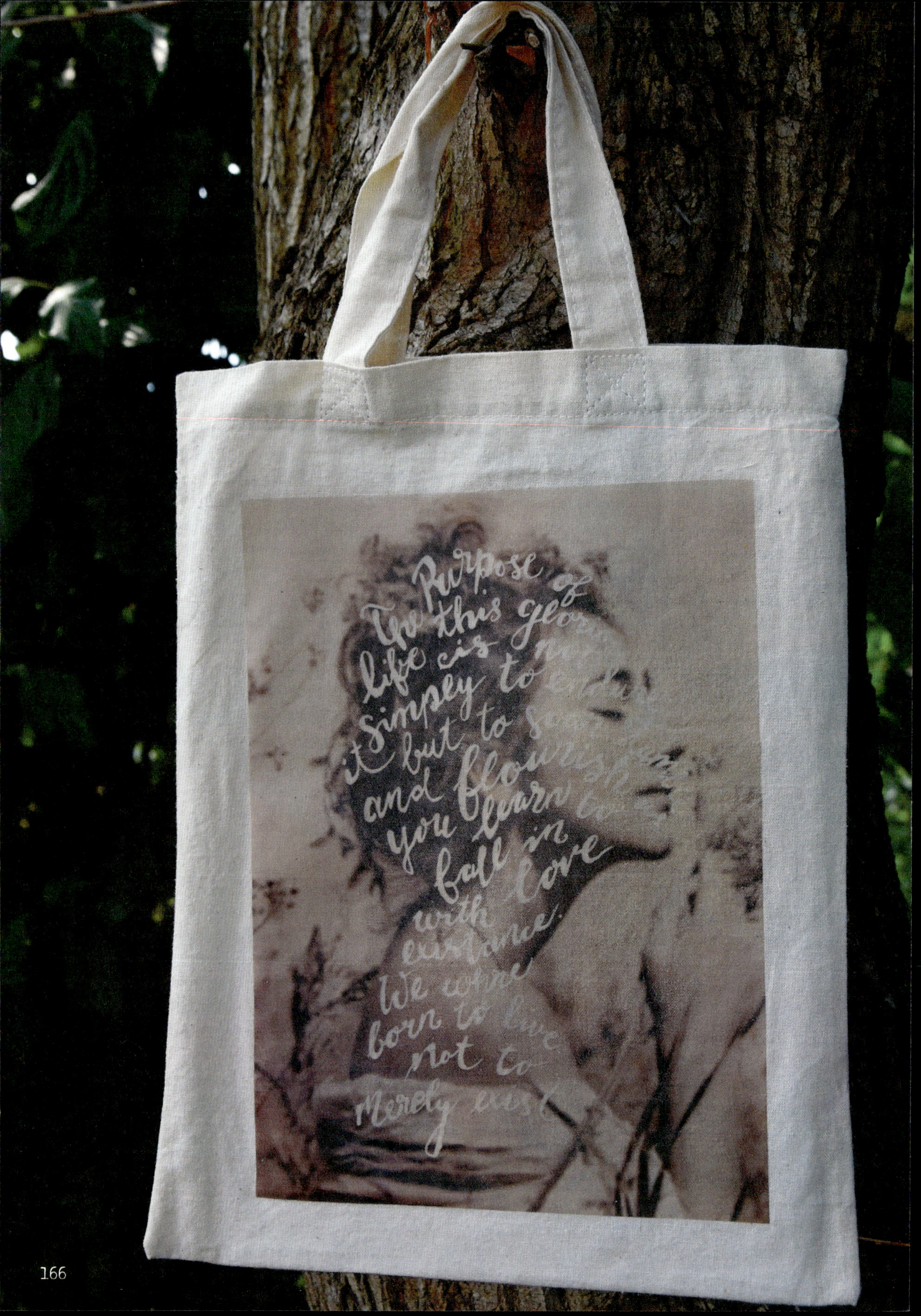
The Purpose of
this
life is
simpey to
it but to
and
you learn
fall in
with love
We
born to
not to
Merely

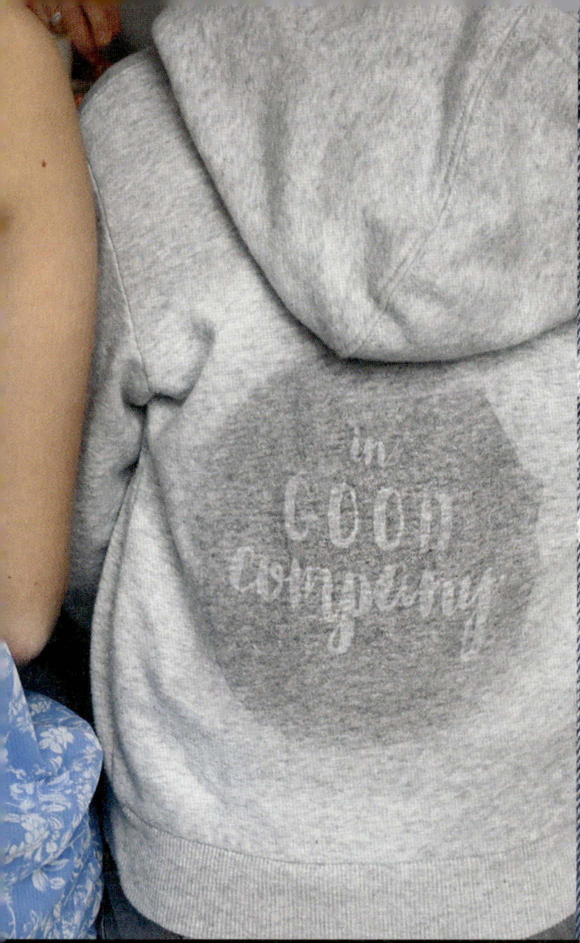

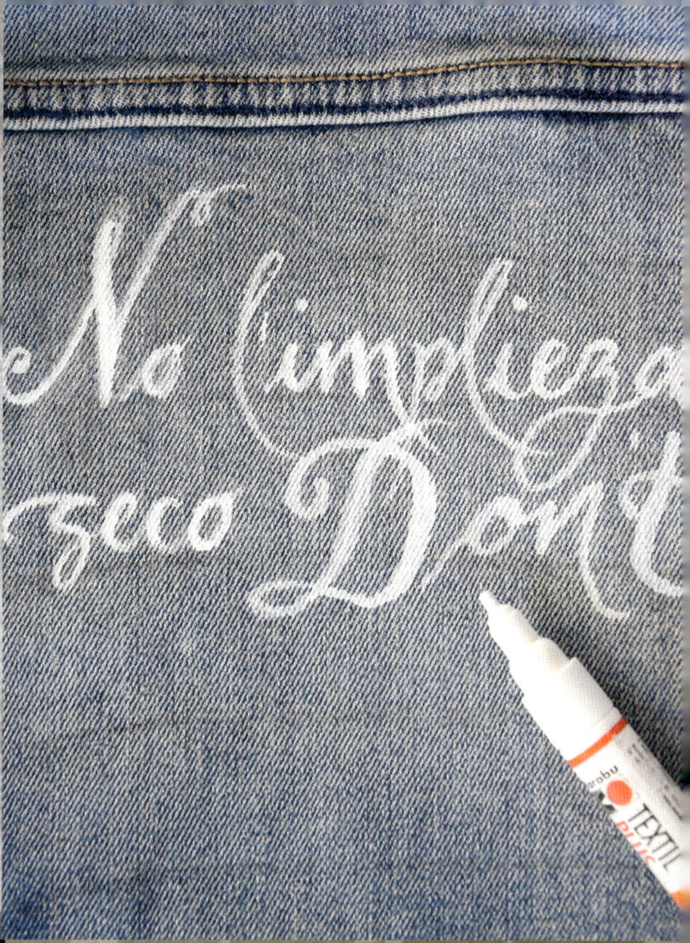

LETTERING AUF TEXTILIEN

Textilien individuell zu beschriften, ist kinderleicht und macht immer viel Spaß. Die Ideen lassen sich direkt mit Textilmarkern, T-Shirt-Folie oder mit dem Aceton-Transfer (siehe Seite 58) umsetzen.
Ob Stofftasche, Strampler, Hoodie oder die alte Lieblingsjeans, viele Textilien eignen sich für diese besonders lohnende Art des Letterings.

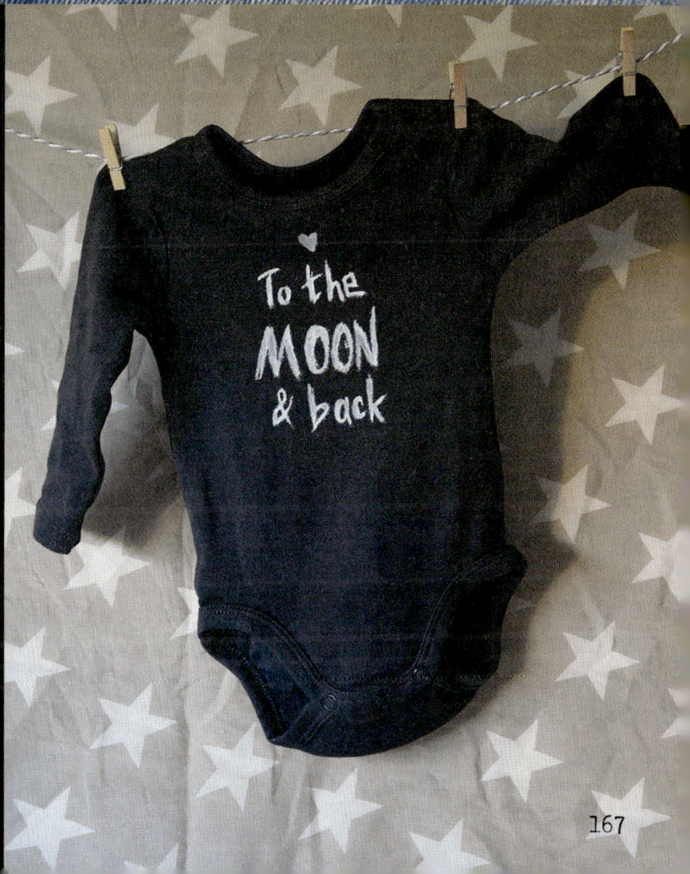

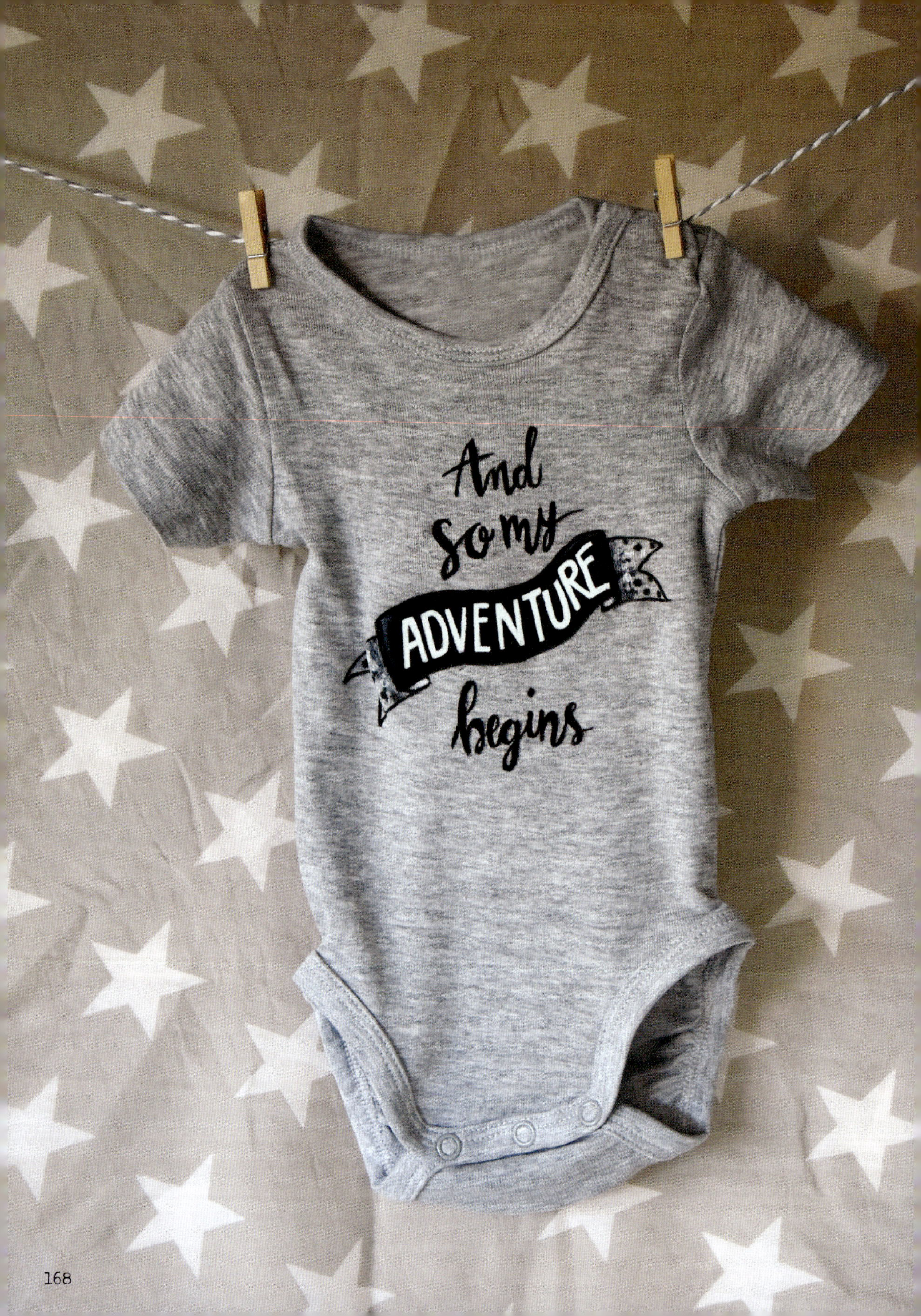
And
so my
ADVENTURE
begins

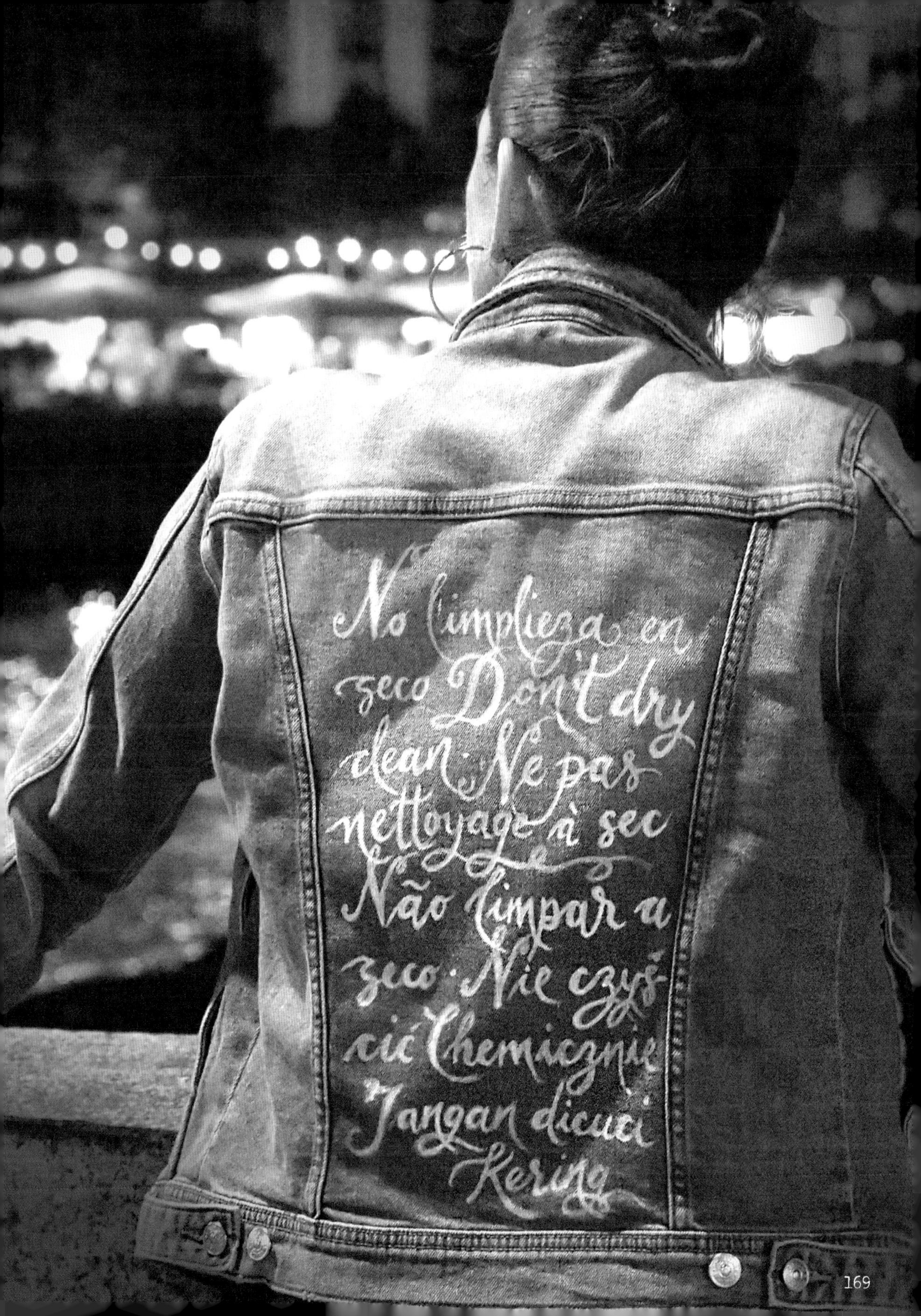
No limpieza en
seco Don't dry
clean. Ne pas
nettoyage à sec
Não limpar a
seco. Nie czyś
cić Chemicznie
Jangan dicuci
Kering

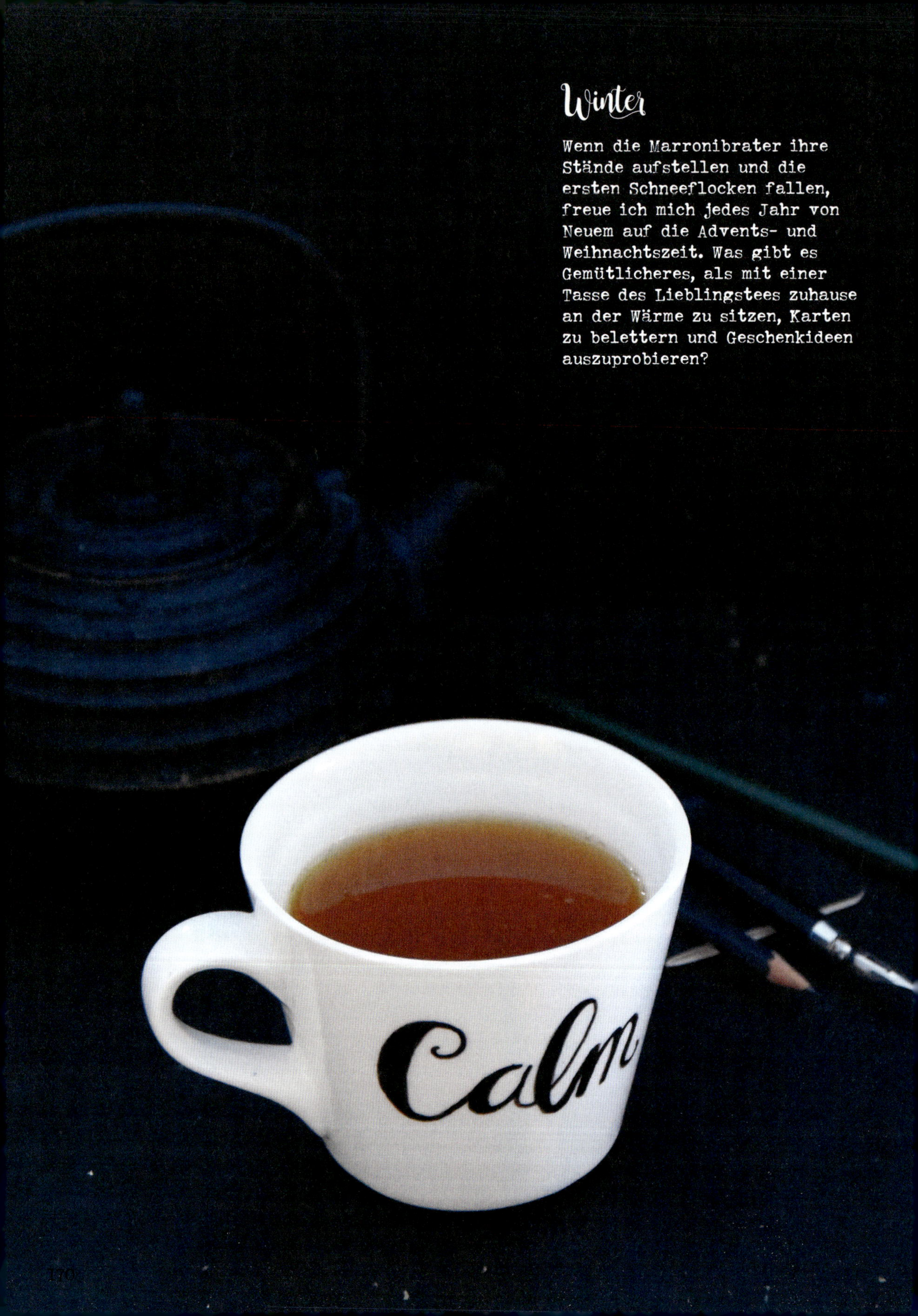

Winter

Wenn die Marronibrater ihre Stände aufstellen und die ersten Schneeflocken fallen, freue ich mich jedes Jahr von Neuem auf die Advents- und Weihnachtszeit. Was gibt es Gemütlicheres, als mit einer Tasse des Lieblingstees zuhause an der Wärme zu sitzen, Karten zu belettern und Geschenkideen auszuprobieren?

Winter-Projekte

CHALK LETTERING
ADVENTSKALENDER
ADVENTSKERZEN
WEIHNACHTS-LETTERING
X-MAS BOX
SILVESTER

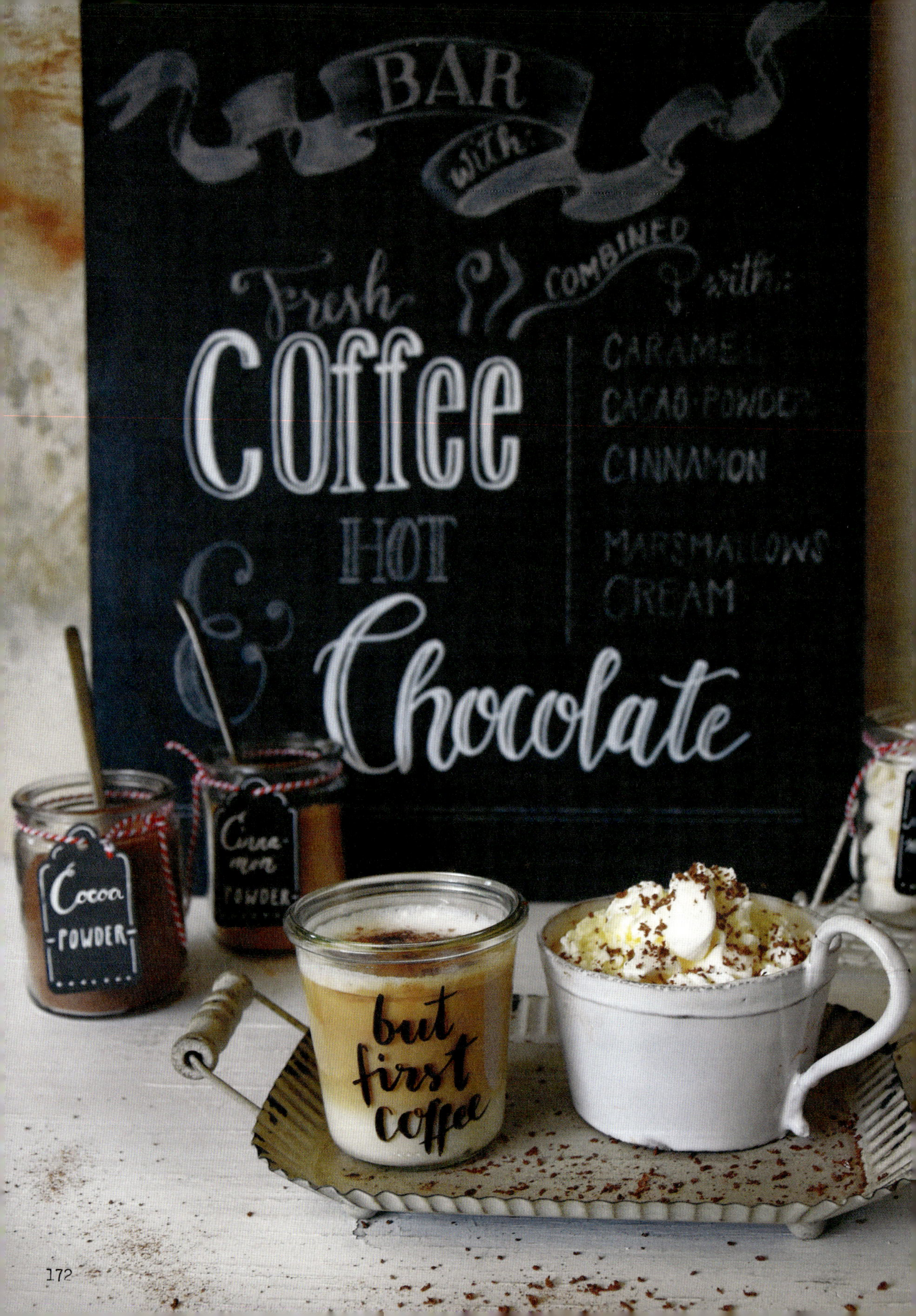
BAR
with:
Fresh
COMBINED
with:
Coffee
CINNAMON
HOT
CREAM
&
Chocolate
Cocoa
POWDER
Cinna-
mon
POWDER
but
first
coffee

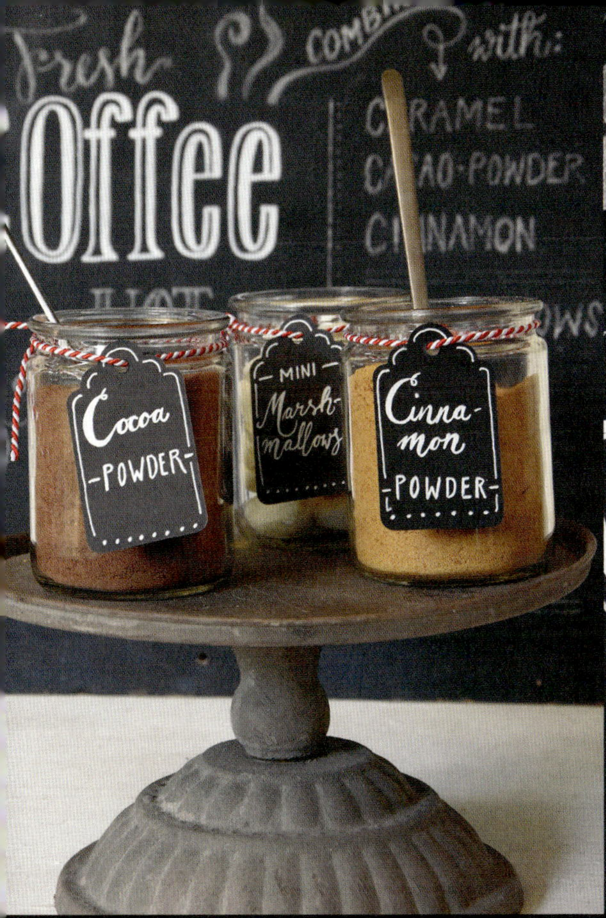

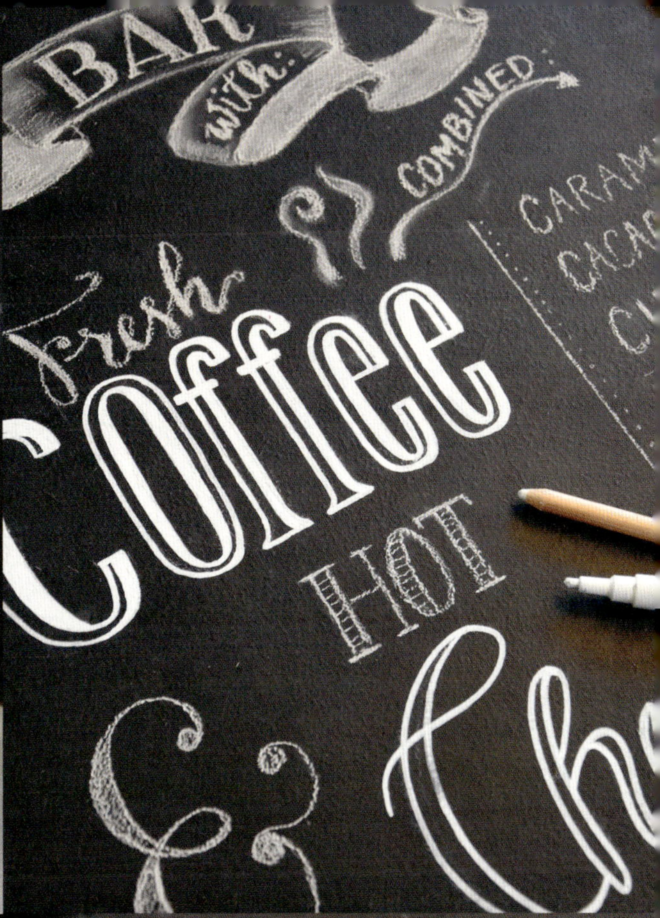

CHALK LETTERING

Kreidetafel – DIE VIELSEITIGE

In der kalten Jahreszeit ist es schön, Freunde zu einem gemütlichen Nachmittag mit Kaffee oder Hot Chocolate einzuladen. Auch Kinder finden diese Idee toll und helfen gerne bei den Vorbereitungen. Eine beschriftete Kreidetafel bildet das Zentrum der Bar. Dann braucht man nur noch die schön beschrifteten Gläser mit Kakao, Zucker, Marshmallows und weiteren leckeren Sachen zu füllen. Alles bereit, um gemeinsam einige schöne Stunden zu genießen.

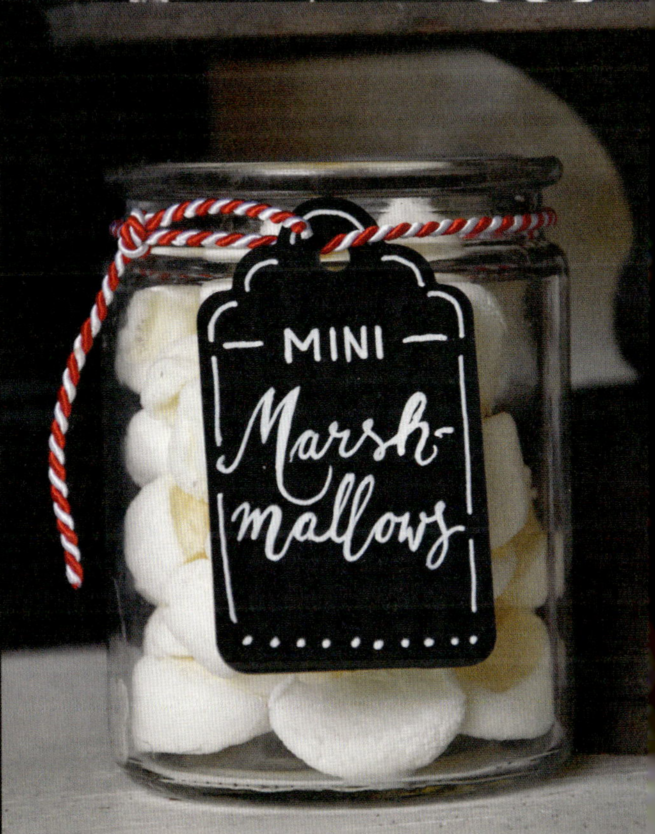

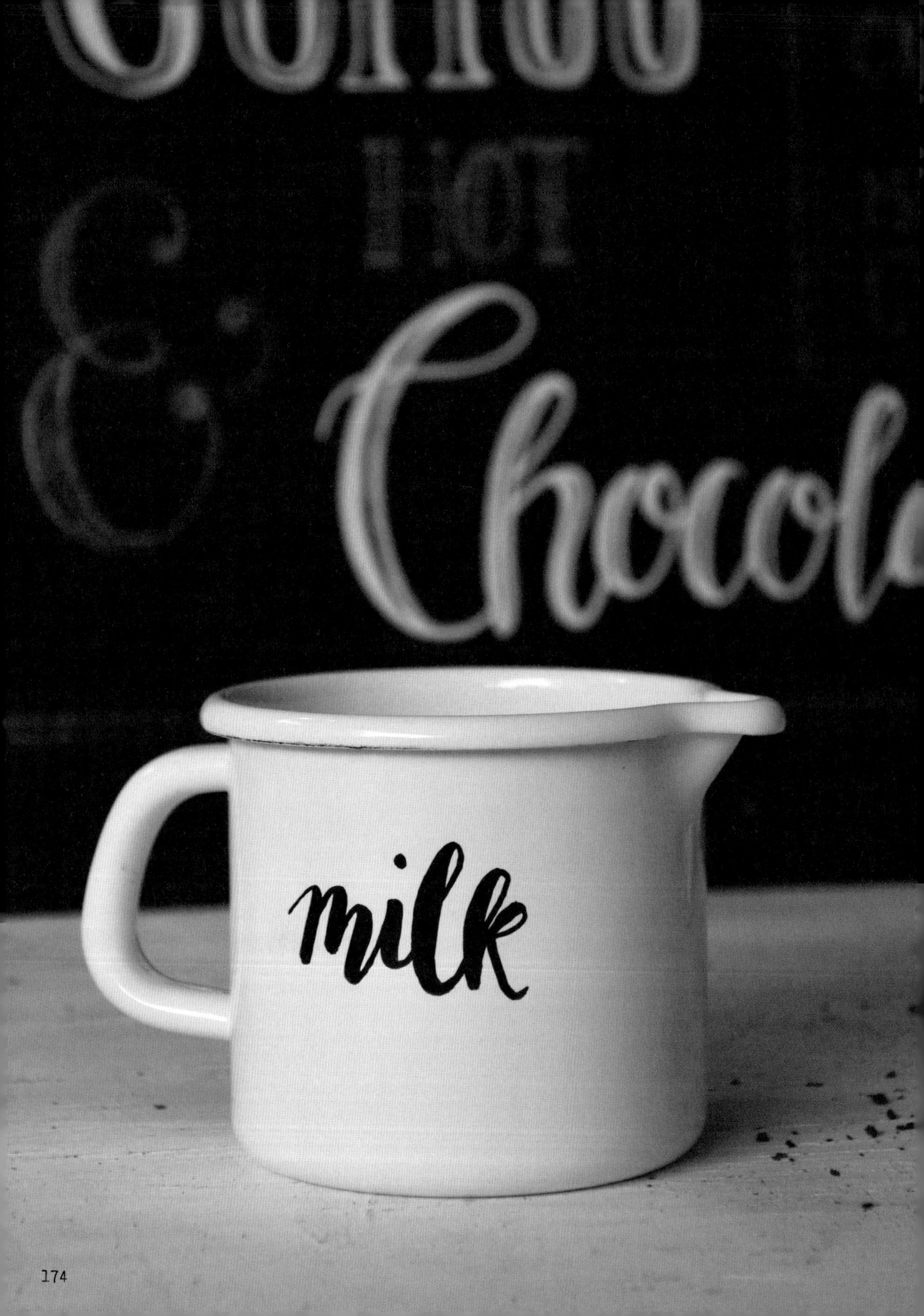
milk

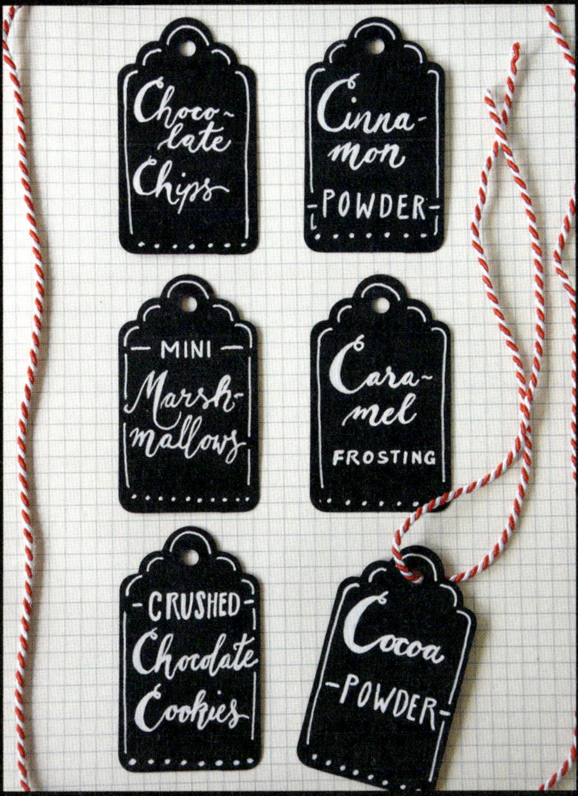
Choco-late Chips
Cinna-mon POWDER
MINI Marsh-mallows
Cara-mel FROSTING
CRUSHED Chocolate Cookies
Cocoa POWDER
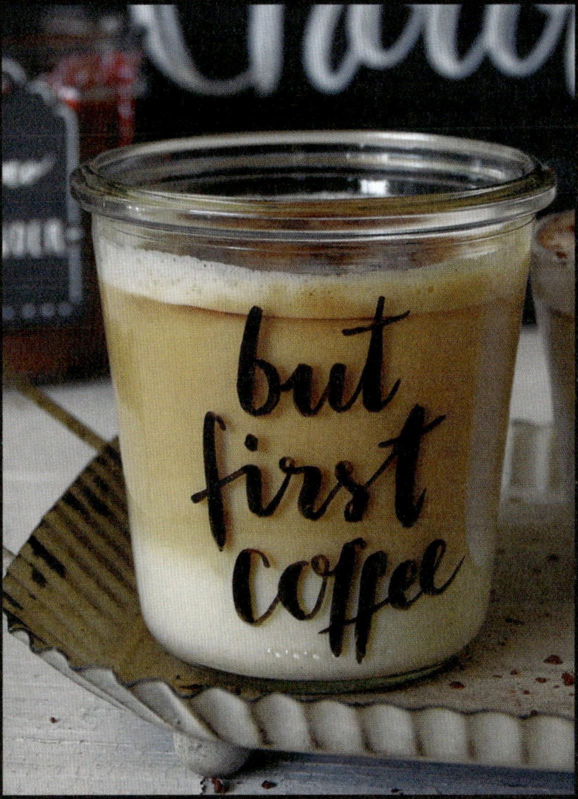
but first coffee
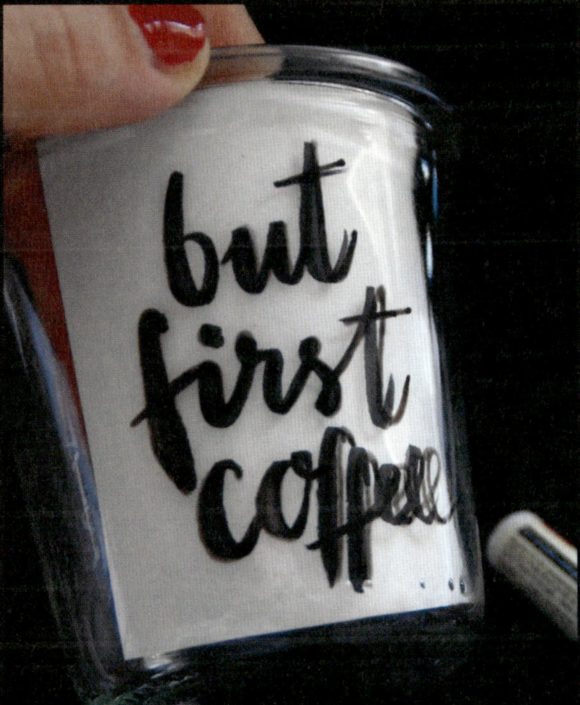
but first coffee
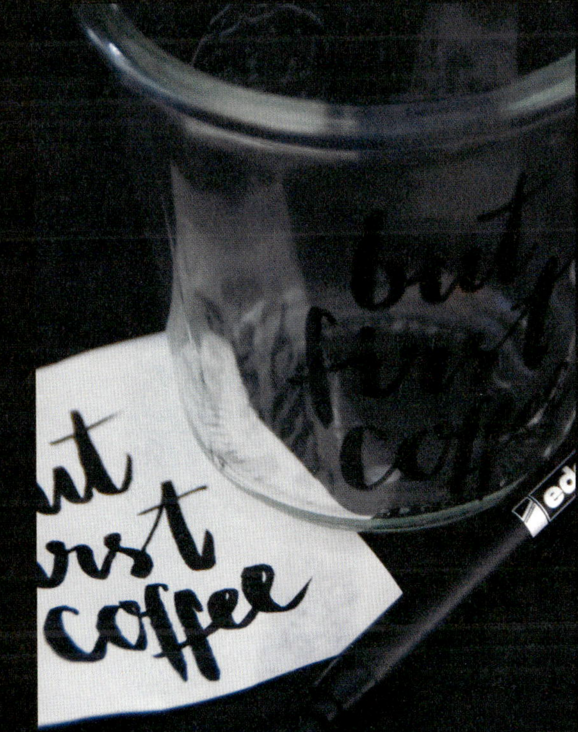
coffee

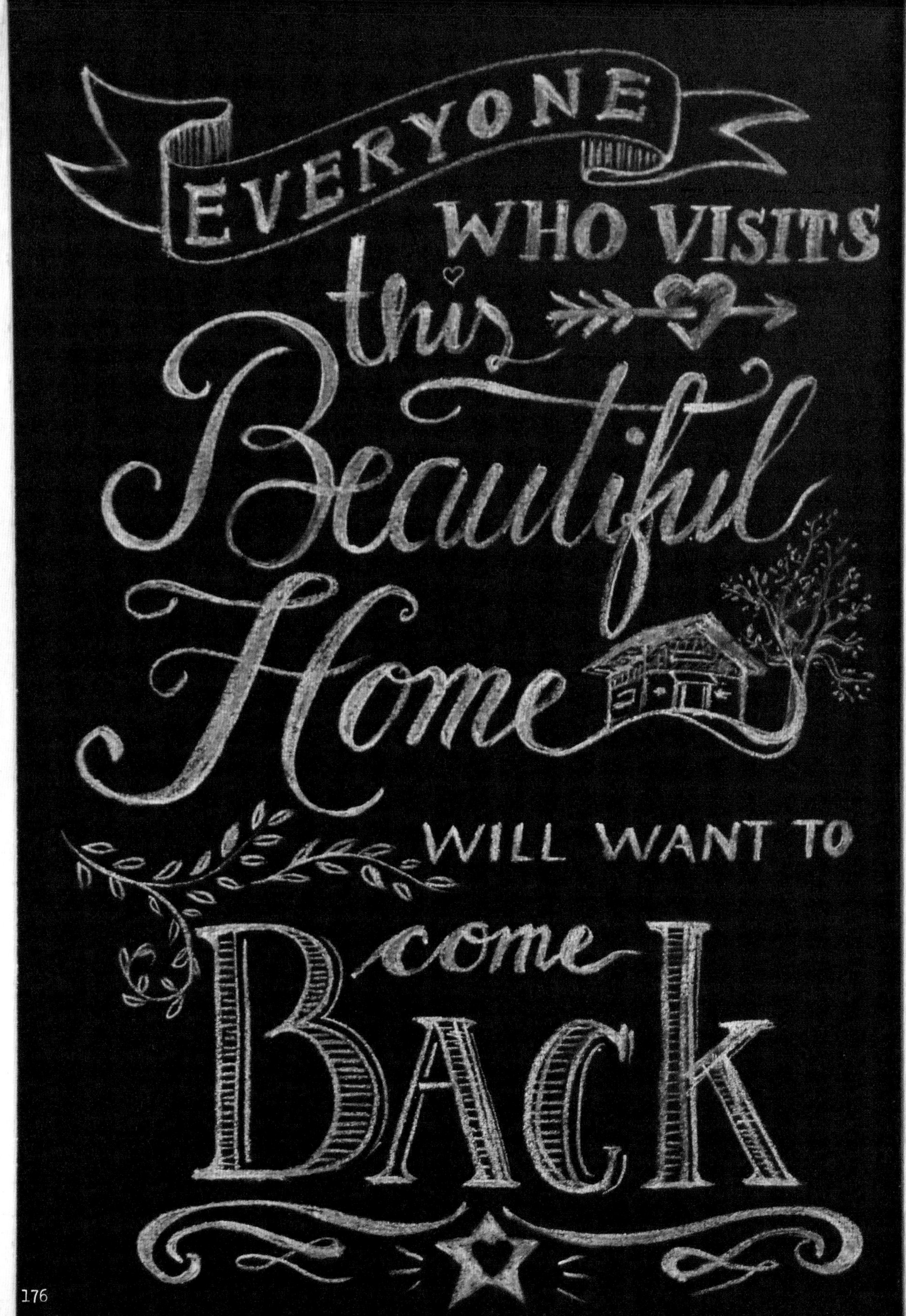
EVERYONE
WHO VISITS
this
Beautiful
Home
WILL WANT TO
come
Back

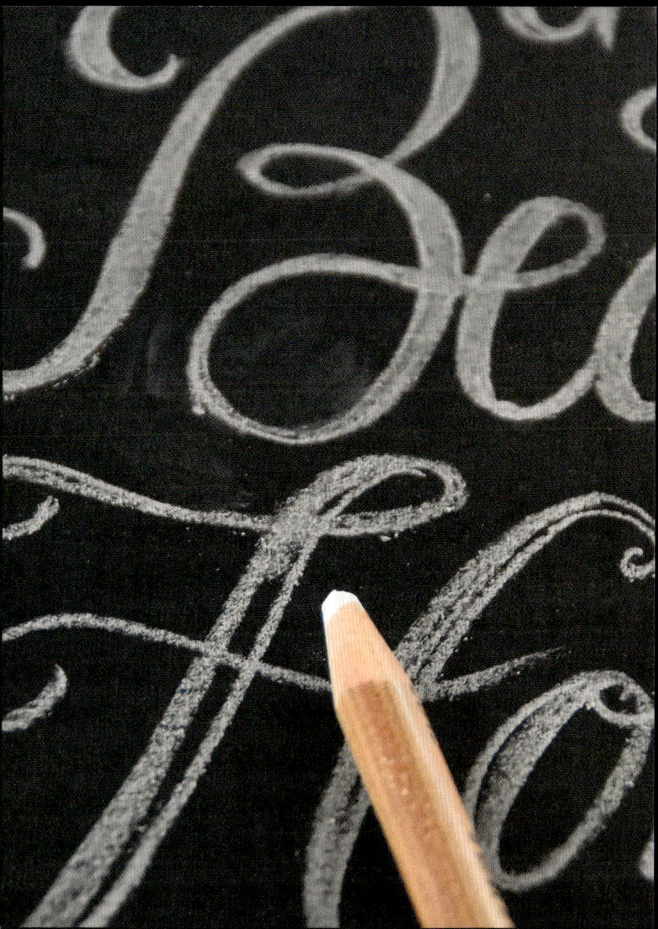

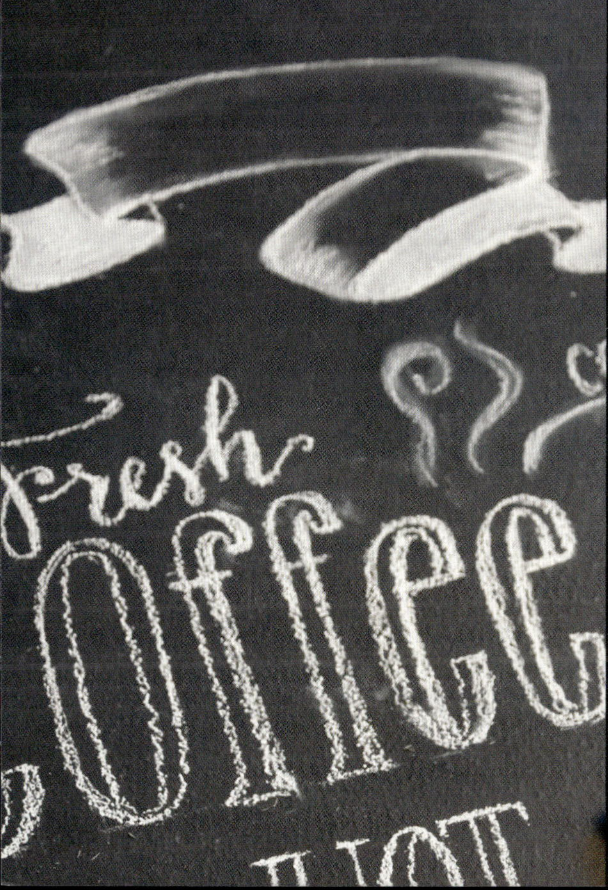

Notizen & NACHRICHTEN

Eine Wand in der Wohnung mit Kreidefarbe zu streichen, bringt Spaß und Kreativität in den Alltag. Die schwarze Fläche bietet Platz für schnelle Notizen und schön gestaltete Botschaften.

TIPP: Wer nicht gleich eine Wand streichen will, kann als Alternative eine große Holztafel nehmen. Diese ist mobil und vielseitig einsetzbar.

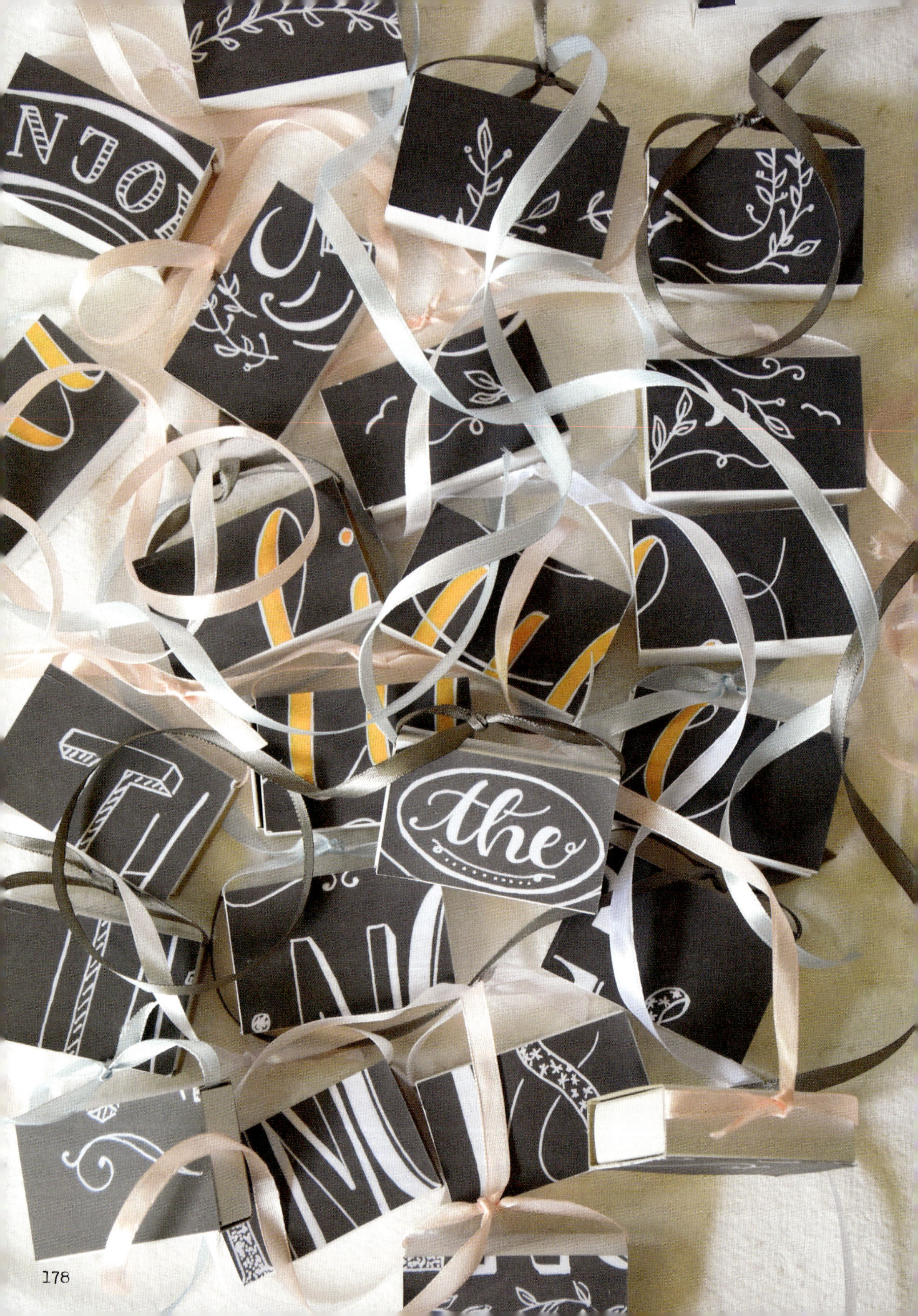
the

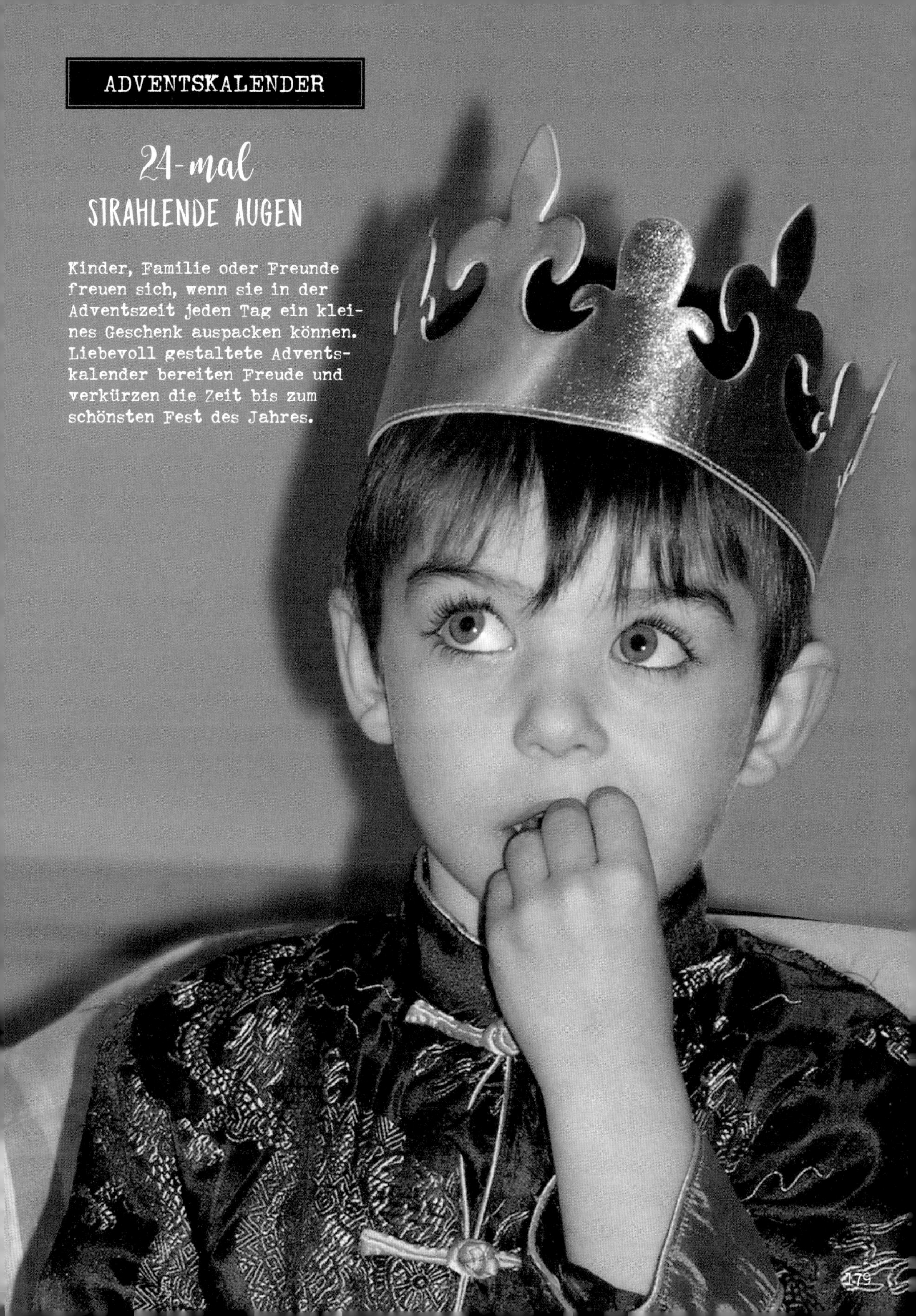

ADVENTSKALENDER

24-mal STRAHLENDE AUGEN

Kinder, Familie oder Freunde freuen sich, wenn sie in der Adventszeit jeden Tag ein kleines Geschenk auspacken können. Liebevoll gestaltete Adventskalender bereiten Freude und verkürzen die Zeit bis zum schönsten Fest des Jahres.

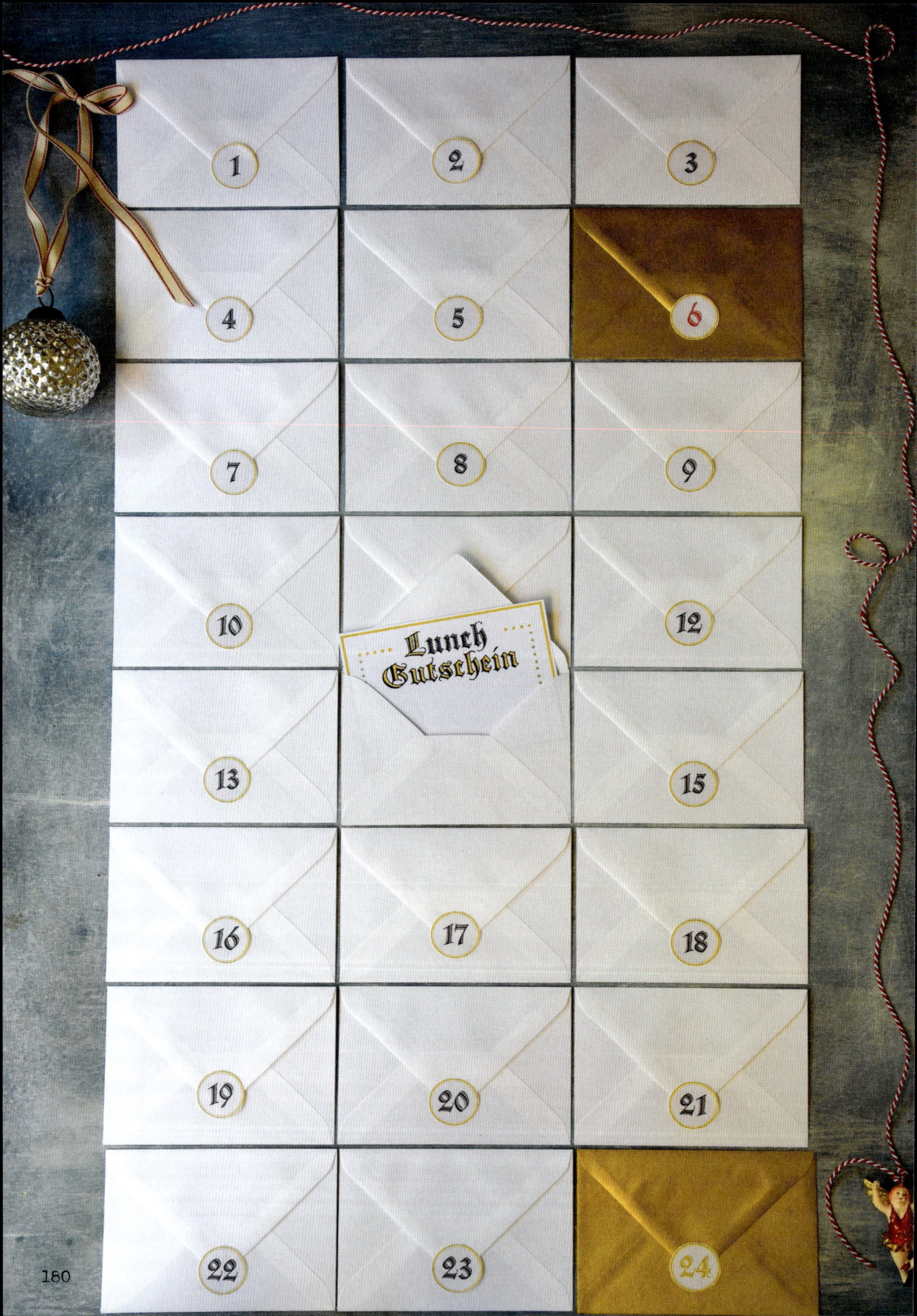
1
2
3
4
5
6
7
8
9
10
Lunch
Gutschein
12
13
15
16
17
18
19
20
21
22
23
24

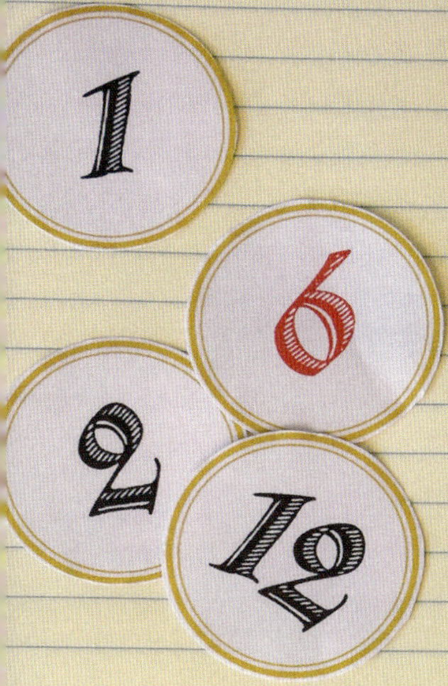

Jeden Tag

EIN BISSCHEN FREUDE

Dieser Kalender ist für alle, die in letzter Minute einen Adventskalender gestalten möchten und mit wenig Aufwand 24 kleine Glücksmomente verschenken wollen.

➳ DU BRAUCHST:

- 24 Couverts im Format C6 (162 x 114 mm), weiß / gold
- runde selbstklebende Etiketten
- Goldmarker, Gelstifte in Gold oder Glitzerfarben
- Klebstoff
- Holzbrett

➳ SO GEHT'S:

Die 24 selbstklebenden Etiketten mit dem Gelstift einmal mit einer dicken und einmal mit einer dünnen Linie umranden.
Das muss nicht ganz perfekt aussehen; auch ein etwas verwackelter Kreis hat seinen Charme.
Die Zahlen von 1 bis 24 zum Beispiel in einer gotischen Schrift jeweils in die Mitte der Etikette zeichnen.
Nun werden die Couverts mit kleinen Geschenken oder Gutscheinen gefüllt, mit der Etikette verschlossen und auf das Holzbrett geklebt.

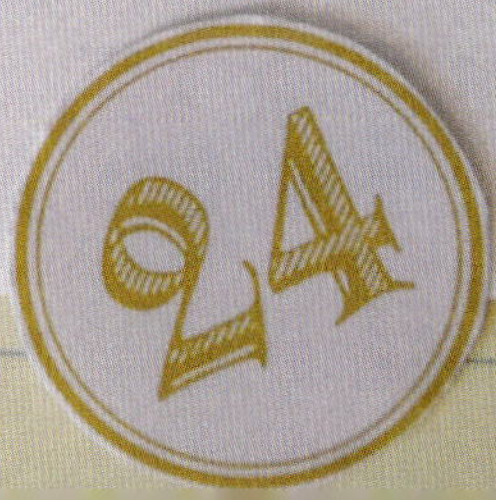

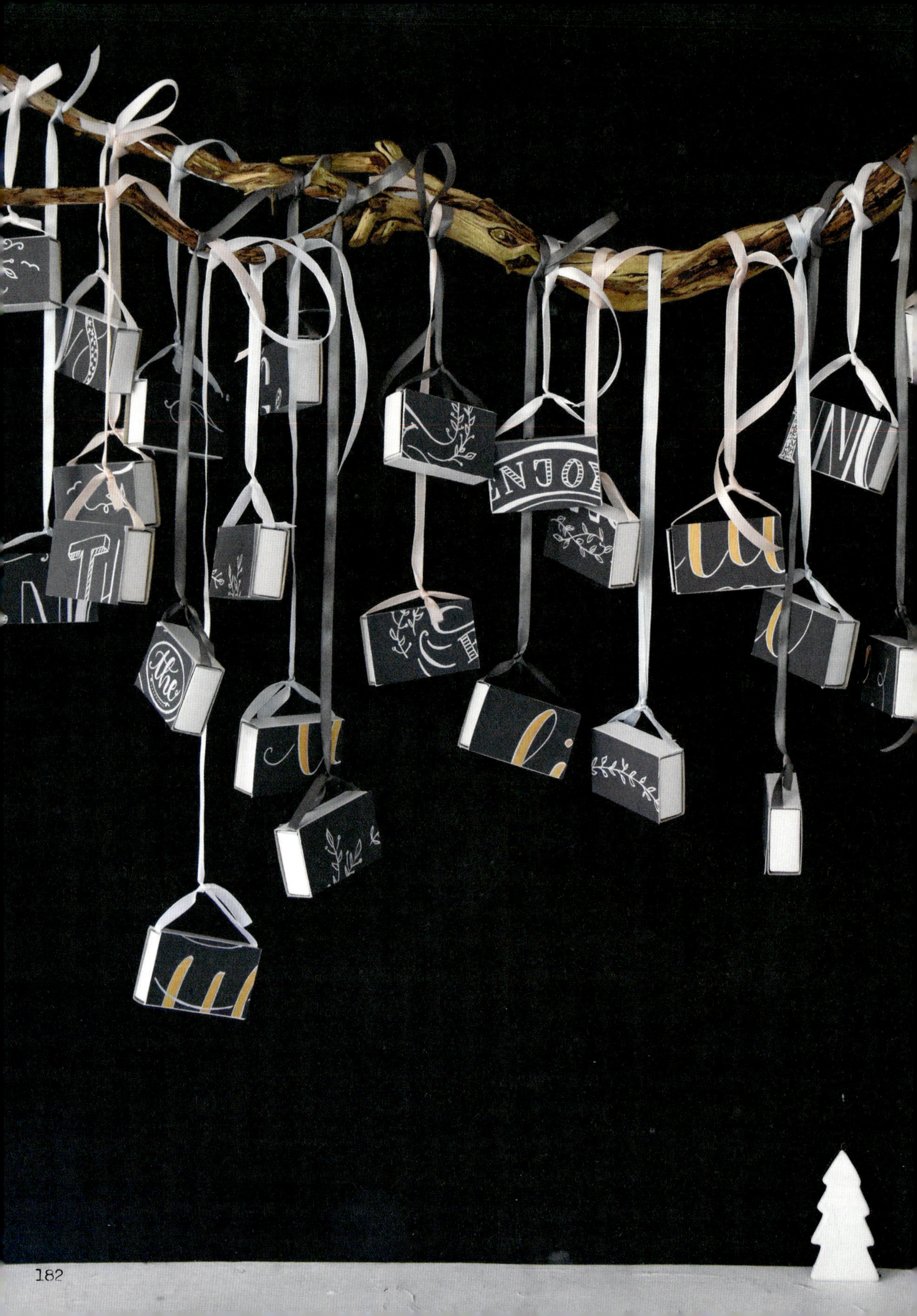
the

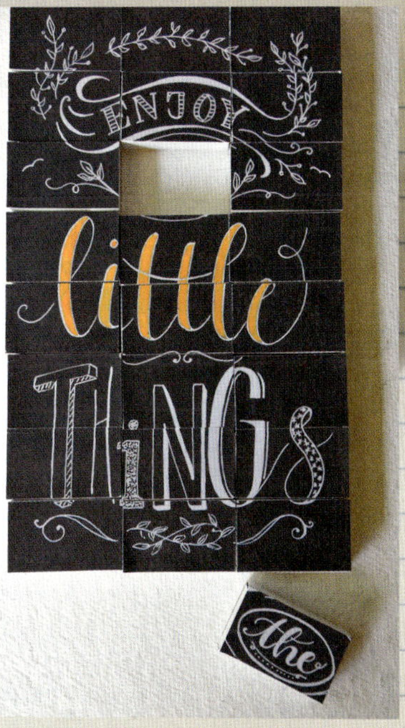

Im Kleinen
LIEGT DAS GROSSE

Dieser Adventskalender ist etwas Besonderes, da jede Schachtel zugleich ein Puzzleteil verkörpert.
Wenn man am 24. Dezember die letzte kleine Schachtel abhängt, kann das Puzzle vollendet werden. Was man in die Schachteln legt, bleibt natürlich ein Geheimnis.

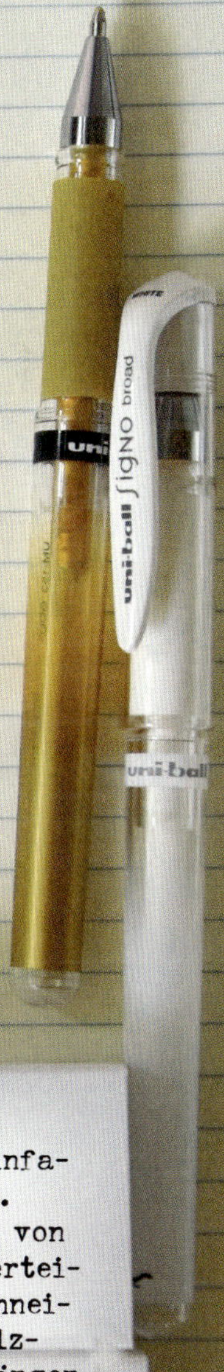

➳ DU BRAUCHST:

- Halbkarton, 177 x 272 mm groß
- Schreibstifte
- Streichholzschachteln, am besten in Weiß (37 x 34 mm)
- Klebstoff
- Band
- Ast

TIPP:
EINEN BESONDEREN EFFEKT ERZIELT MAN, INDEM MAN EINE LAMPENGIRLANDE UM DEN AST WICKELT.

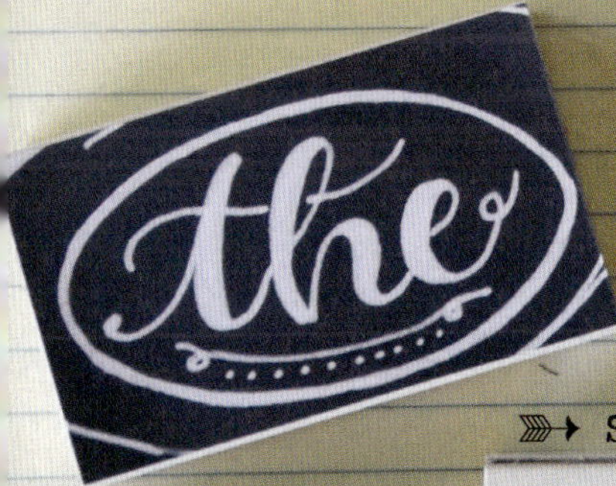

➳ SO GEHT'S:

Den Halbkarton mit einem schönen Schriftbild gestalten. Je ruhiger der Hintergrund, desto einfacher ist es später, das Puzzle zusammenzusetzen. Das fertige Bild in einen gleichmäßigen Raster von 3 senkrechten und 8 waagerechten Streifen unterteilen. Das Bild den Linien entlang in 24 Teile schneiden und diese auf die Oberfläche der Streichholzschachteln kleben. Band in unterschiedlichen Längen durch den äußeren Schuber der Schachtel ziehen und verknoten. (Auf diese Weise können die Schachteln – am entsprechenden Tag – geöffnet werden, ohne dass man sie von der Aufhängung entfernen muss.) Die fertigen Schachteln in unterschiedlicher Länge zum Beispiel an einem Aststück befestigen.

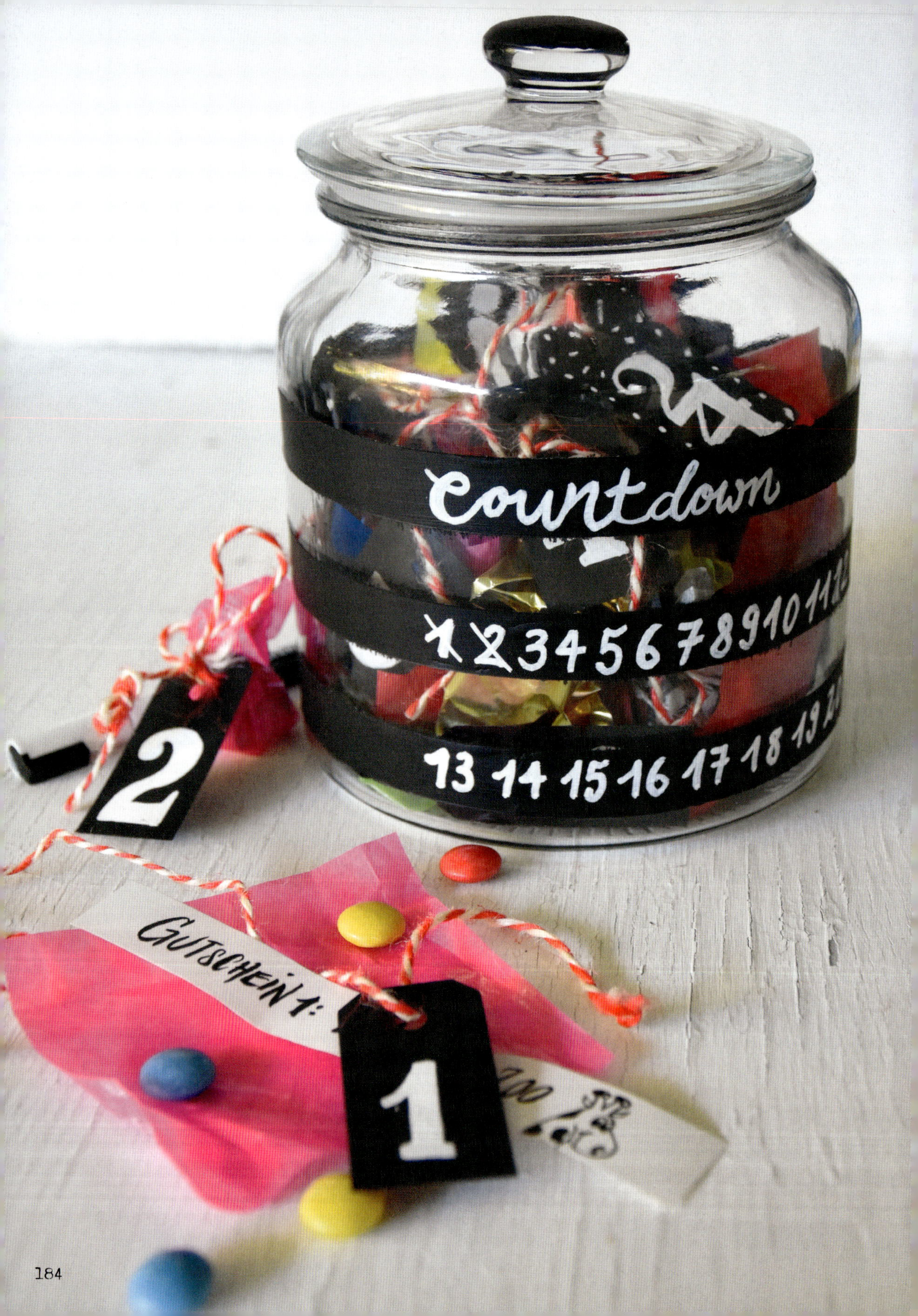
countdown
1 2 3 4 5 6 7 8 9 10 11
13 14 15 16 17 18 19
2
GUTSCHEIN 1:
1

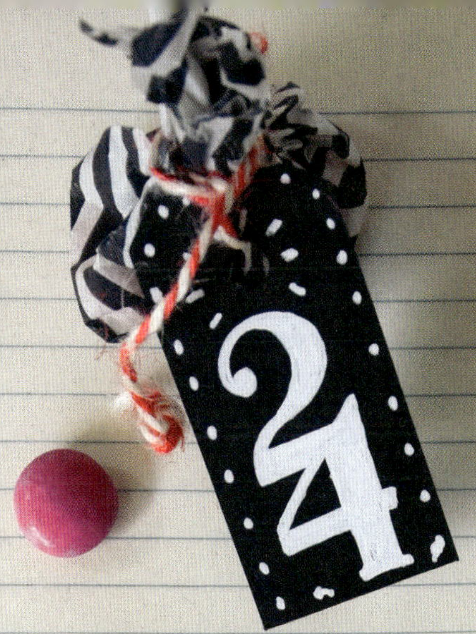

DU BRAUCHST:

- 1 großes Einmachglas
- 24 Seidenpapierquadrate, jeweils ca. 100 x 100 mm, uni, farbig
- 24 schmale Papierstreifen
- Kleine Etiketten, aus schwarzem Papier zugeschnitten
- Fineliner und Marker
- Verschiedenfarbiges Band
- Klebeband /Tafelfarbe
- Kreidemarker weiß

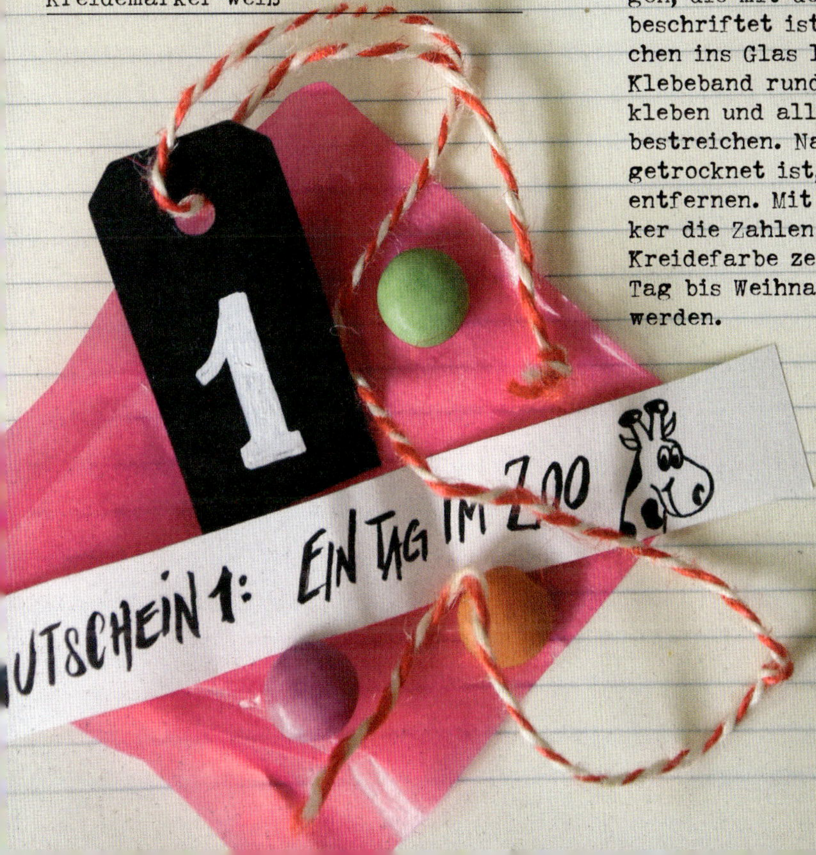

Glück IM GLAS

Dieser ganz spezielle Adventskalender ist ein Eyecatcher, den man am liebsten selber behalten möchte.
Als kleine Geschenke für Kinder eignen sich zum Beispiel runde Kaugummis, die man in buntes Seidenpapier wickelt, und Gutscheine für kleine Ausflüge oder Unternehmungen.
Für Erwachsene kann man auch einen Papierstreifen mit einem Spruch schön belettern und diesen in das Seidenpapier wickeln.

SO GEHT'S:

Um die Kaugummis oder die Papierstreifen mit den Sprüchen gut einwicklen zu können, benötigt man dünnes Papier wie zum Beispiel Seidenpapier. Dieses ist in verschiedenen Farben erhältlich. Die Sprüche oder ein schönes Wort auf schmale Papierstreifen schreiben, diese jeweils auf ein Seidenpapierquadrat legen, einwickeln und mit verschiedenfarbigen Bändern zuschnüren. An jedes Band eine kleine Etikette hängen, die mit den Zahlen von 1 bis 24 beschriftet ist. Die fertigen Päckchen ins Glas legen. Einige Streifen Klebeband rund um das Einmachglas kleben und alles mit Tafelfarbe bestreichen. Nachdem die Farbe gut getrocknet ist, die Klebestreifen entfernen. Mit weißem Kreidemarker die Zahlen von 1 bis 24 auf die Kreidefarbe zeichnen. So kann jeder Tag bis Weihnachten durchgestrichen werden.

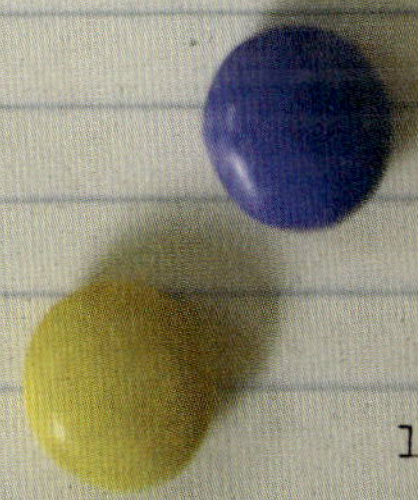

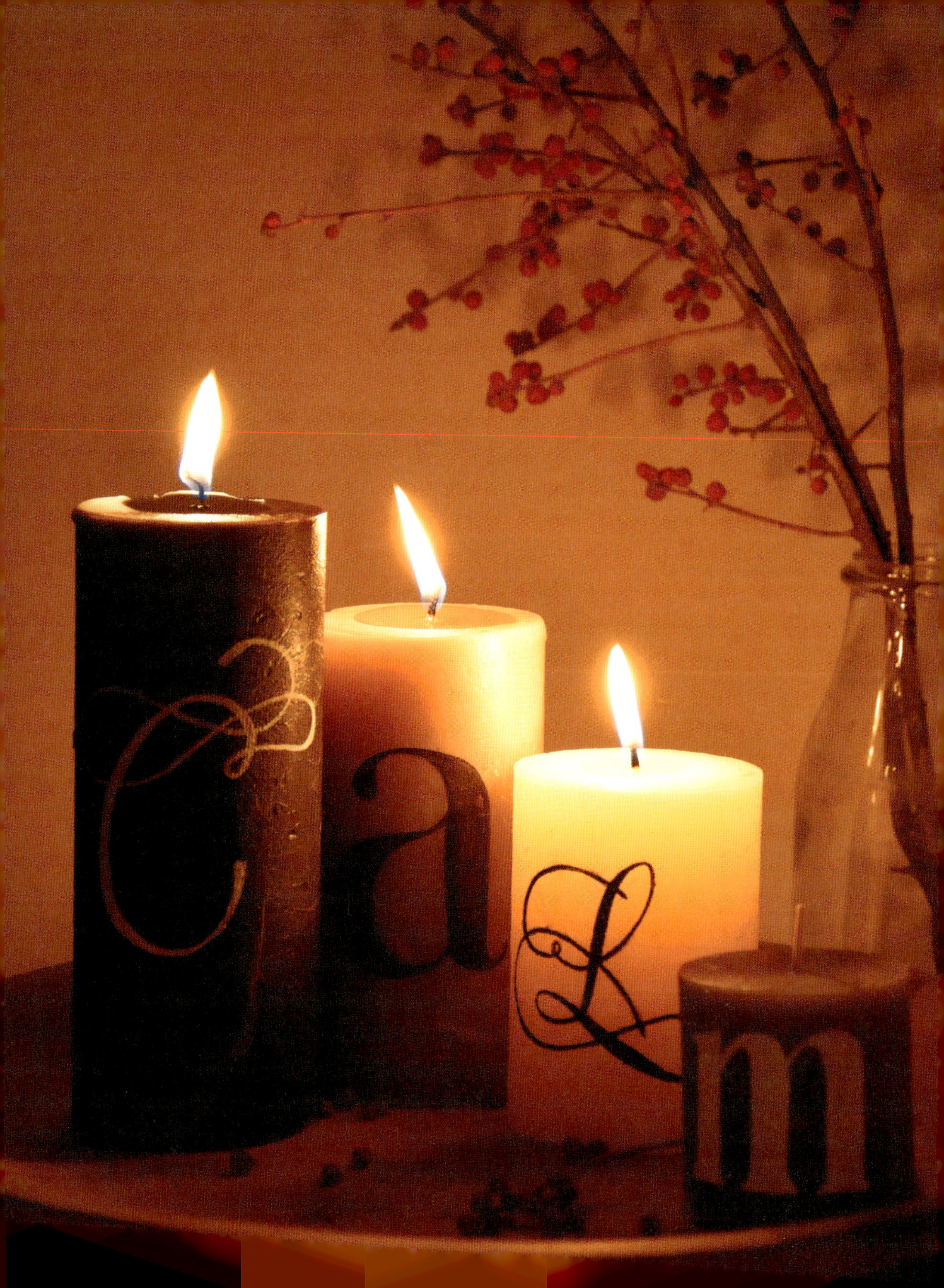
c
a
L
m

Warmes
LICHT FÜR DICH

Kerzenlicht erwärmt die Herzen von Groß und Klein. Mit den richtigen Stiften oder einer einfachen Transfertechnik lassen sich die Kerzen für den Adventskranz oder die winterliche Wohnungsdekoration wunderschön individuell beschriften und gestalten.

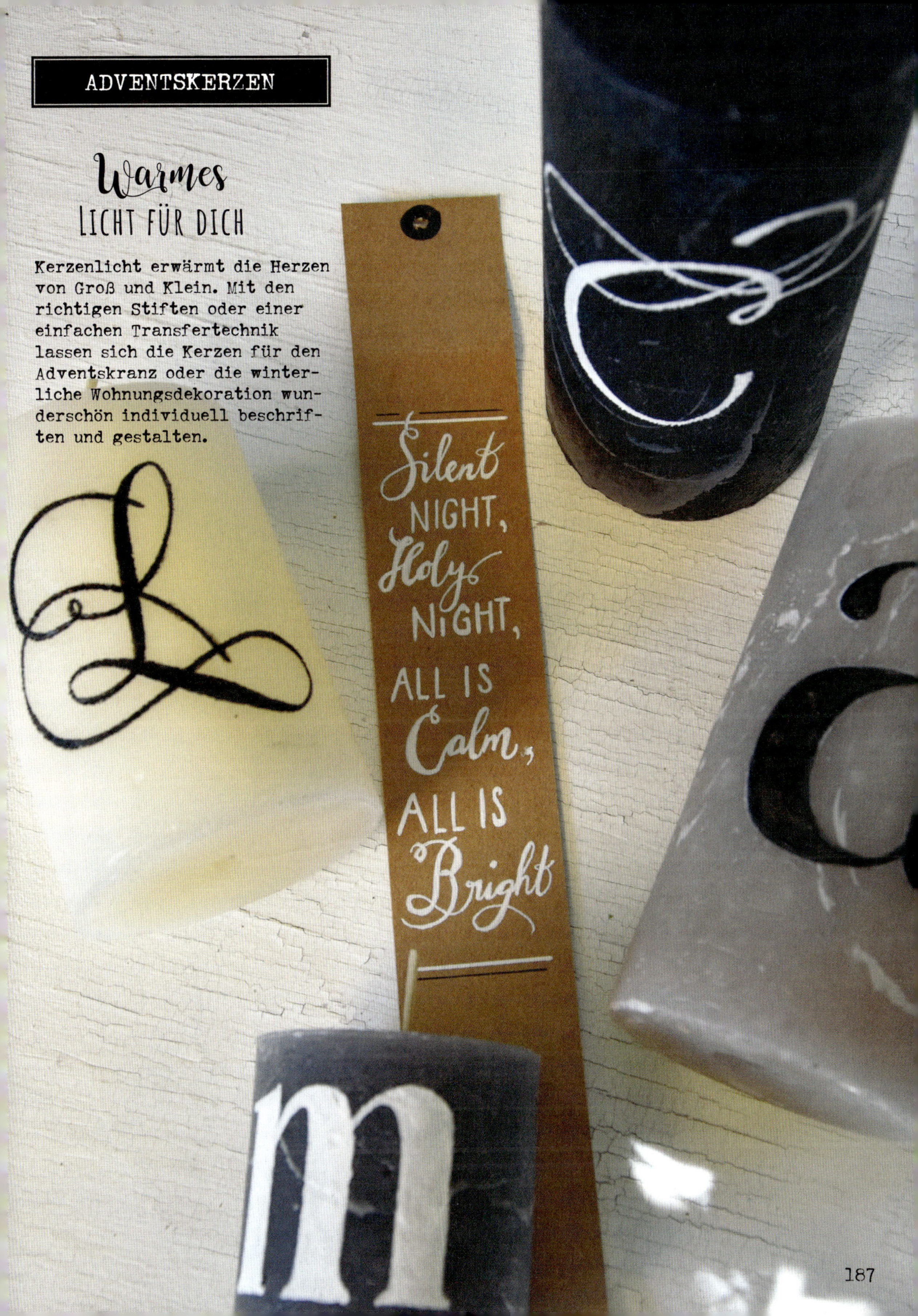

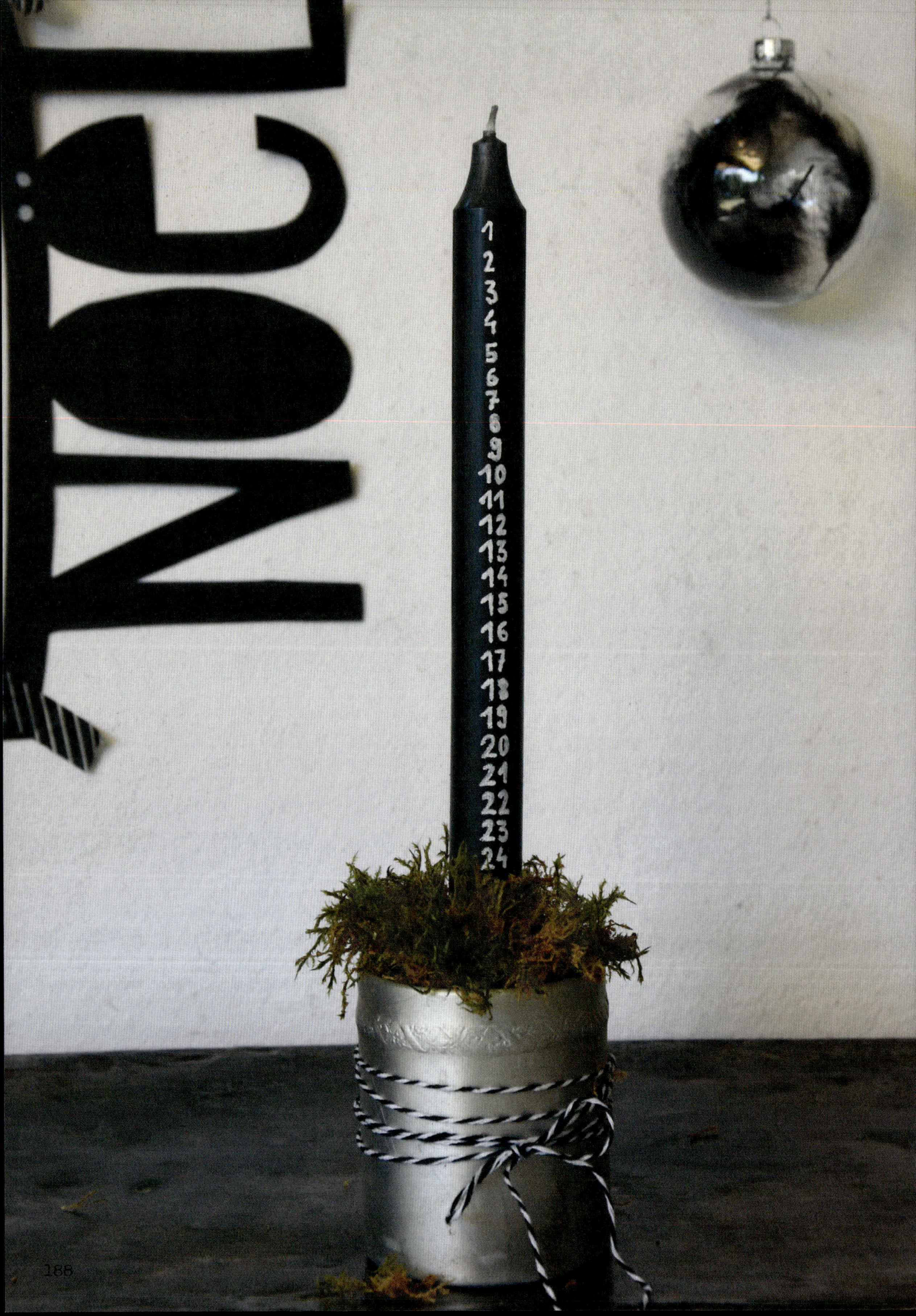
1 2 3 4 5 6 7 8 9 10 11 12 13 14 15 16 17 18 19 20 21 22 23 24

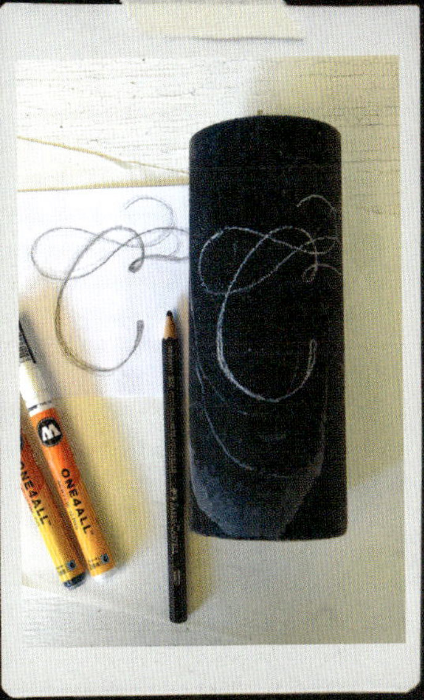

Die Buchstaben mit Bleistift auf ein Papier zeichnen ...

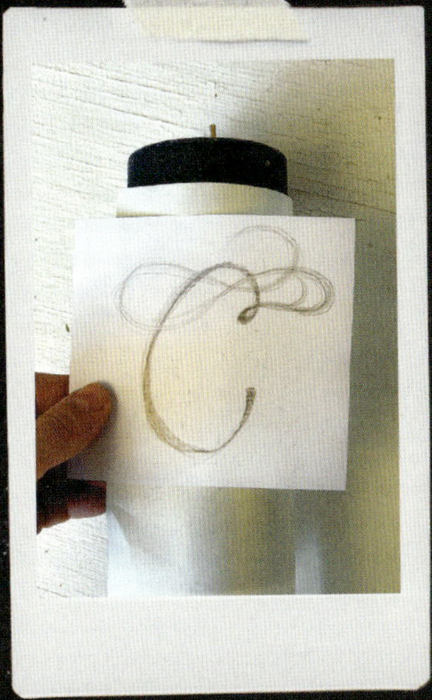

... mit Graphitpapier auf die Kerze übertragen ...

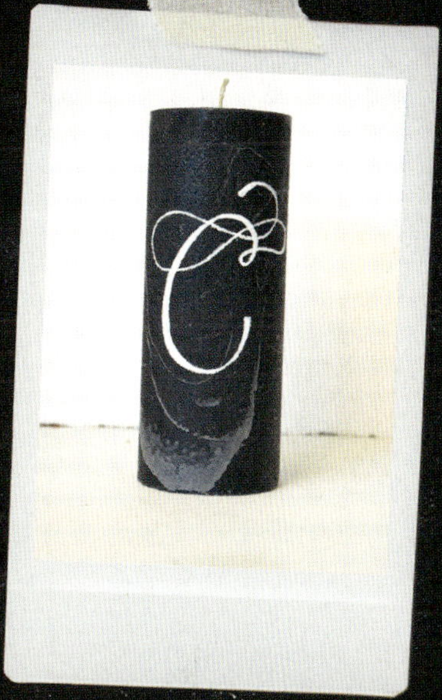

... und mit dem Acrylmarker Molotow One4all nachzeichnen.

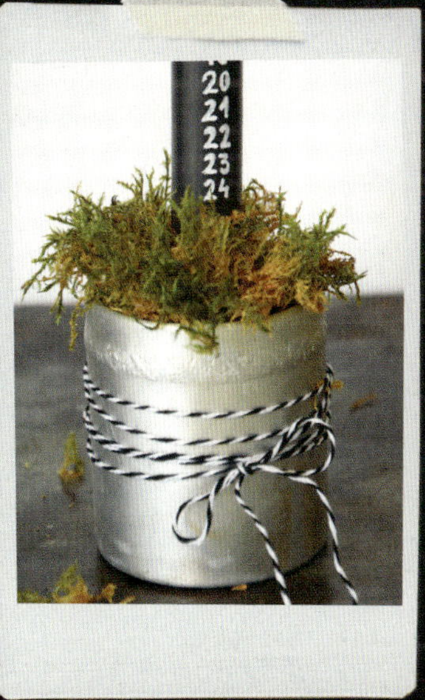

Bei diesem Beispiel habe ich die schwarze Kerze direkt mit dem weißen Molotow Marker beschriftet. Am besten erstellt man dafür zuerst einen Entwurf in der Originalgröße, um die Zahlen danach mit den richtigen Abständen auf die Kerze zu zeichnen.

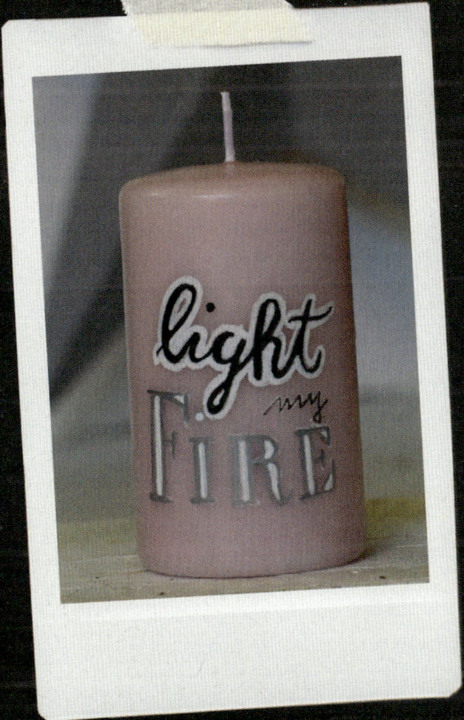

Adventskerzen lassen sich mit ganz persönlichen Motiven gestalten.

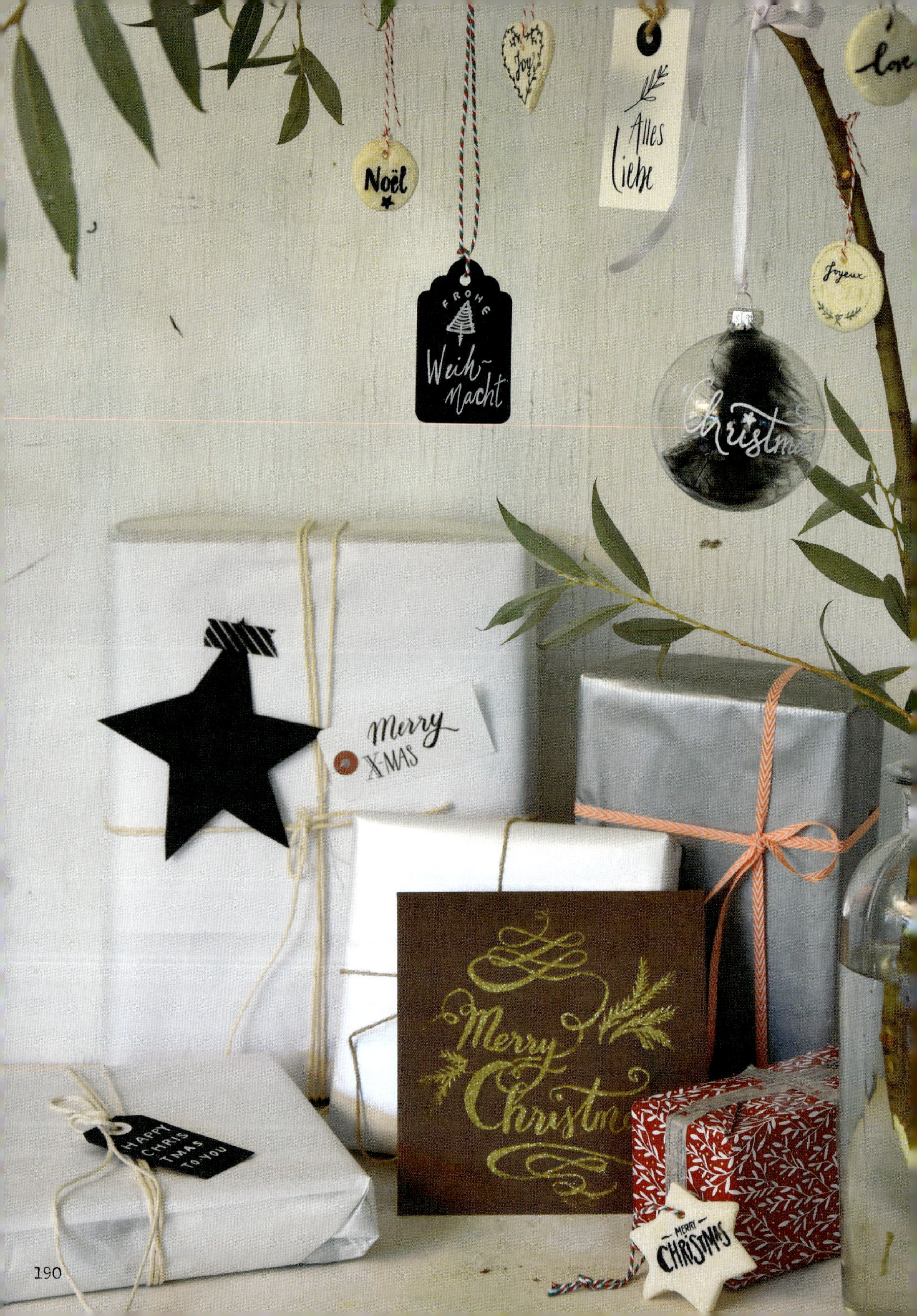
Noël
Joy
Alles Liebe
Love
Joyeux
FROHE Weih-nacht
Christmas
Merry X-MAS
Merry Christmas
HAPPY CHRIS TMAS TO YOU
MERRY CHRISTMAS

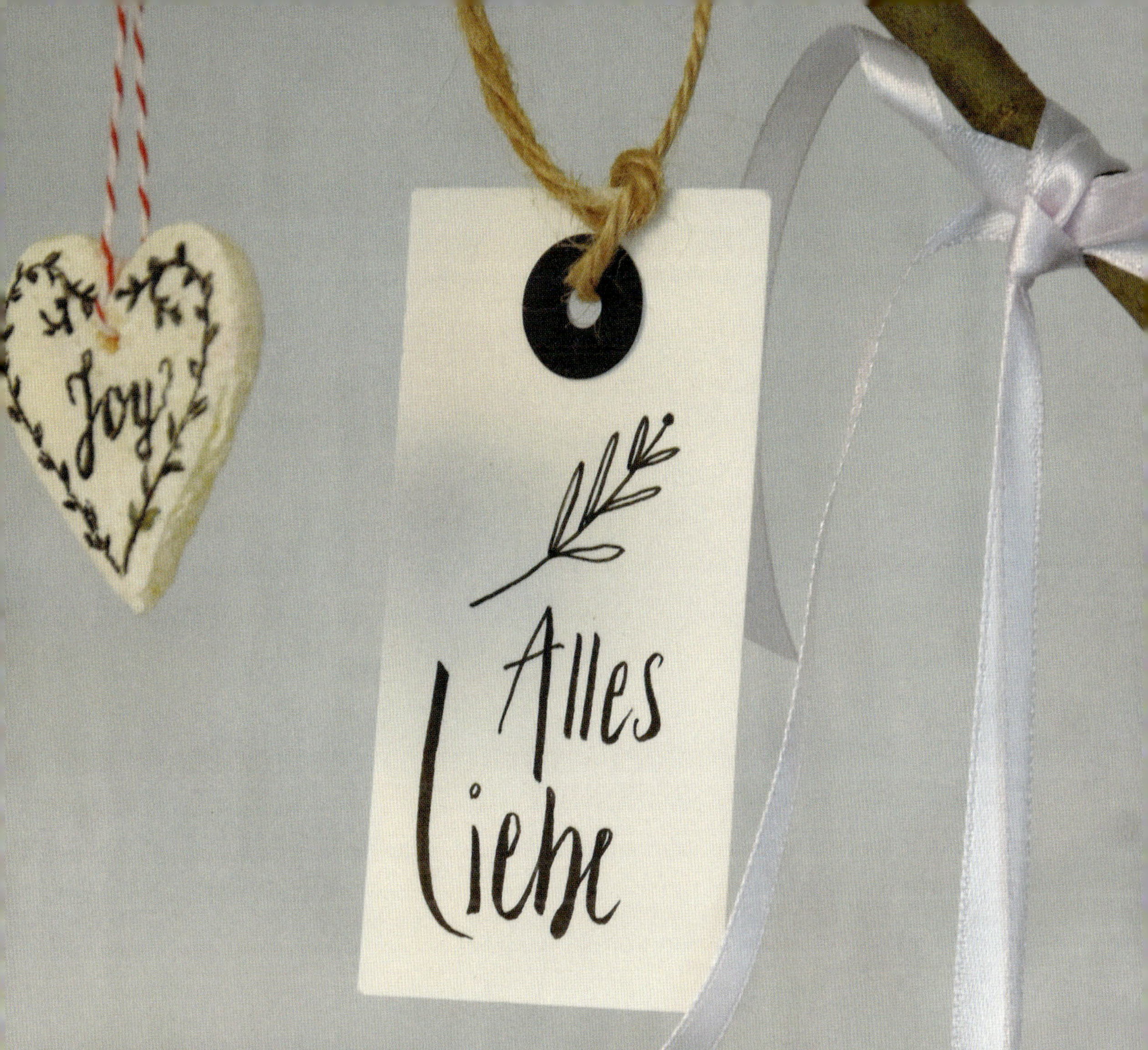

WEIHNACHTS-LETTERING

Geschenke
HANDMADE WITH LOVE

Jedes Geschenk, mag es noch so klein sein, wirkt um vieles persönlicher, wenn es von Hand beschriftet ist. Ob auf Etiketten oder mit Fineliner, Brushpen oder Tinte direkt auf die Papierverpackung gezeichnet. Auch Handlettering-Anfänger erzielen dabei sehr schnell großartige Ergebnisse.

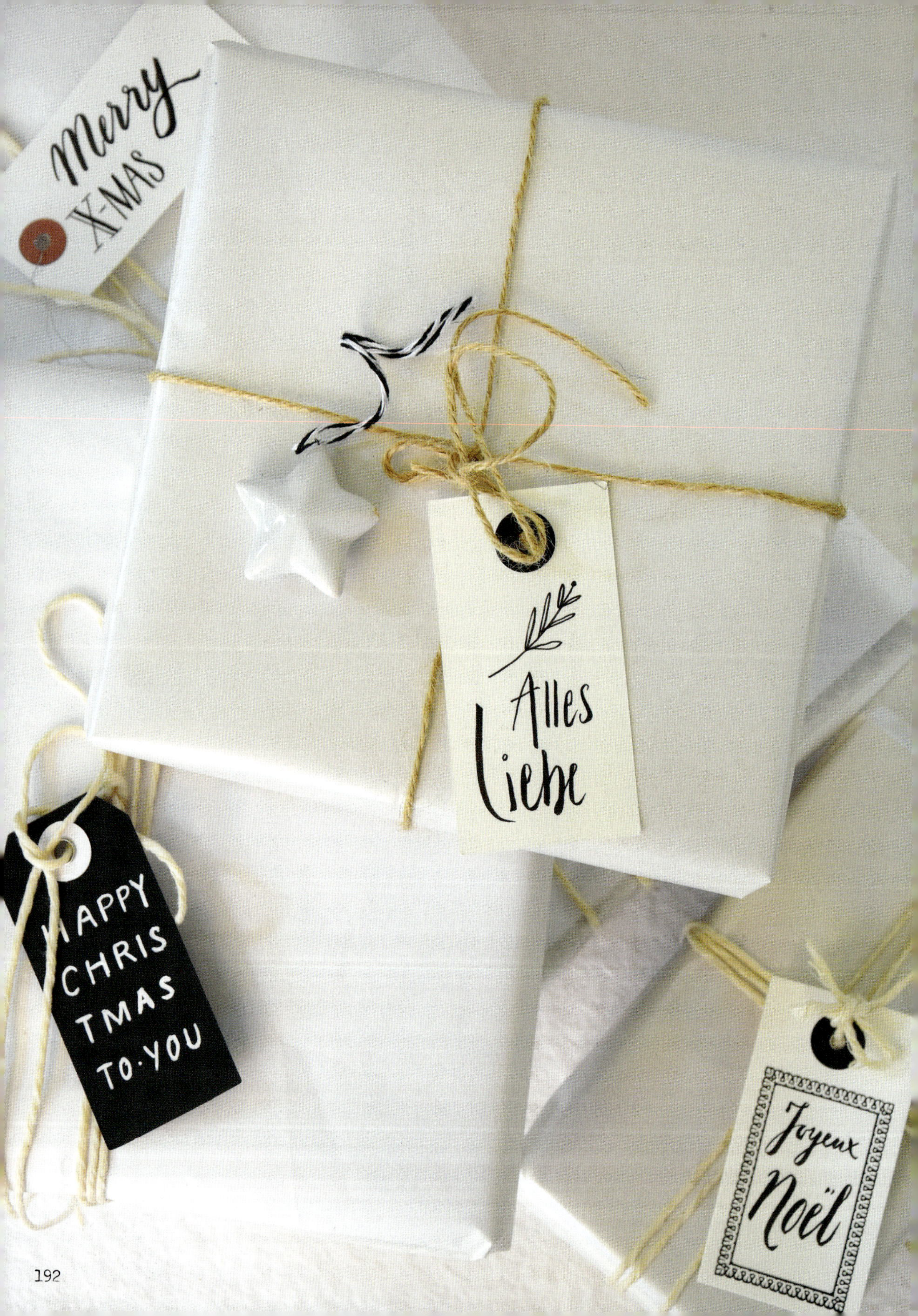

Merry
X-MAS
Alles
Liebe
HAPPY
CHRIS
TMAS
TO·YOU
Joyeux
Noël

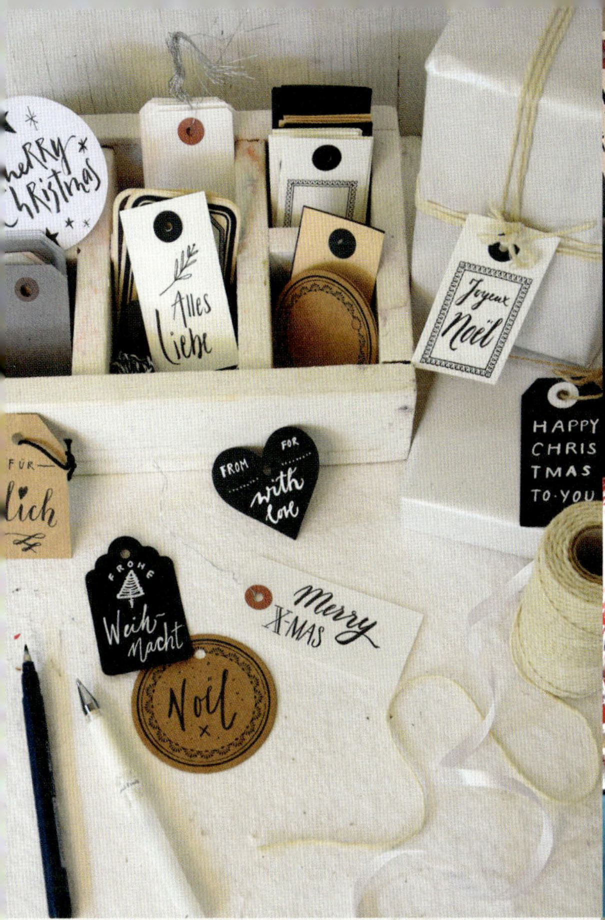

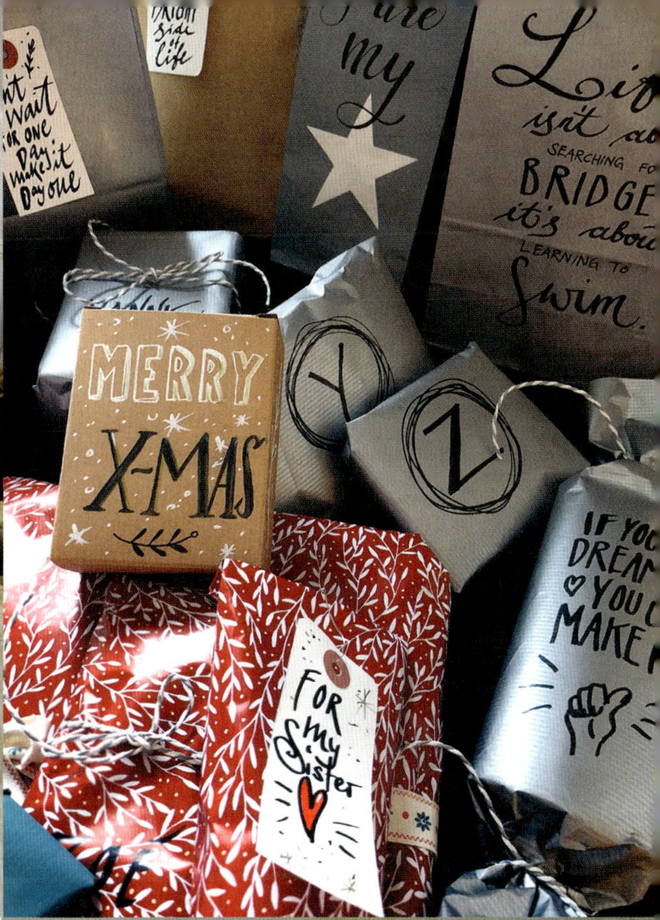

Schachteln
IN NEUEM GLANZ

Das ganze Jahr über sammle ich Schachteln in verschiedenen Größen. Mit einem schönen Papier überzogen, entsteht selbst aus einer Schuhschachtel eine edle Verpackung. Eine mit einfarbigem Papier überzogene Box wirkt, mit einem beschrifteten Papierband umwickelt, klassisch und hochwertig. Oder man zeichnet Sprüche oder Zitate auf die Verpackung, dann landet diese nach Weihnachten bestimmt nicht im Müll.

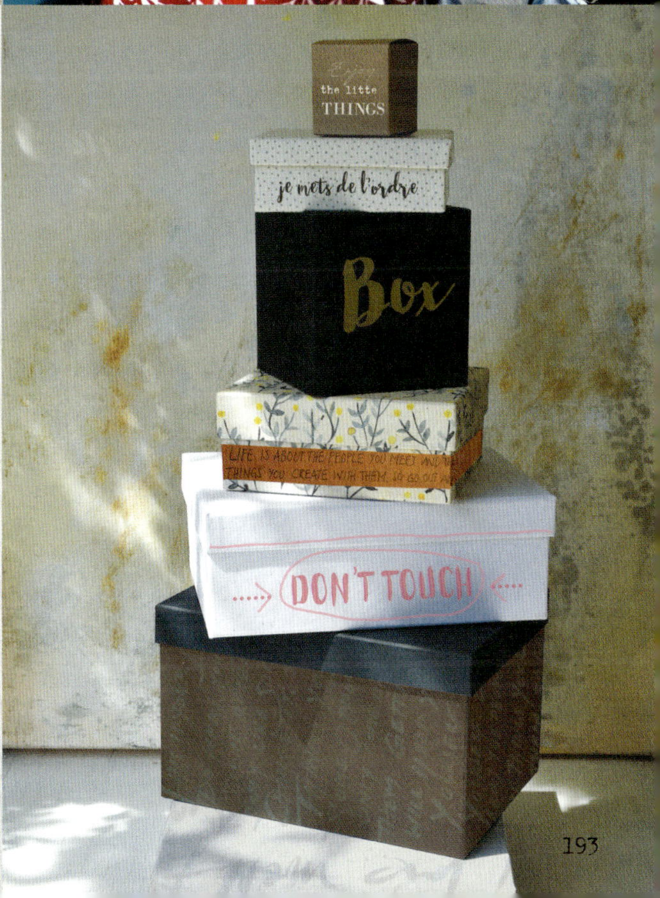

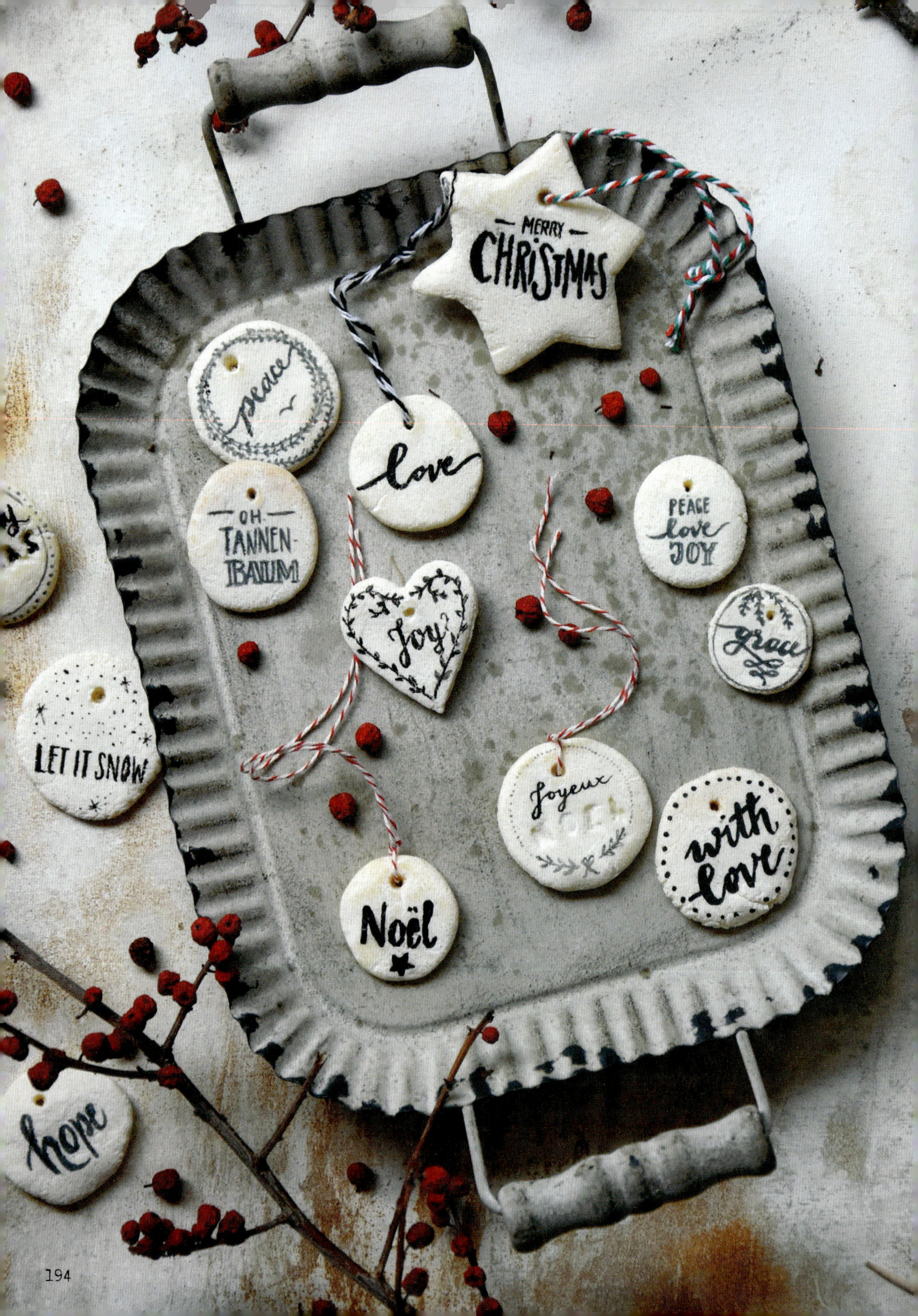
MERRY
CHRISTMAS
peace
love
OH
TANNEN
BAUM
joy
PEACE
love
JOY
grace
LET IT SNOW
Joyeux
with
love
Noël
hope

Weihnachtsanhänger
AUS SALZTEIG

Schon in meiner Kindheit haben meine Geschwister und ich viele kleine Deko-Elemente oder Figuren aus Salzteig gebastelt. Der Teig ist im Handumdrehen hergestellt, die Zutaten hat man meistens im Vorratsschrank.

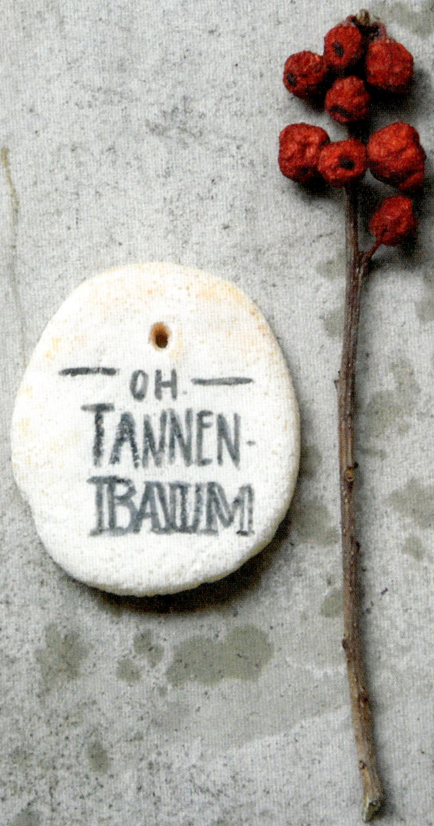

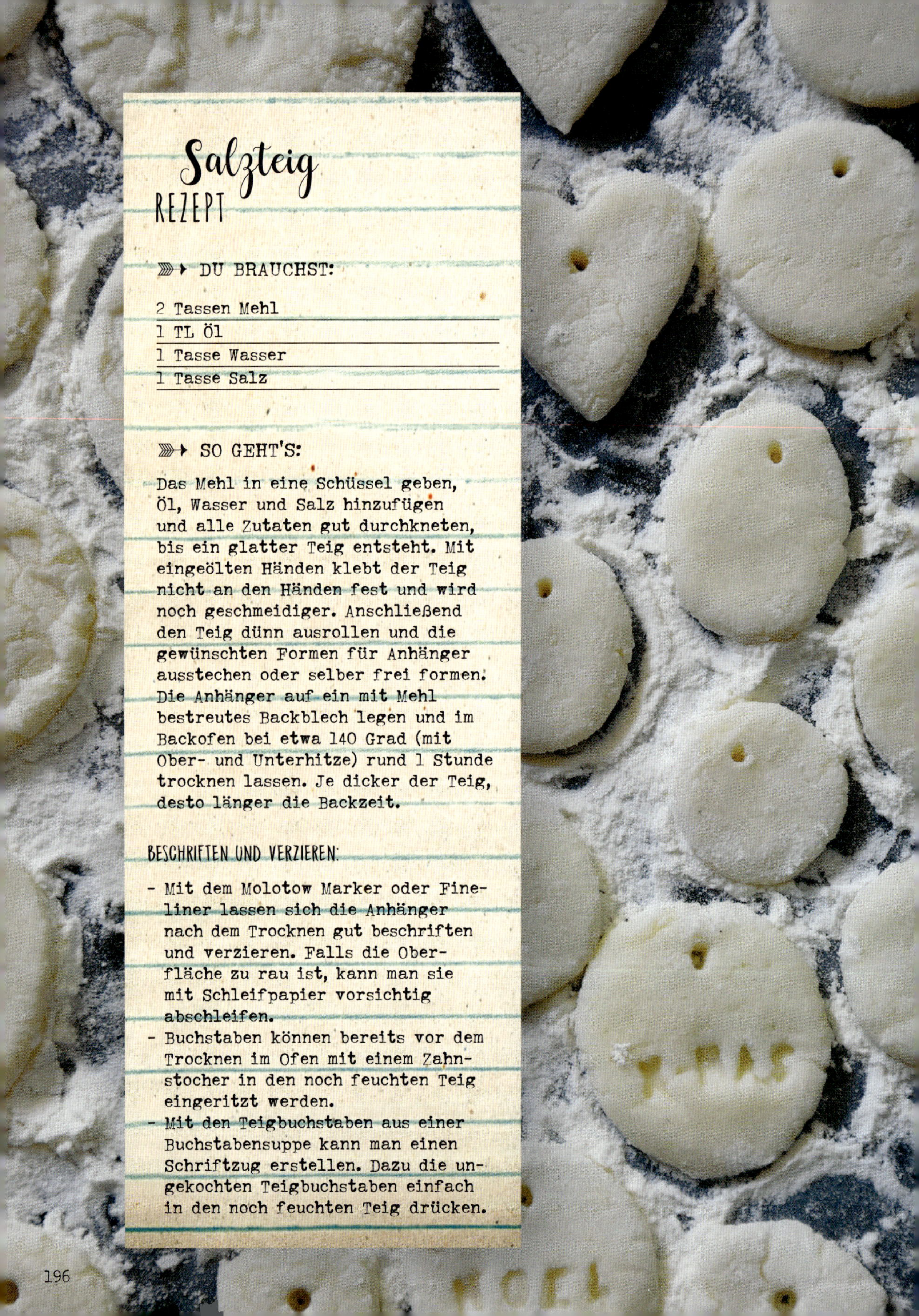

Salzteig
REZEPT

➳ DU BRAUCHST:

2 Tassen Mehl
1 TL Öl
1 Tasse Wasser
1 Tasse Salz

➳ SO GEHT'S:

Das Mehl in eine Schüssel geben, Öl, Wasser und Salz hinzufügen und alle Zutaten gut durchkneten, bis ein glatter Teig entsteht. Mit eingeölten Händen klebt der Teig nicht an den Händen fest und wird noch geschmeidiger. Anschließend den Teig dünn ausrollen und die gewünschten Formen für Anhänger ausstechen oder selber frei formen. Die Anhänger auf ein mit Mehl bestreutes Backblech legen und im Backofen bei etwa 140 Grad (mit Ober- und Unterhitze) rund 1 Stunde trocknen lassen. Je dicker der Teig, desto länger die Backzeit.

BESCHRIFTEN UND VERZIEREN:

- Mit dem Molotow Marker oder Fineliner lassen sich die Anhänger nach dem Trocknen gut beschriften und verzieren. Falls die Oberfläche zu rau ist, kann man sie mit Schleifpapier vorsichtig abschleifen.
- Buchstaben können bereits vor dem Trocknen im Ofen mit einem Zahnstocher in den noch feuchten Teig eingeritzt werden.
- Mit den Teigbuchstaben aus einer Buchstabensuppe kann man einen Schriftzug erstellen. Dazu die ungekochten Teigbuchstaben einfach in den noch feuchten Teig drücken.

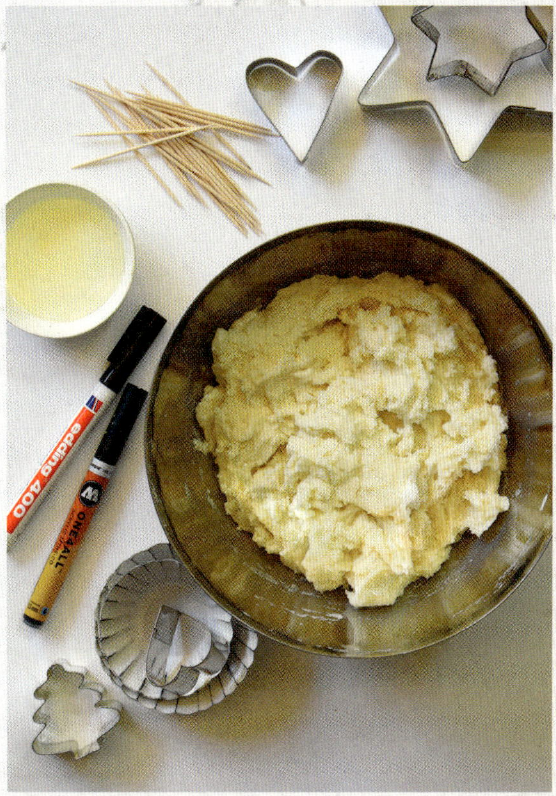
edding 400
ONE4ALL

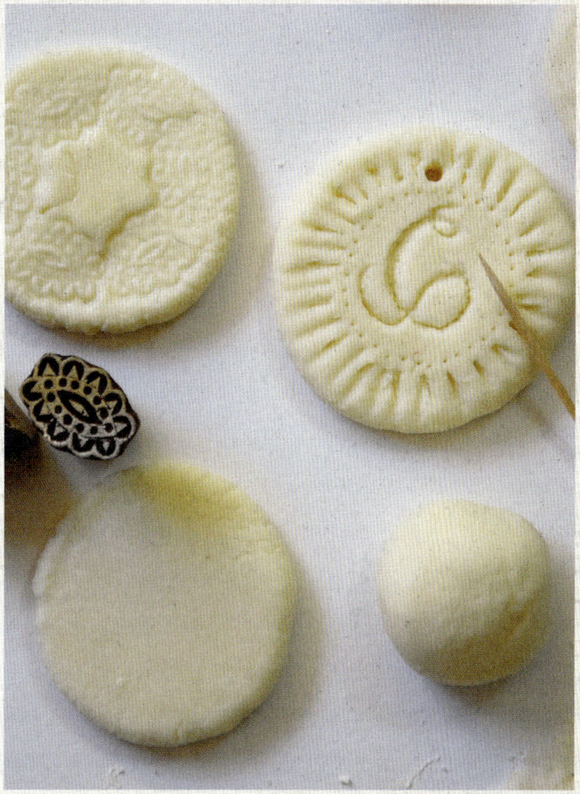

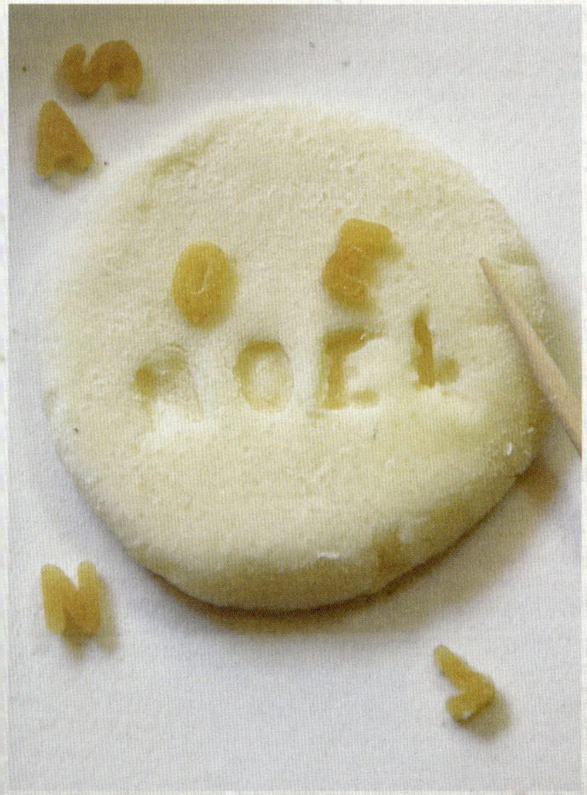

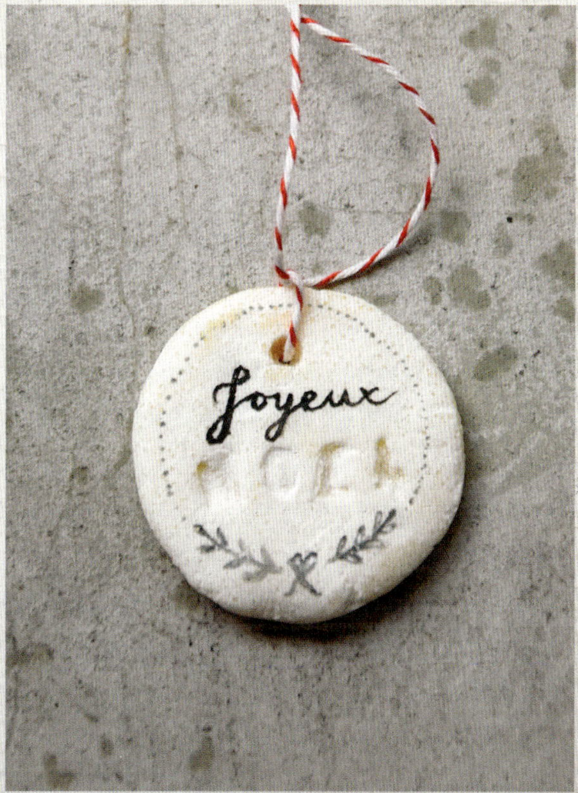
Joyeux

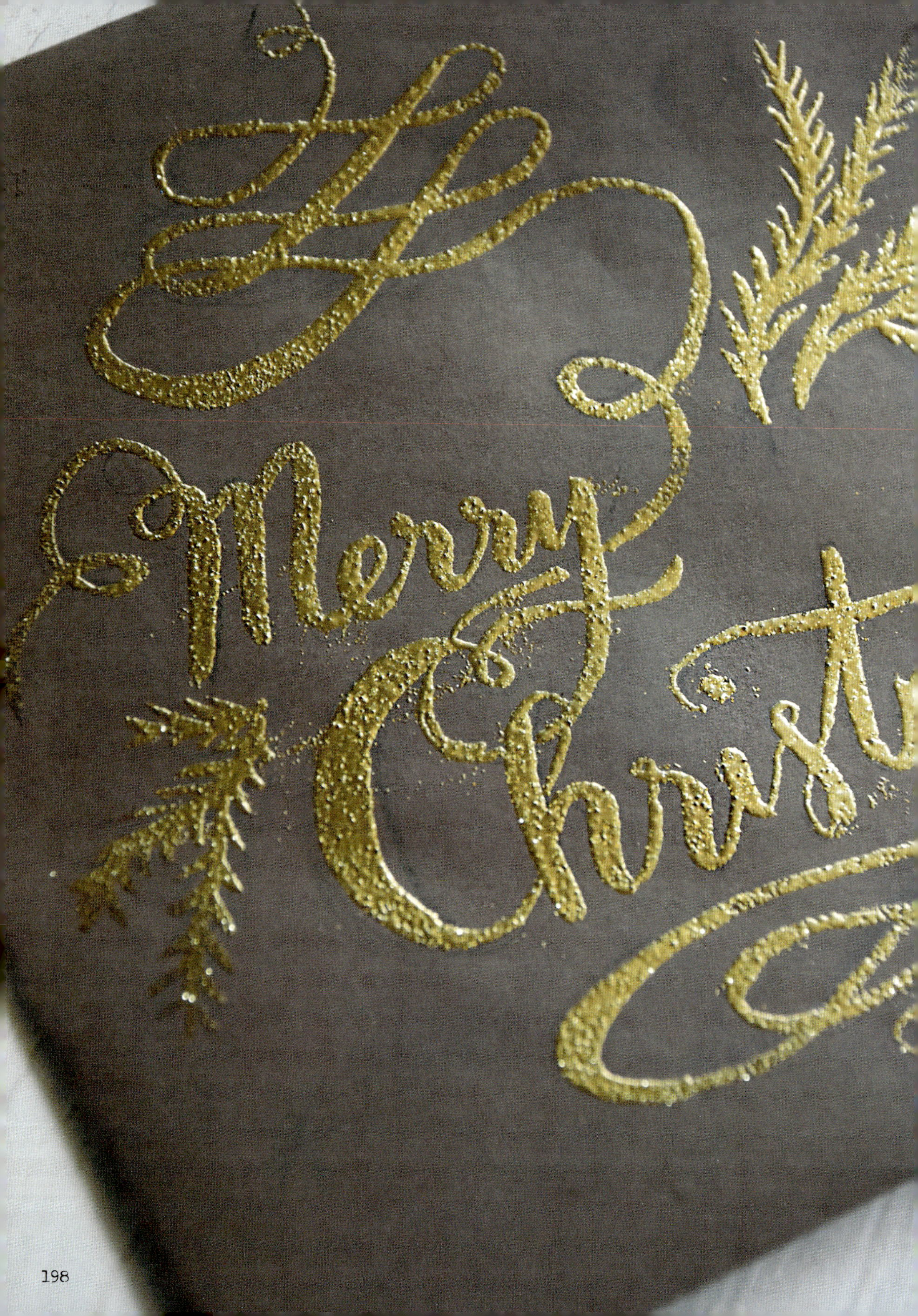
Merry
Christ

Weihnachtskarten

MIT PRÄGE- UND GLITZEREFFEKT

Diese einfache Art, einen wunderbaren Goldprägeeffekt zu erzielen, verschönert jede Weihnachtskarte, aber auch Etiketten, Geschenkverpackungen, Logos, kleine Auflagen von Visitenkarten, Hochzeitseinladungen oder Adventskalender. Überall wo ein zusätzlicher Gestaltungseffekt für einen Schriftzug gewünscht ist, bietet sich die Embossing-Technik an.

Embossing bedeutet auf Deutsch prägen; die Schrift oder der Druck hebt sich mit dieser Technik reliefartig von der Oberfläche ab. Man benötigt dazu einen Embossing-Stift und Embossing-Pulver. Der Stift ist zweiteilig, auf der einer Seite befindet sich eine Brushpen-Spitze und auf der anderen eine Kalligrafie-Spitze. Damit lassen sich alle Arten von Papier oder anderen Unterlagen, die sich leicht erwärmen lassen, beschriften. Wegen der Erhitzung ist etwas dickeres Papier empfehlenswert. Das Pulver ist in vielen verschiedenen Farben erhältlich und hält, außer auf Stoff, neben Papier auch auf anderen Materialien wie Metall, Holz und Glas.

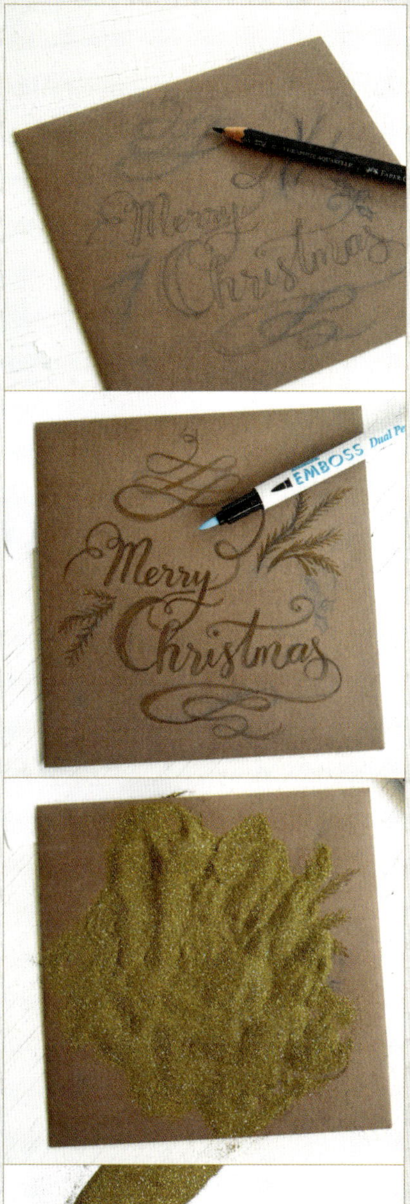

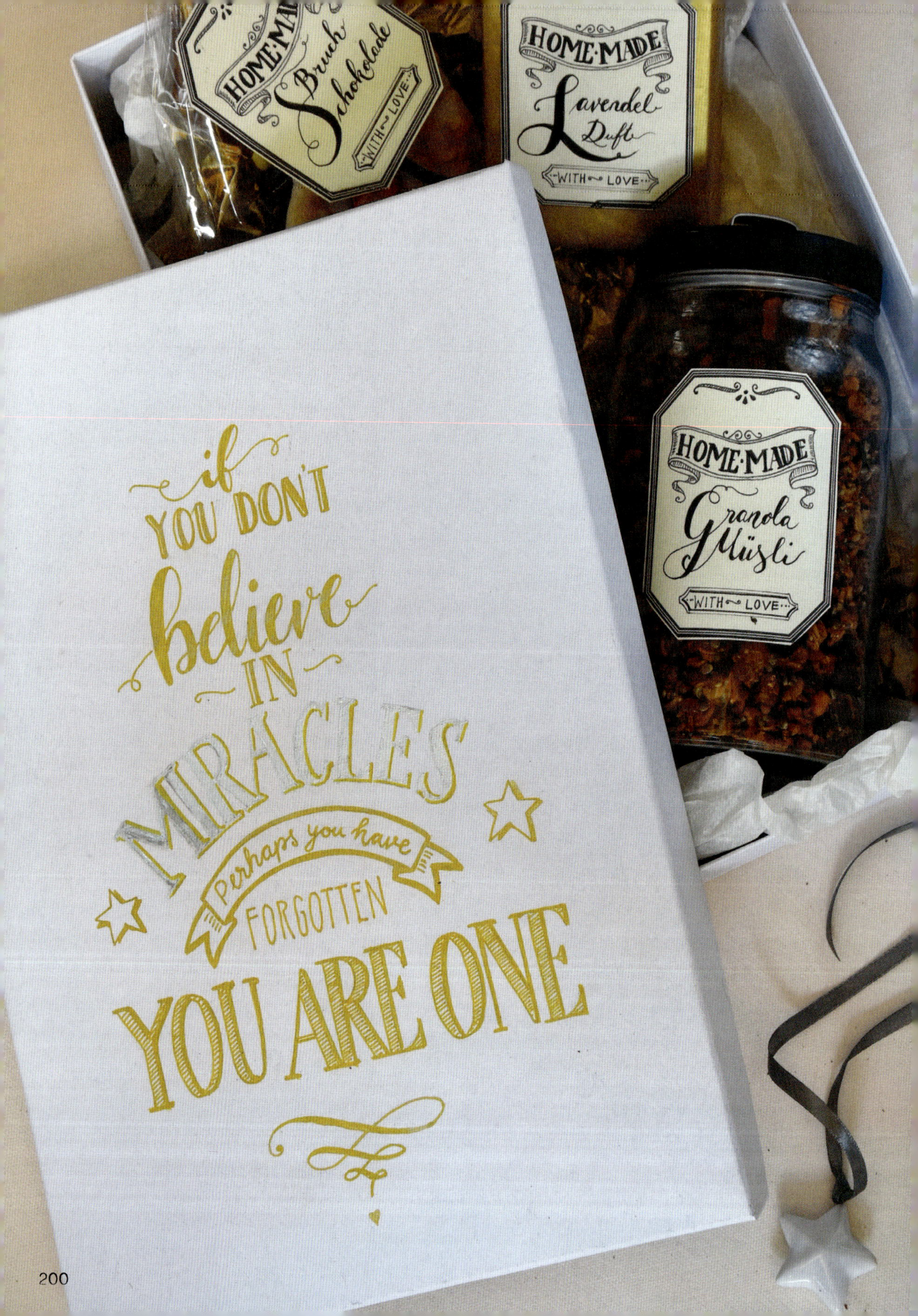
Bruch Schokolade
WITH LOVE
HOME·MADE
Lavendel Duft
WITH LOVE
HOME·MADE
Granola Müsli
WITH LOVE
if YOU DON'T believe IN MIRACLES
perhaps you have FORGOTTEN
YOU ARE ONE

Love
IS IN THE BOX

Warum einen Geschenkkorb oder eine fertig gefüllte Box kaufen, wenn man dies auch selber herstellen kann. Schön verpackt und beschriftet, wird aus einem einfachen Mitbringsel ein persönliches Geschenk.

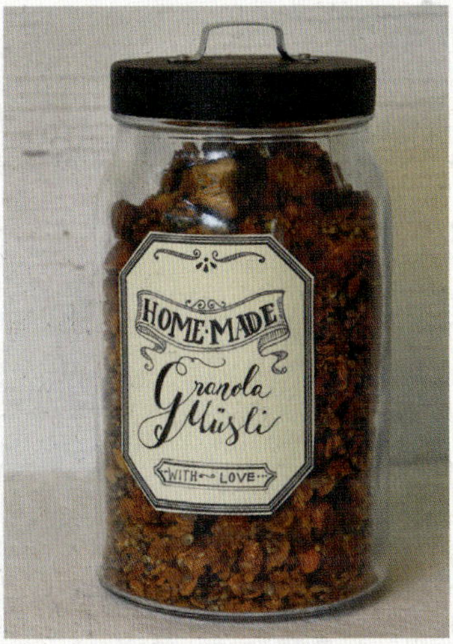

Müsli im Glas

Ein Vorratsglas mit einem gesunden, leckeren Müsli füllen und mit Tafelfarbe und Kreidemarker beschriften. Das Rezept für ein Hanf-Granola-Müsli von der Naturköchin Rebecca Clopath findet sich auf Seite 205.

TIPP: Als kleines Extra kann man das Rezept auf eine Karte schreiben und um das Müsliglas binden.

Bruchschokolade

Eine eigene Schokolade zu kreieren, ist gar nicht schwer. Je nach Geschmack kann man sie mit Orangenschale, Pistazien, Rosenblüten usw. bestreuen.
In einen Cellophanbeutel abfüllen und mit einem schön beschrifteten Papierstreifen umwickeln.
Rezept Seite 202.

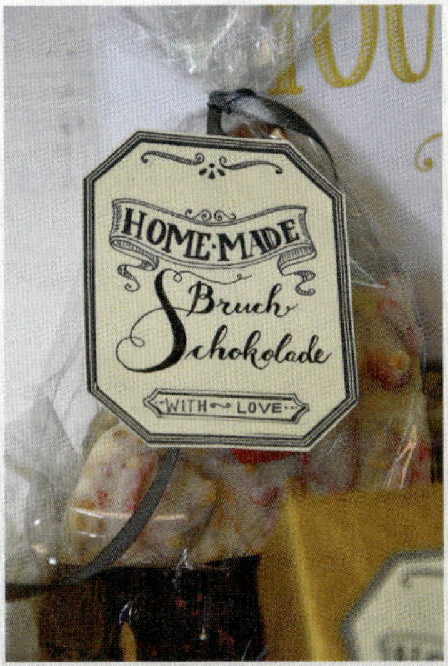

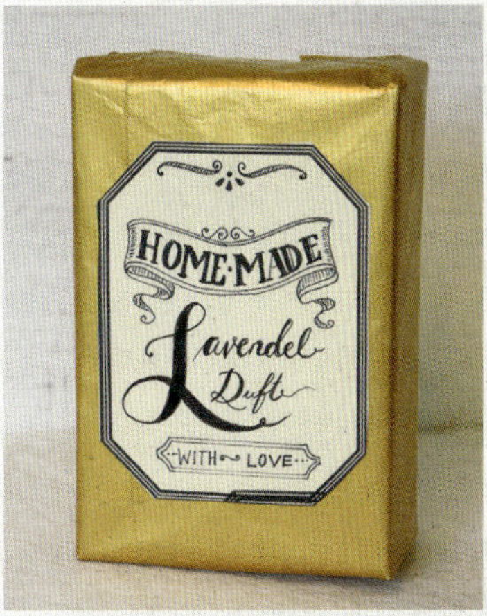

Lavendelsäckchen

Aus diesem Säckchen duftet getrockneter Lavendel. Das entspannt, erinnert an den vergangenen Sommer und wärmt die Seele an kalten Tagen.
Anleitung Seite 145.

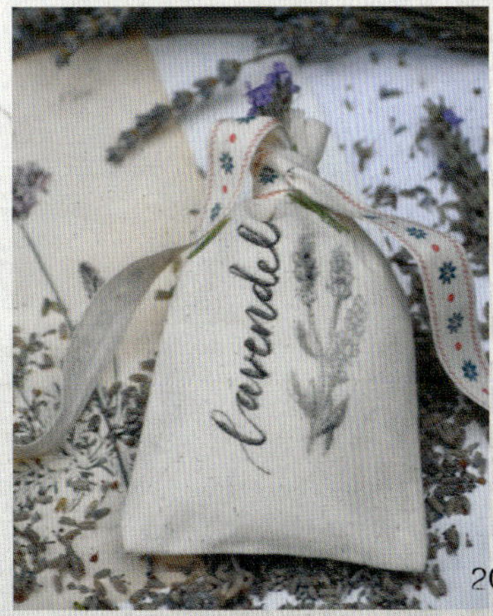

REZEPT

Bruchschokolade

DU BRAUCHST:

Schokolade, weiß und/oder dunkel
verschiedene Nüsse, Pistazien, getrocknete Früchte wie Rosinen, Cranberrys, Himbeeren, Gewürze usw.
Topf und Schüssel zum Schmelzen der Schokolade
Schneebesen oder Kochlöffel
Butterbrot- oder Packpapier

SO GEHT'S:

Die Schokolade in kleine Stücke brechen. Wasser in einem kleinen Topf erwärmen, eine Schüssel darüberstellen, sodass der Boden der Schüssel das Wasser nicht berührt. Die Schokolade in die Schüssel geben und langsam schmelzen lassen. Vorsichtig umrühren.
Die weiteren Zutaten nach Wahl klein hacken. Die geschmolzene Schokolade etwa 8 mm dünn auf dem Butterbrot- oder Packpapier ausstreichen. Bevor die Schokolade ausgekühlt ist, mit den gewünschten Zutaten bestreuen.
Die Schokolade abkühlen lassen, dann in Stücke brechen und im Kühlschrank lagern. Erst kurz vor dem Verschenken verpacken.

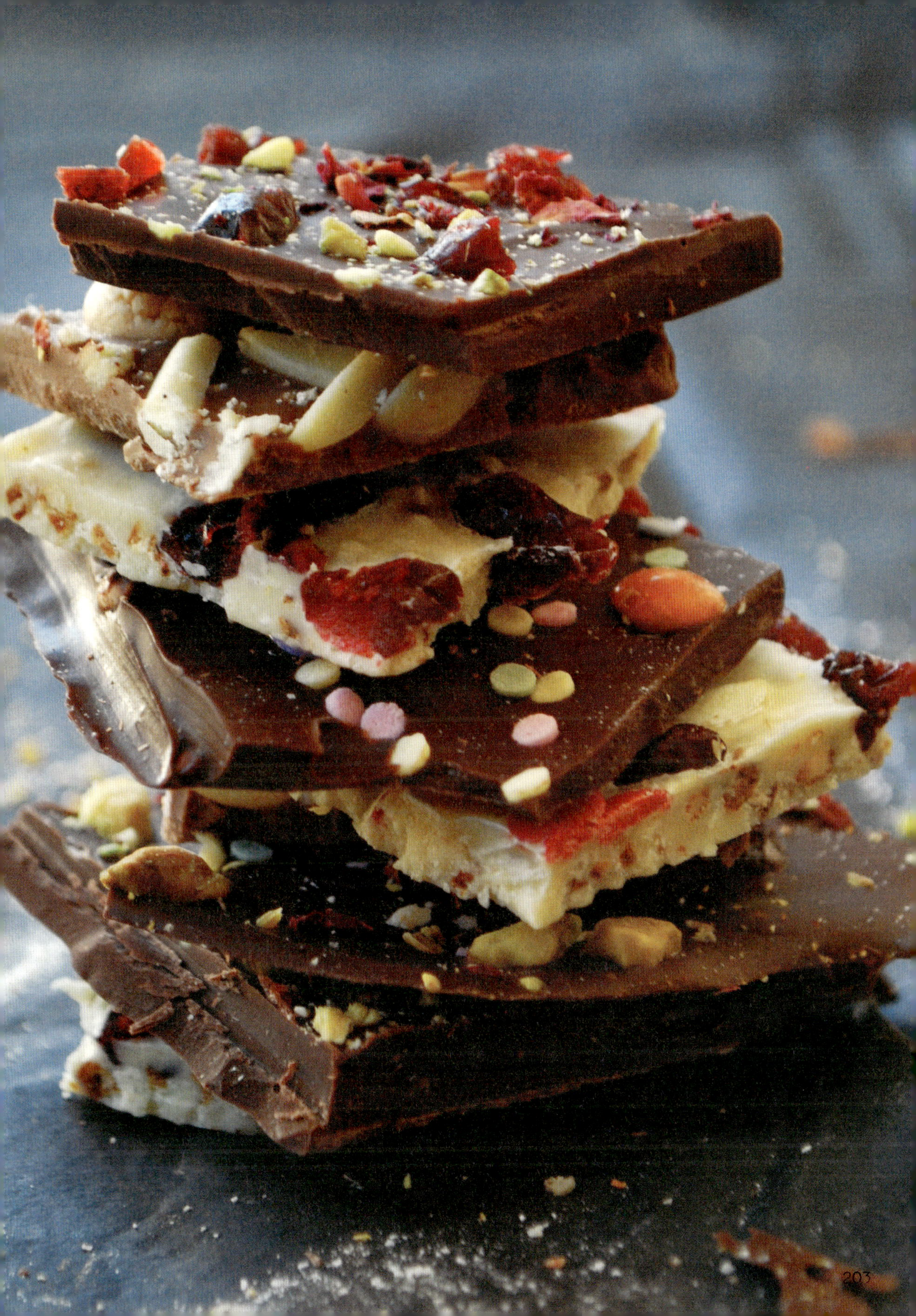

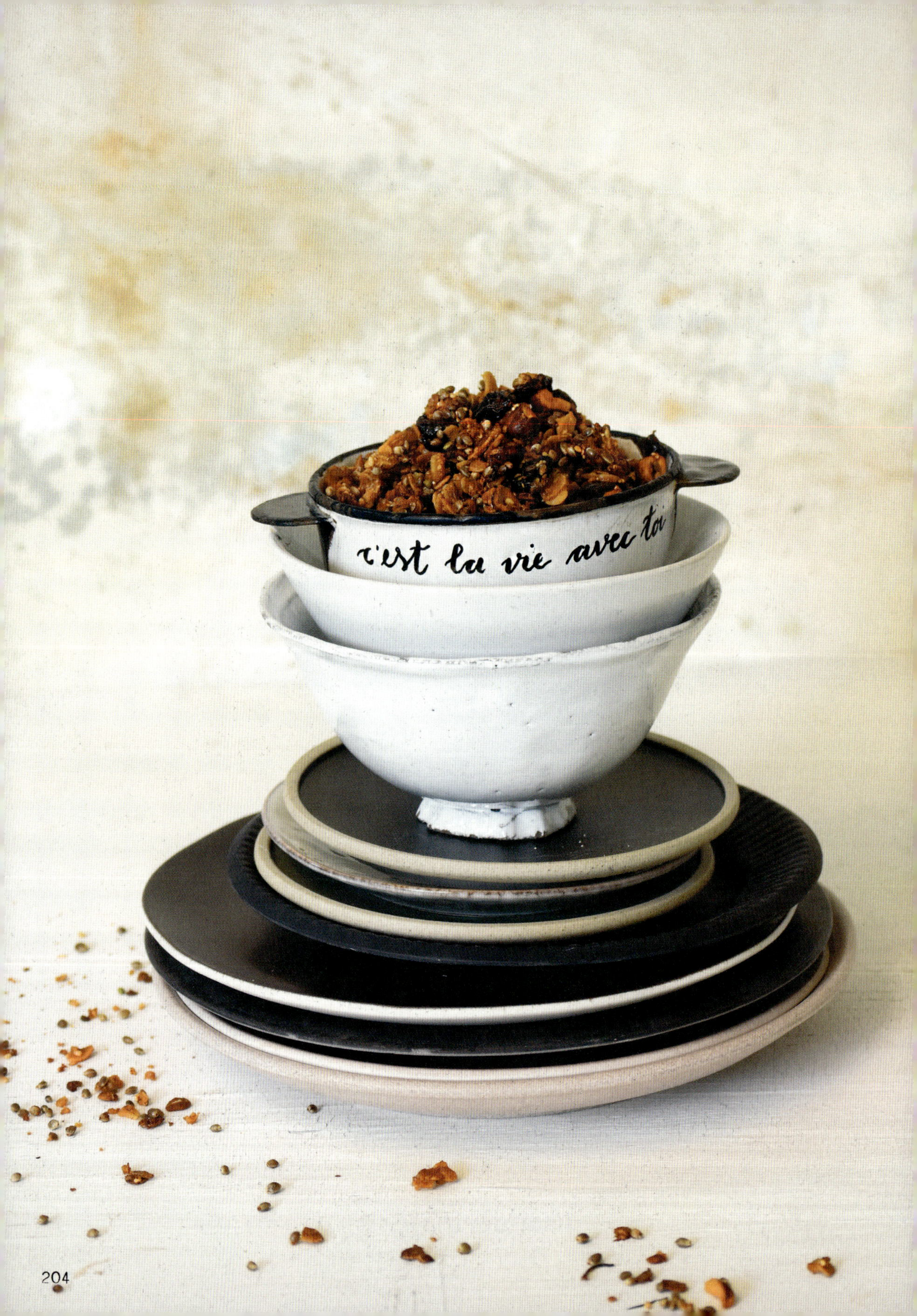
c'est la vie avec toi

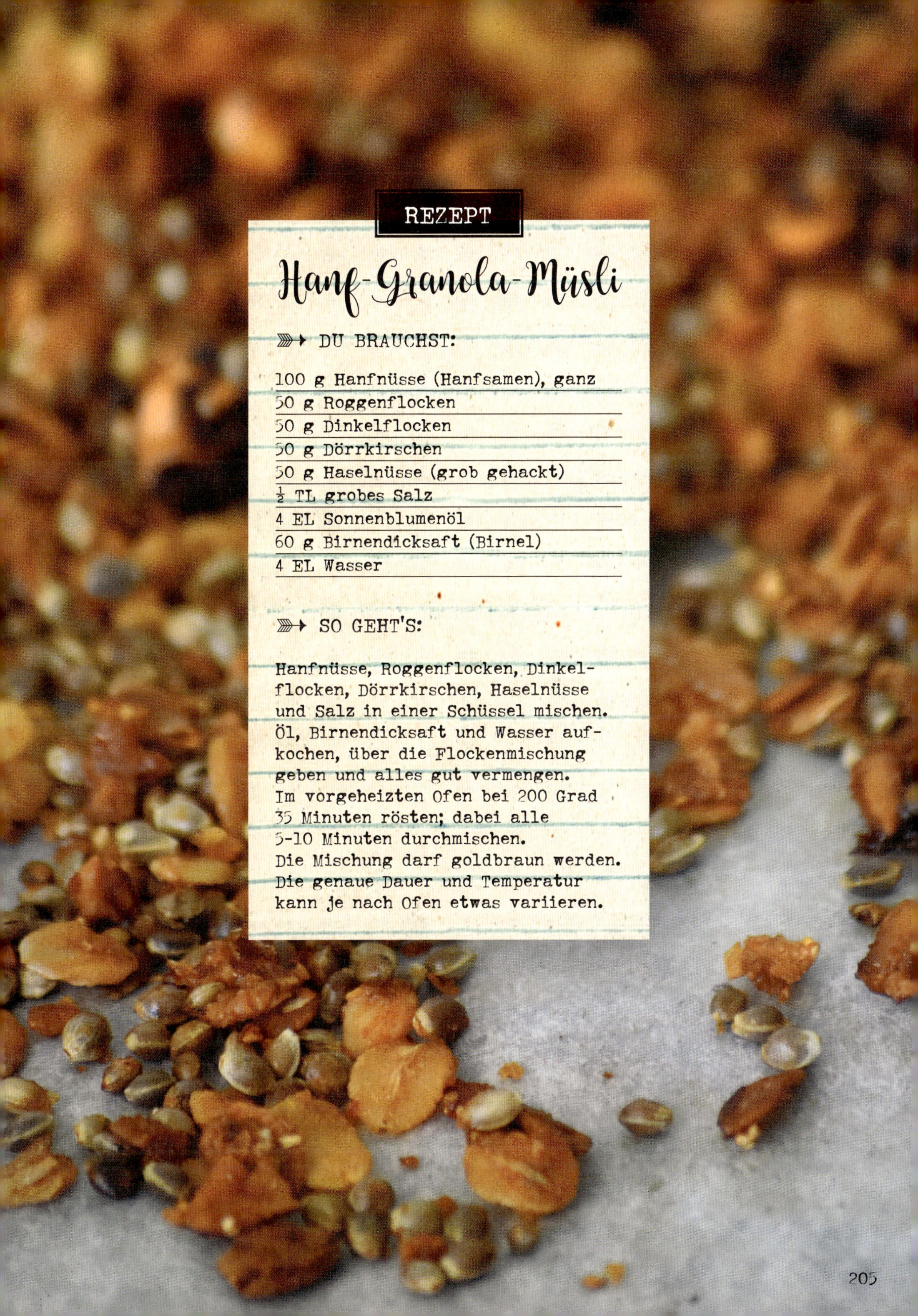

REZEPT

Hanf-Granola-Müsli

DU BRAUCHST:

- 100 g Hanfnüsse (Hanfsamen), ganz
- 50 g Roggenflocken
- 50 g Dinkelflocken
- 50 g Dörrkirschen
- 50 g Haselnüsse (grob gehackt)
- ½ TL grobes Salz
- 4 EL Sonnenblumenöl
- 60 g Birnendicksaft (Birnel)
- 4 EL Wasser

SO GEHT'S:

Hanfnüsse, Roggenflocken, Dinkelflocken, Dörrkirschen, Haselnüsse und Salz in einer Schüssel mischen. Öl, Birnendicksaft und Wasser aufkochen, über die Flockenmischung geben und alles gut vermengen. Im vorgeheizten Ofen bei 200 Grad 35 Minuten rösten; dabei alle 5-10 Minuten durchmischen. Die Mischung darf goldbraun werden. Die genaue Dauer und Temperatur kann je nach Ofen etwas variieren.

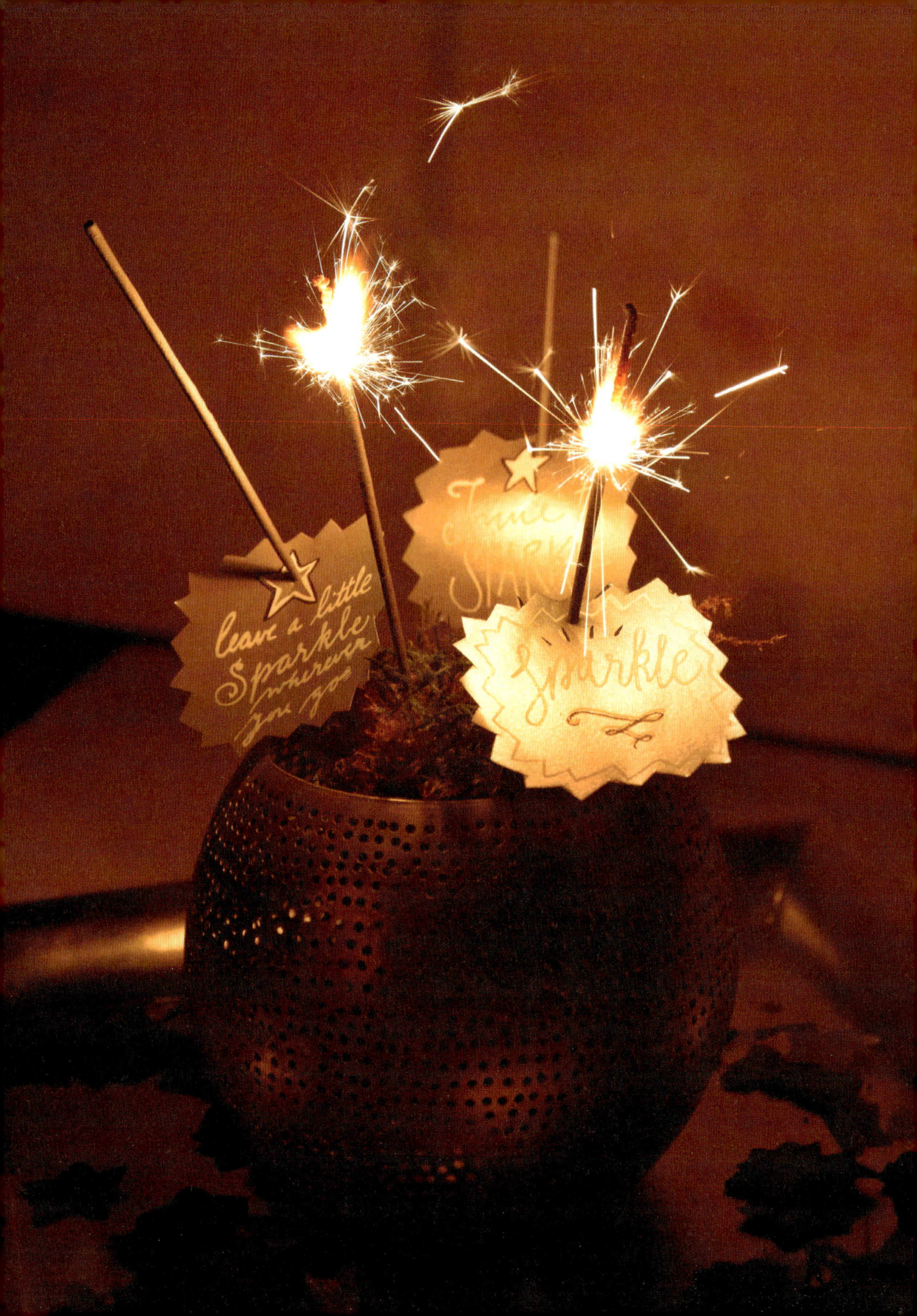
leave a little Sparkle wherever you go
Sparkle

Happy New Year

Hier kommen ein paar schöne Beispiele, wie man das Jahr mit Handgeschriebenem ausklingen lassen kann. Wunderkerzen und Glückskekse aus Papier eignen sich als kleines Geschenk oder für die Silvesterparty genauso wie eine edel beschriftete Champagner- oder Prosecco-Flasche.

Wunder-Kerzen

DU BRAUCHST:

- 4 Bogen Papier 160 g/m² in Schwarz, Weiß oder Gold
- 4 Wunderkerzen
- Brushpen, Fineliner oder Goldgelstift

SO GEHT'S:

Die Papierbogen übereinanderlegen und eine beliebige Form von etwa 80 x 60 mm Größe aufzeichnen. Der Rand kann ebenfalls verziert werden. Den ganzen Papierstapel den Randkonturen der Form entlang ausschneiden. Auf jede der so erhaltenen Etiketten einen Spruch schreiben. Oben und unten am Rand je ein Loch ausstanzen und die Wunderkerze hindurchfädeln.

Vor dem Anzünden die Etikette entfernen.

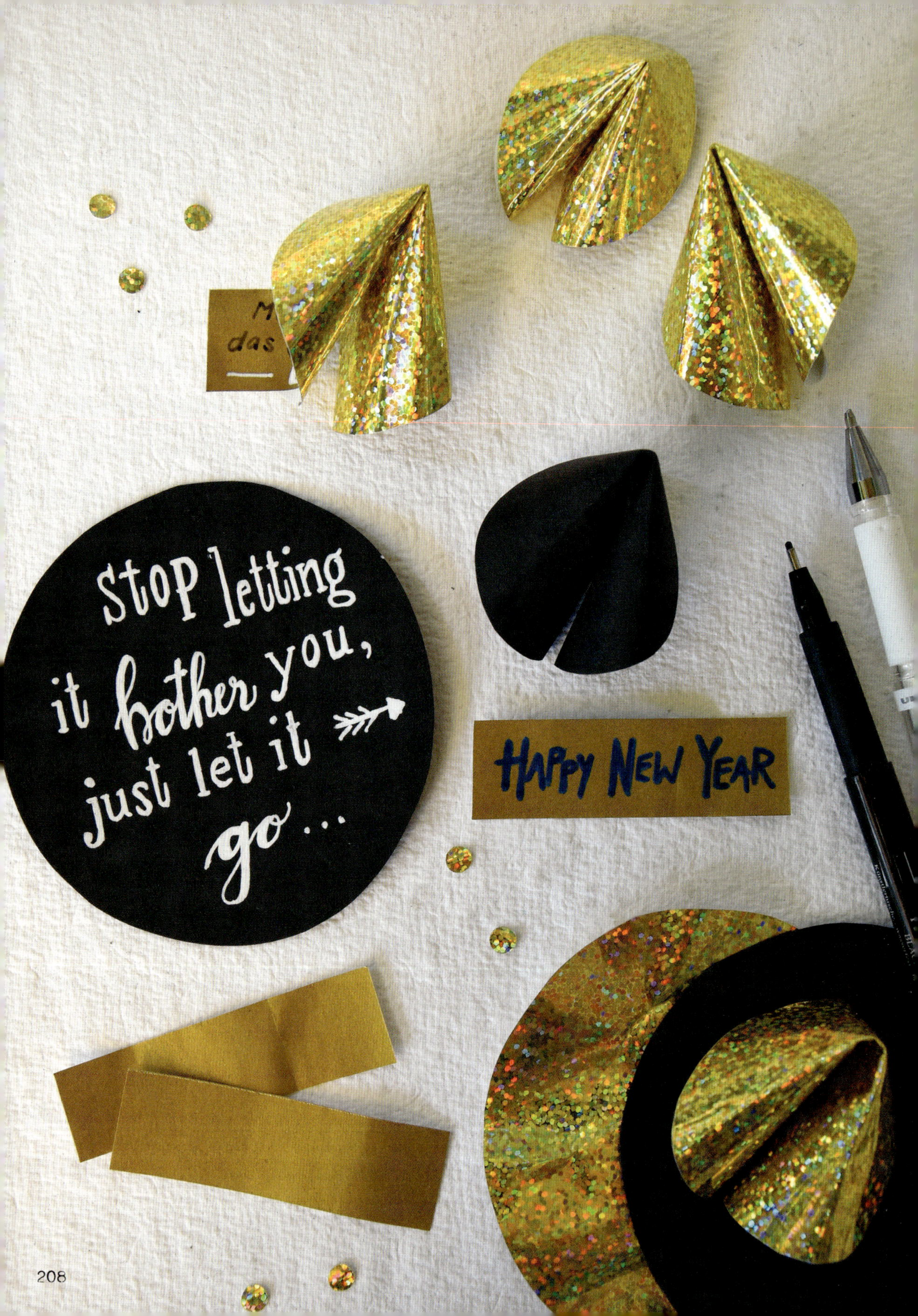
Stop letting it bother you, just let it go ...
HAPPY NEW YEAR

Glückskekse
Aus Papier

Eine schöne Handlettering-Idee, um Glück und gute Gedanken fürs neue Jahr zu schenken.

DU BRAUCHST:

VARIANTE 1:
- Glitzerpapier, 80 mm lang
- Papierstreifen
- Fineliner
- Klebeband

VARIANTE 2:
- Schwarzes Papier
- Gelstift in Gold
- Klebeband

SO GEHT'S:

Aus Glitzerpapier oder schwarzem Papier 4 Kreise mit einem Durchmesser von je 90 mm ausschneiden.

VARIANTE 1:
Einen Spruch auf den Papierstreifen schreiben. Den Glitzerpapierkreis umdrehen und den Spruchstreifen in die Mitte legen. Den Kreis falten (siehe Anleitung unten). Umdrehen, in der Hälfte falten und mit dem Klebeband zusammenkleben.

VARIANTE 2:
Den ersten Teil des Spruches so groß wie möglich auf den Kreis schreiben. Umdrehen und das letzte Wort des Spruchs mit Blockschrift in den Papierkreis schreiben.
Danach wie bei Variante 1 falten und zusammenkleben.

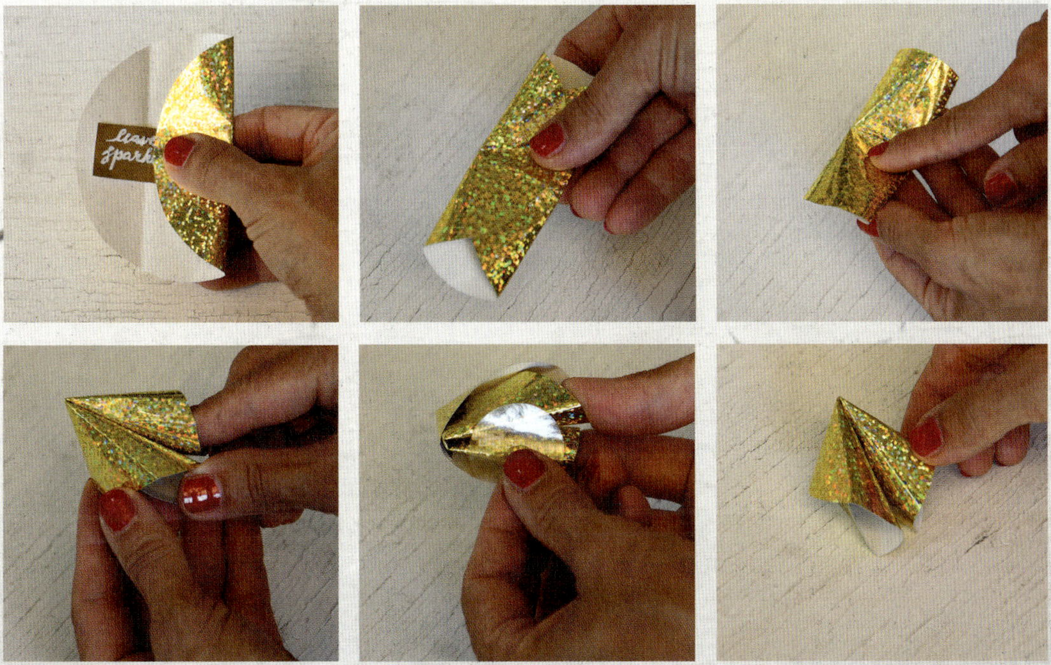

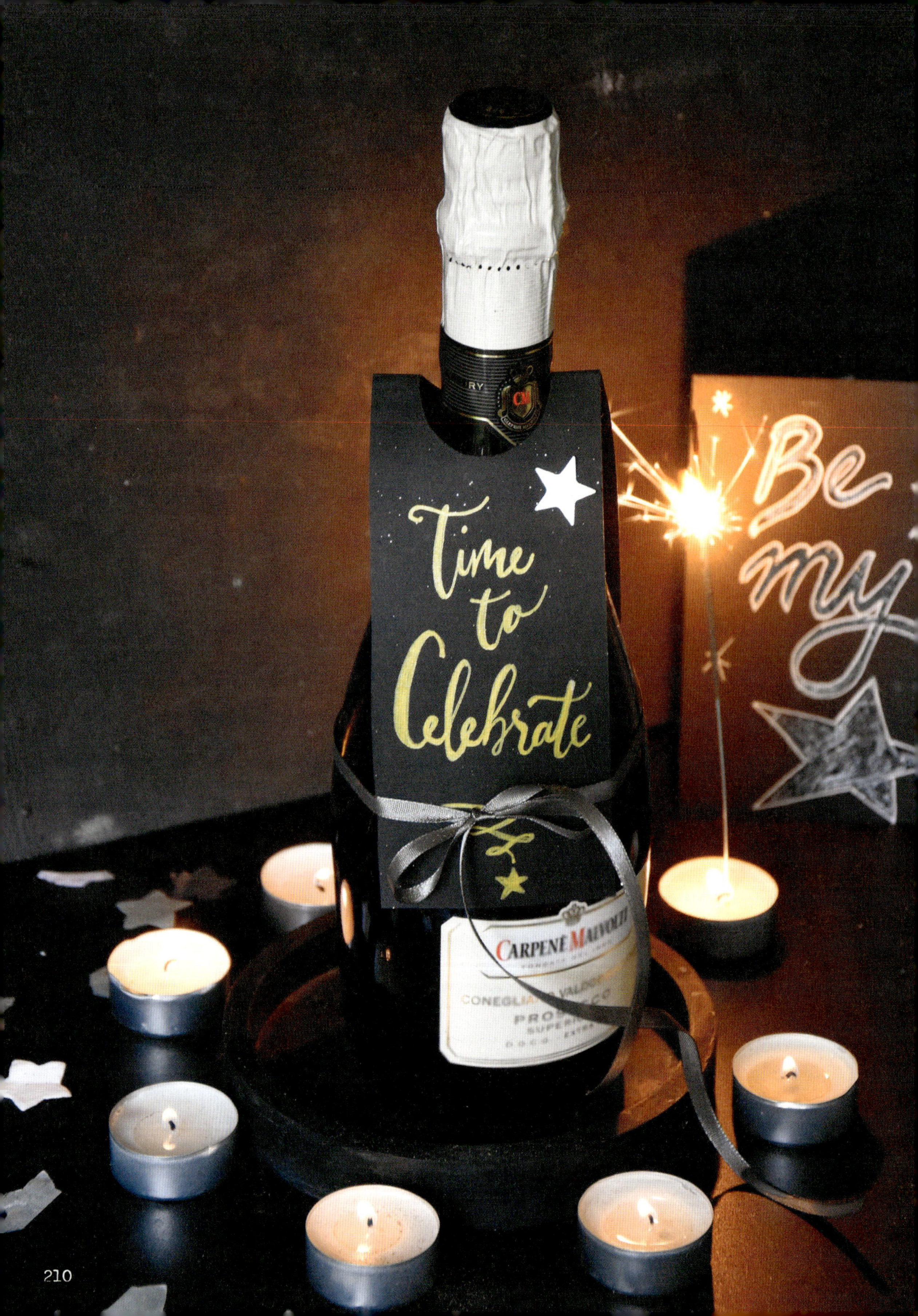
Time to Celebrate
Be my
CARPENÉ MALVOLTI
CONEGLIANO VALDOBBIADENE

Festliche Flaschengestaltung

Einen Neujahrsgruß, Spruch oder Glückwunsch kann man auch um eine Champagner- oder Prosecco-Flasche binden.

DU BRAUCHST:

Papier ca. 200 g/m²
in Schwarz, Weiß oder Gold

Brushpen, Fineliner, Gelstift

SO GEHT'S:

Das Papier passend zur Flaschengröße zuschneiden, das Loch ausmessen und ausschneiden. Den Anhänger beschriften und mit Glitzer verzieren. Den Anhänger um die Flasche hängen und ab an die Silvesterparty!

TIPP: Zusätzlich eine Wunderkerze an den Anhänger kleben.

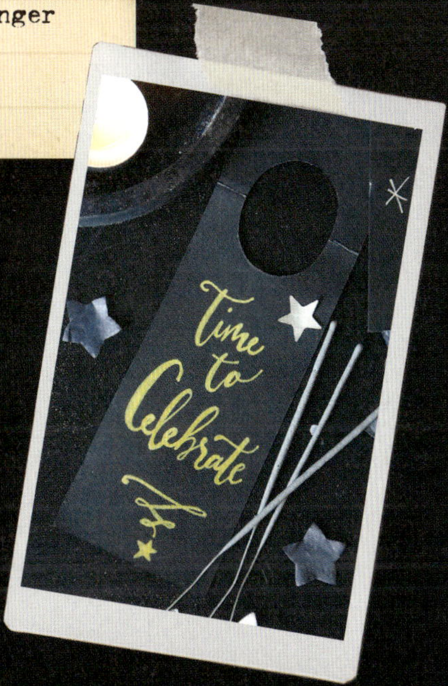

DANKE

An dieser Stelle ein großes Dankeschön an alle, die mich unterstützt und somit dieses Buchprojekt ermöglicht haben.

Dieses Buch war für mich wie eine Reise zu meinen kreativen Wurzeln. Von dem inspirierenden Einfluss meiner Eltern und den Anfängen meines künstlerischen Schaffens bis heute.

Mein erster Dank geht an Urs Hunziker und Monika Schmidhofer vom AT Verlag, die mich motiviert haben, dieses Buch zu schreiben. Euer Vertrauen in meine Arbeit schätze ich und berührt mich sehr. Herzlichen Dank dem ganzen AT-Team für die professionelle und herzliche Zusammenarbeit auch bei diesem zweiten Buch. Ganz besonders euch, liebe Monika und Christine Mörl, für die Geduld, den doch etwas umfangreicheren Text zu lektorieren. Und liebe Brigitte Bosshard, auch dir ein ganz herzliches Dankeschön für deine immer motivierenden Worte.

Ohne die Unterstützung meiner Familie und Freunde wäre ein solch aufwendiges Projekt nicht möglich gewesen. Ihr gebt mir Kraft, Motivation und auch die Zeit, mich den vielen Projekten zu widmen, die ich mir immer wieder ausdenke und realisieren möchte.

Danke

... Dani, meiner großen Liebe, meinem Helden und Retter. Selbst wenn die Nerven blank liegen, behältst du einen klaren Kopf und weißt meine Gedanken und Worte in die richtige Sprache umzusetzen. Ich könnte mir keinen besseren Partner an meiner Seite wünschen. Denn niemand kennt mich besser als du, das macht mich glücklich.

... Zoé und Yannic, meinen wunderbaren Kindern, für das Ertragen einer manchmal doch ziemlich erschöpften Mutter. Ich liebe euch.

... Jeanine und François, meinen Eltern, für eure bedingungslose Liebe. Ihr habt immer an mich und mein Leben als Künstlerin geglaubt. Dafür bin ich euch unendlich dankbar.

... Marianne und Werner für die liebevolle kulinarische Betreuung.

... Heike, Raffi, Dani, Manuela, Thomas, Jasmin, Nathaly, Christian, Julia, Lennard, Leon Carlos, Luna Maria, Annette, Tessa, Claudia, Janina, Vivienne, Céline, Sibylle und allen meinen lieben Freunden fürs Mitfiebern.

... meinen tollen Atelier-Künstler-Frauen Sonja, Dorothea, Dana, Kirsten, Marianne und Monika. Die Malstunden mit euch sind der beste Start in die Woche.

... den Schülerinnen und Schülern meiner Mal- und Bewegungsschule Flow. Ihr macht meine Vision, Kunst ganzheitlich und wertfrei zu vermitteln, erst möglich.

... allen Workshop-Teilnehmern für das Interesse am Gestalten und fürs Weiterverbreiten meiner Ideen und Kursangebote.

and thank you
... Jessica, for dancing with me between the raindrops.

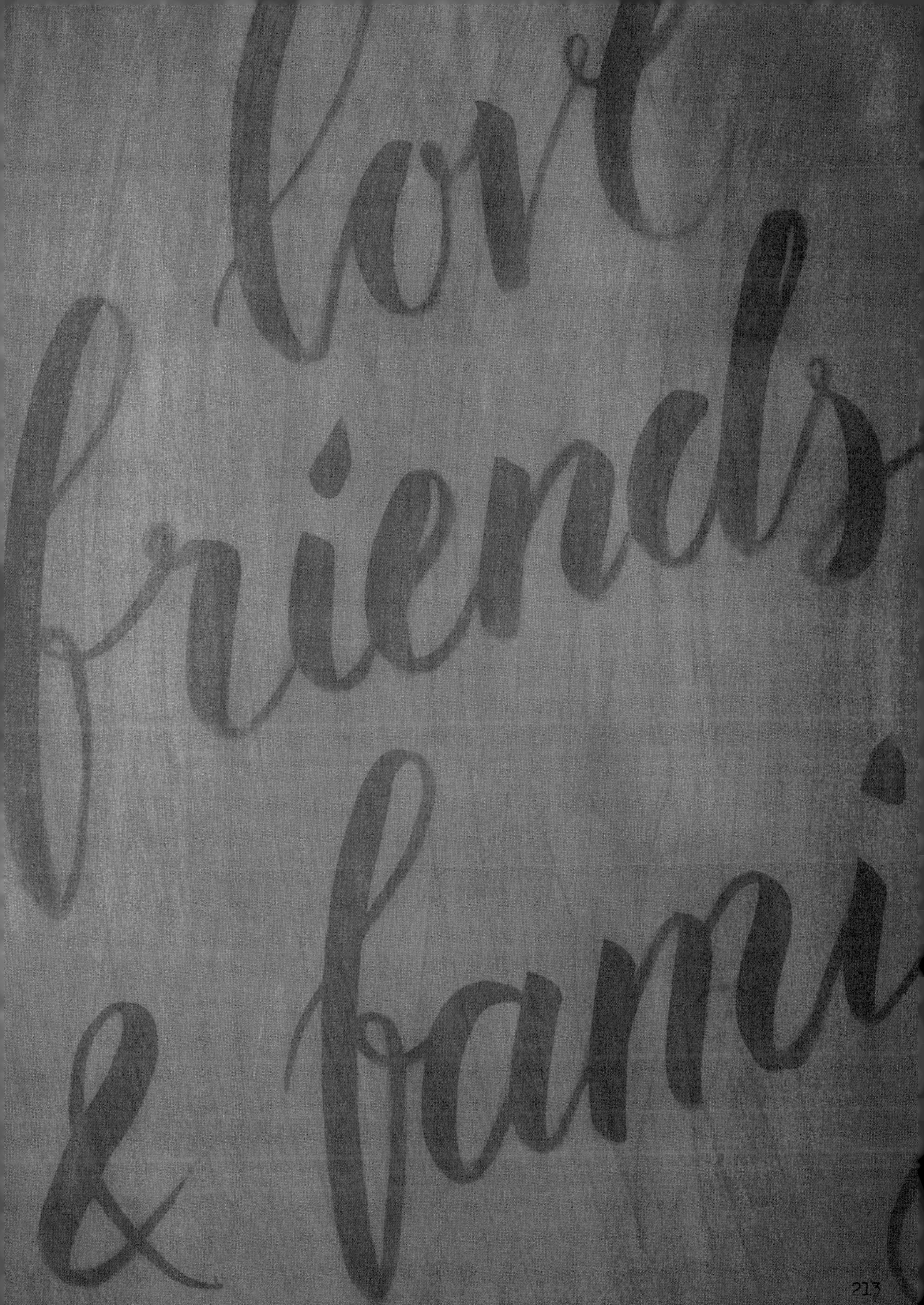
friends
&

Die Autorin

Sasa Noël ist ausgebildete Grafikdesignerin, Kunst- und Tanzpädagogin und lebt mit ihrer Familie in Zürich.

Als Grafikdesignerin und Illustratorin entwickelt und realisiert sie alles, was mit Gestaltung zu tun hat.

sasart.ch

Ihren unverwechselbaren Stil für Styling und Foodfotografie inszeniert sie zusammen mit Heike Grein für Kochbuchverlage, Zeitschriften, Agenturen und Unternehmen.

noelundgrein.ch

Und wenn sie nicht gerade für Handlettering oder andere Kreativ-Workshops unterwegs ist, unterrichtet sie in ihrer Mal- und Bewegungsschule oder an anderen Institutionen

flow-egg.ch

oder stellt ihre eigenen Kunstwerke aus.

sasanoel.ch

Instagram: flowpaint und sasa.noel
Facebook: Sasa Noel

Von der Naturköchin Rebecca Clopath stammt das Rezept fürs Hanf-Granola-Müsli auf Seite 205
Rebecca-clopath.ch

Das Kastanienbrot-Rezept auf Seite 159 stammt aus »Heissi Marroni« erschienen im NAP Verlag
nap.ch

Einige Kalligrafie-Federn und andere hochwertige Stifte wurden mir von www.farbrikat.ch zur Verfügung gestellt.

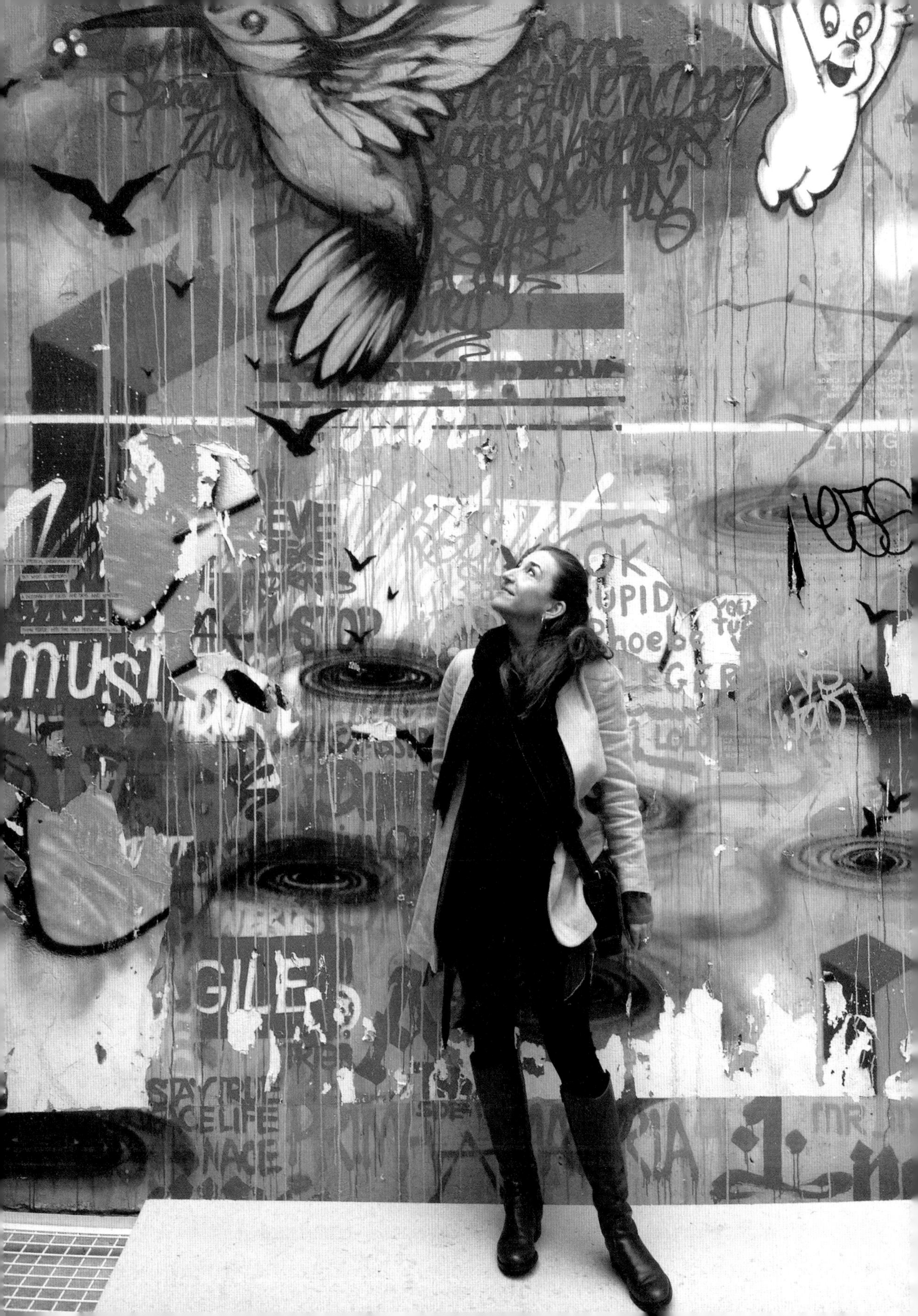

AT Verlag, Aarau und München

Umschlagbild, Fotos, Illustrationen,
Grafische Gestaltung und Satz: Sasa Noël Sasart.ch
Text: Sasa Noël und Daniel Mattes

Fotos Seite 8 und 61: Rafael Koller, Seite 6: Elina Zolotareva,
Fotolia, Seite 115: Rawpixel.com, Fotolia, Seite 164: Tomsickova, Fotolia

Druck und Bindearbeiten: Printer Trento, Trento
Printed in Italy

ISBN 978-3-03800-063-1

www.at-verlag.ch

Der AT Verlag, AZ Fachverlage AG, wird vom Bundesamt für Kultur mit
einem Strukturbeitrag für die Jahre 2016-2020 unterstützt.

Hand lettering

ÜBUNGSHEFT

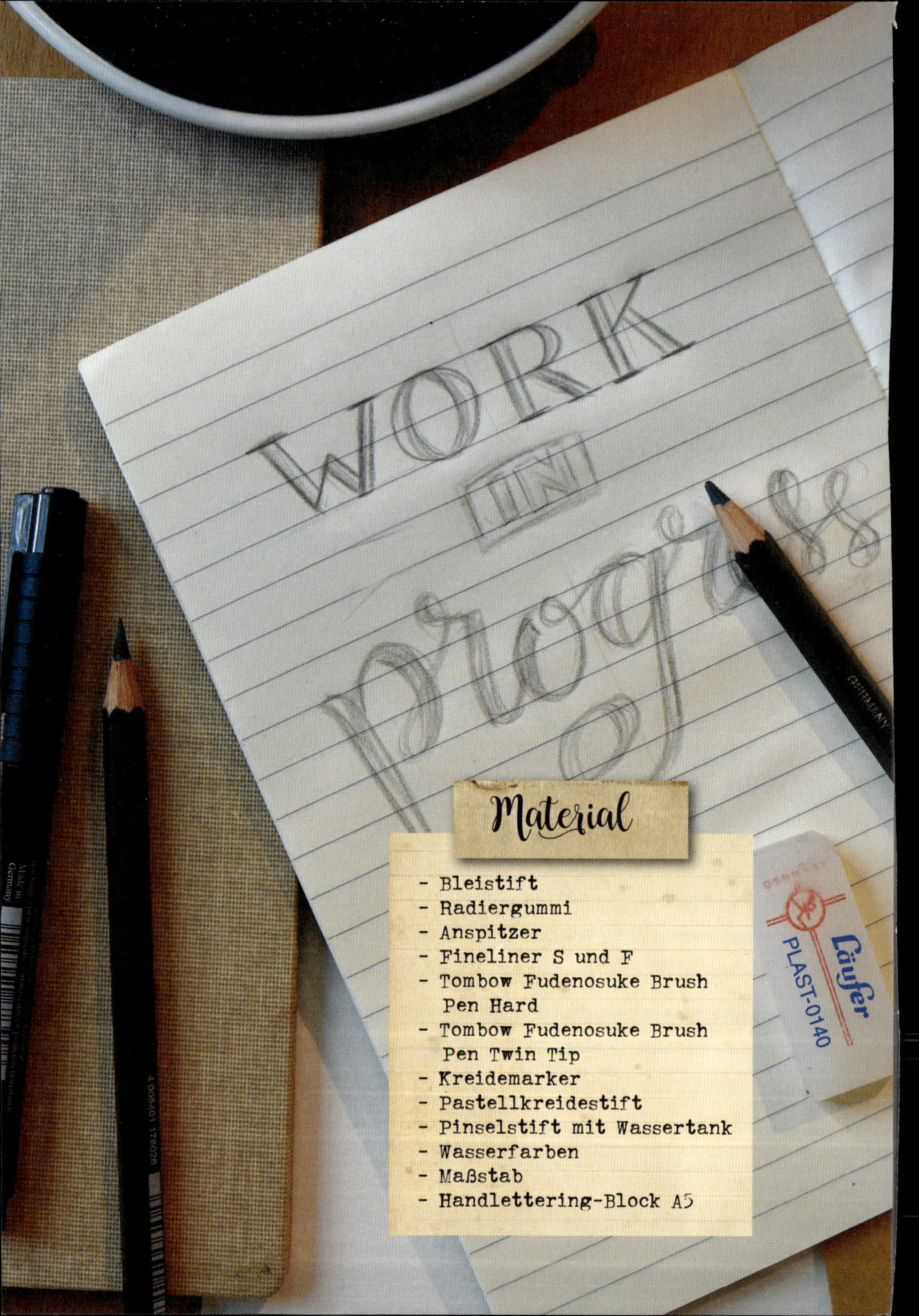

Material

- Bleistift
- Radiergummi
- Anspitzer
- Fineliner S und F
- Tombow Fudenosuke Brush Pen Hard
- Tombow Fudenosuke Brush Pen Twin Tip
- Kreidemarker
- Pastellkreidestift
- Pinselstift mit Wassertank
- Wasserfarben
- Maßstab
- Handlettering-Block A5

ÜBUNGSHEFT

Dieses Übungsheft begleitet dich bei deinen ersten Schritten im Handlettern. Das Papier eignet sich auch für Brushpens. Zusammen mit folgendem Material ist dieses Heft perfekt für unterwegs.

Inhalt

Warm up

Auch wenn beim Handlettern keine schweren Verletzungen zu befürchten sind, empfehle ich, vor jedem Lettering ein kleines Warm-up durchzuführen. Lockere deine Arme und Hände und mache einige Fingerübungen, um die Beweglichkeit der Finger zu erhöhen. Zeichne danach einige Linien, Kurven oder Buchstaben. Beginne jeweils mit diesen Übungen.

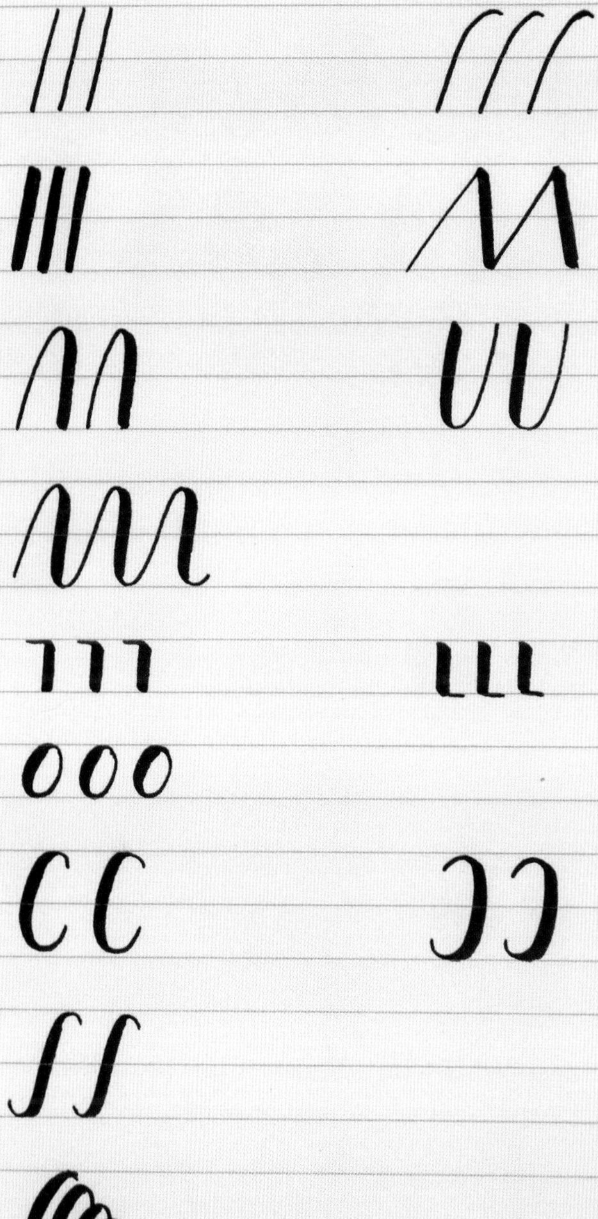

FAUX CALLIGRAPHY

Hier kannst du die »falsche« Kalligrafie üben.

1

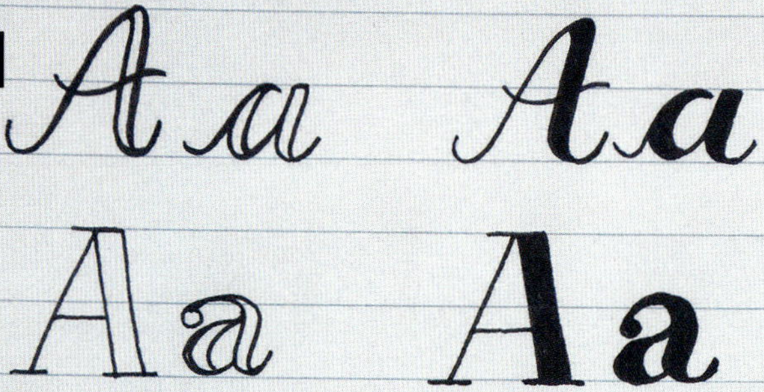

2

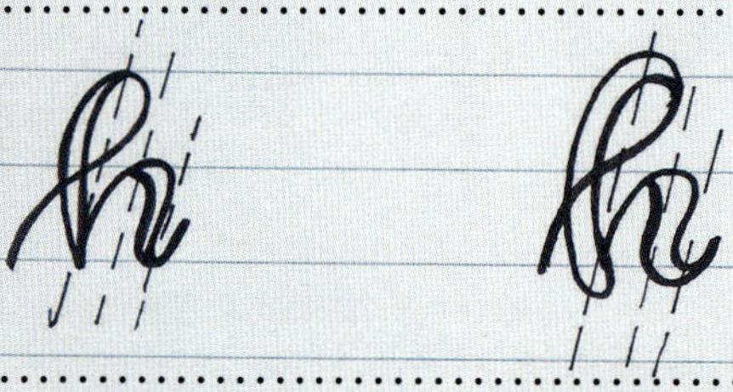

3

4

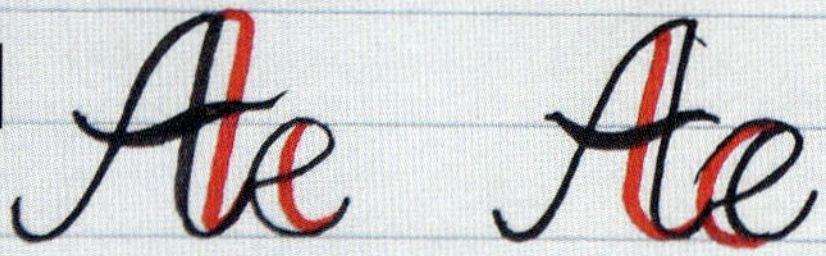

1 Wort ganz in Schreibschrift oder der entsprechenden Schrift schreiben. Das Skelett erstellen.

2 Die Rundung immer erst am Scheitelpunkt beginnen.

3 Abschluss immer gleich, spitz oder rund.

4 Du kannst den Abstrich auf der linken oder rechten Seite des Buchstabens zeichnen.

Jetzt Du ...

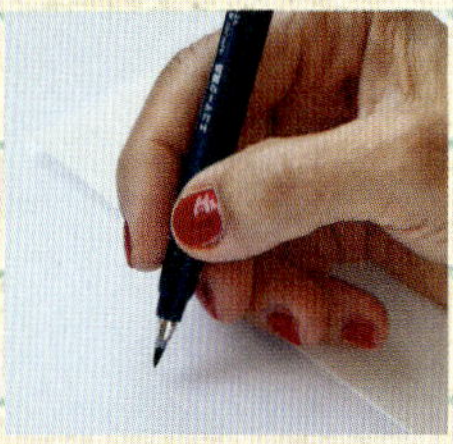

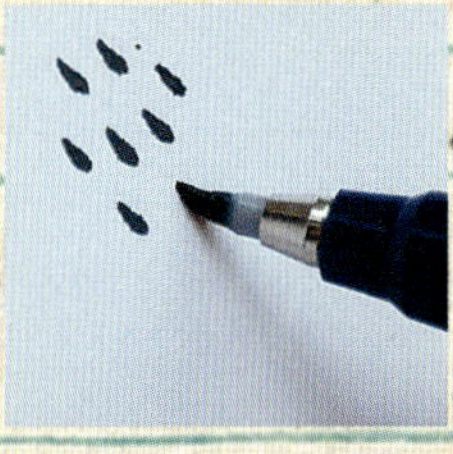

Regeln des Brush Letterings

- Richtige Stift- und Pinselhaltung. Den Stift mit dem Daumen und dem Zeigefinger festhalten und auf das dritte Glied des Zeigefingers legen.

- Mit dem Tropfentest die richtige Stifthaltung kontrollieren.

- Die Aufwärtsstriche mit wenig, die Abwärtsstriche mit viel Druck schreiben.

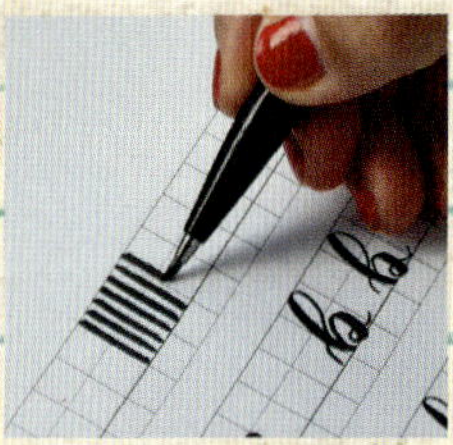

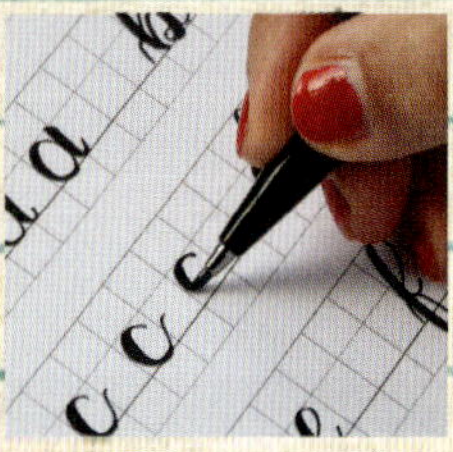

- Hand- und Brush-Lettern schreibt man eher langsam. Wer mag, kann natürlich verschiedene Geschwindigkeiten austesten.

- Mit der ganzen Hand und nicht nur aus dem Handgelenk schreiben. Man kann auch einmal versuchen, mit größeren Pinseln stehend zu arbeiten.

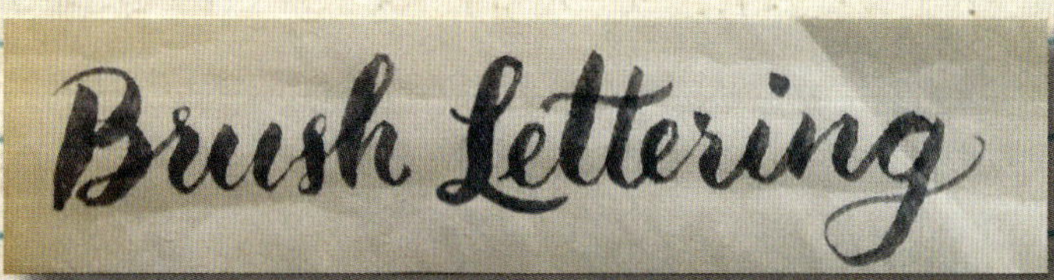

Jetzt du ...

BOUNCE LETTERING

Hier kannst du die Stifte tanzen lassen.
Vergiss die Grundlinie, und bewege deine Buchstaben in einem schönen Rhythmus über das Blatt.

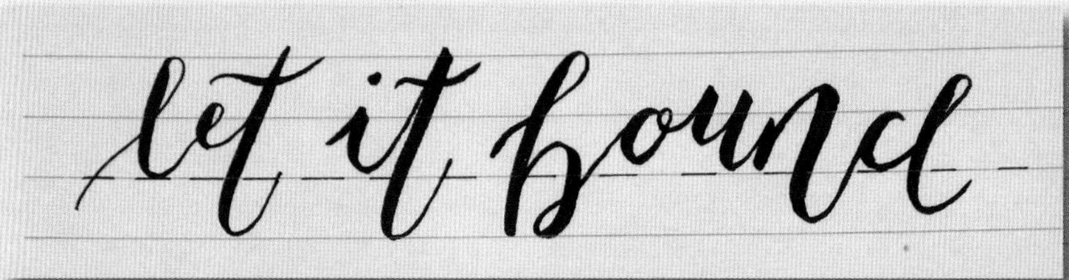

Jetzt du ...

Zum Starten ist die englische Schreibschrift ideal, da diese sich durch gleichmäßige dünne und dicke Striche auszeichnet. Die englische Schreibschrift, auch als deutsche Kurrentschrift bekannt, wurde und wird meist mit der Spitzfeder geschrieben. Sie lässt sich auf viele verschiedene Arten verändern und ist damit auch eine ideale Vorlage für das Schreiben mit dem Pinsel.

Jetzt Du …

BILDKOMPOSITION UND -TRANSFER

Von der Idee bis zur Umsetzung eines Schriftbildes braucht es einige Schritte. Wie im Buch auf Seite 53 beschrieben, folgt nach der ersten groben Skizze die Ausarbeitung des Entwurfs.

Dafür eignet sich Transparentpapier. Übe anhand dieses Spruches die Ausarbeitung mit dem Fineliner und das anschließende Übertragen auf eine Karte oder auf eine Kreidetafel.

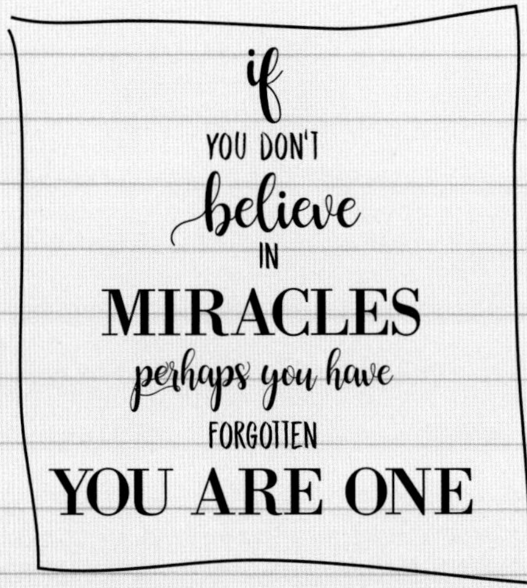

MITTELACHSE

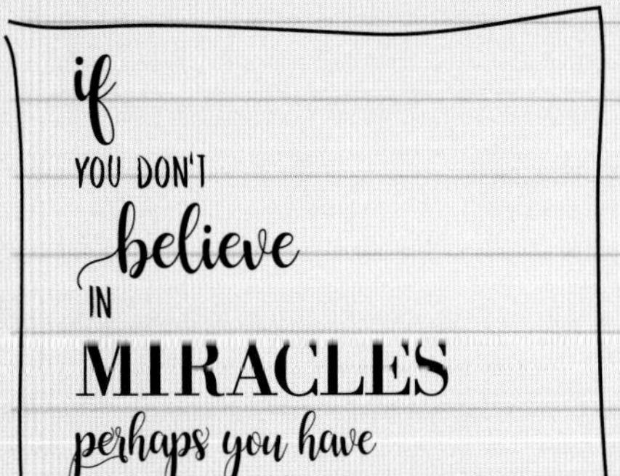

LINKSBÜNDIG

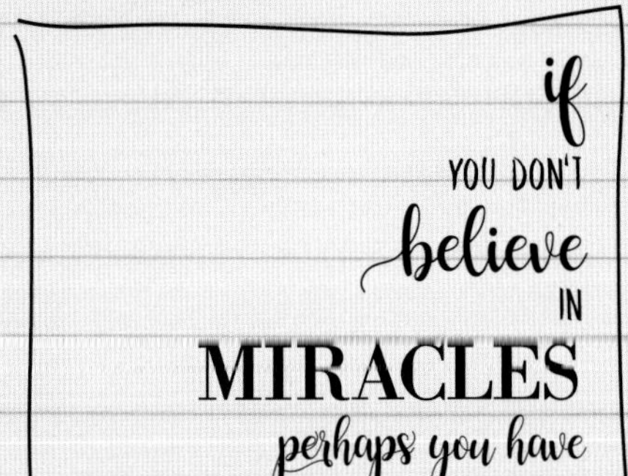

RECHTSBÜNDIG

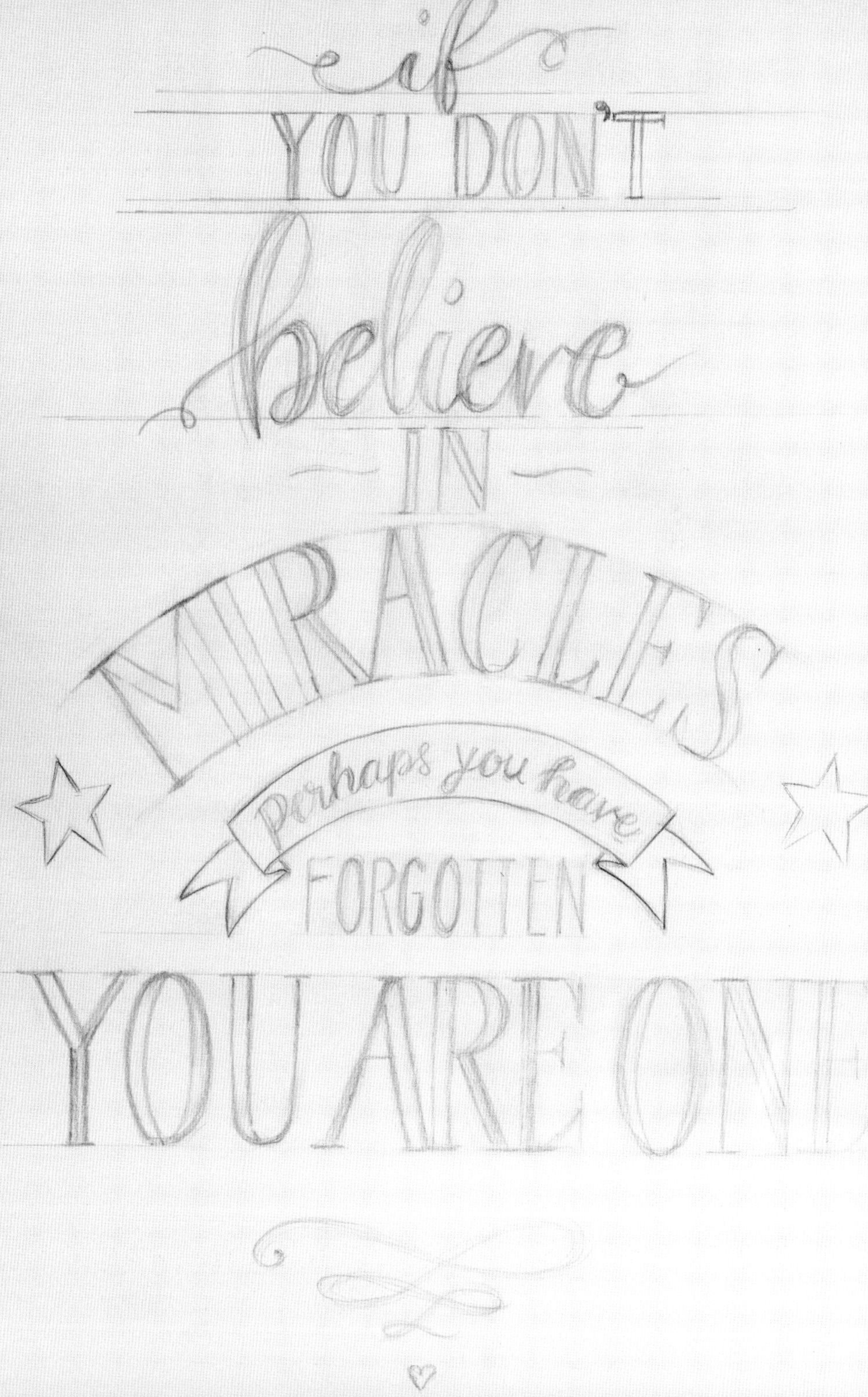
if
YOU DON'T
believe
IN
MIRACLES
perhaps you have
FORGOTTEN
YOU ARE ONE

SCHRIFTKLASSEN

ABC

SERIFENSCHRIFTEN

ABC

SERIFENLOSE SCHRIFTEN

ABC

SCHREIB- UND PINSELSCHRIFTEN

ABC

GEBROCHENE SCHRIFTEN

Das Schöne am Handlettern ist,
dass man alle Schriften miteinander verbinden kann.

Zeichne zur Übung deinen Namen in je einer Schriftklasse
und einmal mit allen Schriften gemischt.

Jetzt Du ...

SERIFENSCHRIFT

Aa Bb Cc Dd Ee

Gg Hh Ii Jj Kk

Ll Mm Nn Oo

Pp Qq Rr Ss Tt

Uu Vv Ww Xx Yy

Zz

Jetzt Du …

SERIFENLOSE SCHRIFT

Aa Bb Cc Dd Ee

Ff Gg Hh Ii Jj

Kk Ll Mm Nn

Oo Pp Qq Rr

Ss Tt Uu Vv

Ww Xx Yy Zz

Jetzt Du …

SCHREIB- UND PINSELSCHRIFT

Aa Bb Cc Dd Ee

Ff Gg Hh Ii Jj

Kk Ll Mm Nn Oo

Pp Qq Rr Ss Tt

Uu Vv Ww Xx

Yy Zz

Jetzt du ...

GEBROCHENE SCHRIFT

A B C D E F G

H I J K L M N

O P Q R S T U

V W X Y Z

a b c d e f g h

i j k l m n o p

q r s t u v w

x y z

Jetzt du ...

BANNER UND VERZIERUNGEN

Ornamente, Banner und Verzierungen
sind fester Bestandteil des Handletterings.
Beginne mit einem einfachen, geraden Banner.

Schnell wirst du merken, dass es ganz einfach ist,
daraus ein mehrfach geschwungenes Banner
zu gestalten. Viele Beispiele für
Verzierungen findet man im Internet.

Diese hier verwende ich am meisten:

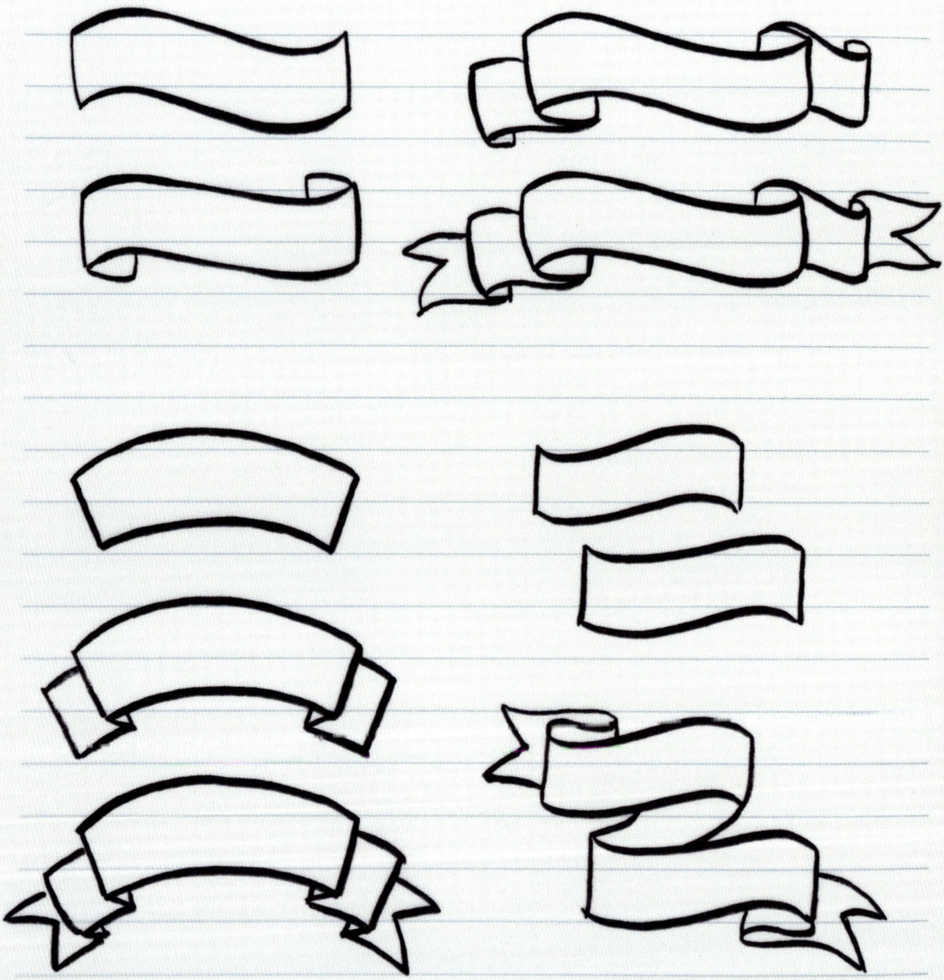

Jetzt Du ...

VERZIERUNGEN

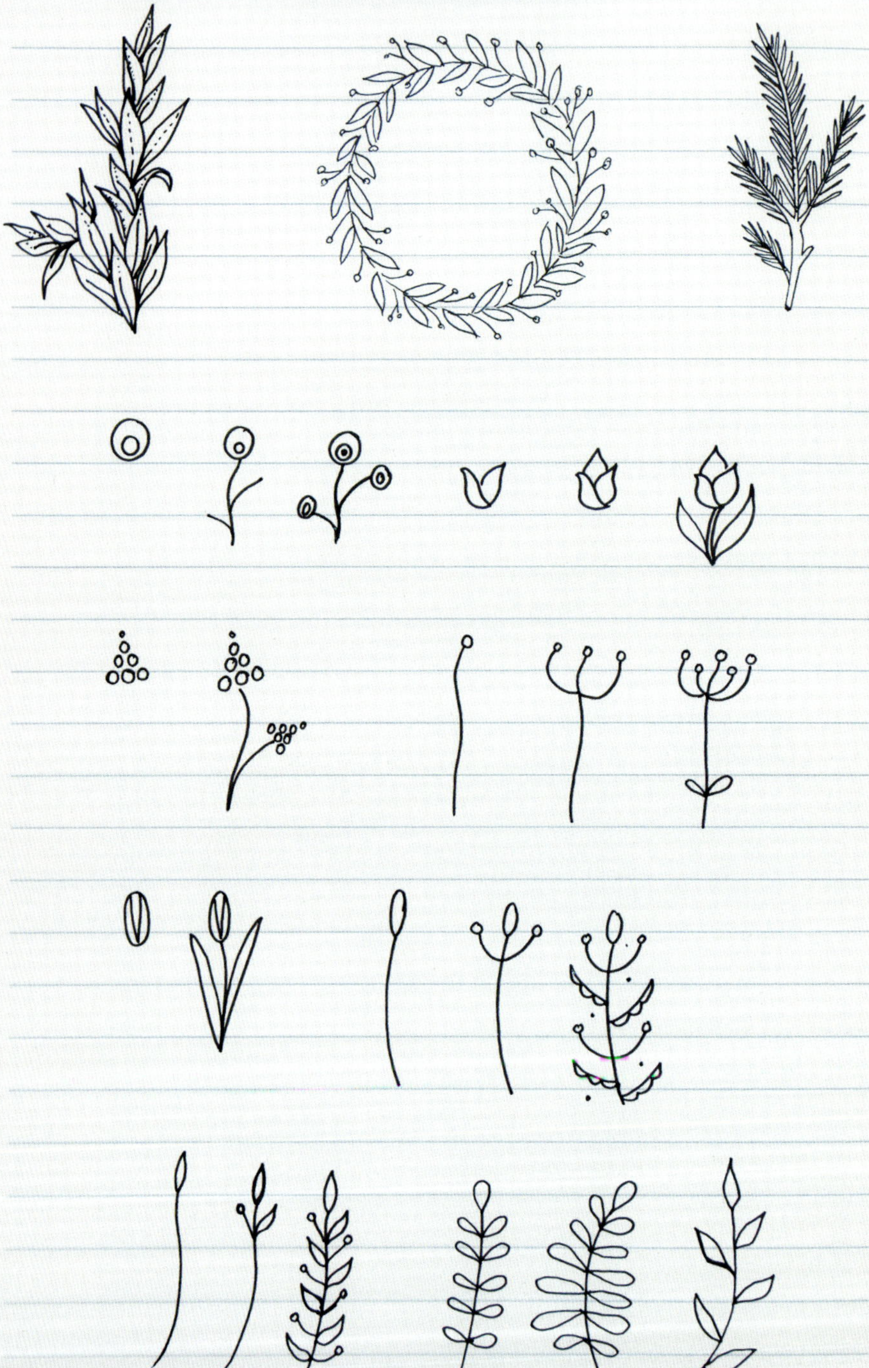

Jetzt Du ...

CHALK LETTERING

Jetzt wechseln wir den Stift und nehmen Tafelkreide, Pastellkreidestift oder Kreidemarker in die Hand. Ziehe zuerst nur eine einfache Linie in den verschiedenen Breiten, die dir deine Stifte ermöglichen. Variiere sie mit allen Seiten der Stifte und mit der Stärke des Drucks.

Ansonsten gelten die gleichen Regeln wie beim Handlettern.

Schreibe auch hier einen Namen in den verschiedenen Schriftklassen, stelle ihn in ein Banner und ergänze die Buchstaben mit Verzierungen, Schnörkeln und Ornamenten.

Jetzt Du …

IDEENBUCH Handlettering

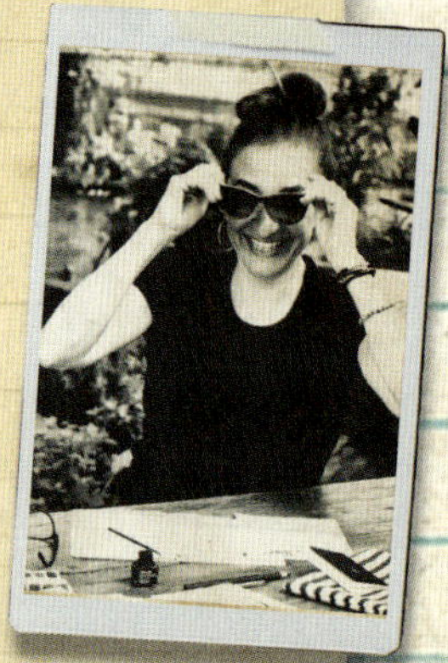

Mit Handlettering lassen sich wunderbar Emotionen in Schriftbilder umsetzen, sei es zu einem besonderen Anlass, für einen lieben Menschen oder einfach für sich selbst.

Mit liebevoll gestalteten Bildern inszeniert die Künstlerin Sasa Noël eine spannende Reise in die Welt der schönen Buchstaben. Neben einer kompakten Einführung in die Grundlagen des Handlettering bietet das Buch eine Fülle von kreativen Ideen für alle Gelegenheiten rund ums Jahr.

Dieses Ideenbuch für die ganze Familie sorgt auch bei Lettering-AnfängerInnen für beeindruckende Erfolgserlebnisse.

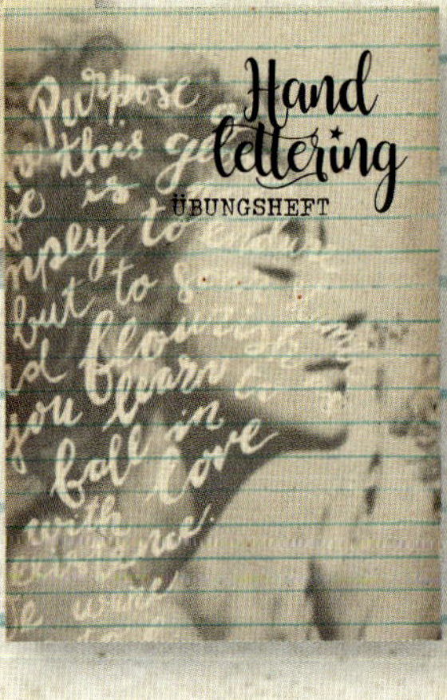

DAS ÜBUNGSHEFT BEGLEITET DICH BEI DEINEN ERSTEN SCHRITTEN IM HANDLETTERN UND IST PERFEKT FÜR UNTERWEGS.

Dieses Übungsheft gehört zum Buch:
Sasa Noël - HANDLETTERING
Inspirationen & Projekte fürs ganze Jahr
AT Verlag ISBN 978-3-03800-063-1

9 783038 000631